U0554012

卢梭全集

第 6 卷

爱弥儿(上)

论教育

李平沤 译

商务印书馆
The Commercial Press
创于1897

2019 年 · 北京

J.J.Rousseau

ÉMILE

OU

DE L'ÉDUCATION

PARIS

Librairie De Firmin Didot Frères，Files Et Cie

1858

根据菲尔曼·迪多兄弟出版公司 1858 年版译出

《卢梭全集》总序

卢梭的著作传入中国，始于戊戌变法的时候。1898年（清光绪二十四年）上海同文译书局出版了他的《民约通义》（即后来的《民约论》，今译《社会契约论》）。从1898年到现在的一百一十余年间，卢氏的几部主要著作，如《忏悔录》《论人与人之间不平等的起因和基础》《政治经济学》《新爱洛伊丝》《爱弥儿》《致达朗贝尔的信》和《山中来信》等，都相继译成了中文，一个外国著述家的著作在我国连续一百多年不断有译本问世，这种例子是不多的。

卢梭的著述事业发轫于1750年的一篇获奖论文《论科学与艺术的复兴是否有助于使风俗日趋纯朴？》，其时卢氏已年近四旬，"在他人已辍笔不当作家的时候，"他才"刚刚开始写作生涯。"对于卢梭的著述事业，笔者在拙作《主权在民 Vs"朕即国家"——解读卢梭〈社会契约论〉》中有一段叙述，现略加删节和修改，摘录如下：

中国的史家把著书立说比做"名山事业"，这项事业极其艰辛。大凡对当时和后世都能产生重大影响的著述，都是在悲愤和激情的双重砥砺下完成的。以柏拉图为例，这位古希腊哲学家就是一方面有感于雅典的国势日微，另一方面又受到数学大踏步发展的鼓舞，遂奋而著《理想国》，为希腊人民指引前进的方向；又如霍布斯，也是由于他一方面对 17 世纪初的英国社会危机深感忧虑，另一方面又鉴于伽利略把力学的理论在天文学上运用得非常成功，因此潜心思考，著《利维坦》一书，为君主专制制度提供理论支持。

至于卢梭，他著书的目的尤为明确，他说他"永远都是为了心中有思想要抒发才写作。"他身处 18 世纪，一方面看到他所处的时代已日趋腐败，荒谬的社会制度只有利于权贵和富人而不利于穷苦的人民；另一方面他心中也充满了信心，深信人民最终能走上民主政治的正轨，建立良好的秩序，以法律来保障社会的成员人人都能享受平等和自由。这两种情感是卢梭政治思想的主线，贯穿他的所有著作。

因此，他每作一书，都能切中时弊，表达人民的心声，引起人们内心的共鸣。卢氏之书之能流传久远和具有现实意义，其原因就在于此。

卢梭诞生于 1712 年，今年（2012 年）是他诞辰三百周年。为纪念这位毕生为启迪民智和推动社会进步而写作的思想先驱，从 2006 年开始，商务印书馆即约笔者着手准备卢梭全集单行本的编译工作，目前单行本陆续付梓，遂按计划于今年将已先行出版的卢氏著作分类辑录，汇为全集，以便于读者阅读和研究。全集共分为九卷，其中第一卷至第三卷是自传类著作，第四卷、第五卷是政治经济类著作，第六卷、第七卷是教育、哲学和伦理学著作，第八卷、第九卷是文学类著作。

卢梭全集的翻译出版是一项浩大而艰巨的工作，余学力有限，更兼耄耋之年，身体多病，因此，此次辑录，虽已将卢氏的重要著作均收入其中，并在此意义上谓之"全集"，但尚不能把卢梭的所有作品全部包括在内，疏漏不足之处敬希读者不吝指正，俾笔者能继续努力，陆续增补，使这部全集能逐步完备。

李平沤

2012 年 1 月岁次壬辰孟春

于北京惠新里

目　　录

引　言

全集第六、第七卷辑录的是卢梭的教育学和哲学类著作。卢梭的《爱弥儿》，正如它的副题所显示的，是一部论述教育的书，教育是兴国大计，是一件关系到一个国家的全体成员即全体人民的培养的大事。法国 19 世纪文学家和政治家夏多布里昂在其《革命论》中谈到《爱弥儿》时说：

> 人人必读的书在全世界也许只有五六本，《爱弥儿》就是其中之一。如果我不谈一下《爱弥儿》对我们这个时代产生的影响，我将犯一个不可饶恕的罪过，现在我要明确指出：这本书在现代的欧洲引发了一场彻底的革命；这本书的出版，是欧洲各国民族史上一件划时代的大事。自从这本书出版以来，法国的教育完全变了样。谁改变了教育，谁就改变了人。[1]

对于夏多布里昂的这段评述，笔者补充一句：谁改变了人，谁就改变了社会的道德风尚，使一个国家的政风和民风日益向健康的方向发展。治国之道，从人民的教育开始，其道理就在于此。

---

[1]　夏多布里昂(1768—1848)：《评不朽的爱弥儿》(《法国散文精选》，李平沤选编，北岳文艺出版社 1999 年版第 23 页)

爱　弥　儿　（上）

译 者 前 言

上世纪(20世纪)六十年代初,商务印书馆约我译卢梭的《爱弥儿》,译文脱稿后,在即将发排付梓之际,"文化大革命"开始了,百业俱废,稿子的出版工作遂告停顿。时光流逝,直到1976年结束了十年动乱,拨乱反正,一切又才重新步入正轨,这部在书橱里存放了十余年的稿子,才拂去尘封,排上出版日程,于1978年6月首版问世。

2007年,我写了一本《如歌的教育历程》[①],书中有一章谈到了《爱弥儿》这本书在卢梭的政治和哲学思想体系中的位置,现略加删节和修改,摘录如下:

卢梭的著述甚多。对于著述丰富的人,我们有一句赞美的话曰"著作等身"。不过,这句话用在卢梭身上,尚不能表达其著作的意义。因为,卢梭的著作之为人称道,不在于其数量多,而在于他的书对当时和后世都产生了深远的影响,在哲学、政治、宗教、教育、文学和伦理学等领域都留下了许多启发我们深入探讨的课题。

现在,我们要研究的是,在卢梭众多的著作中,《爱弥儿》占据

---

① 山东人民出版社 2008 年 1 月出版。

什么位置,换句话说就是:这本书与他的其他著作有什么关系。

　　要回答这个问题,需要做许多具体的分析,不是三言两语可以说清楚的。不过,我们在这里可以这样说:在卢梭的著作中,《爱弥儿》是他哲学思想的一部集大成的著作,是对他在两篇论文①和《新爱洛伊丝》与《社会契约论》等书中阐述的理论做系统归纳的书。这一点,他在《爱弥儿》出版之后的第二年(1763)《致博蒙大主教的信》中就说明了,他说:"一个作家的书,是互相阐发和彼此印证的。如果他的方法得当的话,他最后的著作就把先前的著作的内容全部包含在内了。"②

　　接着,他在 1764 年 10 月致一位读者的信中就讲得更清楚了。他说:《爱弥儿》"是一部哲学著作,它的目的是论证作者在他的其他著作中提出的这一命题:'人天生是善良的'"③为了论证这一命题,从两篇论文到《爱弥儿》,中间经过了十余年的苦心经营,才最终阐明了人类堕落的原因和社会积弊产生的根由,并找到救治的良方,一个哲学思想体系的建立,是何等艰辛!

　　最后,为了说明《爱弥儿》和他的其他著作的关系,他在晚年撰写的《对话录:卢梭评让—雅克》中通过一个法国人之口着重指出了《爱弥儿》与他的其他著作的内在联系:

　　　　我下定决心,要更加细心地把他的著作再读一遍。

----

　　①　两篇论文是:《论科学与艺术的复兴是否有助于使风俗日趋纯朴?》(1750 年,学界简称《论科学与艺术》或第一篇论文)和《论人与人之间不平等的起因和基础》(1755 年,简称《论不平等》或第二篇论文)

　　②　见《卢梭全集》,第 4 卷,巴黎伽里玛出版社 1969 年版,第 950 页。

　　③　《卢梭书信集》,第 21 卷,第 248 页。

　　……为了更系统和更集中精力地进行这项研究工作，我
到乡下去住了几个月，尽可能把让—雅克所有的著作都
带到乡下去读。……我一打开书本，就感到他的书是按
一定的次序写的，必须弄清楚这个次序，才能找到那条贯
穿他全部著作的线索。我发现，这个次序和他的著作的
出版次序是倒转的，作者从一个原理追溯到另一个原理，
直到最后这部著作才追溯到了始初的原理。因此，为了
把他所有的书中的论点综合起来理顺他的思路，就必须
从他最后这部著作入手。我之所以首先从《爱弥儿》读
起，其道理就在于此，因为他就是用这本书给他的全部著
作打上句号的。①

　　《爱弥儿》从1762年问世到现在，已二百四十余年了；在这二
百四十余年间，读这本书的人是很多的，但是，每个人的读法却不
尽相同。有的把它当作文学作品来读，欣赏书中浪漫主义文笔之
清新和抒情词句之优美；有的把它当作一部纯教育理论著作来读，
惊叹作者推理之严密和结论之合乎逻辑；有些人把它看成一部反
基督教的书，对它严加驳斥，而有些人又发现他在书中一再颂扬
"仁慈的"上帝，说上帝是"永恒的"和"聪明的"，因此便认为他是一
个虔诚的基督徒；还有些人对书中关于女子教育的论述大加挞伐，
认为他贬低了女子的地位。而有些人则不这么看，认为卢梭的论
述是本着自然的道理，根据女性的特点论述女子教育，因此，不

---

　　① 卢梭：《对话录：卢梭评让—雅克》，巴黎弗拉玛尼翁出版社1999年版，第
360—361页。

能说他不公平。

很显然,以上这几种读法和看法,都有些偏颇。《爱弥儿》的副标题是"论教育",但它不仅仅是一部探讨教育问题的书。实际上,书中对作者所处的那个时代的个人与社会面临的问题都涉及了,如个人在社会和宇宙中的地位、自由的意义、生命的价值、自爱心和道德观念的形成、社会弊病的产生和医治的办法、财产的积累和贫富悬殊的危害、物质的运动和自然法则的作用、宗教对个人和社会的影响,等等,在《爱弥儿》中都用简明的语言,揭示了这些问题的深邃哲理。

《爱弥儿》立论的基点是:人可以通过教育达到完善的境地。没有这个信念,就没有这本书的写作。人在出生时是一无所有的,而在长大成人后,却拥有一切:健康的身体、敏捷的思辨能力、高尚的道德观念和对公民权利与义务的正确理解和履行,所有这些,都是教育所赐予。正是基于这个基本的认识,卢梭在第二篇论文(《论不平等》)中把整个人类作为研究对象之后,接着在《爱弥儿》中就把研究的对象定为个人,因为,人类堕落的历史,不就是个人堕落的历史吗?个人的成长反映了人类的演变,其间的区别在于:个人有通过教育臻于完善的可能性,而人类一堕落,就再也不能回到原来的状态了。这个区别是根本性的。卢梭认为:儿童对他周围的事物,开始只有感觉,然后才有感性的认识,再进而有理性的理解,最后才产生道德观念;身体的成长与理智的成长是齐头并进的。如何帮助孩子按照自然的进程健康成长?如何启发他自己培养自己,也就是说,如何促使他从无知的状态过渡到体能和智能都十分健全的状态?一句话:如何开启他潜在的资质而又不败坏他的天性？卢梭在《爱弥儿》中探讨的，就是这些问题。

　　1762 年 1 月 12 日，卢梭在给马尔泽尔布①的信中说："如果我把我在那棵树下所看到的和感觉到的情形②能好好地描述出四分之一的话，我就能多么清楚地向人们展现我们社会制度的种种矛盾，多么有力地揭示我们制度的一切弊端，多么简要地阐明人生来是善良的，他之所以变坏，完全是由社会制度造成的。我在那棵树下一刻钟内悟出的许许多多真理，我能记得的，都零零星星分散地写进了我的三部主要著作，即第一篇论文和关于不平等的论文以及关于教育的论文。③ 这三部著作是不可分开的，三部著作应合起来成为一部完整的著作。"④

　　现在，让我们对这三部"不可分开的"著作做一个简要的回顾，看它们之间有怎样的内在联系。

　　卢梭在第一篇论文（《论科学与艺术》）中指出：科学与艺术的进步，虽改善了人们的生活，但败坏了社会的善良风俗，人类的文明使人背离了他原本的天性，养成了骄奢淫逸的习气，表面上是在进步，实际上是在腐败和堕落。

―――――――――

　　① 马尔泽尔布(1721—1794)：法国政治家，曾任法王路易十五的宫内大臣和国家图书总监。

　　② 1749 年 10 月，卢梭有一天到巴黎郊外的万森纳监狱去探视被关押在那里的狄德罗。途中在一棵树下休息时，在一张报纸上看到第戎科学院提出的一道有奖征文问题：科学和艺术的复兴是否有助于使风俗日趋纯朴？卢梭说，他在看到这个问题的一刹那间，似乎"看到了另外一个世界"，许多新奇的思想一起涌上心头，于是赶快取出随身所带的纸和笔，把那闪电似的一刹那间见到的情形记在纸上。关于这段故事的经过，请参见《忏悔录》第 8 卷。

　　③ 指《爱弥儿》。

　　④ 见卢梭：《一个孤独的散步者的梦》，商务印书馆 2008 年版，第 192—193 页。

这种现象产生的根源是什么呢？

卢梭的第二篇论文（《论不平等》）要回答的就是这个问题。他认为：这些弊病的产生，其根源是对财产的占有。私有财产的确立导致人的财富多寡不均，产生有财产的富人和没有财产的穷人，贫富的悬殊必然导致人的社会地位不平等，既败坏了穷人，也败坏了富人。

如何医治这些弊病呢？

卢梭认为应当从教育入手；他在《爱弥儿》中提出的理论和方法，就是实现人的重新塑造的途径。

我们在这里说"人的重新塑造"而不说让人回到"原始状态"，因为卢梭尽管在他的两篇论文中表述了他对远古的自然景象的深深怀念，但他既不是乌托邦主义者，也不是复古主义者。他深知人类社会发展的进程是不可逆转的，虽然他对人类历史的看法是悲观的，但他对人的看法是乐观的。人类变坏了，但人是善良的，是可以通过教育得到新生的。

从以上简短的归纳，我们可以这样说：这三部"不可分开的"著作，合起来便构成了一部以人的善良天性为基础的人类学。

《爱弥儿》这部书的哲学奥秘，就在于此。

我们身患一种可以治好的病；
我们生来是向善的，如果我们愿意
改正，我们就会得到自然的帮助。

塞涅卡:《忿怒》第十一章第十三节。

原　序

　　这本集子中的感想和看法，是没有什么次序的，而且差不多是不连贯的，它开始是为了使一位善于思考的贤良的母亲*看了高兴而写的。最初，我的计划只是写一篇短文，但是我所论述的问题却不由我不一直写下去，所以在不知不觉中这篇论文就变成了一本书，当然，就内容来说，这本书的分量是太大了，然而就它论述的事情来说，还是太小了。要不要把这本书刊行发表，我是考虑了很久的；而且在写作的时候，我常常觉得，虽然是写过几本小册子，但毕竟还是说不上懂得著书。我原来想把这本书写得好一点，但几次努力也未见成效，不过，经过这一番努力之后，我认为，为了使大家注意这方面的问题，我应当照现在这个样子把它发表出来；而且，即使说我的见解不好，但如果能抛砖引玉，使其他的人产生良好的看法，我的时间也就没有完全白费。一个深居简出的人，把他的文章公之于世，既没有人替它吹嘘，也没有人替它辩护，甚至不

　　中译本的四种脚注用不同符号标明：(一)卢梭原注用阳文阿拉伯数字；(二)原书所引《卢梭全集》(巴黎傅尔涅图书出版社1835年版)编者注用†号；(三)原书所引上述《卢梭全集》编者所采用的珀提坦(1819年《卢梭全集》编者)所加注释用*号；(四)译者注用阴文阿拉伯数字。——中译本编者

　　*　德·舍农索夫人。

知道别人对他的文章想些什么,或者说些什么,那么,即使说他的见解错了的话,他也不用担心别人不假思考就会接受他的错误。

　　我不想多说良好的教育是多么重要,我也并不力图证明我们常用的教育方法不好,因为这种工作已经有许多人先我而做了,我绝不喜欢拿那些人人皆知的事情填塞我这本书。我只想说明:很早以来就有人在大声反对这种旧有的教育方法了,可是从来没有人准备提出一套更好的来。我们这个时代的文学和科学,倾向于破坏的成分多,倾向于建设的成分少。人们可以用师长的口吻提出非难;至于说到建议,那就需要采用另外一种口气了,然而这种口气,高傲的哲学家是不太喜欢的。尽管有许多的人著书立说,其目的,据说,完全是为了有益人类,然而在所有一切有益人类的事业中,首要的一件,即教育人的事业,却被人忽视了。我阐述的这个问题,在洛克❶的著作问世之后,一直没有人谈论过,我非常担心,在我这本书发表以后,它仍然是那个样子。

　　我们对儿童是一点也不理解的:对他们的观念错了,所以愈走就愈入歧途。最明智的人致力于研究成年人应该知道些什么,可是却不考虑孩子们按其能力可以学到些什么,他们总是把小孩子当大人看待,而不想一想他还没有成人哩。我所钻研的就是这种问题,其目的在于:即使说我提出的方法是很荒谬的,人们还可以从我的见解中得到好处。至于说应该怎样做,也许我的看法是很

---

　　❶　洛克(1632—1704):英国哲学家。卢梭在这里所指的是洛克于1693年发表的《教育漫话》。在儿童和青年的教育问题上,卢梭在《爱弥儿》中几次表明他是不赞同洛克的观点和方法的;特别是在第5卷的开头,卢梭更是直截了当地说:"至于我,我可没有培养什么绅士的荣幸,所以,我在这方面绝不学洛克的样子。"

不对头,然而我相信,我已经清清楚楚地看出人们应该着手解决的问题了。因此,就从你们的学生开始好好地研究一番吧;因为我可以很有把握地说,你对他们是完全不了解的:如果你抱着这种看法来读这本书,那么,我不相信它对你没有用处。

至于人们称之为做法的那一部分,它在这里不是别的东西,只是自然的进行而已,正是在这里最容易使读者走入歧途;毫无疑问,也就是在这里,人们将来会攻击我,而且,也许就是人们批评得不错的地方。人们将来会认为,他们所阅读的,不是一种教育论文,而是一个空想家对教育的幻想。有什么办法呢?我要叙述的,不是别人的思想,而是我自己的思想。我和别人的看法毫不相同;很久以来,人们就指摘我这一点。难道要我采取别人的看法,受别人的思想影响吗?不行。只能要求我不要固执己见,不要以为唯有我这个人比其他的人都明智;可以要求于我的,不是改变我的意见,而是敢于怀疑我的意见:我能够做的就是这些,而我已经是做了。如果有时候我采用了断然的语气,那绝不是为了要强使读者接受我的见解,而是要向读者阐述我是怎样想的。我为什么要用怀疑的方式提出在我看来一点也不怀疑的事情呢?我要确切地说出我心中是怎样想的。

在毫无顾虑地陈述我的意见的时候,我当然了解到绝不能以我的意见作为权威,所以我总连带地说明了我的理由,好让别人去加以衡量,并且评判我这个人:尽管我不愿意固执地维护我的见解,然而我并不认为就不应当把它们发表出来;因为在这些原则上,尽管我的意见同别人的意见相反,然而它们绝不是一些无可无不可的原则。它们是我们必须了解其真伪的原则,是给人类为福还是为祸的原则。

"提出可行的办法"，人们一再地对我这样说。同样，人们也对我说，要实行大家所实行的办法；或者，最低限度要使好的办法同现有的坏办法结合起来。在有些事情上，这样一种想法比我的想法还荒唐得多，因为这样一结合，好的就变坏了，而坏的也不能好起来。我宁可完全按照旧有的办法，而不愿意把好办法只采用一半，因为这样，在人的身上矛盾就可能要少一些：他不能一下子达到两个相反的目标。做父母的人啊，可行的办法，就是你们喜欢采用的办法。我应不应该表明你们的这种意愿呢？

对于任何计划，都有两种事情要考虑：第一，计划要绝对的好；第二，实行起来要容易。

关于第一点，为了要使计划本身能够为人们所接受和实行，只要它具有的好处符合事物的性质就行了；在这里，举个例来说，我们所提出的教育方法，只要它适合于人，并且很适应于人的心就行了。

至于第二点，那就要看一些情况中的一定的关系如何而定了；这些关系，对事物来说是偶然的，因此不是必不可少的，而且是可以千变万化的。某种教育在瑞士可以实行，而在法国却不能实行；这种教育适用于有产阶级，那种教育则适用于贵族。至于实行起来容易还是不容易，那要以许多的情况为转移，这一点，只有看那个方法是个别地用之于这个或那个国家，用之于这种或那种情况，才能断定它的结果。不过，所有这些个别的应用问题，对我论述的题目来说，并不重要，所以没有列入我的计划的范围。别人如果愿意的话，他们可以去研究这方面的问题，每一个人可以研究他心中想研究的国家或者想研究的情况。对我来说，只要做到下面一点就算是满足了，那就是，不管人们出生在什么地方，都能采用我提出的方法，而且，只要能把他们培养成我所想象的人，那就算是对他们自己和别人都做了有益的事情。如果我不能履行这个诺言，那无疑是我的错误，但是，如果我实践了自己的诺言，人们再对我提出更多的要求的话，那就是他们的错误了；因为我所许诺的只是这一点。

第 一 卷

出自造物主之手的东西,都是好的,而一到了人的手里,就全变坏了。他要强使一种土地滋生另一种土地上的东西,强使一种树木结出另一种树木的果实;他将气候、风雨、季节搞得混乱不清;他残害他的狗、他的马和他的奴仆;他扰乱一切,毁伤一切东西的本来面目;他喜爱丑陋和奇形怪状的东西;他不愿意事物天然的那个样子,甚至对人也是如此,必须把人像练马场的马那样加以训练;必须把人像花园中的树木那样,照他喜爱的样子弄得歪歪扭扭。

不这样做,事情可能更糟糕一些;我们人类不愿意受不完善的教养。在今后的情况下,一个生来就没有别人教养的人,他也许简直就不成样子。偏见、权威、需要、先例以及压在我们身上的一切社会制度都将扼杀他的天性,而不会给它添加什么东西。他的天性将像一株偶然生长在大路上的树苗,让行人碰来撞去,东歪西扭,不久就弄死了。

我恳求你,慈爱而有先见之明的母亲①,因为你善于避开这条

① 最初的教育是最为重要的,而这最初的教育无可争辩地是属于妇女的事情:如果造物主要把这件事情交给男子,那他就会给男子以乳汁去哺育小孩。因此,在你的教育论文中多多向妇女们讲一讲,理由是,不仅她们比男子更注意这方面的问题,不

大路,而保护这株正在成长的幼苗,使它不受人类的各种舆论的冲击! 你要培育这棵幼树,给它浇浇水,使它不至于死亡;它的果实将有一天会使你感到喜悦。趁早给你的孩子的灵魂周围筑起一道围墙,别人可以画出这道围墙的范围,但是你应当给它安上栅栏①。

仅她们在教育上能产生巨大的影响,而且教育的成功对她们的关系也最为密切,因为大多数的寡妇完全是受她们自己的孩子支配的,这些孩子将很清楚地使她们感觉到她们培养他们的方法其效果是好还是坏。法律所牵涉的问题,往往多半是财产,而很少涉及人,因为法律的目的是维持安宁,而不是培养道德,所以它不能给母亲以足够的权威。但是母亲的地位比父亲的地位更为稳固,她们的任务也更为艰巨;家庭之所以能安排得井井有条,也全靠她们的操持;一般说来,她们都是很疼爱孩子的。有时候,一个儿子不尊敬他的父亲,多多少少是可以原谅的;但是,如果有时候,一个孩子的天性竟泯灭到不尊敬他的母亲,不尊敬在怀中把他抚养起来的人,不尊敬用乳汁喂养他的人,不尊敬许多年来忘我地照管他的人,那么,人们就应当赶快像扼死一个不配见天日的怪物那样,扼死这个可恶的人。有人说,做母亲的把她们的孩子娇坏了。在这一点上,她们当然是做得不对,但是,同你们使孩子陷于堕落相比较的话,她们的错误还是要小一些的。做母亲的希望她的孩子得到幸福,希望他现在就能得到幸福。在这一点上,她是对的。如果她采用的方法错了的话,就应该给她们说明。父亲的奢望、悭吝、专制、错误的深谋远虑以及他们的疏忽大意和冷淡无情,对孩子们来说,比母亲的溺爱为害还大一百倍。此外我必须解释一下,我给"母亲"这个名词所下的定义是什么;这一点是在后面就要谈到的。

　　① 人们对我说,福尔梅先生❶认为,我在这里所指的是我的母亲,而且还说,他在一本著作中已经谈到这一点了。这简直是拿福尔梅先生和我开玩笑。❷

　　❶ 福尔梅是一个德国的基督教牧师,于《爱弥儿》初版的第二年,即1763年发表了一本《反爱弥儿》(Anti-Emile)。出版卢梭著作的书商讷奥姆因害怕卢梭在书中阐述的某些观点使他遭受当局的罚款,遂请福尔梅把《爱弥儿》通通看一遍,"剔除其中可能遭到人们责难的地方";福尔梅为了讨好讷奥姆,便篡改和剽窃卢梭的著作,写了一本《基督徒爱弥儿》(Emile Chrétien),这当然是卢梭不能容忍的,所以他在本书中添加了好几个脚注讽刺和谴责福尔梅。

　　❷ 这里是嘲笑福尔梅连卢梭的身世都没有弄清楚,因为卢梭出生后不久母亲就去世了。

　　我们栽培草木，使它长成一定的样子，我们教育人，使他具有一定的才能。如果一个人生来就又高大又强壮，他的身材和气力，在他没有学会如何使用它们以前，对他是没有用处的；它们可能对他还有所不利，因为它们将使别人想不到要帮助这个人①；于是，他孤孤单单的，还没有明白他需要些什么以前，就悲惨地死了。我们怜悯婴儿的处境，然而我们还不了解，如果人不是从做婴儿开始的话，人类也许是已经灭亡了。

　　我们生来是柔弱的，所以我们需要力量；我们生来是一无所有的，所以需要他人的帮助；我们生来是愚昧的，所以需要判断的能力。我们在出生的时候所没有的东西，我们在长大的时候所需要的东西，全都要由教育赐予我们。

　　这种教育，我们或是受之于自然，或是受之于人，或是受之于事物。我们的才能和器官的内在的发展，是自然的教育；别人教我们如何利用这种发展，是人的教育；我们对影响我们的事物获得良好的经验，是事物的教育。

　　所以，我们每一个人都是由三种教师培养起来的。一个学生，如果在他身上这三种教师的不同的教育互相冲突的话，他所受的教育就不好，而且将永远不合他本人的心意；一个学生，如果在他身上这三种不同的教育是一致的，都趋向同样的目的，他就会自己达到他的目标，而且生活得很有意义。这样的学生，才是受到了良好的教育的 *。

----

　　①　他同别人在外表上是一样的，如果没有语言和用语言表达的思想，他便无法使人知道他在哪些地方需要别人帮助，因为在他的外表上别人是看不出他有这种需要的。

　　*　在普鲁塔克的著作《论幼儿教育》第 4 章中也有这种三重教育的思想。

在这三种不同的教育中，自然的教育完全是不能由我们决定的，事物的教育只是在有些方面能够由我们决定。只有人的教育才是我们能够真正地加以控制的；不过，我们的控制还只是假定的，因为，谁能够对一个孩子周围所有的人的言语和行为通通都管得到呢？

一旦把教育看成是一种艺术，则它差不多就不能取得什么成就，因为，它要成功，就必须把三种教育配合一致，然而这一点是不由任何人决定的。我们殚思竭虑所能做到的，只是或多或少地接近目标罢了；不过，要达到这一点，还需要有一些运气咧。

是什么目标呢？它不是别的，它就是自然的目标，这是刚才论证过的。既然三种教育必须圆满地配合，那么，我们就要使其他两种教育配合我们无法控制的那种教育。也许，自然这个词的意义是太含糊了，在这里，应当尽量把它明确起来。

有人说，自然不过就是习惯罢了[①]。这是什么意思呢？不是有一些强制养成的习惯永远也不能消灭天性的吗？举例来说，有一些被我们阻碍着不让垂直生长的植物，它们就具有这样的习性。自由生长的植物，虽然保持着人们强制它倾斜生长的方向，但是它们的液汁并不因此就改变原来的方向，而且，如果这种植物继续发育的话，它又会直立地生长的。人的习性也是如此。只要人还处

---

　　① 福尔梅先生断言这句话不是这样说的。不过我觉得，在我本来想回答的一行诗中，明明是说：

　　　　请相信我，自然无非就是习惯而已。

　　福尔梅先生不愿意使他的同类感到骄傲，所以很谦逊地把他的想法说成是大家的理解。

在同样的境地，他就能保持由习惯产生的习性，虽然这些习性对我们来说是最不自然的；但是，只要情况一有改变，习惯就消失了，天性又回复过来。教育确实只不过是一种习惯而已。不是有一些人忘掉了他们所受的教育，另外一些人则保持了他们所受的教育吗？这种差别从什么地方产生的呢？如果是必须把自然这个名词只限用于适合天性的习惯，那么，我们就可以省得说这一番多余的话了。

我们生来是有感觉的，而且我们一出生就通过各种方式受到我们周围的事物的影响。可以说，当我们一意识到我们的感觉，我们便希望去追求或者逃避产生这些感觉的事物，我们首先要看这些事物使我们感到愉快还是不愉快，其次要看它们对我们是不是方便适宜，最后则看它们是不是符合理性赋予我们的幸福和美满的观念。随着我们的感觉愈来愈敏锐，眼界愈来愈开阔，这些倾向就愈来愈明显；但是，由于受到了我们的习惯的遏制，所以它们也就或多或少地因为我们的见解不同而有所变化。在产生这种变化以前，它们就是我所说的我们内在的自然。

因此，必须把一切都归因于这些原始的倾向；如果我们所受的三种教育只不过是有所不同的话，这是可以的；但是，当三种教育彼此冲突的时候，当我们培养一个人，不是为他自己，而是为了别人的时候，又怎样办呢？这样，要配合一致，就不可能了。由于不得不同自然或社会制度进行斗争，所以必须在教育成一个人还是教育成一个公民之间加以选择，因为我们不能同时教育成这两种人。

凡是一个小小的社会，当它的范围很窄，而内部又好好团结的时候，便同大的社会相疏远。凡是爱国者对外国人都是冷酷的：在他们心目中,外国人只不过是人,同他们是没有什么关系的①。这种缺陷是不可避免的,然而是很微小的。重要的是,要对那些同他们一块儿生活的人都很好。在国外,斯巴达人是野心勃勃的,是很贪婪的,是不讲仁义的;然而在他们国内,却处处洋溢着公正无私、和睦无间的精神。不要相信那些世界主义者了,因为在他们的著作中,他们到遥远的地方去探求他们不屑在他们周围履行的义务。这样的哲学家之所以爱鞑靼人,为的是免得去爱他们的邻居。

自然人完全是为他自己而生活的;他是数的单位,是绝对的统一体,只同他自己和他的同胞才有关系。公民只不过是一个分数的单位,是依赖于分母的,它的价值在于他同总体,即同社会的关系。好的社会制度是这样的制度:它知道如何才能够最好地使人改变他的天性,如何才能够剥夺他的绝对的存在,而给他以相对的存在,并且把"我"转移到共同体中去,以便使各个人不再把自己看作一个独立的人,而只看作共同体的一部分。罗马的一个公民,既不是凯尤斯,也不是鲁修斯,他就是一个罗马人,他爱他那所独有的国家。由于变成了他的主人的财产,雷居鲁斯❶便自称为迦太基人。作为外国人,他拒绝接受罗马元老院的席位;这要一个迦太基人给他下命令,他才能接受。他对别人想挽救他的生命,感到愤

---

①   同样,共和国之间的战争也是比君主国之间的战争更加残酷的。但是,尽管君王之间的战争比较缓和,然而可怕的却是他们的和平:与其做他们的臣民,倒不如做他们的敌人。

❶   雷居鲁斯(?—公元前250):古罗马将军,以守信著称。在第一次罗马和迦太基战争中,雷居鲁斯被迦太基人俘虏;后来,迦太基人派他回罗马去商议同罗马交换战俘,但雷居鲁斯回国后,极力说服元老院拒绝迦太基人的要求。事毕,元老院劝他留在罗马,但雷居鲁斯仍旧实践自己对迦太基人的诺言,回去被迦太基人处死。

慨。他胜利了，于是就昂然回去，受酷刑而死。这在我看来，对我们现在所了解的人来说，是没有什么重大的意义的。

斯巴达人佩达勒特，提出他自己要参加三百人会议，他遭到拒绝；然而，鉴于斯巴达有三百个胜过他的人，他也就高高兴兴地回去了[†]。我认为，这种表现是真诚的，我们有理由相信它是真诚的：这样的人就是公民。

有一个斯巴达妇女的五个儿子都在军队里，她等待着战事的消息。一个奴隶来了，她战栗地问他。"你的五个儿子都战死了。""贱奴，谁问你这个？""我们已经胜利了！"于是，这位母亲便跑到庙中去感谢神灵[††]。这样的人就是公民。

凡是想在社会秩序中把自然的感情保持在第一位的人，是不知道他有什么需要的。如果经常是处在自相矛盾的境地，经常在他的倾向和应尽的本分之间徘徊犹豫，则他既不能成为一个人，也不能成为一个公民，他对自己和别人都将一无好处。我们今天的人，今天的法国人、英国人和中产阶级的人，就是这样的人；他将成为一无可取的人。

要有所成就，要成为独立自恃、始终如一的人，就必须言行一致，就必须坚持他应该采取的主张，毅然决然地坚持这个主张，并且一贯地实行这个主张。我等待着人们给我展现这样的奇迹，以便知道他是一个人还是一个公民，或者，他要同时成为这两种人，又是怎样做的。

[†] 普鲁塔克：《拉西第蒙人嘉言录》，第 60 节。

[††] 《拉西第蒙人嘉言录》，第 5 节。

从这两个必然是互相对立的目的中，产生了两种矛盾的教育制度：一种是公共的和共同的，另一种是特殊的和家庭的。

如果你想知道公共的教育是怎么一回事，就请你读一下柏拉图的《理想国》，这本著作，并不像那些仅凭书名判断的人所想象的是一本讲政治的书籍；它是一部最好的教育论著，像这样的教育论著，还从来没有人写过咧。

当人们谈到空想的国家的时候，他们就提出柏拉图的制度；然而，要是莱喀古士❶只把他那套制度写在纸上而不付诸实施的话，我可能还以为它更空想得多。柏拉图只不过是要人纯洁自己的心灵，而莱喀古士却改变了人的天性。

公共的教育机构已不再存在了，而且也不可能存在下去，因为在没有国家的地方，是不会有公民的。"国家"和"公民"这两个词应该从现代的语言中取消。其理由我是很清楚的，但是我不愿意谈它，因为它同我阐述的问题没有什么关系。

那些可笑的机构，人们称之为学院①，然而我是不把它们当成一种公共的教育制度来加以研究的。我也不把世人的教育看作这种制度，因为这种教育想追求两个相反的目的，结果却两个目的都达不到。它只能训练出一些阴险的人来，这些人成天装着事事为别人，却处处为的是他们自己。不过，这种表现既然是大家都有，

---

❶　莱喀古士：传说是公元前 9 世纪斯巴达的立法者。

①　在有几个学校里，尤其是在巴黎大学，有几位教师我是很喜欢的，我很尊敬他们；我相信，如果他们不是被迫地照成规做事的话，他们是能够很好地教育青年的。我鼓励其中的一位发表他所拟的改革计划。当人们看到并不是没有救药的时候，也许终于会想法纠正这种不良的状况的。

所以也就骗不了任何人。这不过是枉费心机罢了。

我们本身不断感受到的矛盾，就是从这些矛盾中产生的。由于被自然和人引到了相反的道路，由于在这些不同的推动力之间不得不形成分歧，所以，我们就从中采取一个混合的办法，然而这个办法使我们既不能达到这个目标，也不能达到那个目标。我们在整个的一生中就是这样地斗争和犹豫，以致还不能达到我们的意愿，还不能对我们和别人有所贡献，就结束了我们的生命。

现在要谈一谈家庭教育或自然的教育了。如果一个人唯一无二地只是为了他自己而受教育，那么，他对别人有什么意义呢？如果一个人所抱的两重目的能够结合为一个单独的目的，那么，由于消除了人的矛盾，他就消除了他的幸福生活中的一大障碍。要判断这个人，就必须看他成人以后是怎样的；必须在了解了他的倾向、观察了他的发展、注意了他所走的道路之后，才能作出判断；一句话，必须了解自然的人。我相信，人们在看完这本书以后，在这个问题上就可能有几分收获。

要培养这样一个难得的人，我们必须要做些什么工作呢？要做的工作很多，这是毫无疑问的；万万不要无所事事，一事无成。当我们只遇到逆风行舟的时候，我们调整航向迂回行驶就可以了；但是，当海面上波涛汹涌，而我们又想停在原地的时候，那就要抛锚。当心啊，年轻的舵手，别让你的缆绳松了，别让你的船锚动摇，不要在你还没有发觉以前，船就漂走了。

在社会秩序中，所有的地位都是有标记的，每个人就应该为取得他的地位而受教育。如果一个人是按照他命定的地位而培养的，则对其他的地位就不再适应了。只有在命运同父母的职业一致的时候,教育才是有用的,而在其他的情况下,未尝不是由于教育给了学生的偏见,反而对他有害处。在埃及,儿子是不能不依从他父亲的身份的,所以教育至少还有一个确实可以达到的目标;但是在我们这里,只有阶级始终是那个样子,而人则不断改变他的地位,谁也不知道,在培养他的儿子去取得他的地位的时候,他是不是在危害他哩。

　　在自然秩序中,所有的人都是平等的,他们共同的天职,是取得人品;不管是谁,只要在这方面受了很好的教育,就不至于欠缺同他相称的品格。别人要我的学生做军人,做教士,或者做律师,我没有什么意见。在从事他父母的职业以前,大自然就已经叫他认识人生了。生活,这就是我要教他的技能*。从我的门下出去,我承认,他既不是文官,也不是武人,也不是僧侣;他首先是人:一个人应该怎样做人,他就知道怎样做人,他在紧急关头,而且不论对谁,都能尽到做人的本分;命运无法使他改变地位,他始终将处在他的地位上。"命运啊,我对你早有防备,我已经把你俘虏,并且把所有一切你能够来到我身边的道路通通堵塞。"①

　　我们要真正研究的是人的地位。在我们中间,谁最经受得起生活中的幸福和忧患,我认为谁就是受了最好教育的人。由此可以得出结论:真正的教育不在于口训而在于实行。我们一开始生

---

　　*　"一生讲求品德的人,不需要知道琐事;他诸事明达,他考虑的不是如何同自己的妻儿生活,而是如何有意义地生活。"见塞涅卡❶:《道德书简》,94。

　　①　西塞罗❷:《土斯库兰辩论集》,第5篇,第9章。

　　❶　塞涅卡:古罗马斯多噶派哲学家,罗马皇帝尼禄的教师。

　　❷　西塞罗(公元前106—前43):古罗马的演说家和政治家。

活,我们就开始教育我们自己了;我们的教育是同我们的生命一起
开始的,我们的第一个教师便是我们的保姆。"教育"这个词,古人
用时还有另外一个意思,那就是"养育",不过,这个意思现在我们
已经不再用它了。瓦罗❶说:"助产妇接生,乳母哺育,塾师启蒙,教
师教导。"①因此,教育、教训和教导,是三样事情,它们的目的也像
保姆、塾师和教师的一样,是各不相同的。然而,这些区别没有被
人们弄清楚;为了要受到良好的教育,儿童是不应该只跟从一个向
导的。

所以,我们必须一般地观察问题,必须把我们的学生看做抽象
的人,看做无时不受人生的偶然事件影响的人。如果一个人生来
就固定在一个地方的土地上,如果一年四季都没有什么变化,如果
每一个人都听天由命,以致永远也不能有所改变,则现行的办法在
某些方面还是很好的;一个儿童受了为取得其地位的教育,由于永
远不能脱离这种地位,所以也就不至遇到他种地位的种种麻烦。
但是,鉴于人生的变化无常,鉴于这个世纪使我们整个一代人为之
茫然失措的动荡不安的精神,我们想一想,还有什么方法比把儿童
当作永远不出房门、时时刻刻都有人左右侍候的人来培养更荒谬
的呢? 只要这个可怜的人在地上行动一步,只要他走一步下坡路,
他就遭到毁灭了。这并不是说要教他去受这种痛苦,而是要使他
知道这种痛苦。

人们只想到怎样保护他们的孩子,这是不够的。应该教他成

---

❶　瓦罗(公元前116—前27):罗马学者,他的著作留传下来的有《农村经济》三卷。

①　见《诺尼乌斯·马塞勒斯文集》。

人后怎样保护他自己,教他经受得住命运的打击,教他不要把豪华
和贫困看在眼里,教他在必要的时候,在冰岛的冰天雪地里或者马
耳他岛的灼热的岩石上也能够生活。你劳心费力地想使他不至于
死去,那是枉然的,他终归是要死的。那时候,虽说他的死不是由
于你的操心照料而造成,但是你所费的这一番苦心是可能被误解
的。所以,问题不在于防他死去,而在于教他如何生活。生活,并
不就是呼吸,而是活动,那就是要使用我们的器官,使用我们的感
觉、我们的才能,以及一切使我们感到我们的存在的本身的各部
分。生活得最有意义的人,并不就是年岁活得最大的人,而是对生
活最有感受的人。虽然年满百岁才寿终而死,也等于他一生下来
就丧了命,如果他一直到临死的那一刻都过的是最没有意义的生
活的话,他还不如在年轻的时候就走进坟墓好哩[*]。

我们的种种智慧都是奴隶的偏见,我们的一切习惯都在奴役、
折磨和遏制我们。文明人在奴隶状态中生,在奴隶状态中活,在奴
隶状态中死:他一生下来就被人捆在襁褓里;他一死就被人钉在棺
材里;只要他还保持着人的样子,他就要受到我们的制度的束缚。

听说,有些助产妇按摩新生婴儿的头,企图使他有一个更合适
的脑袋样子,而人们也容许她们这样做! 也许是造人的上帝把我
们的头做得不好,所以,外貌要由助产妇来定它的样子,里面要由
哲学家来定它的内容。加利比人倒比我们要幸运得多。

---

[*] "生命如果是很充实的话,它是长久的。当精神把生命应有的美给予了它,使它
本身具有能力,则生命就是很充实的了。死气沉沉地活八十年是为了什么呢? 这不是
在生活,而是苟延残喘……应当以事业而不应当以寿数来衡量人的一生。"见塞涅卡:
《道德书简》,93。

"儿童刚出娘胎,刚一享受活动和伸展肢体的自由时,人们又重新把他束缚起来。人们用襁褓把他包着,把他放在床上这样睡着:头固定在一定的位置,两腿伸直,两臂放在身子旁边;还用各式各样的衣服和带子把他捆扎起来,连位置也不能挪动。如果不把他捆得有碍呼吸,如果人们细心地让他侧躺着,让他应该吐掉的口涎能够吐出来,那他就算是幸运了! 因为他不可能自由地侧过头来使口涎容易吐出来。"①

新生的婴儿需要伸展和活动他的四肢,以便使它们不再感到麻木,因为它们蜷成一团,已经麻木很久了。不错,人们是让他的四肢伸展着的,但是人们却不让它们自由活动,甚至还用头巾把他的头包起来,似乎人们害怕他有活命的样子。

这样一来,促进身体内部发育的动力便在它要给孩子以运动时遇到了不可克服的障碍。孩子继续不断地枉自挣扎一阵,以致耗尽了他的体力,或者延迟了他的发育。他在衣胞里还没有他扎着尿布那样感到局促、痛苦和拘束。我看不出他生出来有什么好处。

人们把孩子的手足束缚起来,以致不能活动,感到十分的拘束,这样只有阻碍血液和体液的流通,妨害孩子增强体力和成长,损伤他的体质。在不采用这些过分小心的办法的地方,人人都长得高大强壮,体材十分匀称❷。凡是用襁褓包裹孩子的地方,到处都可看到驼背的,瘸腿的,膝盖内弯的,患佝偻病的,患脊骨炎的,

---

① 《博物学》❶第 4 卷,12 开本,第 190 页。

❶ 《博物学》系由法国博物学家若尔日·路易·毕丰(1707—1788)等人所编。

❷ 见本书第 63 页注 3。

以及各种各样畸形的人。由于害怕自由活动会使身体成为畸形,结果却逼着它们长成畸形。为了防止孩子们成为残废,人们就甘愿使他们的关节僵硬。

像这样残酷的束缚,难道不会影响孩子们的脾气和性格吗?他们的第一个感觉,就是一种痛苦的感觉,他们感到每一个必要的活动都受到阻碍,他们比戴着手铐脚镣的犯人还要难过,他们徒然挣扎,他们愤怒,他们号哭。你们说,他们第一次发出的声音是不是哭出来的呢?我认为确实是哭出来的,因为他们一生下来你们便妨碍他们的活动;他们从你们那里收到的第一件礼物是锁链,他们受到的第一种待遇是苦刑。除了声音以外,什么也不自由,他们怎能不用他们的声音来诉他们的苦呢?他们哭诉你们施加给他们的痛苦;要是你们也这样被捆着绑着的话,也许比他们哭得更厉害呢。

这种荒谬的习惯是从哪里来的呢?是来自一种不合自然的习惯。自从母亲们轻视她们的头等责任,不愿意哺育自己的婴儿以后,便只好把婴儿交给雇佣的保姆;这些保姆觉得自己在给别人的婴儿做母亲,对婴儿在天性上就不投合,所以就尽量想方设法减少麻烦。自由自在的婴儿是需要经常看守着的,但是,把他们好好地包起来以后,就可以随便放在一个角落里,任他们去啼哭了。只要保姆的漠不关心不露痕迹,只要那吃奶的孩子不摔断胳臂或大腿,那么,即使是死了,或者终身成为一个虚弱多病的人,又有什么关系呢?人们保全了孩子的手足,却损害了他们的身体;而且,不论出了什么事情,都不算保姆的罪过。

那些美貌的母亲摆脱了喂养婴儿的累赘,高高兴兴地在城里寻欢作乐,她们可曾知道在襁褓中的孩子在乡村里受到怎样的对待？当保姆稍为忙一点的时候,她们便把孩子当作一包破衣服似的搁在一边,不去管他;当她们不慌不忙地去做她们的事情时,那可怜的孩子便一直受着那样的折磨。我们发现,在这种情况下的孩子,其脸色都是青的;捆得紧紧的胸部,不让血液流通,于是血液便充斥头部;人们满以为这个受苦的孩子非常安静,其实是因为他没有哭泣的力量了。我不知道一个孩子在这种情况下能够活多少钟头而不至于丧失生命,不过,要这样维持很久我是怀疑的。这一点,我想,就是使用襁褓的最大的好处之一。

有人以为,如果让婴儿自由自在,他们便会采取一些不良的姿势,做一些可以妨害他们四肢美好形态的动作。这是从我们虚假的知识推想出来的空洞论点之一,这个论点从来没有得到任何经验的证实。在比我们通情达理的民族中,孩子们都是在四肢无拘无束的状态中抚养起来的,在他们当中就没有看见过一个受伤的,或者残废的,他们不会让他们的动作剧烈到发生危险的程度,当他们采取猛烈的姿势时,痛苦的感觉便马上会告诉他们改变这种姿势。

我们还没有想到过要把小狗或小猫包在襁褓里,然而,谁曾看见,由于没有这样的关心便使它们遇到任何困难呢？我同意一点,婴儿比较重些,然而相比之下他们也较软弱。他们刚刚能活动,怎么就能伤残自己的身体呢？如果你使他们躺着,他们可能会在这种状态中死去,像乌龟一样,永远也不能翻过身来。

虽然妇女们已经不再给自己的孩子喂奶了,但她们还是不满意,她们竟然想不生孩子,其后果是很自然的。由于母亲的职责很繁重,她们不久就想出了完全摆脱这种职责的办法:她们使她们所怀的孕变成无用,以便重新怀孕,这样,她们就把繁殖人类的乐趣变成为对人类的残害。这个习惯，再加上其他使人口减少的种种原因，已经向我们宣告了欧洲来日的命运。它所产生的科学、艺术、哲学和道德即将把它变成一个荒凉的土地。它将来是遍地猛兽，因为它不能极大地改变居民的这种做法。

我有几次看见一些年轻的妇女玩弄小聪明，她们假装愿意给孩子喂奶。她们知道别人是一定要她们抛掉这种奇怪的想法的：她们巧妙地使她们的丈夫、医生，特别是老太太，来干涉这种事情。如果一个丈夫竟然同意妻子给孩子授乳的话，他就会失去体面，别人会把他当作一个想害死妻子的凶手。谨慎的丈夫，为了安静地过日子，就必须牺牲父亲对孩子的爱。幸而你们在乡下能找到比你们的妻子更能自我克制的妇女！要是你们的妻子这样省下来的时间不是用于别人，而单单是用在你们身上，那你们就更幸运了！

妇女们的责任是无可怀疑的，然而，由于她们轻视这种责任，所以她们就争辩说，吃她们的奶或者吃别人的奶，对孩子都是一样的。这个问题要由医生来裁决，不过我认为它已经是按照妇女们的愿望解决了的[①]；至于我，我觉得，如果担心一个孩子再从生育他的血液中得到什么新的病症的话，他倒是宁可吃健康的保姆的奶，而不吃那娇坏了的母亲的奶的。

但是，应不应该仅仅从体质方面来看这个问题呢？难道一个孩子需要母亲的关怀，不如他需要母亲的奶吗？其他的妇女，甚至畜牲，也可以使孩子吃到他的母亲不愿意给他吃的奶，然而她们绝

[①]　我总觉得，女人同医生的联盟是巴黎最有趣的怪事之一。医生之所以出名，是依靠了妇女，而妇女之所以为所欲为，是依靠了医生。我们由此可以推测，一个巴黎的大夫，需要有什么样的才能方始可以成为名医了。

不能像母亲那样地关心孩子。凡是把奶给别人的孩子吃而不给自己的孩子吃的,就不是好母亲,这样的人怎能成为一个好保姆呢?也许她们是能够变成好保姆的,但这是慢慢地变的;必须要习惯来改变她们的天性,所以,在保姆对孩子产生母亲之爱以前,那照顾得不周到的孩子也许是已经死过一百次了。

请保姆授乳的好处,其本身就可产生一种坏处,而单拿这种坏处来说,就足以使一切重感情的妇女不敢把自己的孩子交给别人去哺养。这种坏处是:她将把母亲的权利分给别人,或者说得更确切一点,让给别人;她将看着她的孩子跟爱她一样地爱另外一个妇女,或者比爱她还要爱得更真诚一些;她将感觉到他对他的生母表现的那种恭顺,只是一种礼数,而对养母的恭顺,则是一种责任。因为,我在那里找到了一个母亲的苦心操劳,难道不应该对她表示一个儿子的依依之情么?

她们消除这种害处的办法是,教唆孩子轻视他们的保姆,把她当作真正的仆人看待。当保姆授乳的期限一满,她们就把孩子领回来,或者把保姆辞掉;当保姆来看她哺养的孩子时,她们就对她表示爱理不理的样子,这样就可谢绝她来看他了。几年以后,他就再也看不到她了,再也认不得她了。这位母亲以为这样做就代替了保姆,以为用这种冷酷无情的办法就可弥补她的过失,实际上她是想错了。她不但不能把这个天性已变的孩子变成一个孝顺的儿子,反而使他学到一些忘恩负义的行为;正如她教他看不起用奶哺养他的保姆一样,她正在教他日后看不起他生身的母亲。

要是反反复复地这样空谈一些有益的问题不致令人那么丧气的话,我是多么想再详细地论述这一点啊!这联系到许多你想也没有想到过的事情。你愿意使每一个人都负起他首要的责任吗?你就从那些做母亲的人开始,要她们负起她们的责任来;你引起的变化将使你感到惊奇。所有一切都是相继由这个最严重的堕落行为产生的:整个的道德秩序都变了,大家的天性都泯灭了,家里也没有那种活泼泼的气氛了,一个新家庭的动人的情景再也系不住丈夫的心了,也不受外人的尊重了;人们看不见孩子,也就不那么尊敬孩子的母亲了;在家里再也住不下去了,习惯也不能增进血缘的关系了;父不父,母不母,子不子,兄不兄,妹不妹,大家都几乎不认识了,怎么能相亲相爱呢?每个人都只顾他自己。当家庭变成了一个凄凄惨惨的地方,那就需要到别处去寻求快乐了。

要是母亲们都能眷顾她们的孩子,亲自授乳哺育,则风气马上可以自行改变,自然的情感将在每一个人的心里振奋起来,国家的人口又将为之兴旺;这是首要的一点,单单这一点就可使一切都融洽起来。家庭生活的乐趣是抵抗坏风气的毒害的最好良剂。孩子们的吵吵闹闹,人们原来是感到很讨厌的,现在也觉得很有趣了;父亲和母亲更加感到他们彼此是很需要的,他们相互间比以往更加亲爱了,他们的夫妇关系也更为紧密了。当家庭生气勃勃、热热闹闹的时候,操持家务就成了妇女最可贵的工作,就成了丈夫最甜蜜的乐事。所以,矫正了这个无比的恶习,则其他的恶习不久就可全部革除,自然不久就可恢复常态。一旦妇女们又负起做母亲的责任,则男子立刻就可负起做父亲和做丈夫的责任。

这些话都是多余的!对世间的快乐已感到厌倦,是绝不会再感觉到家庭的快乐的。妇女们已经不担负母亲的职责了;她们将来也不再担负这种职责,而且也不愿意担负这种职责。以后,即使她们愿意担负这种职责,她们也很难担负得起来;今天,母亲不亲自授乳的风气已经确立,每一个授乳的女人将会同她周围的所有妇女的反对态度进行斗争,因为她们结成一伙反对她这种她们没有做过的样子,而且也不愿意学习这种样子。

但是,有时候也见到一些天性善良的年轻妇女在这个问题上敢于抗拒这种势力和其他的女人的叫嚷,以坚贞不拔的勇敢精神去完成自然赋予她们的极其高尚的使命。但愿这样的妇女由于担负这种使命而给她带来益处的人数一天天地增多起来! 根据最简单的道理得出来的结论,根据我从来没有看见过任何人曾加以反驳的事例,我敢向这些可敬的母亲保证,保证她们将得到她们丈夫的坚定不移的爱情,保证她们将得到她们的孩子的真诚的孝顺,保证她们将得到人人的尊敬,保证她们分娩顺利,毫无痛苦和不良的后果,保证她们身体健康,精力充沛,最后,还保证她们终有一天将高兴地看到自己的女儿学她们的榜样,看到其他的丈夫叫他们的妻子以她为模范。

母不母,则子不子。他们之间的义务是相互的,如果一方没有很好地尽她的义务,则对方也将不好好地尽他的义务。孩子知道了应该爱他的母亲,他才会爱她。如果血亲之情得不到习惯和母亲关心照料的加强,它在最初的几年中就会消失,孩子的心可以说在他还没有出生以前就死了。从这里,我们开头的几步就脱离了自然。

当一个妇女不是不给孩子以母亲的关心而是过于关心的时

候,她也可以从一条相反的道路脱离自然;这时候,她把她的孩子造成为她的偶像,她为了防止孩子感觉到自己的娇弱,却把孩子养得愈来愈娇弱,她希望他不遭受自然法则的危害,于是使他远离种种痛苦,可是没有想到,由于她一时使他少受一些折磨,却在遥远的将来把多么多的灾难和危险积累在他的身上,没有想到这种谨小慎微的做法是多么残酷,它将使幼小时期的娇弱继续延长,到成人时受不住种种劳苦,有一则寓言说,太提斯为了使她的儿子成为一个刀枪不入的人,便把他浸在冥河的水里❶。这个寓言很好,寓意也很清楚。可是我所说的那些残酷的母亲,她们的做法却完全不同,由于她们使孩子沉浸在温柔舒适的生活里,所以实际是在给他们准备苦难;她们把他们身上的毛孔打开,让各种各样的疾病侵袭,使他们长大的时候,成为这些疾病的牺牲品 *。

―――――――――――――

❶　据传说,太提斯拿着她的儿子阿基里斯的脚踵,把他全身浸入冥河的水里,练成一个刀枪不入的勇士。参见荷马史诗《伊利亚特》。

*　值得注意的是,在《爱弥儿》出版的前一年,著名的医生德瑟萨尔发表了一篇论文,题为《论幼儿的体格训练》(12 开本,巴黎,托·埃里桑,1760);在这篇论文里,他以有力的词句和锋利的笔调使人们了解:把孩子束缚在襁褓里和为了使孩子少受一些痛苦而采取过分小心和关怀的做法是多么危险;他还广泛地谈到温文尔雅、呆呆板板的教育方法的严重后果。他所依据的事实和论点,同《爱弥儿》依据的事实和论点是差不多的。在此以前,毕丰在母亲授乳和使用襁褓方面也提出了完全相同的看法。所以这一套初步教育的学说并不是没有充分地建立起来的,而且圣马特还在 1698 年发表的《教养的方法》(Pedotrophia)这首用拉丁文写的诗里对它尽情地称赞过。但是,正如毕丰本人所说的:"是的,这一切我们都说过了,但是只有卢梭先生才指挥人们去做,而且人们也照他的话这样做了。"

此外,似乎在卢梭写作《爱弥儿》的时候,所有一切同幼儿教育有关的问题都受到了最有才学的人的注意,由于他们的深思熟虑,遂使这些问题都达到了同样的结果。哈莱姆的科学协会曾悬奖征求阐述这些问题的论文,一位名叫巴勒克泽尔的日内瓦人获得了这项奖金,他的文章标题为《论儿童的体育》(Dissertation sur l'Education phy-

　　遵循自然,跟着它给你画出的道路前进。它在继续不断地锻炼孩子;它用各种各样的考验来磨砺他们的性情;它教他们从小就知道什么是烦恼和痛苦。出牙的时候,就使他们发烧;肠腹疼痛的时候,就使他们产生痉挛;咳嗽厉害的时候,就使他们喘不过气来;肠虫折磨他们;多血症败坏他们的血液;各种各样的酵素在他们的血中发酵,引起危险的斑疹。在婴儿时期,他们差不多都是在疾病和危险中度过的;出生的孩子有一半不到八岁就死了。通过了这些考验,孩子便获得了力量;一到他们能够运用自己的生命时,生命的本原就更为坚实了。

　　这是自然的法则。你为什么要违反它呢?由于你想改变这个法则,结果是毁了孩子,阻碍了它对孩子的关心照料取得成效,这一点,你难道还不明白吗?孩子在室外受到自然给他的锻炼,这在你看来是倍加危险,可是相反,这是在分散危险,减少危险。经验告诉我们,娇生惯养的孩子比其他的孩子死的还多一些。只要我们不使他们做超过其能力的事情,则使用他们的体力同爱惜他们的体力相比,其为害还是要小一些。因此,要训练他们经得起他们将来有一天必然要遇到的打击。锻炼他们的体格,使他们能够忍受酷烈的季节、气候和风雨,能够忍受饥渴和疲劳;把他们浸在冥河水里吧。在身体的习惯未形成以前,你可以毫无危险地使他们

_____

sique des Enfants),跟《爱弥儿》同一年发表于巴黎。由于观点和原理的完全一致,遂使卢梭认为这篇论文是抄袭他的,而且在他的《忏悔录》第 11 卷(《卢梭全集》,第 1 册,第 304 页)里很坦率地谈到这一点。我们没有就我们力之所能去考证这件事情,不过,他们之间一致的地方虽然是尽可能多的,但既然是在以前发表的著作中都提出过完全相同的看法,所以就可以把它不作为剽窃来解释了。

养成你所喜欢的习惯;可是,一旦他们有了牢固的习惯,要作任何改变的话,对他们都是很危险的。一个孩子可以忍受一个大人不能忍受的变化,因为最初的性情是柔和易导的,不用花多大的力气就可以养成我们给它确定的类型;而成人的性情就比较执拗,只有用暴力才能改变它已经形成的类型的。所以,我们能够在使孩子的生命和健康不遭到任何危害时,就把他培养得十分健壮的;即使有什么危险的话,也不必犹豫。因为,既然这些危险是同人生分不开的,那么,除了在他一生当中趁它们为害最轻的时候就抛掉它们之外,还有什么更好的办法呢?

孩子随着年龄的增长而愈加宝贵。除了他个人的价值以外,还加上别人为了照料他而花用的种种耗费;除了丧失他的生命以外,还加上我们对他有死亡的感伤。因此,在百般保护他的时候,特别要考虑到他的将来。要抵抗青年时期的祸害,就必须在他未遭遇这些祸害以前把他武装起来,因为,如果说在达到能够利用生命的年岁以前,生命的价值是一直在增加的话,那么,在童年时候使他少受一些痛苦,而结果却使他在达到有理智的年龄时遇到更多的痛苦,这个方法岂不愚蠢! 难道说这就是师教?

人的命运是时时刻刻要遭到痛苦的。对他的操心照料,其本身就是同痛苦相联系的。幸而他在童年时候所遇到的只不过是身体上的痛苦,这同其他的痛苦比较起来,没有那样残酷,没有那样悲哀,而且,同那些使我们产生绝命念头的痛苦相比,还是极其少的。一个人是绝不会因为患痛风症而自杀的,唯有心灵的痛苦才使人灰心失望。我们同情儿童的命运,然而应该同情的却是我们的命运。我们更大的灾祸都是我们自己造成的。

　　在出生的时候,孩子就会啼哭;他的婴儿时期就是在啼哭中度过的。有时候,人们为了哄他,就轻轻地摇他两下,夸他几句;有时候,人们为了不许他吵闹,就吓他,就打他。要么,他喜欢怎么做我们就怎么做,要么,我们硬要他照我们的意思做;不是我们顺从他奇奇怪怪的想法,就是我们要他顺从我们奇奇怪怪的想法:折中的办法是没有的,不是他命令我们,就是我们命令他。所以,他首先获得的观念,就是权势和奴役的观念。还不会说话,他就在支配人了;还不会行动,他就在服从人了;有时候人们惩罚他,可是他还认识不到他犯了什么过失,说得更确切点,他还没有犯过失的能力哩。人们就是这样很早地把这些情绪灌入他幼小的心灵,可是以后又推说那是天性,费了许多气力把孩子教坏之后,又抱怨他成了这样的人。

　　一个孩子要这样在妇女们的手中度过六七个年头,结果是成了她们和他自己乖僻任性的牺牲品;她们教他这样和那样之后,也就是说,在他的脑子里填入了一些他不明白的语言或对他一无好处的事物之后,用她们培养的情绪把他的天性扼杀之后,就把这个虚伪的人交到一个教师的手里,由这位教师来发展他业已充分养成的人为的病原,教给他一切的知识,却就是不教他认识他自己,不教他利用自己的长处,不教他如何生活和谋求自己的幸福。最后,当这个既是奴隶又是暴君的儿童,这个充满学问但缺乏理性、身心都脆弱的儿童投入社会,暴露其愚昧、骄傲和种种恶习的时候,大家就对人类的苦痛和邪恶感到悲哀。你们搞错了,这个人是照我们奇异的想法培养起来的,自然的人不是这个样子的。

　　所以,要是你希望保持他原来的样子,则从他来到世上的那个时刻起就保持它。他一诞生,你就把他掌握在自己的手里,他尚未成人,你就不要放弃他:不这样做,你是绝对不会成功的。既然真正的保姆是母亲,则真正的教师便是父亲。愿他们在尽责任的先后和采取怎样的做法方面配合一致;愿孩子从母亲的手里转到父亲的手里。由一个虽知识有限但明白事理的父亲培养,也许比世界上最能干的教师培养还好些,因为,用热心去弥补才能,是胜过用才能去弥补热心的。

可是,有许多的事情、工作、职责……啊! 职责,毫无疑问,做父亲的职责是最后才考虑的①! 我们用不着惊奇,一个人的妻子不愿意哺育他们爱情的果实,则他也就不愿意对他的孩子进行培养。再没有什么图画比家庭这幅图画更动人的了,但是,只要其中少画了那么一笔,也就把整个图画弄糟了。如果说母亲的身体太坏,不能哺育孩子,则父亲的事情太忙,也就不能教育孩子。孩子们远远的离开家庭,有的住在寄宿学校,有的住在教会女子学校,有的住在公立学校,他们把自己的家庭之爱带到其他的地方去了,或者说得更清楚一点,他们把对谁都不爱的习惯带到家里来了。兄弟姊妹彼此都几乎不相识了。当他们拘泥地聚在一块儿的时候,他们都表现得非常客气,彼此都当作外人看待。只要父母之间没有亲

---

① 我们在普鲁塔克的著作中看到,功勋彪炳、治理罗马的监察官卡托,从他的儿子还在摇篮里的时候他就亲自教养,他是那么仔细,以致当保姆即孩子的母亲弄醒孩子,给他洗浴的时候,他就放下一切事情,到旁边来看看;我们在苏埃东尼乌斯❶的著作中看到,奥古斯都这位征服世界和亲身统治世界的主宰,亲自教他的几个孙子写字、游泳和基本的知识,并且常常把他们留在自己的身边;当我们看到这些的时候,我们禁不住要笑那时候的小孩子竟喜欢这样的傻事;他们受到的限制太多,当然是不知道办我们这个时代的大人的大事的。

❶ 苏埃东尼乌斯(约 75—160):罗马历史学家,著有《十二恺撒传》。

热的感情，只要一家人的聚会不再使人感到生活的甜蜜，不良的道德就势必来填补这些空缺了。难道说真有人竟愚蠢到看不出所有这一切的连锁关系吗？

一个做父亲的，当他生养了孩子的时候，还只不过是完成了他的任务的三分之一。他对人类有生育人的义务；他对社会有培养合群的人的义务；他对国家有造就公民的义务。凡是能够偿付这三重债务而不偿付的人，就是有罪的，要是他只偿付一半的话，也许他的罪还要大一些。不能借口贫困、工作或人的尊敬而免除亲自教养孩子的责任。读者诸君，请你们相信我这一番话。凡是有深情厚爱之心的人，如果他忽视了这些如此神圣的职责，我可以向他预言，他将因为他的错误而流许多辛酸的眼泪，而且永远也不能从哭泣中得到安慰[†]。

这个有钱的人，这个家庭中如此忙碌的父亲，据他说，他是不得已才放弃他的孩子不管的，他采取怎样的做法呢？他的做法是，拿钱去雇一个人来替他完成他所担负的责任。满身铜臭的人，你以为用钱就可以给你的儿子找到一个父亲吗？你不要犯这样的错误了，你给你的孩子雇来的这个人，甚至不能说是教师，他是一个奴仆。他不久就将把你的儿子培养成第二个奴仆。

一个好教师应该具有哪些品质，人们对这个问题是讨论了很多的。我所要求的头一个品质（它包含其他许多品质）是：他绝不做一个可以出卖的人。有些职业是这样的高尚，以致一个人如果

---

† 见《忏悔录》第 12 卷。

是为了金钱而从事这些职业的话,就不能不说他是不配这些职业的;军人所从事的,就是这样的职业;教师所从事的,就是这样的职业。那么,谁来教育我的孩子呢?这,我已经向你说过,要你自己。我不能教。你不能教!……那就找一个朋友好了。我看不出还有其他的办法。

一个教师!啊,是多么高尚的人!……事实上,为了要造就一个人,他本人就应当是做父亲的或者是更有教养的人。像这样的职责,你竟放心交给一些为金钱而工作的人。

我们愈是思考这方面的问题,我们就愈发现一些新的困难。教师必须受过教育,才能教育他的学生,仆人必须受过教育,才能为他的主人服务,所有接近学生的人都必须先获得他们应当使他领会的种种印象;必须受了一层教育又受一层教育,一直受到谁也不知道到了什么地方为止。把孩子交给一个连他本身都没有受过良好教育的人培养,又怎能培养得好呢?

这样一个难得的人,是不是找得到呢?这我是不知道的。在这堕落的时代,谁知道一个人的灵魂还能达到多少高尚的程度呢?不过,我们假定这样一个出类拔萃的人是找到了。那么,就先要考虑他应该做些什么,我们才能希望他是怎样的人。我相信,我可以这样预先断定,即:做父亲的人在认识到一个好教师的整个价值的时候,他将毅然决定不用任何教师;因为,他为了找到这样一个教师而花费的力量,将比他自己做教师花费的力量多得多。因此,他愿意做一个朋友,也愿意培养他的儿子做朋友;这样就省得到其他的地方去找教师了,而且,大自然已经把教育的工作做了一半了。

有一个人,我只知道他是很显贵的,他曾经请我去教他的儿子。这当然是给了我很大的荣誉;不过,他不但不应该怨我拒绝了他的请求,而且应该以我的谨慎从事而感到庆幸。如果我接受了他的请求,如果我在我采用的方法上走错了路,那么,即使去教也是要失败的;但是,如果我成功的话,其结果可能是更糟糕的,他的儿子也许将放弃他的头衔,再也不愿意做公爵了。

我深深明了一个教师的责任是十分重大的,同时感到自己的能力是太不够了,所以不论什么人请我担任这个职务,我都是绝不接受的;至于朋友的荐引,对我来说,更是一个新的拒绝的原因。我相信,看过我的这本书之后,就很少有人向我提出这样的请求了;我要求那些打算请我做教师的人再也不要白费气力了。我以前曾经对这个职业做过充分的尝试,以便证明我不适合于这个工作;即使我的才能使我能够担任的话,我的景况也是不容许的。有些人似乎对我的话还不十分重视,因而不相信我的决定是真心诚意的,而且是有根据的,我认为,我应该公开地向他们声明这一点。

我虽然不能担负这个最有意义的工作,但是我可以大胆地尝试一下最容易的事情:按照其他许多人的样子,不去参与其事,而从事著述;应当做的事情我虽不做,但我要尽我的力量把它说出来。

我知道,在类似这种著书立说的事业中,由于作者总是在自由自在地阐述一些不用他去实施的方法,因此,他可以轻而易举地提出许多不能实行的美好的方案,但是,由于缺少详细的内容和例子,他所说的话即使可以实行,在他没有说明怎样应用的时候,也是没有用处的。

所以,我决定给我一个想象的学生,并且还假设我有适合于进行其教育的年龄、健康、知识和一切才能,而且,从他出生的时候起就一直教育到他长大成人,那时候,他除了他自己以外,就不再需要其他的指导人了。我觉得,这个方法可以用来防止一个对他不信任的作者误入幻境;因为,一旦他离开了通常的方法,他就只好把他的方法试用于他的学生,他不久就会感觉到,或者说读者会替他感觉到,他是不是按照孩子的成长和人心的自然的发展而进行教育的。

这就是在种种困难面前我要努力去做的事。为了不致使本书因许多不必要的材料而篇幅太大,我就把每个人都能觉察其是否正确的原理提出来就是了。至于那些需要加以实验的法则,我把它们都应用在我的爱弥儿和其他人的身上,并且使人们在极其详尽的情节中看到我拟定的方法是能够付诸实践的;我准备实行的计划至少要做到这个样子。至于说我是不是做得成功,那就要由读者判断了。

由于这个原因,我在开始的时候便很少谈到爱弥儿,因为,我对教育采取的首要准则,虽同大家公认的准则相反,然而是非常明白的,凡是通情达理的人都很难说是不赞成的。可是,当我继续说下去的时候,我的学生由于跟你的学生所受的教育不同,因此他已经不再是一个一般的儿童,必须对他采取一套特殊的教法。从此以后,他就频频出场,到结尾的时候,我没有一刻工夫不见到他,以致不论他说什么话的时候,都不需要我替他说了。

我在这里没有论述一个好教师应该具备哪些才能,我假设了这些才能,并且假设我自己具有这一切才能。在阅读本书的时候,人们将看到我对自己是多么落落大方。

我只谈一下我跟一般人意见不同的地方。我认为,一个孩子的教师应该是年轻的,而且,一个聪慧的人能够多么年轻就多么年轻。如果可能的话,我希望他本人就是一个孩子,希望他能够成为他的学生的伙伴,在分享他的欢乐的过程中赢得他的信任。在儿童和成年人之间共同的地方不多,所以在这个距离上永远不能形成十分牢固的情谊。孩子们有时候虽然是恭维老年人,但从来是不喜欢他们的[*]。

人们也许希望他的教师曾经是教过一次学生的,这个希望是太大了;同一个人只能够教一次学生,如果说需要教两次才能教得好的话,那么他凭什么权利去教第一次呢?

一个人有了更多的经验,当然可以做得更好些;但他是不可能这样做下去的。不论是谁,如果他相当成功地把这种事业完成一次之后,他就会感到其中的辛酸,因此就无心再从事这样的工作了;至于说他头一次就做得很糟糕,那就可以预断第二次也一定是很坏的。

我也认为,跟一个青年人相处四年,或教他二十五年,其间是有很大的差别的。你是在你的儿子已经成长的时候才给他找一个教师的;而我则希望他在出生以前就有一个教师。你所请来的这位教师每五年可以换一个学生;而我请来的这位教师则永远只教一个学生。你把教师和导师加以区别,这又是一种愚蠢的想法!你还区别不区别门徒和学生呢?只有一门学科是必须要教给孩子的:这门学科就是做人的天职。这门学科是一个整体,不管色诺

---

[*] 弗勒里神父也抱有这种看法,他希望教师要"有良好的风度、善于谈吐、面貌俊秀。不注意在这方面适应孩子们的偏好,结果,大部分孩子都不喜欢他们从一些年纪太大、头脑迟钝或性情忧郁的人那里学来的东西"。见《研究论文选集》第15篇。

芬❶对波斯人的教育说了些什么,反正这门学科是不可分割的。此外,我宁愿把有这种知识的老师称为导师而不称为教师,因为问题不在于要他拿什么东西去教孩子,而是要他指导孩子怎样做人。他的责任不是教给孩子们以行为的准绳,他的责任是促使他们去发现这些准绳。

如果说一定要十分仔细地挑选一个老师,那么,也必须容许老师去挑选他的学生,尤其在打算挑一个学生来做样子的时候更是如此。不能根据孩子的天赋和性格来挑选,因为,一方面只有在我的工作完成的时候才知道他有怎样的天赋和性格,另一方面我是在他出生以前就接受了他作为学生的。假如我能够选择的话,我便照我假想的学生那样选择一个智力寻常的孩子。我们要培养的,只是一般的平常人;只有他们所受的教育才能作为跟他们相同的人的教育的范例。

地方对人们的教养并不是没有关系的;人们只有在温带才能达到十分健全的境地。在两极地区显然是不利的。一个人并不像一棵树木那样栽在什么地方就永久留在那个地方;从地球的这端走到另一端的人,就不能不比从中部出发到达同一个尽头的人多走一倍的路。

一个温带地方的居民接连走过地球的两极,他所占的便宜更可以看得出来,因为,虽然他所受的变化同那个从地球的一端走到另一端的人是一样的,但他的自然的体质起变化的地方是不到一半的。一个法国人可以生活在新几内亚和拉普兰,但一个黑人却

---

❶　色诺芬(公元前 434—前 335):希腊历史学家。

不能同样地生活在托尔尼欧,一个萨摩耶人也不能生活在贝宁。此外,头脑的组织似乎在两极地方也是不够达到完善的。无论黑人或拉普兰人都没有欧洲人那样聪慧。因此,如果我希望我这个学生是居住在地球上的人的话,则我将从温带的地方挑选这个学生,例如说,在法国,就比在其他地方挑选的好。

在北方,人们在不毛的土地上消耗的东西多;在南方,他们在富饶的土地上消耗的东西少。因此又产生了另外一种差别,使北方的人十分勤劳,南方的人耽于沉思。在同一个地方,我们看到社会上穷人和富人之间也有类似这样的差别。穷人住的地方很贫瘠,富人住的地方很肥美。

穷人是不需要受什么教育的,他的环境的教育是强迫的,他不可能受其他的教育;反之,富人从他的环境中所受的教育对他是最不适合的,对他本人和对社会都是不相宜的。自然的教育可以使一个人适合所有一切人的环境,所以,与其教育穷人发财致富,不如教育富人变成贫穷;因为,按这两种情况的数字来说,破产的比暴发的多。所以,我们要选择一个富有的人;我们深信,这样做至少是可以多培养一个人的,至于穷人,他是自己能够成长为人的。

由于以上的原因,所以我不认为爱弥儿生长名门有什么不好。这毕竟是抢救了一个为偏见所牺牲的人。

爱弥儿是一个孤儿。他有没有父母,这倒没有什么关系。我承担了他们的责任,我也继承了他们的全部权利。他应该尊敬他的父母,然而他应该服从的只是我。这是我的第一个条件,或者说得确切一点,我唯一的条件。

我对上述条件还要附加一点,其实这一点也只是以上条件的继续而已。那就是，除了我们两人同意以外，谁也不能把我们分开。这一条是极关紧要的，我甚至希望学生和老师也这样把他们自己看作是不可分离的，把他们一生的命运始终作为他们之间共同的目标。一旦他们觉察到他们以后是要离开的，一旦他们看出他们有彼此成为路人的时刻，他们就已经成为路人了；各人搞各人的一套，两个人都一心想到他们将来不在一块儿的时候，因此，只是勉勉强强地相处在一起。学生把老师只看作他在儿童时候遇到的灾难，而老师则把学生看作一个沉重的负担，巴不得把它卸掉；他们都同样盼望彼此摆脱的时刻早日到来；由于他们之间从来没有真心诚意的依依不舍的情谊，所以，一个是心不在焉，一个是不服管教。

但是，当他们像从前在一起生活那样，彼此尊重，他们就会互相爱护，从而变得十分的亲热。学生不会因为在儿童时曾跟着的而到成年时又结为朋友的人学习而觉得羞愧；老师也乐于尽心竭力，等待收获果实，他赋予他学生的种种德行，就是他准备他老年时候享用其利益的基金。

这个预先做好的约定，假设了分娩是很顺利的，而且孩子也长得很好，又活泼又健康。一个做父亲的，在上帝赐予他的家庭中不能做任何选择，也不应该有偏心，所有他的孩子，都同样是他的孩子；他对他们都要一样地关心，一样地爱护。不管他们是不是残废的，不管他们的身体是弱还是强，他们之中每一个人都是一个寄存品，他应当考虑他手里的这个寄存品。婚姻不仅是夫妇之间的一项契约，也是同大自然订立的一项契约。

不论是谁，只要承担了不是大自然硬要他非承担不可的任务时，就应当先弄清楚完成这个任务的方法，否则对他将来办不到的事情也要承担责任。凡是照料体弱多病的学生的人，就把他所担负的老师的职责转变成护士的职责了；他把他应当用来增加生命的价值的时间都浪费于照料这样一个没有作用的生命；他将看到一个哭哭啼啼的母亲有一天会因为她儿子的死而责备他，其实他已经替她把那个儿子的生命保全了很长的时间。

一个身体多病的孩子，即使他能够活八十岁，我也是不愿意照管他的。我不愿意要一个对自己和对他人都一无用处的学生，因为他成天担心的，只是怎样保全自身，他的身体损害了他的精神的陶冶。我在他身上那样白白地大费心思，岂不是使社会受到加倍的损失，为了一个人而夺去它两个人吗？要是另外一个人来替我教这个病弱的孩子，我是同意的，而且对他的仁慈表示赞扬；可是我自己却没有这样的才能：我简直不知道如何教这个只想免于死亡的人怎样生活。

身体必须要有精力，才能听从精神的支配。一个好的仆人应当是身强力壮的。我知道放纵能刺激欲望，它久而久之也会摧残身体的；至于断食和少食，也往往由于相反的原因而产生同样的效果。身体愈弱，它的要求愈强烈；身体愈壮，它愈能听从精神的支配。所有一切感官的欲望都寓于娇弱的身体之中；它不仅不能满足那些欲望，却反而愈加刺激那些欲望。

虚弱的身体使精神也跟着衰弱。医药这一门学问对人类的毒害比它自认为能够医治的一切疾病还有害得多。就我来说，我不知道医生给我们治好了什么样的疾病，但是我知道他们给我们带来的病症实在是足以害死人的，例如懦弱、胆怯、轻信和对死亡的恐惧；所以，虽说他们能治好身体，然而他们却消灭了勇气。即使他们能叫死尸走路,对我们又有什么关系呢？我们需要的是人,但是我们就没有看见从他们手中救出过什么人来。

医学在我们这里很时髦,它应当是这样的。它是那些闲着没有事干的人的一种娱乐,这些人不知道怎样使用他们的时间,所以就把它消磨于怎样保全自己的生命。如果他们偏偏生成一个不死的人的话,他们也许就是人类当中最不幸的人了:永远不怕丢失的生命,对他们是一点价值都没有的。对于这些人,就需要医生去威胁他们,使他们感到得意,每天使他们感到自己唯一能够感到的快乐,即自己还没有死去的那种快乐。

我在这里不打算多谈医学的无用。我的目的只是从道德方面来考虑医学问题。然而我不能不说明的是,人们在医学的应用上,也在搞他们在真理的追求上所搞的那种诡辩。他们老是说,治疗病人就可以医好病人,寻求真理就可以找到真理。他们不知道,结算一下医生救活一条性命的账,就需要用一百个被他杀死的病人才能取得平衡,我们从发现的真理中获得了效益,然而同时发生的谬见也造成了错误,结果也是两相抵消。开导人的知识和医治人的医学,当然是非常之好的;但是,那种误人的知识和杀人的医学,就是很坏的了。要告诉我们怎样区别它们。问题的症结就在这里。如果我们懂得忽视真理,我们就永远不会受谎言的欺骗,如果我们不一反常态地去求助于医药,我们就绝不会死于医生之手;这两种节制的做法都是很明智的;照这种做法行事,显然能获得很大的好处。因此,我不争论医学对一些人是不是有用处,但是我要说它对人类是非常有害的。

有些人也许又会那样喋喋不休地向我说,错是错在医生方面,医学本身是不会错的。妙极了，那我们就要医学而不要医生好了；因为，只要医生和医学是连在一起的，则医生的错误之令人恐惧担忧，比医术的帮助之令人怀抱希望，其程度要大一百倍*。

这门虚假的艺术，是用来治心病而不是治身病的，但是，它对心病的功用，也并不比它对身病的功用大：它替我们医治的疾病，还不如它使我们感到的疾病的可怕的印象多；它没有推迟死亡，反而使我们预先感到死亡；它在消耗生命，而不是在延长生命，而且，即使它能延长生命，但对人类来说也是有害的，因为它硬要我们只关心我们自己而不关心社会，使我们感到恐怖而忘却责任。我们所以怕危险，是由于我们知道有危险；至于相信自己不会受任何伤害的人，他是无所恐惧的。诗人使阿基里斯具备了抵抗危险的武装，但这样一来，也就显不出他骁勇的特色，因为，任何人处在他的地位，都可以用同样的代价成为一个阿基里斯的。

如果你们想找到真正勇敢的人，就请到没有医生的地方去好了，在那里，人们是不知道疾病会带来什么后果的，是很少想到死亡的。人天生是能够不屈不挠地忍受痛苦、无牵无挂地死去的。正是医生所处的药方、哲学家讲述的教条和僧侣宣扬的劝世文，使人自甘堕落，忘记了应该怎样死去。

你们要我教一个学生，就不能再要以上这三种人来教他，否则

---

* 贝纳丹·德·圣皮埃尔❶在《世外桃源》的序言的第八个注释中告诉我们说，卢梭有一天向他谈过以下一段话："如果把我的著作再印一次新的版本的话，我将把其中所写的关于医生的看法说得温和一些。再没有什么职业是需要像他们的职业那样进行许多的研究了。在各个地方，他们都是真正的最有学问的人。"

❶ 贝纳丹·德·圣皮埃尔（1737—1814）：法国作家。

我是要拒绝的。我绝不愿意其他的人来搞坏我的事业；我希望单独教他，要不然，我宁可不插手这件事情。哲人洛克在一生中用了一部分时间研究医学以后，极力劝告大家说，无论是为了预防还是因为一点儿小病，都不要给孩子吃药。我还要提出进一步的主张，我声明，我没有替我自己请过什么医生，因此，除了爱弥儿的生命确有危险以外，我也是绝不替他请医生的，因为医生只有把他杀死，此外就没有办法对他施加更大的毒害。

我当然知道，医生是不会不利用这种延迟就医的做法而说话的。如果孩子死了，那就是因为请医生请得太迟了；如果孩子痊愈了，那就是他把他救活的。但愿如此：愿医生胜利，不过，特别是愿你们只是到了病人临终的时候才去请他。

孩子虽然不知道怎样治病，但是他应当知道他是生了病；这一种艺术可以补另一种艺术之不足，而且其成效往往还比较好些；这是自然的艺术。当动物生病的时候，它就不声不响地静静地忍受着，所以，我们看见呻吟憔悴的动物没有呻吟憔悴的人多。急躁、恐惧、焦虑，特别是药物，杀害了多少人啊，其实这些人的病是不至于把他们害死的，只要过一些时间就可以好起来的！也许有人会向我们说，动物由于它们的生活方式更适合于自然，所以不像我们这样容易感受疾病。说得好！我要我的学生采取的，正是这种生活方式；他采取这种生活方式，也可以得到同样的好处。

医学中唯一有用的部分，是卫生学；然而，卫生并不是一门科学，而是一种道德。节制和劳动是人类的两个真正的医生：劳动促进人的食欲，而节制可以防止他贪食过度。

要知道哪一种养生法对生命和健康最有用处，只需研究一下那些最健壮和寿数最长的人所采取的是什么样的养生法就够了。如果经过普遍的观察以后，我们找不到什么例子说明医药的使用给人类带来了更强健的身体和更长的寿命，甚至经过这一番观察后，发现这门艺术是没有用处的，那么，既然它是在白白地牺牲时间、人和物品，可见它是有害的。用来保持生命的时间，不仅是因为消耗了生命，必须从生命中减去，而且，这种时间是用来折磨我们的，所以它比零年零月零日还糟，它是负数；为了公平地计算起见，必须从我们余下的时间中把它刨出去。一个人活十年不请医生，对他自己和对旁人来说，他生活的时间，比之在医生手中过了三十年受难的生活的人，活的时间还多。前后两种生活我都做过试验，因此，我自信我比谁都有资格从其中得出这样的结论。

　　这就是我为什么只要健壮的学生的理由，这就是我在保持他有这样的健康体格时所采取的原则。我不打算详细证明体力劳动和身体锻炼对磨砺性格和增进健康有什么功用，这是谁也没有争论的；长寿的例子，差不多在所有最喜欢锻炼、最受得住劳累和最爱干活的人当中都是可以找得到的①。我也不打算详细论述为了达到这个唯一的目的，我将采取哪些关心照料的办法；人们以后可

---

　　①　以下是从英国报纸上摘引的一个例子，这个例子我是不能不谈到的，因为它提出的看法同我所论述的问题是有关系的。

　　"有一个名叫巴特里斯·奥尼尔的人，生于1647年，在1760年刚刚结过第七次婚。查理二世在位的第十七年，他在龙骑军中服役，以后又在各军团中服役到1740年方才获准退役。他曾经随从英王威廉和马尔波罗公爵出征。这个人向来是只饮普通的啤酒的；他坚持蔬食，只是在宴请亲友的时候才吃肉。他总是日出而起，日落就寝，除了值勤以外，是绝不改变这个习惯的。现在，他已年达一百一十三岁，耳聪体健，走路也不用手杖。尽管他年已高迈，但他一会儿也没有闲过；每个星期天，他都带着他的儿子，孙子和曾孙到教堂去做礼拜。"

以看到，在我的实践中，采取这些办法是如此的势所必然，所以只需讲一讲它们的精神，就不必再作其他的解说了。

有了生命，接着也就有了需要。新生的婴儿需要一个保姆。如果做母亲的愿意尽她的责任，那就太好了；我们可以写一些东西来指导她；因为这种好处也有它不好的一方面，它使老师和学生稍为疏远了一点。但是，由于孩子的利益，由于她对老师的尊敬，情愿把如此珍贵的一笔储蓄交托给他，因此可以相信，母亲是会重视老师的意见的；凡是她愿意做的事情，她将比另外一个人做得更好。如果我们必须找其他的人做保姆的话，那首先就要好好地选择这个人。

富人们倒霉的事情之一，是他们处处都受欺骗。所以说，如果他们对人的看法是很坏的话，又有什么值得惊奇的呢？使他们腐化堕落的，是财富；真是活该报应，头一个感受到他们所知道的这个唯一的工具的缺点的，也是他们自己。在他们家中，除了他们亲手做的事情以外，其他都是弄得挺糟糕的；可是，他们在家中差不多是从来不做什么事情的。要找保姆的时候，他们就请产科医生替他们找。其结果怎样呢？最好的保姆总是给产科医生钱多的那个人。因此，我是不同产科医生商量替爱弥儿找保姆这件事情的，我要亲自细心地挑选。在这方面，也许我不像外科大夫那样口若悬河地说出我的道理，但是，我的确是出自一片诚心，我的热情将不如他的贪婪那样欺骗我。

挑选保姆这件事并没有什么奥妙之处，它的法则是大家都知道的，不过，我不知道对乳母的年龄以及乳汁的质量是不是要加以更多的注意。新乳汁是十分稀薄的，它差不多是一种轻泻剂，用来清洗残剩在新生的婴儿肠子中的浓厚的胎便。以后奶汁就慢慢地浓厚起来，把一种比较凝固的营养品给予婴儿，这时候，他已经长得更加强壮，可以消化这种东西了。可见，在各种雌性的动物中，大自然之所以按吃奶的小动物的年龄而改变乳汁的浓度，并不是没有原因的。

因此，一个新生的婴儿需要一个新近才坐过月子的保姆。她有她的难处，这我是知道的；不过，人们一跳出自然的秩序，为了做好事情，大家都是有自己的难处的。唯一的权宜之计，就是把事情搞坏；人们所选择的，也就是这个办法。

保姆必须是一个身心两健的人：感情的放纵，也像脾气的暴烈一样，是会败坏她的奶汁的；再则，单单选择身体，那也只能达到半个目的，也许，奶汁好而保姆不好；好的品格和好的性情，同样是很重要的。如果找的是一个品行不端的妇女，那么，我虽不说她哺育的乳儿会沾染她的恶习，但是我要说，他将来是要吃她的恶习的苦的。她既然用乳汁哺育他，难道不应该热情、耐心和温存地照顾他？难道不应该把他收拾得干干净净的？如果她又贪吃又放荡，那么，她不久以后就会损坏她的乳汁；如果她是粗心大意的，或者性情是很急躁的，那么，这个既不能自卫，又不能诉苦的可怜的孩子，在她的摆布之下，将会变成什么样子呢？不论什么事情，邪恶的人是绝不能把它办好的。

保姆的选择之所以更加重要，是由于她所哺养的婴儿，除她以外，就不应再有其他的保姆，正如除了他的老师以外，他就不能再有其他的教师。这个习惯，在古人当中就已经是有了的；古时候的人虽不如我们好发议论，但比我们更加贤明。保姆哺育女孩子以后就不会再离开她了。所以在古人的戏剧中,扮演知心人的,大多数都是乳母,其原因就在这里。一个孩子,陆陆续续由几个人培养,是绝对培养不好的。每换一次人,他就要暗中把他们加以比较,这样一来,往往会使他对管教他的人愈来愈不尊敬,因而也就降低了他们对他的威信。如果有那么一次,他认为大人也并不比小孩子更明白多少道理,那么,年长的人的威信就会消失,对他的教育也就会失败的。一个孩子,除了他的父亲和母亲以外,就不能再有其他的长辈,在没有父母的时候,就只能以他的保姆和他的老师为他的长辈;而且在这两个人当中,有一个是多余的;不过,这样的分担是不可避免的;在这方面,我们只能够这样来补救,即:担负管教这个孩子之责的男子和妇女,在牵涉到孩子的事情上,要配合得如此恰当,以致在他看来,这两个人就如同一个人似的。

保姆的生活必须舒服一些,吃的东西也必须比较的丰富,但是她不应当把她的生活方式全部加以改变;因为一下子突然地和全部地改变她的生活方式,即使是从坏变到好,对健康来说也总归是有危险的;而且,她平常的养生方法既然已经让她或者已经使她长得很健壮,那么,叫她改变她的生活方式又有什么好处呢?

乡村的妇女比城里的妇女肉吃得少,蔬菜吃得多;这种素食的养生法,似乎对她们和她们的孩子是好处多于坏处的。当她们给中产之家的孩子做乳母的时候,人们便拿一锅一锅的肉给她们吃,以为肉汤和炖肉可以使她们有更好的乳糜、生更多的乳汁。我一点也不赞成这种办法;我有我的经验,我从经验中知道,这样养大的孩子,比其他的孩子更容易患腹痛和生肠虫。

这一点也不奇怪,因为肉食本来就是虫类丛生的;这种情况,在素食上就不会产生。乳汁虽然是在动物的身体内炼制而成的,但它是一种植物性食物①;我们把它加以分析,就可以看出来;它容易变酸;而且,它不仅不像动物性食物那样产生残余的挥发性碱质,反而像植物似地产生一种中性盐。

食草动物的奶,比食肉动物的奶更甜,对身体也更有益处。由于乳汁是由跟它同一种性质的东西构造成的,所以能够更好地保持它的性质,而且不容易腐败。如果说要看数量的话,大家都知道,淀粉比肉类能产生更多的血液,因此它们也一定能产生更多的奶。一个孩子,如果不是过早地给他断奶,如果断奶后只给他吃植物性食物,而且他的保姆也只吃蔬食,那么,要说他生肠虫的话,我是不相信的。

也许,植物性的营养品所产生的乳汁很快就会变酸;但是我绝不把变酸的奶看作一种不卫生的食物:有些民族,不喝其他的奶,他们全喝酸奶,喝起来也感到挺舒服;一切的中和剂,在我看来都是骗人的。有些人的脾胃因为不适于喝奶,所以任何中和剂都不能够把乳汁变得适合于他们的脾胃,至于另外一些人,即使不用中和剂,也能够喝奶。有些人害怕吃提炼过的或凝结的奶汁,这真是荒谬,因为大家都知道,奶汁在胃里总要凝结起来的。正是它要凝结起来,所以才能变成一种相当坚实的食物,以滋养婴儿或幼小的

---

① 妇女们吃面包、蔬菜和奶制品;母狗和母猫也吃这些东西;甚至母狼也吃草。因此,才使她们的乳里产生植物性的液汁。现在来检查一下那些完全吃肉类的动物的奶,看它里面有没有这样的东西,我所怀疑的,就是这一点。

动物；如果它不凝结，光从肠胃里流过去，是不能滋养他们的[①]。人们枉自用各种各样的方法把奶汁加以稀释，枉自用各种各样的中和剂，因为，无论是谁，喝了奶就得消化奶酪；这是没有例外的。胃的构造十分适合于凝结奶汁，所以制干酪用的胃膜也是拿小牛的胃来做的。

因此，我认为，改变乳母的平常的食物，是不必要的，只需使她吃的食物丰富一点，选择得好一点，就够了。素食之所以引起便秘，并不是由于食物的性质，它们之所以不卫生，完全是由于烹调的原因。你们必须改变你们的膳食的做法，不要把食物烤焦了，也不要用油炸；不要把牛油、盐和乳制品拿去煎炒；用水煮的蔬菜，要热腾腾地拿到桌子上以后才用上调料；素食不仅不使乳母便秘，反而会使她有丰富而优良的奶[②]。当大家已经明白素食法对婴儿是最有好处的时候，还能说肉食的养生方法对乳母最相宜吗？这两个方法是相互矛盾的。

空气对儿童的体格作用之大，特别是在生命开始的头几年更为显著。它穿过细嫩的皮肤上所有的毛孔，对那些正在成长的身体产生强烈的影响，给它们留下永不磨灭的印象。所以，我不主张把一个农家妇女从乡下请进城来，关在自己家里的一间屋子中喂孩子的奶，我宁肯叫孩子去呼吸乡村的好空气，而不愿意他呼吸城里的坏空气。他将像他那位新母亲一样的生活，住在她乡下的房

---

①　滋养我们的浆汁虽然呈液态，但它是从固体食物中压出来的。一个做工的人光是喝汤，很快就会把身体弄垮的。如果他喝奶，就会好得多，因为奶会凝固起来。

②　要深入地探讨毕达哥拉斯摄生法的种种优点和缺点的人，可参见科基医生和同他持相反意见的比昂基大夫所作的有关这个重要问题的论文。

子里,而他的老师也跟着他到乡下去。读者也许还记得,这位老师并不是一个雇用的仆人,而是他父亲的朋友。"但是,如果找不到这样一个朋友,如果这样迁移起来不方便,如果你提出的办法都行不通,又怎么办呢?"人们也许会这样问我的……,该怎么办,我已经告诉过你们了;用不着再请人在这方面出什么主意了。

人类之所以繁衍,绝不是为了要像蚂蚁那样地挤成一团,而是为了要遍布于他所耕种的土地。人类愈聚在一起,就愈要腐化。身体的不健全和心灵的缺陷,都是人数过多地聚在一起的必然结果。在动物中,人是最不宜于过群居的生活的。人要是像羊群似地挤在一起,不久以后就会全部消灭的。人的呼吸,对他的同类来说,是有致命的危险的;这一点,无论从实际或抽象方面说来都是真的。

城市是坑陷人类的深渊。经过几代人之后,人种就要消灭或退化;必须使人类得到更新,而能够更新人类的,往往是乡村。因此,把你们的孩子送到乡村去,可以说,他们在那里自然地就能够使自己得到更生的,并且可以恢复他们在人口过多的地方的污浊空气中失去的精力。乡村中的孕妇急于想到城里来生孩子;恰恰相反,妇女们应该是从城里到乡村去生孩子的,特别是那些愿意自己哺育孩子的妇女更应该这样。她们觉得不如意的地方,也许没有她们想象的那么多;住在一个对人类更觉自然的环境里,尽了自然的责任,跟着也就获得了快乐,而这样的快乐,不久就会使她们再也没有兴味去享受那些同这种责任无关的快乐了。

在分娩以后,人们就先用温水洗涤婴儿,而且在温水里一般还加一点酒。我觉得,在水里加酒,是不必要的。由于大自然并未产生任何酵素，所以我不相信人工制造的酒对大自然创造的人的生命有什么用处。

由于同样的理由，所以也不是非要那样小心翼翼地把水加热不可的；事实上，有许多的民族就不用别的，单单把新生的婴儿放在河里或海里洗一洗就行了；可是我们的孩子，由于父母的体质单薄，在未出生以前就已经是把身体弄得很软弱了，所以来到世界上的时候就带来了一种娇气，不能马上就去受那些可以使他们恢复健康的种种锻炼。只能够一步一步地使他们恢复元气。开头还是照习惯做，然后才逐渐逐渐地摆脱习惯。要经常给孩子洗澡，他们搞得很脏，这就表明他们是有这种需要的。如果只给他们擦澡，那就会伤害他们的皮肤；随着他们的体质愈来愈强壮，就可以逐渐减低水的温度，一直到最后，无论夏天或冬天都可以用冷水甚至冰水洗澡。为了不至于使他们受到什么伤害，就需要慢慢地、一次一次地、在不知不觉中降低水的温度，我们可以用寒暑表来准确地测量这种降低的度数。

这个洗澡的习惯一经养成以后，就不要中断，应该一生都把它保持下去。我之所以这样重视这个习惯，不仅是为了清洁和眼前的健康，而且是把它当作一个增强体质的办法，使肌肉的纤维更柔和，使他们在应付不同程度的暑热和寒冷的时候，既不感到吃力，也没有什么危险。为此，我希望他们在长大的时候，要慢慢养成这样的习惯：有时候，身体受得住多热，就用多热的水洗，而且常常在尽可能寒冷的水中沐浴。这样一来，由于水是一种密度更大的流体，使我们受到影响的地方比较多，而且作用也大，所以只要习惯于忍受不同温度的水之后，对于空气的温度差不多就没有什么感觉了。

当婴儿脱离衣胞,开始呼吸的时候,就不要把他裹在比衣胞还包得紧的襁褓里了。不要给他戴什么帽子,不要给他系什么带子,也不要给他包什么襁褓;给他穿上肥大的衣服,让他的四肢能够自由,既不沉重到妨害他的活动,也不暖和到使他感觉不出空气的作用①。把他放在一个垫得好好的摇篮里②,让他在里面没有危险地随意活动。当他的体质开始增强的时候,就让他在屋子里爬来爬去,让他发展,让他运动他小小的四肢;这样,你将看到他一天一天地强壮起来。把他跟一个用襁褓包得紧紧的同年的孩子一比,你将对他们的发育的差异之大,感到惊奇③。

───────────────────

① 婴儿在城市中,由于经常关在屋子里,而且穿上很多的衣服,所以是非常闷气的。管理他们的人必须知道,冷空气不但对他们没有害处,反而能增强他们的体质,而热空气则将使他们的身体衰弱,使他们发烧,甚至伤害他们的生命。

② 我之所以要说"摇篮",是因为没有其他的字眼,所以只好用这个惯用的词儿;因为我相信,把婴儿放在摇篮里摇来摇去,是完全没有必要的,而且,这个习惯往往对他们还有害处。

③ "古代的秘鲁人,把婴儿放在一个很宽大的包布里,让他们的手臂能自由活动;当他们把婴儿从包布里抱出来的时候,他们就把他自自在在地放在地上的坑里,坑里垫着布,把孩子的半个身子放进去,这样,他的胳臂就可以不受拘束,而且头部也能够活动,还可以随意地弯曲身子,既不怕跌,也不怕受伤;当他能够举步的时候,母亲就在离孩子稍远的地方把乳头给他看,像一个香饵似的,使他不能走过去吃。黑人的孩子,有时候是在一个使他感到非常费劲的位置上吃奶的;他用膝和脚盘着他妈妈的臀部,紧紧地抱着她,所以,即使她不用手去帮他一把,他也是能够攀在她身上的。他用手抓着乳房,尽管他妈妈在这个时候还是照常干活,动来动去的,但他仍不慌不忙地继续吮吸,而且还不会跌下来。这些孩子,从第二个月起就开始走路,或者说得确切一点,从第二个月起就用手和膝开始学爬了。这种练习,可以使他们在以后能够用这种姿势跑起来同用脚跑差不多是一样的迅速。"《博物学》,第4卷,12开本,第192页。

除了这些例子以外,毕丰先生还应该举一下英国的例子,在英国,蛮不讲理地用襁褓硬把婴儿包起来的事情,已经一天一天地消除了。此外,再请参见路伯尔的《暹罗旅行记》和勒博先生的《加拿大游记》等书。如果需要用事例来证实这一点的话,我可以举出二十页之多的例子。

应当估计到,乳母是会提出强烈的反对的,因为,把手足捆得紧紧的孩子,比需要经常加以看管的孩子所给她的麻烦少得多。此外,穿着宽大的衣服,也容易使人看出孩子的肮脏样儿来,因此就必须常常洗涤。最后,她们还可以用风俗习惯来作为反对的论据,因为这在有些地方,无论什么地位的人都是不能随便加以反对的。

你不要同乳母讲什么道理,你命令她做,看着她做就行了,为了使你规定的事项做起来很顺利,你必须不辞劳苦。你为什么不分担这些事情呢?在平常的教养方面,大家只关心孩子的体格,只要他活着,身体不衰弱下去,其他就无关紧要了;可是这里所说的,教育是随生命的开始而开始的,孩子在生下来的时候就已经是一个学生,不过他不是老师的学生,而是大自然的学生罢了,老师只是在大自然的安排之下进行研究,防止别人阻碍它对孩子的关心。他照料着孩子,他观察他,跟随他,像穆斯林在上弦到来的时候守候月亮上升的时刻那样,他极其留心地守候着他薄弱的智力所显露的第一道光芒。

我们生来就是有学习的能力的,不过在生下来的时候什么也不知道,什么也不明白罢了。我们的心灵被束缚在不完善和不成熟的器官里,甚至对它本身的存在也感觉不出来,初生的婴儿的动作和啼哭,纯粹是出于机械的效果,其中是没有什么意识和意志的。

假使一个孩子生下来的时候就具有成人的身材和体力,假使他出生的时候,比方说,就从母腹中带来了种种的装备,宛如帕拉斯从丘比特的脑壳里跳出来就带着武器似的❶，那么，这个小大人将是一个十足的傻瓜。一个机器似的人，一个不活动和差不多没有知觉的铸像：他什么也看不见，什么也听不到，一个人也不认识，也不知道把眼睛转过去看他需要看的东西，他不仅看不见他身子以外的任何物件，甚至感觉器官促使他观看的东西，他也不能把它反映到感觉器官里去；他的眼睛不能辨别颜色，耳朵不能辨别声音，身体接触到任何物体也没有感觉，他甚至不知道他有一个身体；他的手接触到什么东西，他脑子里才知道有什么东西；他的一切知觉都集合在一点上，而且只是存在共同的"感觉中枢"里；他只有一个观念，即"我"的观念，他使他的知觉都要符合这个观念；而这个观念，或者说得更确切一点，这个感觉，也许就是他比一个普通儿童唯一具备得多些的东西。

这个人由于一下子就长大了，所以也不会用两脚站立；他需要花很多的时间去学习怎样才能站得平稳，也许他连试站一下也不知道怎样试法，你们将看到，这个高大强壮的身躯只能像一块石头似地待在原地不动，或者像一只小狗似地爬行。

身体的需要将使他感到难受，然而他又不知道究竟需要些什么，也想不出用什么方法去满足。在胃和手足的肌肉之间没有任何直接的联系，因此，即使周围都是食物，他也不知道向前迈一步

---

❶　帕拉斯：即希腊神话中的雅典娜，为丘比特和美迪斯的女儿。据说，丘比特（即希腊神话中的宙斯）在他的妻子怀着帕拉斯的时候，疑心他未来的孩子将胜过他，代替他为万神之首，因此就把他的妻子吞下肚去。后来，普罗米修斯用一把利斧把丘比特的头砍开，帕拉斯便从他的脑壳里跳了出来，而且跳出来的时候，手里还拿着矛和盾牌。

或伸出手去拿取;由于他的身子已经成长,他的四肢已经充分发达,而且不像婴儿那样地动个不停,所以,也许他还没有做任何寻找食物的行动以前,就已经饿死了。只要稍稍回想一下我们获得知识的次序和进度,我们就不能否认,一个人在没有获得自己的经验或学会他人的经验以前,他天然的无知和愚昧的原始状态大概就是如此。

人们知道,或者说,人们可以认识到,我们当中每一个人都应该从头一点做起,方才可以达到通常的理解程度;但是,谁知道终点在哪里呢?每一个人的进步是多一点还是少一点,这要看他的天资、他的兴趣、他的需要、他的才能、他的热情以及他所抓紧的机会。我还不知道哪一个哲学家竟敢这样大胆地说:"一个人只能达到这个极限,他再也不能超过了。"我们不知道我们的天性许可我们成为怎样的人,我们当中谁也没有测量过这个人和另一个人之间有多大的距离。人的灵魂竟卑贱到永远也激发不起这样的思想,而且有时候不敢骄傲地对自己说:"我已经超过那个尽头多么远了!我还可以达到更高的境界!为什么让同我相等的人比我走得更远呢?"

我再说一次:人的教育在他出生的时候就开始了,在能够说话和听别人说话以前,他已经就受到教育了。经验是先于教育的;在他认识他的乳母的时候,他已经获得了很多的经验了。如果我们追溯一下最粗野的人从出生一直到他长到目前为止的进步过程,我们就将对他的知识之多感到惊奇。如果我们把人的知识分为两部分,一部分是所有的人共有的,另外一部分是学者们特有的,那么,把后者同前者一比,就显得是太渺小了。可是,我们是不大重视我们所获得的一般的知识的，因为它们是我们在不知不觉之中甚至是在未达到有理智的年龄以前获得的；此外，学问之所以受到重视，只是因为有它的差别，而且，正如在代数方程式里一样，是因为公有数是不加计算的。

甚至动物也能学到很多的东西。它们有感觉，它们必须学会使用它们的感觉；它们有种种需要，它们必须学会满足它们的需要；它们必须学会吃东西，学会走路，学会飞翔。四足动物从出生的时候起就能站立，但是并不因此就知道怎样行走，我们从它们开始走的那几步来看，就明白它们是在做没有把握的尝试。逃出笼门的金丝雀是不会飞的，因为它从来没有飞过。对有生命和有感觉的生物来说，所有一切都是教育。如果植物能向前行动的话，它们就必须具有感觉，必须获得知识，否则它们的种类很快就会消灭。

孩子们最初的感觉纯粹是感性的，他们能感觉出来的只是快乐和痛苦。由于他们既不能走路，又不能拿东西，所以他们需要很多的时间才能逐渐养成见物生情的感觉；但是，当那些事物时而展现时而离开他们的视线，并且在他们看来是有其大小和形状的时候，感性的感觉又反过来使他们受到习惯的支配；我们看见，他们的眼睛不断地转向阳光，如果光线是从旁边射来的，他们的眼睛在不知不觉中将转到那个方向，以致我们应当想办法使他们的脸背过阳光，以免他们变成斜视眼或养成侧视的习惯。他们应当趁早习惯于黑暗，否则他们一看见阴郁的情景就要哭叫。过分严格地规定饮食和睡眠，将使他们觉得每隔一定的时间之后，就必须进那样多的饮食和睡那样多的觉，以致不久以后，他们之所以想吃想睡，就不是因为有所需要，而是由于有了那样的习惯，或者说得更确切一点，习惯使他们在自然的需要之外又增加了一个新的需要，这是必须预先防止的。

应该让孩子具有的唯一的习惯，就是不要染上任何习惯；不要老用这只胳臂而不用另一只胳臂抱他；不要他习惯于常常伸这只手而不伸另一只手，或者老是用那只手；不要到了那个钟点就想吃、想睡、想动；不要白天黑夜都不能够独自待在那儿。应该趁早就让他支配他的自由和体力，让他的身体保持自然的习惯，使他经常能自己管自己，只要他想做什么，就应该让他做什么。

从孩子开始对事物有辨别能力的时候起，就必须对我们给他的东西加以选择。当然，所有一切事物都使人发生兴趣。他自己觉得他是那样的柔弱，以致凡是他不认识的东西，他都感到恐惧；看见新事物而不受其影响的习惯，可以破除这种恐惧。在没有蜘蛛的干干净净的房子里养大的孩子，是害怕蜘蛛的，这种害怕的心理，往往到成人时还保持着。我从来没有看见过乡下的人，无论男子、妇女或小孩，害怕蜘蛛。

既然是单凭我们选择给孩子看的东西，就足以使他养成一个胆小或勇敢的人，那么，为什么不在他开始说话和听话以前就对他进行教育呢？我希望人们使他习惯于看新事物，看丑恶的和讨厌的动物，看稀奇古怪的东西，不过要逐渐地先让他在远处看，直到最后对这些东西都习惯了，并且，从看别人玩弄这些东西，到最后自己去玩弄这些东西。如果在童年的时候看见蟾蜍、蛇和大海虾都不怕，那么，到他长大的时候，不管看见什么动物他也不会害怕了；天天都看见可怕的事物的人，就不觉得它们可怕了。

　　所有的孩子都害怕面具。我起初拿一个样子好看的面具给爱弥儿看,然后叫一个人站在他面前把面具戴在脸上,于是,我就开始发笑,所有的人都笑,而孩子也就跟着大家笑起来了。我就逐渐地让他习惯于看一些比较难看的面具,最后就看样子丑恶的面具,如果我把进度安排得非常好,那么,到最后一个面具的时候,他不但不害怕,反而会像看见头一个面具那样发起笑来。从此以后,我就不再担心别人用面具来吓他了。

　　当赫克托[1]向安德罗马克[2]告别的时候,小阿斯塔纳克斯[3]被他父亲头盔上飘动的羽饰吓了一跳,于是就认不出他的父亲来,哭哭啼啼地扑到乳母的怀里,使他的母亲一边含着眼泪一边又苦笑起来;应该怎样来消除这种恐惧呢? 赫克托是这样做的:他把头盔放在地上,然后去逗弄孩子。在孩子稍稍安静下来的时候,赫克托也没有到此就算了;他走到头盔那里,玩弄羽毛,并且叫孩子也来玩弄;最后,如果一个妇女敢用手去拿赫克托的兵器的话,乳母就该走过去把头盔拿起来,一面笑着,一面把它戴在自己的头上。

　　如果说要锻炼爱弥儿听惯枪声的话,我就先在短铳里点一个信管,这突然而眨眼即灭的火焰,这闪光,将使他感到欢喜;跟着,我又多加一点火药,再做一遍;我逐渐地用短铳发射少量的没有弹塞的弹药,然后再发射较多的弹药,最后我就能够使他习惯于长

---

　　[1]　赫克托是特洛伊战争中特洛伊方面最骁勇善战的英雄;参见荷马史诗《伊利亚特》。

　　[2]　安德罗马克是赫克托的妻子。

　　[3]　阿斯塔纳克斯是赫克托和安德罗马克的儿子。

枪、臼炮和大炮的射击以及最吓人的爆炸了。

　　我曾经观察过,孩子们是不怎么畏惧雷鸣的,除非那霹雳的声响确实可怕、震耳欲聋,否则他们是不害怕的,只有在他们知道有时候雷是可以伤人或打死人的时候,他们才会产生惧怕的心理。当理智开始使他们感到恐惧的时候,我们就要用习惯使他们振奋起来。只要我们循序渐进,就可以使大人和孩子对一切都无所畏惧了。

　　在生命开始的时候,记忆力和想象力尚处在静止的状态,这时候,孩子所注意的只是在目前对他的感官起影响的东西;由于他的感觉是他的知识的原料,所以要按照适当的次序让他产生感觉,这就要培养要他的记忆力,使它有一天能按同样的次序把这些原料供给他的智力;不过,由于他只知道注意他的感觉,所以先给他清楚地指出这些感觉和造成这些感觉的事物之间的联系就够了。他什么东西都想去摸一摸,什么东西都想去弄一弄:他这样地动个不停,你绝不要去妨碍他,因为这可以使他获得十分需要的学习。正是这样,他才能学会用看、摸①和听的办法,特别是把看见的样子和摸着的样子作一个比较,以及用眼力来估计他用手指摸一下会有怎样的感觉——学会用这些办法来了解物体的冷热、软硬和轻重,来判断它们的大小、它们的样子和能够感觉出来的种种性质。

　　我们只有通过行动,才知道有些东西不是同我们一体的;只有通过我们自己的行动,我们才能获得远近的观念。一个孩子因为没有这个观念,所以不管物件是挨在他身边或是离开他一百步远,

_____

　　①　在孩子们的感觉器官中,嗅觉器官的发达是最迟的:一直到两三岁的时候,他们好像还嗅不出好的或坏的气味来;我们发现,他们像一些动物那样,对气味是不在乎的,或者说得更确切一点,是没有感觉的。

他都没有分别地伸手去拿。他是那样地使劲,以致在你看来认为是一种指挥的信号,是命令物件到他身边,或者命令你把它拿到他那里;其实不是这样的,只是因为最初出现在他脑子里的东西,然后又出现在他的眼睛里,而现在他认为就在他的手指前边;他只能想象他伸手即可触及的距离。因此,应该使他们常常走动,把他们从一个地方带到另一个地方,使他们感觉到地方的变换,以便使他们学会怎样判断距离。当他们开始能够分辨远近的时候,就需要改变方法,就不应当喜欢抱他们到哪里,就抱他们到哪里,也不应当照他们的意思高兴到什么地方,就到什么地方;因为,只要他们的感觉没有弄错,他们的行动就要随原因而改变。这种改变是值得注意的,需要加以解释的。

当别人的帮助对于满足需要成为必要的时候,由于这种需要而产生的不舒服感觉,就用信号表达出来。孩子之所以啼哭,就是由于这个原因;他们哭的时候很多,这是必然的。他们的种种感觉既然是感性的,所以当他们感到舒服的时候,他们就不声不响地享受,当他们觉得难过的时候,他们就用他们的语言说出来,要别人来解除他们的痛苦。只要他们是醒着的,他们差不多就不能够处在无感觉的状态;要么,他们是睡着的,否则就有所感受。

我们所有的一切语言都是艺术作品。长期以来,人们就在探寻是不是有一种人人共同的自然语言。毫无疑问,这样一种语言是有的,那就是孩子们在懂得说话以前所用的语言。这种语言不是咬清音节发出来的,但他们的声音是有抑扬的、响亮的、可以理解的。由于使用了我们的语言,就使我们对这种语言加以轻视,竟至把它完全忘记了。我们对孩子们进行研究,马上就会从他们那里重新学会这种语言。乳母就是教我们学这种语言的老师；她们听得懂她们所哺育的乳儿所说的一切话，她们能够回答他们，她们和他们都能清楚地了解对方的谈话；虽然她们说的是一些字眼，但这些字眼完全是没有用的；他们听懂的，并不是这些字眼的意思，而是伴随这些字眼的声调。

除了声语之外，还有手势语，其效力并不比前者差。不过，这种手势不表现在孩子们的柔弱的手上，而表现在他们的脸上。在这些还未长成的脸上竟有表情，这是很令人惊异的：他们的面貌以难以想象的速度随时变化着，你可以在他们的脸上看见微笑、欲望和恐惧像闪电似地出现，又像闪电似地消逝；每一次都使你觉得，你所看见的是另外一个面孔。他们面部的肌肉当然比我们面部的肌肉更灵活。然而，他们的眼睛却很迟钝，差不多是一无表情的。在他们那样的年龄，只有物质的需要，所以他们的信号应该是这种形式：感觉表现在脸相上，而感情则表现在目光上。

由于人最初是处在艰难和柔弱的境地，所以他最初的声音是悲泣和啼哭。婴儿觉得他有所需要，而自己又不能满足这种需要，于是哭起来，恳求别人的帮助；如果他饿了或渴了，他就啼哭；如果他太冷了或者太热了，他就啼哭；如果他需要活动，而人们又硬要他休息，他就啼哭；如果他想睡，而人们又打扰他，他就啼哭。他的生活愈不能由他支配，他就愈是经常地要求人们对它加以改变。他只有这一种语言，其原因，可以说是由于他身上只有一种不舒服的感觉；由于他的器官尚未发育完善，所以他还不能辨别它们不同的感受；所有一切不如意的事情，对他来说都能形成痛苦的感觉。

　　这些哭声，人们认为是一点也不值得注意的，然而从其中却产生了人和他周围的一切环境的第一个关系：用来构成社会秩序的那条长长的锁链，其第一环就是建造在这里的。

　　当孩子啼哭的时候，他是感到很不舒服的，他有他自己不能满足的某种需要：我们要进行观察，研究他需要什么，找出他的需要之后，加以满足。当我们研究不出他需要什么，或者不能加以满足的时候，他就继续啼哭，而我们感到厌烦；于是哄哄他，好叫他闭嘴不再啼哭，要不然就轻轻摇他，或者唱个歌儿催他入睡；如果他还是啼哭，我们忍耐不住了，于是吓他；粗暴的保姆有时候还打他。在他开始生活的时候，他所受到的奇怪的教育就是如此。

　　在那些讨厌的哭哭啼啼的孩子当中，我曾经看见有一个就是这样挨保姆打的，这件事情，我永远也不会忘记。他马上闭嘴不哭，我以为他是被吓到了。我心里想，这个孩子将来也许是一个奴隶成性的人，只要用严厉的手段就可以逼着他干这干那的。我想错了；这个挨打的孩子，憋着一肚子愤怒，连呼吸也呼吸不出来；我看见他脸都变青了。隔了一会儿，他大声地哭起来，像这样年纪的孩子，他所有的怨恨、愤怒和失望，在那高昂的哭声中都表露出来了。我担心，他这样激动是会气死的。如果说，我怀疑过在人类的心中是不是天生就有正义感和非正义感的话，单单这个例子就足以使我消除我的怀疑。我相信，假使有一块火辣辣的炭偶尔掉在这孩子的手上的话，也许他觉得，还没有像轻轻地，然而是存心侮辱地打他一下那样痛咧。

　　孩子们的这种易于激动和愤怒的性情，是需要十分小心地对待的。波尔哈维❶认为,小孩的疾病大部分都是痉挛性的,因为他们的头按比例说来比成人的重,他们的神经系统比成人的散布得广,神经质的人最容易受刺激。千万不要让仆人们接近孩子,因为他们常常使孩子感到厌恶,感到恼怒,感到心烦;对孩子们来说,他们比空气和季候的伤害,还危险一百倍。要是孩子们只是在事物方面而不是在意志方面受到阻碍的话,他们是不至于表示反抗或愤怒的,而且是能够保持身体健康的。所以,为什么自由自在、无拘无束的人的孩子,同那些自以为用时时刻刻干预他的行动的办法能培养得更好的人的孩子相比,不仅不那样的虚弱多病,反而更结实,其中的原因之一就在于此;不过,始终要注意的是,在顺从他们的心意和违反他们的心意之间,有很大的差别。

孩子们起先哭的几声,是一种请求,如果你不提防的话,它们马上就会变成命令的;他们的啼哭,以请求别人帮助他们开始,以命令别人侍候他们告终。这样,由于他们本身的柔弱,所以他们起先是想依赖,随后才想驾驭和使役别人;不过,这种想法的产生,其原因不是由于他们的需要,而是由于我们的服侍,在这里我们开始发现了不是直接由天性产生的道德的影响;我们可以看出,为什么从这头一年起就必须分辨,他们做出那样的表情或发出那样的哭声,究竟有什么秘密的意图。

当小孩一声不响地使劲伸手的时候,因为他不能估计他同他想拿的东西之间的距离,所以他以为他是够得着那个东西的;他的想法当然错了;但是,当他一边又在闹又在哭,一边又在伸手的时

---

❶ 波尔哈维(1668—1738):荷兰内科医学家。

候,那就不是他弄错了距离,而是在命令那个东西到他那里去,或者命令你把它拿给他。在前一种情况下,你一步一步慢慢地把他抱到他所要的东西那里;在第二种情况下,你不只是假装没有听见,而且,他愈是哭,你就愈不理他。必须趁早使他养成这样一种习惯,即:不命令人,因为他不是谁的主人;也不命令东西,因为东西是不听他的命令的。所以,当一个孩子希望得到他所看见的和别人准备拿给他的东西时,最好还是把他抱到他想得到的东西那里,而不要把东西拿过来给他:这样做,他就能够明白其中的含义,这种提示方法是适合于他的年龄的,而且还没有任何其他的办法可以启发他明白这一点。

　　圣皮埃尔神父❶称成人为"大孩子";我们可以反过来把小孩叫"小大人"。这些提法,作为箴言来说,有它的真实性,但作为原理,就需要加以解释了。不过,当霍布斯❷称坏人为"强壮的孩子"时,他就把事情简直说反了。所有一切的坏事都是来源于柔弱,孩子之所以淘气,只因为他是很柔弱的;假使他的身体健康有力,他就会变得挺好的:事事都能干的人,绝不会做恶事*。在万能的上帝的一切属性中,没有善这样一个属性,就很难想象有上帝。凡是承认两个原理的人,总是认为恶不如善,没有这种认识,他们就会做出荒唐的假设。请参看后面《一个萨瓦省的神甫的信

---

　　❶　圣皮埃尔神父(1658—1743):法国著述家,著有《永久的和平计划》等书。

　　❷　霍布斯(1588—1679):英国哲学家,机械唯物主义的代表人物,他的社会政治观点具有明显的反民主的倾向。

　　*　"心灵伟大,就必然性情温和,因为一切残忍都出于柔弱。"见塞涅卡:《论幸福的生活》第5章。

仰自白》①。

只有理性才能教导我们认识善和恶。使我们喜善恨恶的良心，尽管它不依存于理性，但没有理性，良心就不能得到发展。在达到有理智的年龄以前，我们为善和为恶都不是出于认识的；在我们的行为中无所谓善恶，尽管有时候在感情上能对别人涉及我们的行为分辨善恶。一个孩子总想搞乱他所看见的东西；凡是他能拿到的物品，他都把它打个粉碎；他像捏石头似地捏着一只鸟，把鸟儿捏死了，他还不知道他干了什么哩。

为什么会这样呢？首先，哲学家用人类天生的缺陷、骄傲、好胜、自尊和邪恶来解释这种现象；也许再补充一点，说什么由于孩子感到自己的柔弱，所以巴不得做一些用劲的动作，亲自试验一下自己的力量。可是，请看一看那衰弱多病的老年人，由于人的生命的循环，又使他回到了孩子们那样的柔弱状态，他不仅常常是一动不动地、安安静静地待着，而且还希望他周围的一切也是那样的平静；有一些小小的变动，就会使他感到混乱和不安，他希望看到宇宙万物都是那样的宁静。如果起因没有改变，为什么与同样欲望相联系的同样软弱在老人和小孩之间会产生这样不同的结果呢？如果不是由于老人和小孩的身体状况不同，那么，又到什么地方去找这种变化的原因呢？就生命的活力说，这两种年龄的人都同样是有的，然而在孩子的身上正在发展，在老人的身上正在消逝；一个在成长，一个在毁灭；一个是走向生活，一个是趋向死亡。聚集在老年人心中的活力，正在衰退；然而在孩子的心中，活力却极其

---

① 见《卢梭全集》，第七卷。

旺盛,正在向外扩张,可以说,他觉得他的生命足以使他周围的一切都活跃起来。不管他是在制作什么东西还是在破坏什么东西,这是无关紧要的;只要他能改变事物的现状就够了,所有的改变都是一种活动。如果说在他身上似乎是破坏的倾向较多,其原因也不在于邪恶,而是由于制作东西的活动总是迟缓的,而破坏东西的活动由于是比较的迅速,所以更适合于他的活泼的性情。

造物主在把这种生命的活力赋予孩子的同时,又小心翼翼地只让孩子们轻轻地去使用这种活力,以免造成危害。但是,一旦他们把周围的人都看作工具,他们就会依赖这些人去进行活动,就要利用这些人去追求他们的欲望,弥补他们自己的弱点。他们之所以变得讨厌、蛮横、傲慢、捣乱和不服管教,其原因就在于此;至于所以有这种发展,并不是由于他们有天生的治人的心理,而是在这一发展的过程中使他们形成了这种心理;因为,不需要多么久的经验,他们就会感觉到,用别人的手去干活,只消动一动嘴就可以移动万物,是多么舒服。

在长大的时候,他们就获得了力量,就没有那样的扰攘不安、动个不停,就能够大大地自己克制自己。精神和肉体可以说是取得了平衡,而大自然要求我们的也只是为了保持我们自身所需要的活动。但是,使役他人的欲望,并没有随着产生这种欲望的需要而消灭。驾驭他人的心理唤起和助长了人的自尊,而习惯又加强了这种自尊的心理。这时候,奇异的幻想便跟着需要而产生;这时候,我们的偏见和个人的见解就扎下了最初的根。

一旦明白了这个原理,我们就可以很清楚地看到我们是在什么地方离开了自然的道路的;我们要看一看,要坚持这条道路应该怎样办。

孩子们不仅没有多余的力量，甚至还没有足够的力量来满足大自然对他们的要求；因此，必须让他们使用大自然赋予他们的一切力量，这些力量，他们是不至于随便滥用的。这是第一个准则。

一切身体的需要，不论是在智慧方面或体力方面，都必须对他们进行帮助，弥补他们的不足。这是第二个准则。

在给他们以帮助的时候，应当只限制在他们真正需要的时候才帮助他们，绝不能依从他们胡乱的想法和没有道理的欲望，因为，胡乱的想法不是自然的，所以即使不使它实现，也不会使孩子们感到难过。这是第三个准则。

应当仔细研究他们的语言和动作，以便在他们还不知道装样的年岁时，辨别他们哪些欲望是直接由自然产生的，哪些是由心里想出来的。这是第四个准则。

这些准则的精神是，多给孩子们以真正的自由，少让他们养成驾驭他人的思想，让他们自己多动手，少要别人替他们做事。这样，尽早就让他们养成习惯，把他们的欲望限制在他们力所能及的范围内，他们就不会尝他们力不从心的事情的苦头了。

这里，我们又找到了一个十分重要的新的理由，说明为什么只要注意到不让孩子有跌倒的危险，不让他们的手接触一切可以伤害他们的东西，我们就应该让他们的身体和四肢绝对自由。

身体和手臂都自由的孩子，一定比束缚在襁褓里的孩子哭的次数少些。只知道身体需要的孩子，只有在受到痛苦的时候才会哭；这有很大的好处，因为这样，我们可以确切地知道他什么时候需要帮助，而且，如果可能的话，马上就给他以帮助。但是，如果你不能够解除他的痛苦,你就应当镇镇静静的,切不可用抚弄的办法叫他不哭;你对他的宠爱不仅医不好他的肚子痛,反而使他懂得怎样取得你的疼爱,一旦他知道你可以随他摆布,他就变成了你的主人,这一下全都完了。

　　孩子们在活动中受到的阻碍愈少,他们哭的时候也愈少;你对孩子们的哭愈是不感到厌烦,你就愈是不会为了要使他们不哭而自找罪受;你少去吓他们或者惯他们,他们也就没有那样的胆怯或倔强,也就能够更好地保持他们的自然状态。正是因为我们没有在孩子们哭的时候就让他们去哭,而是一听见他们哭就殷勤地去抚爱他们,所以才使他们一阵阵地猛然哭起来;我的证明是:没有人管束的孩子,是不像其他的孩子那样爱哭的。我绝不赞成大家因此就放下孩子不管了,相反,应该首先就要预料到他们想做些什么,不要等到他们哭起来的时候才知道他们有什么需要。但是,我也不愿意使他们误解了对他们的关心照料。因为,他们一知道他们的啼哭有那么多用处以后,他们为什么不采用哭的办法呢? 当他们知道,你要他们不哭,必须付出代价的时候,他们不会随便要一点点价钱就了事的。到最后,他们索取的代价竟那么高,以致你付不起;这样一来,如果哭了一阵达不到目的的话,他们就会拼命地哭,弄得精疲力竭,甚至哭死为止。

　　一个孩子如果长时间地哭个不完,其原因既不是受到了束缚,也不是因为生病或缺少什么东西,那么,这样的哭就只是由于习惯或执拗的脾气。这不是大自然的作品,而是由保姆造成的,因为她不知道对孩子的一再啼哭要加以忍耐,所以结果反而使他哭的时间大为增加,她没有想到,今天虽使孩子不哭了,但却使他明天哭得更凶。

唯一能够纠正或防止这个习惯的办法，就是任他怎样哭，你也不去理他。谁也不喜欢做白费气力的事情，就连孩子也是这样。他们在开始尝试的时候，是很顽强的，但是，如果你们坚定的程度比他们倔强的程度还大的话，他们就会打断念头，不再来这一套了。这样，你们就可以使他们哭的时候要少些，使他们养成习惯，只有在痛得不得已的时候才哭出来。

此外，当他们由于胡闹或倔强任性而啼哭的时候，有一个办法是准可以阻止他们继续哭下去的，那就是：用一个好看和吸引人的东西去分他们的心，使他们忘记了哭。大多数保姆都通晓这个艺术，如果做得适当的话，是很有用处的；但最重要的是，不要使孩子发现你们是有意分散他们的心，要让他们在玩的时候不要以为你们是在注意他，所有的保姆笨就笨在不能做好这一点。

所有的孩子断奶的时间都太早。什么时候长牙，什么时候才应该断奶，一般来说，长牙都是痛得难受的。孩子往往不知不觉出于本能地把他手里的东西拿到嘴里去咬。人们以为，拿象牙或狼牙之类的硬东西做咔嗒咔嗒发响的玩具，就可以便利牙齿的成长。我认为这是错误的。把硬东西放在齿龈上，不仅不能使它变得柔软，反而使它会长出老茧，使它发硬，使肌肉裂口时更加难受和更加疼痛。我们还是以动物的本能做例子来说明这一点。我们发现，小狗不是用硬石头、铁或骨头磨炼它们正在成长的牙齿，而是用木头、皮、破布和柔软的东西来磨炼的，因为这些东西可以咬得动，牙齿在上面可以咬出痕迹来。

我们事事都不知道简朴，甚至给孩子随身用的玩意儿也弄得很不简朴。金的、银的和珊瑚的铃铛,小水晶片,各种各样或贵或贱的玩具,这是一些多么没有用处和多么有害的东西啊！这些东西,一样也用不着。别给他们什么铃铛,别给他们什么玩具;几根有叶子和果实的树枝,一只可以听到其中的颗粒发响的罂粟壳,一截既可以供他呷又可以供他嚼的甘草,这些东西,同那些漂亮的小玩具一样,也能够使他玩得挺高兴,并且还没有使他一生下来就习于奢侈的弊害。

大家都知道,奶面糊并不是一种很卫生的食品。煮沸的奶和生面粉会产生许多因不易消化而残剩的污物,是不适合我们的胃的。奶面糊的面粉,没有面包里的面粉那样熟,而且还没有发过酵;我觉得,面包粥和米浆还比较好一些。如果人们偏要做奶面糊的话,那最好是先把面粉烘一下。在我的家乡,就用这样炒过的面粉做一种非常可口和非常卫生的羹。肉汤和肉汁仍然是一种没有多大价值的食品,应当尽量地少吃。重要的是,孩子们首先应当习惯于咀嚼,这是便利牙齿生长的真正的办法;当他们开始咽东西的时候,混合在食物里的唾液就可以帮助消化。

因此,我首先就给他们嚼食干果和面包皮。我将拿一条一条的硬面包和类似皮埃蒙特❶的面包饼干——乡下人称它为“格里斯”——给他们玩。他们在口里把这种面包弄软以后,总会吞一点下去的,这样,他们的牙齿就长出来了,而且,我们差不多还不知道,他们就已经把奶断掉了。农民的胃一般都是非常之好的,他们断奶时也就是用的这个方法。

---

❶　皮埃蒙特:意大利和法国接壤的一个省份。

　　孩子们是一生下来就会听我们说话的，不仅在他们还听不懂我们向他们所说的话的时候，而且在他们能够学会发出他们听到的声音以前，我们就已经是同他们说话了。他们的还很迟钝的发音器官，只能一点一点地模仿我们教他们发的声音，并且，这些声音首先是不是像传入我们的耳朵那样清楚地传入他们的耳里，现在还不能肯定。我并不反对保姆用歌曲和又愉快又变化多样的声调逗孩子，但是我反对她们无休止地用许多废话把他们搞得头昏脑涨，因为他们对那些话，除了懂得其中的音调以外，别的都不懂。我希望，我们要使他们听懂的头几个发音，要少，要容易，要清楚，要常常翻来覆去地发给他们听，而且，这几个音所表达的词，要指的是我们拿给孩子看的那几样看得清的东西。不幸的是，我们很容易相信我们所不理解的话，这种情况开始得比人们所想象的还要早。课堂里的小学生仔细听老师的啰啰嗦嗦的话，就像他们在褓褓中听保姆的胡言乱语一样。我觉得，教他们不去听那些废话，也就是对他们进行了非常有用的教育了。

　　当我们从事研究孩子们的语言的形式和最初的语句时，是会产生许多想法的。不管我们怎样做，他们总是学会了用同样的方式说话了。哲学上的种种空论，在这里简直是没有用处的。

　　首先，可以说他们是有适合于他们年龄的语法的，这种语法的造句规则比我们的规则还简约；如果我们仔细注意的话，就会感到惊奇，觉得他们是多么准确地仿效了某些类同语，这些类同语，你可以说它们有语病，然而它们是非常有规律的，它们之所以刺耳，只是由于它们说起来很生硬，或者，在习惯上大家还不承认有那种说法。我刚才还听见一个可怜的孩子被他父亲着着实实地骂了一顿，因为他向他父亲说："爸爸，我到哪里去？"我们可以看出，这个孩子模仿类同语，比我们的文法学家还模仿得好；因为，既然我们向孩子说："到那里去"，那么，他们为什么不可以说"我到哪里去？"此外，我们要注意的是，他这样说的时候，多么巧妙地避免了"irai-je-y"或"y-irai-je"这两种说法中元音的重复。句子中的指示副词"那里"，我们不知道拿它怎样办，所以就不适当地把它删去了，如果是这样的话，我们能把这个错误推在可怜的孩子的身上吗？硬要去纠正孩子们的这些不合习惯的小错误，这真是一种难以容忍的迂腐的做法和多余的操心，他们随着时间的推移，是一定会自行改正这些错误的。在他们面前说话总要说得正确，使他们觉得，同你谈话，比同任何人谈话都谈得高兴；你们要相信，他们在不知不觉中是会按照你们的语言去纯化他们的语言，用不着你们再去纠正的。

另外一个十分重大的和不易预防的弊病是，人们在教孩子说话这件事情上太操之过急了，好像是担心他们自己不会学说话似的。这样草草率率地着急一阵，是会产生一个同人们所追求的目的正好相反的效果的。他们将因此而说话说得更迟，说得更乱；过分地注意他们所说的每一句话，就会忽略要他们咬清音节发音：由于他们懒于把嘴张得大大的，结果，他们当中有些人终生发音都有毛病，说话也没有条理，使别人几乎听不懂他们到底说些什么。

我同乡下人一起生活的时间很多，但是从来没有听见他们当中有哪一个男子或妇女、男孩或女孩是卷着舌头发"R"音的。

这是什么原因呢？难道农民的发音器官的构造跟我们的不同？不，是由于他们经过了不同的练习方法。我的窗子前面正好有一个土坡，这一带的小孩子常常聚集在这个土坡上玩。尽管他们离我是相当的远，我也能清清楚楚地听出他们说些什么；我常常回忆他们的话，以便用来写这本书。我的耳朵天天都使我搞错他们的年纪；我听到的是一些十来岁的孩子的声音，可是我一看，全是三四岁的孩子的身材和面孔。不单是我一个人有这样的经验，而且，来看我的一些城里人(我和他们谈起这件事情)也同我一样地搞错了。

其所以产生这种结果，是因为城里的孩子一直到五六岁的时候都是在房间里由保姆照管着的，他们只要在嘴里叽叽咕咕地讲一下，别人就可以听见他们了；当他们一动嘴唇的时候，听起来也是很费劲的，而别人教他们讲的话，他们学也学得不好，因此，经常在他们周围的那些人，只要注意一下，就可以猜到他们想说什么，用不着去听他们究竟说了些什么话的。

在乡下的情况就不同了。一个农家妇女并不是时时刻刻都在她孩子的身边的，所以他不得不学会要非常清楚和大声地说出他需要别人听他所说的话。在田野里，由于孩子们到处分散，远远地离开他们的爸爸、妈妈和其他的孩子，所以要练习使远处的人能够听见他所说的话，要练习估计用多大的力量发音才能穿过他和听话的人之间的距离。他就是这样认真地学习发音，而不是在留心照料他的保姆的耳朵边上结结巴巴地嘟哝几声就完了的。当你问一个农家孩子的时候，也许他羞得不敢回答你，但他要说，他就说得很清楚，不像城里的孩子需要保姆做他的翻译；不经过保姆的翻译，就听不懂他牙缝里咕噜咕噜地说些什么①。

在长大的时候，男孩子进了中学，女孩子到了女修院，就会改正这个缺点；结果，男孩子和女孩子一般都比一直是在自己家里培养起来的孩子讲话讲得更清楚些。但是，使他们不能学会像农民那样发音的原因是，他们必须在心中记住许多的东西，必须高声背诵他们所学的课文；因为在学说话的时候，他们养成了结结巴巴讲话，随随便便发音和发音不准的习惯，所以在背诵的时候就更为糟糕；他们要费许多气力才能找到他们要背诵的词句，所以只好把词儿的音节拖得长长的：当记得不牢靠的时候，要舌头说话不结巴，是不可能的。这样一来，他们就养成或保持了发音上的毛病。你们以后可以看到，我的爱弥儿是不会有这些毛病的，或者，至少是不会由于上述的原因而染上这些毛病的。

我承认，一般平民和乡村居民走上了另外一个极端，他们讲话的声音之高，往往超过了实际的需要，由于发音过于准确，因而使他们的语音也就过于粗笨，他们的腔调太重，他们不善于选择词儿，等等。

但是，第一，我觉得这个极端比另一个极端的坏处要少得多，因为谈话的头一个法则是要别人听懂你讲的话，所以我们说话的最大的缺点，就是说了而别人听不懂。夸自己没有一点儿腔调，也

----

① 这并不是没有例外的；我们常常看到，开头说话说得很不清楚的孩子，到后来在他们开始变嗓子的时候，声音就大得简直是震耳欲聋。但是，如果连这些细情末节都要谈到的话，我就没有一个谈完的时候；聪明的读者应当看到，由同一个弊病产生的过和不及，都可以用我的方法同样去改正。我认为，"保持适度"和"切勿过分"这两个准则是不能分开的。头一个准则一经确立，第二个准则就必然会跟着产生。

就是在夸自己失去了语句的优美和力量。腔调是我们所谈的话的灵魂，有了它，所谈的话才动人和真实。腔调是不像我们所说的话那样骗人的；也许就是这个原因，受过许多教育的人才那样害怕它。由于养成了不管说什么话都是那个腔调的习惯，所以也就会惯于嘲弄人而不使人觉得他在嘲弄。在谈话中既然是忌带腔调，跟着也就产生了可笑的、装模作样的、迎合时髦的谈话方式，例如我们在宫廷的少年当中所见到的就是这种谈话方式。正是谈话和举止方面的这种装模作样的样子，才每每使法国人在其他国家被别人看起来觉得是很讨厌和无聊的。他在谈话中不仅是没有腔调，反而装着一副样子。这不是讨人喜欢的办法。

人们是多么担心地害怕孩子们染上这些语言上的小毛病，其实这些毛病是一点关系也没有的，而且是轻而易举地就可以加以预防或纠正的；但是，由于你使得他们讲话哑声哑气、慌慌张张、羞羞答答，由于你不断地批评他们的声调，挑剔他们所用的字眼，因而染上的毛病，是绝对没有办法矫正的。只学会同娘儿们讲话的人，对一团士兵讲话就会讲得大家都听不懂，他的话就不能压制暴乱的人群。因此，首先要教孩子们对成年的男人讲话，将来，在需要的时候，他们是知道怎样对妇女们讲话的。

你的孩子在乡村生活的无拘无束的环境中长大起来，就会有一副更响亮的嗓子，就不会像城里的孩子们那样染上讲话结结巴巴的毛病，而且还不会学到乡下人讲的词汇和声调，即使已经学到的话，至少也是易于改正的，只要老师从他一生下来就同他一块儿生活，一天一天地逐渐不让外人同他在一起，就可以用自己正确的语言防止和消除乡下人的语言的影响。将来，爱弥儿所讲的法语，同我所讲的法语完全是同样的纯粹，但是，他讲起来比我讲得更清楚，发音也比我好得多。

正在学话的孩子，应该只听他能够懂得的话，应该只讲他能够咬清音节发音的词。他在这方面所做的种种努力，可以使他一再重复发出同一个音节，以便练习更清楚地把它发出来。当他们显得结结巴巴地讲不明白的时候，你用不着费多么大的劲去猜他们说的是什么。企图别人老是那样听他所讲的话，也是一种驾驭他人的表现，孩子们是不应该有这种在他人之上的想法的。你只需十分注意地满足他的需要就够了；应该由他来努力使你懂得你还没有听懂的话。我们不应该硬是要他讲这讲那的，随着他愈来愈感到说话的用处，他自己就会好好地学讲话的。

是的，有人说，开始讲话非常迟的人，是绝对不如其他的人讲得那么清楚的；但是，这并不是因为他们讲话讲得迟，他们的发音器官才受到障碍，恰恰相反，正是由于他们生来发音器官就有障碍，所以很迟才开始讲话，如果不是因为这个缘故的话，他们为什么讲话比别人迟呢？难道是他们讲话的机会少，我们鼓励他们讲话的时候少吗？恰恰相反，人们一发现他们很迟都还不能讲话，是深感不安的，因此就煞费苦心地教他们讲，结果，比教那些很早就能咬清音节发音的孩子，花费的气力还多；这种不适当的急躁的做法，将大大地使孩子讲话讲得很乱；只要我们不那么着急，他们是有时间练习讲得更完善的。

有些孩子，由于你硬要他们说这说那，结果，使他们既没有时间好好地学习发音，也没有时间把你教他们说的话好好地拿来想一想；如果不这样做，而是让他们自己去学习，他们首先就会练习最容易发的音；在逐渐加上用手势向你表达这些语音的意思的过程中，他们就会向你说他们的话，而不说你的话：这就可以使他们只有在把你教他们的话弄明白以后，才会学它们。由于他们不急急忙忙地就把你教给他们的话拿来使用，所以他们开头要细细体会一下你所说的话究竟是什么意思；只有当他们认为已经把其中的意思弄明白的时候，他们才会采用。

你们十分急躁地要孩子还没有到年龄就学会说话，其最大的坏处，不在于你们最初向他们所说的话和他们自己开头说的那些词儿对他们来说没有任何意思，而是他们所理解的意思跟我们的不同，而且，我们还觉察不到其中不同的地方；以致在表面上看来，他们好像是回答得非常正确，其实他们并没有懂得我们的意思，而我们也没有懂得他们的意思。我们有时候对孩子们所说的话觉得惊奇，通常就是由于这些模棱两可的话引起的，我们认为他们的话里有某种意思，其实他们所说的不是那个意思。我觉得，正是由于我们在这方面没有注意到我们所说的词句在孩子们听来究竟是什么意思，所以才造成了他们最初的错误；这些错误，即使在得到纠正以后，也将影响他们一生的性情。在下一章中，我还有一次机会举出例子来阐明这一点。

因此，要尽量限制孩子们的词汇。如果他们的词汇多于他们的概念，他们会讲的事情多于他们对这些事情的了解，那就是一个很大的弊病。为什么乡下人的思路一般都比城里人的思路更正确，我认为，其中的原因之一就是他们的词汇没有那样的广。他们的概念不多，然而他们能够把它们加以很好的比较。

一个孩子，在最初差不多是同时全面发展的。他差不多是在同一个时候学说话、学吃东西和学走路的。这正是他的生命的第一个时期。在此以前,他同他在母亲怀中的样子没有什么差别;他没有任何心情,没有任何思想,几乎连感觉也是没有的;他甚至觉察不到他本身的存在:

他活着,但意识不到他自己的生命。

奥维德:《哀歌》第 1 卷。

第 二 卷

我们在这里开始谈人生的第二个时期，幼儿期到这里就该结束了，因为"幼儿"和"儿童"不是同义语。前者包括在后者之中，意思是指"不会说话的人"，所以在瓦勒尔-马克西姆❶的著作里我们看到有"幼稚的儿童"这种词汇。不过，我仍然是按照我们语言的习惯来使用这个词，一直用到可以用其他的名词表明其年龄为止。

当小孩子开始说话后，他们哭的时候就要少一些。这种进步是很自然的：一种语言代替了另外一种语言。一到他们能够用语言说出他们所受的痛苦，只要不是痛得不能用言语形容的时候，他们为什么要用哭来表示呢？所以，如果他们哭个不停的话，那就要怪他们周围的人。即使爱弥儿说："我痛了"，那也要痛得非常厉害才能使他哭起来的。

如果孩子长得很聪慧，如果他天生就爱无缘无故地啼哭，我就让他白白地哭一阵，得不到一点效果，这样，就可以很快地使他擦干他的眼泪。只要他在哭，我就不到他那里去；他不哭了，我马上

❶ 瓦勒尔-马克西姆：罗马第二任皇帝提比利乌斯时代的历史学家和修辞学家，著有《嘉言懿行录》九卷。

就跑到他的身边。不久以后,他呼唤我的时候就将采用停止啼哭的办法,或者,要哭也至多只哭一声。因为,孩子们是根据信号的可以感觉的效果来判断其意义的;对他们来说,没有其他一成不变的意思,因此,不论一个孩子受了什么样的创痛,当他独自一个人的时候,除非他希望别人听见他在哭,他是很少哭的。

如果他摔倒了,如果他头上碰肿了,如果他鼻子出血了,如果他的手指戳伤了,我不但不惊惶地急忙走到他的身边,反而安详地站在那里,至少也要捱些时候才走过去。伤痛已经发生了,他就必须忍受;我急急忙忙的样子,反而使他更加害怕,更加觉得疼痛。其实,当我们受伤的时候,使我们感到痛苦的,并不是所受的伤,而是恐惧的心情。我这样做,至少给他排除了后面这一种痛苦,因为,他一定是看我怎样判断他所受的伤,就怎样判断他所受的伤的:如果他看见我慌慌张张地跑去安慰他,替他难过,他就以为他这一下可糟了;如果他看见我很镇静,他也马上会镇静起来,以为创痛已经好了,不再痛了。他正该在这样的年龄开始学习勇敢的精神,在毫不畏惧地忍受轻微痛苦的过程中,他就会渐渐学到如何忍受更大的痛苦了。

我非但不小心谨慎地预防爱弥儿受什么伤,而且,要是他一点伤都不受,不尝一尝痛苦就长大的话,我反而会感到非常苦恼。忍受痛苦,是他应该学习的头一件事情,也是他最需要知道的事情。似乎,孩子们之所以如此弱小,正是因为要他们受到这些没有危险的重要的教训。即使孩子从上面跌下来,他也不会摔断他的腿;即使他自己用棍子打一下,他也不会打断他的胳臂;即使他抓着一把锋利的刀子,他也不会抓得太紧,弄出很深的伤口。除非人们漫不经心地把孩子放在高高的地方，或者让他独自一人坐在火炉旁边，或者把危险的器具放在他可以拿得到的地方，否则我也从来没有听说过一个自由自在的孩子会把自己弄死了，或者弄成残废了，或者受到很重的伤了。有些人用各式各样的东西把孩子围起来，预防他受到任何伤害，以致他在长大后一有痛苦便不能对付，既没有勇气，也没有经验，只要刺痛一下便以为就要死了，看见自己流一滴血便昏倒过去，弄成这样的结果，我们还能说这一大堆设备有什么用呢？

我们教训人和自炫博学已经成癖，以致往往把那些在孩子们自己本来可以学得更好的东西也拿去教他们，可是却忘记要他们学习只有我们才能教他们的事情。我们费了许多气力教孩子走路，好像因为看见过什么人由于保姆的疏忽，到长大的时候就不会走路似的，还有比这样去教孩子更愚蠢的事么？恰恰相反，我们发现有多少人正是因为我们教坏了走路的样子，一生走路都走不好啊！

爱弥儿将来是不使用学走车、小推车和引步带的，当他知道怎样把一只脚移到另一只脚的前边时，我们就只是在有石子的地方才扶他一下，而且也只是为了使他很快地走过去①。我不但不让他待在空气污浊的屋子里，反而每天都把他带到草地上去。在那里，让他跑，让他玩，让他每天跌一百次，这样反而好些：他可以更快地学会自己爬起来。从自由中得到的益处可以补偿许多的小伤。我的学生也许身上常常都有点儿伤，然而他永远是快乐的；你的学生

---

　　① 再没有比那些在小时候过多地使用引步带牵着学走的人走得更可笑和更不稳当的了；这是大家都见到的一个事实，不过，正因为它是真实的，在各方面都是真实的，所以反而被看作是很平凡了。

也许受的伤要少一点,但他们常常感到别扭,处处受到拘束,常常都那样忧愁不快的。我怀疑这对他们有什么好处。

　　另外一种进步使孩子们觉得哭泣是没有那么必要的,这种进步就是他们的体力的增长。由于他们能更多地依靠自己,所以就不用经常地求助于人。有了体力,他们运用体力的智慧也跟着发展起来。正是在这第二个阶段开始了他个人的生活;在这个时候,他也意识到了他自己。记忆力使自我的感觉延续到他一生的每一个时刻;他真正地成为一个人,成为他自己,因此,他已经有为福还是为祸的能力了。应该从这里开始把他看作一个有心思的人了。

　　虽然我们可以给人的生命定一个差不多是最长的期限,并且让人们在每个年龄上都有达到这个期限的可能性,但是,再没有什么东西像每一个特定的人的寿命那样没有把握的了,能够达到这个最长的期限的人是非常之少的。生命遭遇最大的危险的时候是在它的开始;对生活的体验愈少,则保持其生命的希望也愈小。在出生的孩子当中,至多有一半能够长成青年;也许,你的学生是不会达到成人的年龄的。

　　当我们看到野蛮的教育为了不可靠的将来而牺牲现在,使孩子受各种各样的束缚,它为了替他在遥远的地方准备我认为他永远也享受不到的所谓的幸福,就先把他弄得那么可怜时,我们心里是怎样想法的呢?即使说这种教育在它的目的方面是合理的,然而当我看见那些不幸的孩子被置于不可容忍的束缚之中,硬要他们像服苦役的囚徒似的继续不断地工作,我怎么不感到愤慨,怎能不断定这种做法对他们没有一点好处?欢乐的年岁是在哭泣、惩罚、恐吓和奴役中度过的。你们之所以折磨那可怜的孩子,是为了使他好；可是不知道你们却招来了死亡，在阴沉的环境中把他夺走了。谁知道有多少孩子由于父亲或教师过分地小心照料终于成牺牲品？能够逃脱这种残酷的行为，可以说是很幸运的，孩子们在遭受了种种灾难以后，所得到的唯一好处是，在死亡的时候不至于对这个受尽苦楚的生命抱有惋惜的心情，因为他们在这一生中遇到的尽是苦难。

人啊！为人要仁慈，这是你们的头一个天职：对任何身份、任何年龄的人，只要他不异于人类，你们对他都要仁慈。除了仁慈以外，你们还能找到什么美德呢？要爱护儿童，帮他们做游戏，使他们快乐，培养他们可爱的本能。你们当中，谁不时刻依恋那始终是喜笑颜开、心情恬静的童年？你们为什么不让天真烂漫的儿童享受那稍纵即逝的时光，为什么要剥夺他们绝不会糟蹋的极其珍贵的财富？他们一生的最初几年，也好像你们一生的最初几年一样，是一去不复返的，你们为什么要使那转眼即逝的岁月充满悲伤和痛苦呢？做父亲的，你们知不知道死神什么时候会夺去你们的孩子？你们绝不要剥夺大自然给予他们的短暂的时间，否则你们将后悔不及的；一到他们能感受生的快乐，就让他们去享受；不管上帝在什么时候召唤他们，你们都不要使他们没有尝到生命的乐趣就死了。

多少人将起来反对我呀！我老远就听见那虚假的聪明人发出的叫嚣；他们不断地使我们迷失本性，他们轻视现在，不停地追求那愈追愈是追不到的未来，他们硬要我们离开现在的境界，走向我们永远也达不到的地方。

你们回答我说，现在是改正人的不良倾向的时候，在童年时期,对痛苦的感觉最轻,正是在这个时候应当使他多受痛苦,以便他在达到懂事的年龄时少受痛苦。但是,谁告诉过你可以由你们随心所欲地这样安排,谁曾说过你们对一个孩子的稚弱的心灵进行这番美妙的教训,将来不至于对他害多益少? 你怎么知道采取多多折磨孩子的办法就可以省去一些麻烦? 既然是不能肯定目前的痛苦能够解除将来的痛苦,为什么又要使他遭受他现时承受不了的那么多灾难呢? 你们怎样给我证明,你们企图医治他们的那些不良倾向,不是来自你们的错误做法而是来自自然? 你们所抱的希望是好歹终有一天使他获得幸福,然而在目前却把他弄得怪可怜的,这样的远虑是多么糟糕! 这些庸俗的理论家,竟把放纵同自由、快乐的儿童同娇养的儿童,全都混淆起来,我们必须使他们了解这中间是有区别的。

为了不追逐幻想,我们就不能忘记怎样才能使我们适合于自己的环境。在万物的秩序中,人类有它的地位;在人生的秩序中,童年有它的地位:应当把成人看作成人,把孩子看作孩子。分配每个人的地位,并且使他固定于那个地位,按照人的天性处理人的欲念,为了人的幸福,我们能做的事情就是这些。其余的事情就要以各种外因为转移,但是,外因却不是我们的能力可以决定的。

我们不可能知道绝对的幸福或绝对的痛苦是什么样子的,它在人生中全都混杂在一起了;我们在其中领略不到纯粹的感觉,不能在同一种情况下感受两种不同的时刻。正如我们的身体在变化一样,我们心灵的情感也在继续不断地变化。人人都有幸福和痛苦,只不过是程度不同而已。谁遭受的痛苦最少,谁就是最幸福的人;谁感受的快乐最少,谁就是最可怜的人。痛苦总是多于快乐,这是我们大家共有的差别。在这个世界上，对于人的幸福只能消极地看待，衡量的标准是：痛苦少的人就应当算是幸福的人了。

一切痛苦的感觉都是同摆脱痛苦的愿望分不开的，一切快乐的观念都是同享受快乐的愿望分不开的；因此，一切愿望都意味着缺乏快乐，而一感到缺乏快乐，就会感到痛苦，所以，我们的痛苦正是产生于我们的愿望和能力的不相称。一个有感觉的人在他的能力扩大了他的愿望的时候，就将成为一个绝对痛苦的人了。

那么，人的聪明智慧或真正的幸福道路在哪里呢？正确说来，它不在于减少我们的欲望，因为，如果我们的欲望少于我们的能力，则我们的能力就有一部分闲着不能运用，我们就不能完全享受我们的存在；它也不在于扩大我们的能力，因为，如果我们的欲望也同样按照更大的比例增加的话，那我们只会更加痛苦；因此，问题在于减少那些超过我们能力的欲望，在于使能力和意志两者之间得到充分的平衡。所以，只有在一切力量都得到运用的时候，心灵才能保持宁静，人的生活才能纳入条理。

大自然总是向最好的方面去做的，所以它首先才这样地安排人。最初，它只赋予他维持他生存所必需的欲望和满足这种欲望的足够的能力。它把其余的能力通通都储藏在人的心灵的深处，在需要的时候才加以发挥。只有在这种原始的状态中，能力和欲望才获得平衡，人才不感到痛苦。一旦潜在的能力开始起作用的时候，在一切能力中最为活跃的想象力就觉醒过来，领先发展。正是这种想象力给我们展现了可能达到的或好或坏的境界，使我们有满足欲望的希望，从而使我们的欲望更为滋长。不过，起初看来似乎是伸手可及的那个目标，却迅速地向前逃遁，使我们无法追赶；当我们以为追上的时候，它又变了一个样子，远远地出现在我们的前面。我们再也看不到我们已经走过的地方，我们也不再去想它了；尚待跋涉的原野又在不断地扩大。因此，我们弄得精疲力竭也达不到尽头；我们愈接近享受的时候，幸福愈远远地离开我们。

相反地，人愈是接近他的自然状态，他的能力和欲望的差别就愈小，因此，他达到幸福的路程就没有那样遥远。只有在他似乎是一无所有的时候，他的痛苦才最为轻微，因为，痛苦的成因不在于缺乏什么东西，而在于对那些东西感到需要。

真实的世界是有界限的，想象的世界则没有止境；我们既不能扩大一个世界，就必须限制另一个世界；因为，正是由于它们之间的唯一的差别，才产生了使我们感到极为烦恼的种种痛苦。除了体力、健康和良知以外，人生的幸福是随着各人的看法不同而不同的；除了身体的痛苦和良心的责备以外，我们的一切痛苦都是想象的。人们也许会说，这个原理是人所共知的；我同意这种说法；不过，这个原理的实际运用就不一样了，而这里所谈的，完全是运用问题。

我们说人是柔弱的，这是什么意思呢？"柔弱"这个词指的是一种关系，指我们用它来表达的生存的关系。凡是其体力超过需要的，即使是一只昆虫，也是很强的；凡是其需要超过体力的，即使是一只象、是一只狮子，或者是一个战胜者、是一个英雄、是一个神，也是很弱的。不了解自己的天性而任意蛮干的天使，比按照自己的天性和平安详地生活的快乐的凡人还弱。对自己现在的力量感到满足的人，就是强者；如果想超出人的力量行事，就会变得很柔弱。因此，不要以为扩大了你的官能，就可以增大你的体力；如果你的骄傲心大过了你的体力的话，你反而会使你的体力因而减少的。我们要量一量我们的活动范围，我们要像蜘蛛待在网子的中央似地待在那个范围的中央，这样，我们就始终能满足我们自己的需要，就不会抱怨我们的柔弱，因为我们根本没有柔弱的感觉。

一切动物都只有保存它自己所必需的能力，唯有人的能力才有多余的。可是，正因为他有多余的能力，才使他遭遇了种种不幸，这岂不是一件怪事？在各个地方，一个人的双手生产的物资都超过他自己的需要。如果他是相当的贤明，不计较是不是有多余，则他就会始终觉得他的需要是满足了的，因为他根本不想有太多的东西。法沃兰说："巨大的需要产生于巨大的财富，而且，一个人如果想获得他所缺少的东西，最好的办法还是把他已有的东西都加以舍弃。"①正是由于我们力图增加我们的幸福，才使我们的幸福变成了痛苦。一个人只要能够生活就感到满足的话，他就会生活得很愉快，从而也生活得很善良，因为，做坏事对他有什么好处呢？

如果我们永远不死，我们反而会成为十分不幸的人。当然，死是很痛苦的，但是，当我们想到我们不能永远活下去，想到还有一种更美好的生活将结束今生的痛苦，我们就会感到轻松的。如果有人允许我们在这个世界上长生不死，请问谁②愿意接受这不祥的礼物？我们还有什么办法、什么希望和什么安慰可以用来对付

---

① 《沉静的黑夜》，第 9 卷，第 8 章。

② 可以想象得到，我在这里说的是有思想的人，而不是所有一切的人。

那命运的严酷和人的不公不正的行为？愚人是没有远见的，他不知道生命的价值，所以也就不怕丢失他的生命；智者可以看到更贵重的财富，所以他宁愿要那种财富而不要生命。只有不求甚解和假聪明的人才使我们只看到死，而看不到死以后的情景，因而使我们把死看作是最大的痛苦。在明智的人看来，正是因为必然要死，所以才有理由忍受生活中的痛苦。如果我们不相信人生终究要一死的话，我们就要花太多的代价去保存它的。

我们精神上的痛苦，全都是由个人的偏见造成的，只有一个例外，那就是犯罪；而犯不犯罪全在于我们自己，我们身体上的痛苦如果不自行消灭，就会消灭我们。时间或死亡是医治我们痛苦的良药；我们愈不知道忍受，我们就愈感到痛苦；我们为了医治我们的疾病而遭到的折磨，远比我们在忍受疾病的过程中所遭受的折磨来得多。要按照自然而生活，要有耐心，要把医生都通通赶走，你是免不了要死的，但是你对死亡的感觉只不过一次而已，可是医生却使你在自己混乱不清的想象中每天都有死亡的感觉；他们骗人的医术不仅不延长你的生命，反而剥夺了你对生命的享受。我始终怀疑医术究竟给人类带来了什么真正的好处。诚然，有些要死的人被它治好了，但是，有成千上万可以保全生命的人却遭到了它的杀害。聪明的人啊，不要去碰这种彩券了，因为这样去碰，你十之八九是要输的。所以，不论患病也罢，死也罢，或是医治也罢，总之，特别要紧的是，你必须要生活到你最后的一点钟。

在人的习俗中，尽是些荒唐和矛盾的事情。我们的生命愈失去它的价值，我们对它愈觉忧虑。老年人比年轻人对它更感到依恋，他们舍不得抛弃他们为享受而做的种种准备；到了六十岁，还没有开始过快乐的生活就死了的话，那的确是很痛心的。人人都非常爱护自己的生命，这是事实；但是，大家不明白，像我们所意识的这种爱，大部分是人为的。从天性上说，人只是在有能力采取保存生命的办法的时候，他才对生命感到担忧；一旦没有这些办法，他也就心情宁静，也就不会在死的时候使自己有许多无谓的烦恼。生命的长短听天决定，这是第一个法则，这个法则是自然教给我们的。野蛮人和野兽对死亡都是不进行太多的挣扎的，而且是毫不抱怨地忍受的。这个法则一破坏，接着就从理性中产生了另外一个法则；不过很少有人能认识这个法则罢了，这个生命的长短由人决定的法则是不如第一个法则那样充实和完整的。

远虑！使我们不停地做我们力不能及的事情，使我们常常向往我们永远达不到的地方，这样的远虑正是我们种种痛苦的真正根源。像人这样短暂的一生，竟时刻向往如此渺茫的未来，而轻视可靠的现在，简直是发了疯！这种发疯的做法之所以更加有害，是因为它将随着人的年龄而日益增多，使老年人时刻都是那样的猜疑、焦愁和悭吝，宁愿今天节约一切而不愿百年之后缺少那些多余的东西。因此，我们现在要掌握一切，把一切都抓在手里；对我们每一个人来说，重要的是一切现有的和将有的时间、地方、人和东西；我们的个体只不过是我们自己的最小的部分。我们可以说，我们每一个人都扩展到了整个的世界，在整个的大地上都感觉到了自己。在别人可以伤害我们的地方，我们的痛苦就因而增加，这有什么奇怪呢？有多少君王由于失去了他们从未见过的土地而感到悲伤啊！有多少商人只因想插足印度而在巴黎叫喊啊！

是大自然使人自己这样迷失本性吗？是它要每一个人从别人

的命运看自己的命运,而且往往要到最后才知道自己的命运,以便他不知道这样的死是愉快还是悲惨吗? 我看见过这么一个人,他容光焕发、心情愉快、身体健康;不论他到哪里都使人感到高兴;他的眼睛流露出喜悦和生活富裕的光芒;根据他的面貌就可以看出他是很幸福的。从邮局送来了一封信;这个幸福的人把信一瞧,是寄给他的,于是就把信拆开来看了。顷刻之间他的神情大起变化;他脸色苍白,突然晕倒了。当他苏醒过来的时候,他哭泣,他激动,他战栗,他扯他的头发,他叫声震天,他好像感染了可怕的痉挛症似的。愚蠢的人啊! 这一纸书信给你带来了什么灾难? 它折断了你的手还是折断了你的脚? 它使你犯了什么罪? 最后,它使你的内心起了什么变化,以致你变得像我方才看见的那个样子?

要是那封信错投了地址,要是一个好心人把它扔到火里,这样一来,我觉得,这个又幸福又可怜的人的命运就会成为一个奇怪的问题了。你们说,他的痛苦是真实的。不错,不过他以前没有觉察出来。他的幸福是想象的,我同意这一点;健康、快乐、富裕和内心的满足都不过是幻象。我们已不再按我们的能力而生活,我们的生活已超过了我们能力许可的范围。只要我们还有生活的资源,我们何必那么怕死呢?

人啊! 把你的生活限制于你的能力,你就不会再痛苦了。紧紧地占据着大自然在万物的秩序中给你安排的位置,没有任何力量能够使你脱离那个位置;不要反抗那严格的必然的法则,不要为了反抗这个法则而耗尽了你的体力,因为上天所赋予你的体力,不是用来扩充或延长你的存在,而只是用来按照它喜欢的样子和它所许可的范围而生活。你天生的体力有多大,你才能享受多大的自由和权力，不要超过这个限度；其他一切全都是奴役、幻想和虚名。当权力要依靠舆论的时候，其本身就带有奴隶性，因为你要以你用偏见来统治的那些人的偏见为转移。为了要按照你的心意去支配他们，你就必须按照他们的心意办事。他们只要改变一下想法，你就不能不改变你的做法。所有接近你的那些人，只要设法控制你所控制的人或控制你所宠爱的人的思想，只要设法控制你的家属甚至你自己的思想，即使你有泰米斯托克里①那样的才情，这些大臣、僧侣、军人、仆人、饶舌的人以及小孩子，也能在你的军队中把你像一个小孩似地加以指挥。你真是徒劳心力：你真正的权力绝不能超过你身体的能力。一旦要用他人的眼光去观察事物，你就要以他人的意志为自己的意志了。"人民是我的臣属"，你骄傲地这样说。诚然。可是你又是什么人呢？你是你的大臣的臣属。你的大臣又是怎样的人呢？是他们的属员和情人的臣属，他们的仆人的仆人。你把一切都攫为己有，然后又一大把一大把地抛撒金钱；你修筑炮台，竖立绞架，制造刑车；你发布种种法令；你增加几倍的密探、军队、刽子手、监狱和锁链。可怜的渺小的人啊！所有这一切对你有什么用处？你既不能从其中得到更大的利益，也不能因此就少受他人的抢劫、欺骗或得到更多的绝对权力。你经常说"我们想这样做"，实则你所做的往往是他人想做的事情。

---

　　①　泰米斯托克里❶向他的朋友说："你在那里看见的那个小孩子，就是希腊的主宰；因为他统治他的母亲，他的母亲又统治我，我又统治雅典人，而雅典人又统治希腊人。"啊！如果我们从国王一步一步地追踪到幕后操纵一切的第一个人，我们往往发现，指挥庞大的帝国的人是多么渺小！

　　❶　泰米斯托克里（公元前 525—前 460）：雅典的国务活动家、军事家。

只有自己实现自己意志的人,才不需要借用他人之手来实现自己的意志;由此可见,在所有一切的财富中最为可贵的不是权威而是自由。真正自由的人,只想他能够得到的东西,只做他喜欢做的事情。这就是我的第一个基本原理。只要把这个原理应用于儿童,就可源源得出各种教育的法则。

社会使人变得更柔弱了,其原因不仅是由于它剥夺了一个人运用自己力量的权利,而且还特别由于它使人的力量不够他自己的需要。人的欲望为什么随着他的柔弱而成倍地增加,小孩同成人相比为什么显得柔弱,其原因就在这里。成人之所以是一个很强的人,孩子之所以是一个很弱的人,不是由于前者比后者有更多的绝对的体力,而是就自然的状态来说成人能够自己满足自己的需要,而小孩则不能。因此,成人有更多的意志,小孩有更多的妄想;我所说的妄想,指的是一切既不属于真正的需要,而且只有借别人的帮助才能满足的欲望。

我已经阐述过造成这种柔弱状态的原因。大自然用父母的爱来补救这种缺陷,不过,父母的爱可能有过和不及甚至误用的时候。生活在文明社会中的父母,在他们的孩子还没有成年的时候就使他过这种社会的生活。他们给孩子的东西超过了他的需要,这样做,不仅没有减轻他的柔弱程度,反而使他更加柔弱了。而且,由于他们硬要孩子做那些连大自然也不要求他做的事情,由于他们要使孩子按照他们的心意使用自己需要的一点气力,由于孩子的柔弱和父母的钟爱使他们的互相依赖变成了一方对他方的奴役,所以就愈来愈使孩子变得柔弱了。

明智的人是知道怎样站稳自己的地位的;可是孩子,他认识不到自己的地位，所以也就不知道他应该安于他的地位。他在我们当中有千百条脱离他的地位的道路，因此要完全依靠管教孩子的人把他保持在那里，这个任务是很不容易的。他既不是野兽，也不是成年人，而是一个孩子；他必须意识到他的柔弱，但是不能让他因为柔弱而受痛苦；他应当依赖成年人，但不能听从成年人的摆布；他可以提出要求，但不能发布命令。只有在他确有需要，或者因为别人比他更明白什么东西对他最有用处，什么东西有助于或有害于他的生存的时候，他才可以听命于别人。任何一个人，即使是他的父亲，也没有权利命令孩子去做对他一无用处的事情。

在偏见和人类的习俗没有改变人们的自然倾向以前，孩子和成年人之所以幸福，完全在于他们能够运用他们的自由，不过，在童年时候这种自由会受到体力柔弱的限制。一个人只要自己能够满足自己的需要，因而愿意做什么就做什么，这样的人才是快乐的人；生活在自然状态中的成年人就是这个样子。如果一个人的需要超过了他的力量，这个人即使爱怎样做就怎样做，他也是得不到快乐的；生活在自然状态中的孩子就是这个样子。即使在自然状态中，孩子们也只能享受部分的自由，正如成年人在文明状态中也只能享受部分的自由一样。我们每一个人都因为不能不依靠他人，所以从这一点上说我们是又柔弱又可怜的。我们本来是要做成年人的，而法律和社会又把我们变成了孩子。达官、富人和国王，全都是小孩子，他们看见别人殷勤地去减轻他们的痛苦，就产生了一种幼稚的自大心理，并且以得到别人的照料而感到骄傲，他们没有想到，如果他们是成人的话，别人是不会对他们如此殷勤的。

这些看法很重要,可以用来解决社会制度的一切矛盾。有两种隶属:物的隶属,这是属于自然的;人的隶属,这是属于社会的。物的隶属不含有善恶的因素,因此不损害自由,不产生罪恶;而人的隶属则非常紊乱①,因此罪恶丛生,正是由于这种隶属,才使主人和奴隶都互相败坏了。如果说有什么方法可以医治社会中的这个弊病的话,那就是要用法律来代替人,要用那高于任何个别意志行动的真正力量来武装公意。如果国家的法律也像自然的规律那样不稍变易,不为任何人的力量所左右,则人的隶属又可以变成物的隶属;我们在国家中就可以把所有自然状态和社会状态的好处统一起来,就可以把使人免于罪恶的自由和培养节操的道德互相结合。

你使孩子只依赖于物,就能按照自然的秩序对他进行教育。如果他有冒失的行为,你只需让他碰到一些有形的障碍或受到由他的行为本身产生的惩罚,就可以加以制止;这些惩罚,他是随时都记得的,所以,无须你禁止,也能预防他顽皮捣乱。经验和体力的柔弱,对他来说就是法规。绝不能因为他要什么就给什么,而要看他是不是确实有需要。当他在活动的时候,不要教他怎样怎样地服从人,而在你给他做事的时候,也不要告诉他怎样怎样地使役人。要让他在他的行动和你的行动中都同样感到有他的自由。当他的体力满足不了他的需要的时候,就要弥补他的体力之不足,但

---

①　在我的《政治权利的原理》❶里已经指出,任何个别的意志都是不能规定到社会的制度中去的。

❶　参看《社会契约论》第 3 卷第 2 章《论各种不同政府形式的建制原则》和第 4 卷第 1 章《论公意是不可摧毁的》。

是只能够补充到恰好够使他自由活动,而不能让他随意地使唤人,因此,要使他在得到你的帮助的时候有一种羞愧的感觉,从而渴望自己能够及早地不要人家帮忙,及早地体体面面自己做自己的事情。

大自然是有增强孩子的身体和使之成长的办法的,我们绝不能违反它的办法。当一个孩子想走的时候,我们就不应该硬要他待着不动,但是,如果他想待在那里,我们就不应当逼着他去走。只要不用我们的错误去损害孩子的意志,他是绝不会做没有用处的事情的。只要他愿意,就让他跑跑跳跳、吵吵闹闹好了。他的一切运动,都是他日益增强的身体所必需的;不过,我们应当提防他去做他力所不能和必须别人代替他做的事情。因此,我们要仔细地分别哪些需要是他真正的需要、是自然的需要,哪些需要是由于他开始出现的幻想造成的,或者是由于我曾经谈到过的生活的过于优裕引起的。

当一个孩子哭着要这个那个的时候应该怎样办,这我已经说过了。我现在只补充一点:自从他能够用说话的方式索取他想得到的东西以后,如果他还要用哭的方式索取的话,就不论他是为了想更快地得到那个东西,还是为了使别人不敢不给,都应当干脆地加以拒绝。如果他确有需要,不能不讲出来,你就要弄清楚他需要的是什么,并且立刻照他的话去做;但是,如果你一看见他流眼泪就给他东西,那就等于是在鼓励他哭泣,是在教他怀疑你的好意,而且还以为对你硬讨比温和地索取更有效果。如果他不相信你是出于好心,他转瞬就会变坏;如果他认为你很软弱,他马上就会变得顽强;因此,重要的是,凡是你不打算拒绝给他的东西,则一看见他要，就应当马上给他。不要动不动就加以拒绝，但一表示拒绝之后，就不应当又回头表示答应。

你要特别注意，切莫教孩子学会一套虚假的客气话，因为这种话可以让他在需要的时候当作咒语，使他周围的一切都听从他的意志的指挥，使他可以立刻得到他想要的东西。有钱的人实行了过分讲究礼仪的教育，因此必然使孩子们变得怪文雅的，他们给孩子们规定了一套辞令，好让他们说得谁也不敢反对，因此，他们的孩子说起话来既没有求人的语气，也没有求人的态度；他们求人的时候也如同命令人一样地傲慢，甚至还要过分，好像非要别人服从不可似的。我们首先发现，"如果你愿意的话"这句话，从他们口中说出来，意思就是"我要这么做"；"我请求你"这句话，意思就是"我命令你"。多客气的话，对他们说来都改变了意思，而且还只能以命令的方式而不能以其他的方式来说！至于我，我不怕爱弥儿说话粗鲁，但是我怕他说话傲慢，我宁可让他在请求别人的时候说："你去做"，而不喜欢他在命令的时候说："我请求你。"我所重视的不是他使用的措辞，而是他给那些措辞的含义。

有些人是过分严格，有些人是过分放任，这两种情况都同样是要避免的。如果你放任孩子不管，就会使他们的健康和生命遭到危险，使他们在眼前受到许多苦楚；但是，如果你过分关心，一点苦都不让他们受，就会使他们在将来遭到更大的苦难，使他们长得十分娇嫩、多愁善感，从而使他们脱离成人的地位，但是，这种地位，不管你愿意不愿意，他们终有一天会达到的。你为了不让他们受到大自然给予他们的一些痛苦，结果反而给他们制造了许多它不让他们遭遇的灾难。你也许说我曾经责备过那些可恶的父亲为了永远达不到的未来而牺牲他们孩子的幸福，而现在我自己又成为这样的父亲了。

没有。因为，我让我的学生享受的自由大大地补偿了我让他遭到的一些轻微的痛苦。我看见雪地上有几个淘气的小鬼在那里玩，他们的皮肤都冻紫了，手指头也冻得不那么灵活了。只要他们愿意，就可以去暖和暖和，可是他们不去；如果你硬要他们去的话，也许他们觉得你这种强迫的做法比寒冷还难受一百倍。你有什么牢骚可发呢？难道说我让你的孩子受到一些他们情愿忍受的轻微的痛苦，就算是把他们弄惨了吗？我让他自由，就可以使他在目前过得挺高兴；我给他以锻炼，使他能抵抗他必然要遭受的灾难，从而就可以使他在将来过得愉快。如果要他选择做我的学生还是做你的学生的话，你想他会不会有片刻的犹豫呢？

你想，除了体格以外，谁还能找得到什么真正的幸福呢？如果要他免除人类的种种痛苦，这岂不是等于叫他舍弃他的身体？是的，我是这样看法的：为了要感到巨大的愉快，就需要他体会一些微小的痛苦；这是他的天性。身体太舒服了，精神就会败坏。没有体会过痛苦的人，就不能理解人类爱的厚道和同情的温暖；这样的人势必心如铁石，不同他人相往来，他将成为人类中的一个怪物。

你知不知道用什么方法准可以使你的孩子受到折磨？这个方法就是：一贯让他要什么东西就得到什么东西；因为有种种满足他的欲望的便利条件，所以他的欲望将无止境地增加，结果，使你迟早终有一天不能不因为力量不足而表示拒绝；但是，由于他平素没有受到过你的拒绝，突然碰了这个钉子，将比得不到他所希望的东西还感到痛苦。起初，他想得到你手中的手杖，转眼之间他又想要你的手表,接着,他又想要空中的飞鸟,想要天上闪烁的星星;他看见什么就要什么:除非你是上帝,否则你怎么能满足他的欲望呢?

把一切能够得到的东西都看作是自己的,这是人的一种天性。从这个意义上说,霍布斯的原理在一定程度上是正确的:要是满足欲望的方法能够随着我们欲望的增加而增加,每一个人就可以成为万物的主人了。因此,要是一个孩子想得到什么就可以得到什么的话,他就会自以为是天下的主人,把一切人都看作是他的奴隶,而在你最后不得不拒绝给他某种东西的时候,他就会把你的拒绝看作是一种反叛,因为他原以为他一声令下就可以要什么就得到什么的;由于他还没有达到明白事理的年龄,所以他将把你向他解释的种种理由看作是借口;他认为你处处都对他不怀好意,因此,他所认为的不公正将使他的性情更加乖戾,对一切人都怀恨在心,对他人的殷勤照顾不仅不感谢,而且稍不如意,就大发雷霆。

像这么一个怒火冲天,动不动就发脾气的孩子,我怎能设想他可以成为一个快乐的人呢? 快乐,他! 他是一个暴君;他既是奴隶当中最卑贱的奴隶,同时也是人类当中最可怜的人。我曾经看见过几个用这种方式培养起来的孩子,他们竟想叫人一下子把房子撞倒,竟要人把钟楼上的风标拿下来给他们,竟要人拦住正在行进中的军队,好让他们多听一会儿行军的鼓声;只要你不及时服从他们的指挥,他们就会震天价地啼哭,不听任何人的制止。大家白白地忙一阵,谁也没有办法使他们高兴;他们的欲望由于有获得一切东西的便利条件而愈益强烈,因此他们偏偏要那些不可能得到的东西,从而处处遇到抵触、障碍、困难和痛苦。成天啼哭,成天不服管教,成天发脾气,他们的日子就是在哭泣和牢骚中度过的;像这样的人是很幸福的吗？体力的软弱和使役人的心连在一起，是必然要产生妄念和痛苦的。在两个娇养坏了的孩子当中，如果一个要大发脾气，另一个要闹个翻江倒海，那就要打坏和打烂许多东西才能使他们感到痛快。

如果说这些专横暴戾的思想从他们的童年起就使他们过着不幸的生活，那么，到他们长大的时候，到他们和别人的关系开始扩大的时候，其情形又将怎样呢？平时看惯了任何人对他们都是那样的畏惧，可是一踏入社会，却觉得所有的人都在反抗他们，发现他们原来以为可以随意支配的世界竟重重地压在自己的身上，这时候，他们该是多么地吃惊呀！他们傲慢的态度和幼稚的虚荣心是必然要给他们招来许多屈辱、轻蔑和嘲笑的；他们受到侮辱的时候，只好像水一样地把它吞下去，残酷的事实不久就会使他们明白，他们没有认识到他们的地位和力量；当他们什么事情都不能办的时候，他们就认为自己是一点能力都没有了。有那么多素来没有遇到过的障碍在阻挡他们，有那么多轻蔑的眼光在藐视他们，于是，他们就变得十分的懦弱和畏缩，正如以前把自己看得是多么高贵一样，现在又把自己看得是多么卑贱。

我们回头来谈谈原始的法则。大自然之所以造儿童，是为了使他们受到爱护和帮助；难道它是因为要人们服从和惧怕儿童才造儿童吗？难道是它要他们长一副盛气凌人的面孔、凶狠的目光和粗暴的声音，好使别人害怕他们吗？我知道狮子的吼声使动物感到恐怖，它们看见它头上的鬃毛就战栗；但是，如果说人们曾经看见过一种又鄙俗讨厌又令人好笑的情景的话，那就是一大群官员身穿礼服，跟着他们的上司匍匐在一个襁褓中的婴儿的面前了，他们用庄严的言辞向他长篇大论地谈一阵,而他呢,只是哭叫几声,就算是把全部的话都说完了。

从孩子的本身来看孩子,就可以看出,世界上还有哪一种生物比他更柔弱、更可怜、更受他周围的一切的摆布,而且是如此的需要怜惜、关心和保护呢?他之所以具有那么一副可爱的面孔和动人的神情,岂不是为了使所有一切接近他的人都爱惜他柔弱的身体和积极地帮助他吗?所以说,还有什么事情比一个盛气凌人、桀骜不驯的孩子指挥他周围的一切人,而且还厚着脸皮以主人的口气向那些只要一不管他就可以置他于死地的人说话,更令人气愤和违反事理呢?

但从另外一方面来看,谁不知道童年时候的柔弱已经使孩子们受到种种的束缚,谁不知道他们的自由极其有限,不可能加以滥用,如果不让他们享受的话,对他们和我们都没有什么好处,然而我们毕竟把他们的自由剥夺了,从而使他们受到前面所说的那种束缚之外又受到我们乖张任性造成的束缚,难道说谁还不知道这是一种很野蛮的做法吗?如果说傲慢的儿童最令人好笑的话,则羞羞答答的儿童就最令人可怜。既然他们在达到有理智的年龄就要开始受社会的奴役,那么,为什么又先要使他们受家庭的奴役呢?我们要让生命有一个时候免受这种并非由大自然强加于我们的束缚,我们要让孩子们享受天赋的自由,这种自由至少可以使他们在一个时期中不会沾染我们在奴隶生活中沾染的恶习。叫那些粗暴的教师和使自己的孩子做奴隶的父亲把他们那些肤浅的反对的理由拿到这里来说一说,叫他们在吹嘘他们的方法之前,先学一学大自然的方法。

现在又回头来谈实践。我已经说过，不能够因为你的孩子要什么就给他什么，而要看他对那个东西是不是有所需要①，同时，他做任何事情，都不应该是为了服从你，而只能够是因为他确有必要，这样一来，"服从"和"命令"这两个词就将在他的词典中被取消，而"责任"和"义务"这两个词也不能够存在；但是，"力量"、"需要"、"能力不足"和"限制"这几个词则将在他的词典中占很重要的地位。在达到懂事的年龄以前，他对精神的存在和社会的关系是没有任何概念的；因此，应当尽量避免使用表示这些东西的词，以免孩子给这些词加上一些谁也不懂或从此就不能改正的错误的意思。在他头脑中产生的第一个不正确的观念，将成为使他身上滋生错误和恶习的病源；我们应当注意的，正是这头一步路。要尽量用可以感觉得到的事物去影响他，则他所有一切的观念就会停留于感觉；使他从各方面都只看到他周围的物质世界；不这样做，他准是一句话都不听你的，或者对你所讲的精神世界就会产生一些荒谬的概念，使你一生也没有办法替他们消除。

用理性去教育孩子，是洛克的一个重要原理；这个原理在今天是最时髦不过了；然而在我看来，它虽然是那样时髦，但远远不能说明它是可靠的；就我来说，我发现，再没有谁比那些受过许多理性教育的孩子更傻的了。在人的一切官能中，理智这个官能可以

---

① 我们要知道，正如痛苦往往是一种需要一样，愉快有时候也是必需的。因此，在孩子们的欲望当中，只有一个是绝不应该加以满足的，这个欲望就是：要别人服从他们。由此可见，在他们提出一切要求的时候，应当特别对促使他们有那种要求的动机加以注意。凡是可以使他们真正愉快的事情，就尽可能照他们的心意去办；而他们一切胡闹的要求和显示权威的行为，就应当一概拒绝。

说是由其他各种官能综合而成的,因此它最难于发展,而且也发展得迟;但是有些人却偏偏要用它去发展其他的官能哩!一种良好教育的优异成绩就是造就一个有理性的人,正因为这个缘故,人们就企图用理性去教育孩子!这简直是本末倒置,把目的当作了手段。如果孩子们是懂得道理的话,他们就没有受教育的必要了;但是,由于你们从他们幼年时候起就对他们讲一种他们根本听不懂的语言,因而就使他们养成了种种习惯:爱玩弄字眼,爱打断别人的一切讲话,自己认为自己同老师一样的高明,凡事总爱争辩,总不服气;所有一切你想用合理的动机叫他们去做的事情,今后都只能够以贪婪、恐惧或虚荣的动机叫他们去做了。

向孩子们进行的或可能进行的种种道德教育,差不多都可以归纳成如下的一套对话。

老师:不应该做那件事情。

孩子:为什么不该做那件事情?

老师:因为那样做是很不好的。

孩子:不好!有什么不好!

老师:因为别人不许你那样做。

孩子:不许我做的事情我做了,有什么不好?

老师:你不听话,别人就要处罚你。

孩子:我会做得不让人家知道。

老师:别人要暗暗注意你的。

孩子:我藏起来做。

老师:别人要问你的。

孩子:我就撒谎。

老师：不应该撒谎。

孩子：为什么不应该撒谎？

老师：因为撒谎是很不好的，等等。

不可避免地要周而复始这样进行下去的。不要再进行了，孩子是再也不会听你这一套的。这种教法哪能有很大的用处？我非常好奇，很想知道别人能够用什么东西来代替这套对话？就连洛克本人也一定会弄得十分为难的。辨别善恶，明了一个人之所以有种种天职的道理，这不是一个孩子的事情。

大自然希望儿童在成人以前就要像儿童的样子。如果我们打乱了这个次序，我们就会造成一些早熟的果实，它们长得既不丰满也不甜美，而且很快就会腐烂：我们将造成一些年纪轻轻的博士和老态龙钟的儿童。儿童是有他特有的看法、想法和感情的；如果想用我们的看法、想法和感情去代替他们的看法、想法和感情，那简直是最愚蠢的事情；我宁愿让一个孩子到十岁的时候长得身高五尺而不愿他有什么判断的能力。事实上，在这种年龄，理性对他有什么用处？它阻碍着体力的发展，儿童是不需要这种阻碍的。

当你试图说服你的学生相信他们有服从的义务时，你在你所谓的说服当中就已经是掺杂了暴力和威胁的，或者更糟糕的是还掺杂了阿谀和许诺的。因此，他们或者是为利益所引诱，或者是为暴力所强迫，就装着是被道理说服的样子。他们同你一样，很快地看到服从对他们有利，反抗对他们是有害的。但是，由于你强迫他们做的尽是他们不喜欢做的事情，由于照别人的心意办事总是挺痛苦的，因此，他们就悄悄地照他们的心意去做，而且认为，只要你不发现他们是阳奉阴违，他们就可以大做特做，而一旦被发现，就准备认错，以免吃到更大的苦头。为什么要服从，在他们那个年龄是不能理解的，世界上还没有哪一个人能够使他们真正明白这个道理；不过，由于害怕受到你的惩罚和希望得到你的宽恕，由于你再三再四地强迫，硬要他们答应，所以弄得他们只好你怎样说就怎样承认；你以为是用道理把他们说服了，其实是因为他们被你说得挺厌烦和害怕了。

这样一来，将产生什么后果呢？第一，由于你把他们不能理解的义务强加在他们身上，将促使他们起来反抗你的专制，使他们不爱你，使他们为了得到奖励或逃避惩罚而采取奸诈、虚伪和撒谎的行为，最后，使他们惯于用表面的动机来掩盖秘密的动机，从而在你自己的手中学会不断地捉弄你的手段，使你无法了解他们真正的性格，而且一有机会就用空话来对你和别人进行搪塞。你也许会说，就法律而论，尽管良心上觉得应当服从，但它对成年人仍然要加以强制的。我同意你的说法。但是，要不是把孩子教育坏了的话，怎么会有这种人呢？正是在这方面我们应当预先防备。对孩子们讲体力，对成年人讲道理，这才是自然的秩序：对明智的人是不需要讲法律的。

要按照你的学生的年龄去对待他。首先，要把他放在他应有的地位，而且要好好地把他保持在那个地位，使他不再有越出那个地位的企图。这样，就可以使他在不知道什么叫睿智的行为以前，就能实践其中最重要的教训了。千万不要对他采取命令的方式，不论什么事情，都绝对不能以命令从事。也不要使他想象你企图对他行使什么权威。只需使他知道他弱而你强，由于他的情况和你的情况不同，他必须听你的安排；要使他知道这一点，学到这一点,意识到这一点;要使他及早明白在他高傲的颈项上有一副大自然强加于人的坚硬的枷锁,在沉重的生活需要这个枷锁之下,任何人都要乖乖地受它的约束的;要使他从事物而不从人的任性①去认识这种需要;要使他了解,使他的行动受到拘束的,是他的体力而不是别人的权威。凡是他不应该做的事情,你也不要禁止他去做,只需加以提防就够了,而且在提防的时候也不用对他解释其中的道理;凡是你打算给他的东西,他一要就给,不要等到他向你乞求,更不要等到他提出什么条件的时候才给他。给的时候要高高兴兴的,而拒绝的时候就要表示不喜欢的样子;不过,你一经拒绝就不能加以改变,尽管他再三纠缠,你也不要动摇;一个"不"字说出去,就要像一堵铁打的墙,他碰五六次就会碰得精疲力竭,再也不想来碰了。

这样,即使在他得不到他所希望的东西时,你也可以使他心平气和,觉得没有关系,得不到也就算了,因为人在天性上可以安心地忍受物品的缺乏,但不能忍受别人的恶意。用"再也没有了"这句话来回答孩子,除非他认为你是撒谎,否则他是绝不会表示反抗的。何况这里没有什么折中的余地,要么对他是一点也不勉强,否则就首先要他完全服从。最坏的教法是,让他在他的意志同你的意志之间摇摆不定,让他同你无止无休地争论在你们两人当中究竟由谁做主;我觉得,事事由他做主,反而比你做主要好一百倍。

说来也真是奇怪,自从人们承担了培养孩子的事情以来,除了拿竞争、嫉妒、猜疑、虚荣、贪婪和怯弱,拿各种各样在身体还没有

_____

① 我可以肯定地说,在孩子们看来,凡是同他自己的意志相冲突和不能为他所理解的意思,都是任性的。所以,一个孩子是不可能明白他那些胡闹的想法处处碰壁的道理何在的。

长定以前就能把人的心灵完全败坏的最危险和最易于刺激的欲念去教育以外，就想不出其他的手段。你每向他们的头脑中过早地灌输一次教育，就在他们的心灵深处种下了一个罪恶的根；愚昧的教师在促使他们成为坏人的时候还以为是创造了教人为善的奇迹，并且还郑重其事地对我们说："这才是人哩。"不错，你造就的人正是这个样子。

种种手段你都试验过，而没有试验的手段，只有一个，可是能取得成效的，恰恰就是这个未曾试验的手段：有节制的自由。当你还不知道怎样用可能的和不可能的法则把一个孩子引导到你所希望的境地时，就不能担当教育那个孩子的事情。他对这两者的范围都完全不知道，所以可以随你的意思把这种范围在他四周加以扩大或缩小。你单单用事物的需要就可以使他毫无怨言地受你的束缚、推动或遏制；你单单用事物的强制就可以使他变得容易管教，同时使任何恶习都没有在他身上生长的机会；因为，人的欲念在不可能产生效果的时候，是绝不会冲动起来的。

不要对你的学生进行任何种类的口头教训，应该使他们从经验中去取得教训；也不要对他们施加任何种类的惩罚，因为他们还不知道他们的错究竟是错在什么地方；也不要叫他们请求你的宽恕，因为他们还不知道他们冒犯了你。由于他们的行为中没有任何善恶的观念，所以他们也就不可能做出从道德上看来是一件很坏的，而且是值得惩罚和斥责的事情。

我已经看出那个吃惊的读者要拿我们的孩子去评论这种学生了，他错了。你想用数不清的桎梏去束缚你的学生，结果反而使他们更加活泼；他们在你面前愈受到拘束，他们在你看不到的时候就愈闹得凶，因为他们在可能的时候要捞回由于你管得太严而遭受的损失。两个城里的小学生在乡下所捣的乱，比整整一个村子的小孩所捣的乱还多。把一个城里的少爷和一个乡下孩子关在一间屋子里，也许在这位少爷把什么东西都搞得乱七八糟、打得稀烂的时候，那个乡下孩子还待在那里没有动哩。这是什么道理，这难道不是因为前者能放肆一时就放肆个痛快，而后者知道他常常都能自由，这一时的自由享不享受满不在乎？不过，乡下的孩子由于或者是常常受到人的夸奖，或者是常常受到人的拘束，所以还远远不能说他们就是处在我希望他们所处的境地。

我们把这一点作为不可争辩的原理，即：本性的最初的冲动始终是正确的，因为在人的心灵中根本没有什么生来就有的邪恶，任何邪恶我们都能说出它是怎样和从什么地方进入人心的。人类天生的唯一无二的欲念是自爱，也就是从广义上说的自私。这种自私，对它本身或对我们都是很好和很有用处的；而且，由于它不一定关系到其他的人，所以它对任何人也自然是公允的，它的变好或变坏，完全看我们怎样运用和使它具有怎样的关系而定。自私是受理性的支配的，所以在理性产生以前，应当注意的事情是，不要让一个孩子因为别人在看他或听他就做这样或那样的事情，一句话，他做任何事情，都不能是因为他同别人的关系，而只能是因为自然对他的要求；这样一来，他所做的事情就全都是好事了。

我的意思并不是说他一点乱也不捣，一点伤也不受，即使拿到什么贵重的器皿也不会打坏。他也可能做出许多没有害处的坏事来的，因为坏行为是根据破坏的意图而产生的，而他是没有这样的意图的。只要他产生过一次这样的意图，则一切都完了，他也许就会顽皮得没有办法收拾了。

从理性的角度看来并不坏的事情，从贪欲的角度看来就是坏事了。在听任孩子们自由自在地胡闹时，就要把一切值钱的东西拿开，凡是易碎和珍贵的东西都不要放在他们够得着的地方。他们房间中的家具要又简单又结实；不要摆设什么镜子、陶器和贵重物品。至于爱弥儿，因为我是把他带到乡间去培养的，所以他的房间同一个乡下人的房间是没有什么区别的。既然他很少待在房间里，那么，费许多心思去装饰它又有什么用呢？我说错了，他自己会装饰它的，我们不久就会看到他用什么东西去装饰了。

不管你多么小心，如果一个小孩子还是捣了一些乱和打碎了一些有用的东西，就不要因为你的疏忽大意反而去打他或骂他；不要让他听到一句责备他的话，而且最好不要让他觉察到他使你感到痛心；你要做出好像那个家具是自行坏了的样子，最后，如果能做到一声不吭的话，我倒认为反而会收到很大的效果。

我在这里可不可以把最重要的和最有用的教育法则大胆地提出来呢？这个法则就是：不仅不应当争取时间，而且还必须把时间白白地放过去。读者诸君，请原谅我这个怪论，因为，当一个人反复思考的时候，就一定要做出这样的怪论的；不管你们怎么说，我也是宁可做一个持怪论的人而不愿意做一个抱偏见的人的。人生当中最危险的一段时间是从出生到十二岁。在这段时间中还不采取摧毁种种错误和恶习的手段的话，它们就会发芽滋长，及至以后采取手段去改的时候，它们已经是扎下了深根，以致永远也把它们拔不掉了。如果孩子们从奶娃娃一下子就能成长到有理智的年龄，你现在的这种教育方式也可能对他们是十分适宜的；但是，按照自然的进程来说，他们所需要的教育正好同你实行的教育恰恰相反。在他们的心灵还没有具备种种能力以前，不应当让他们运用他们的心灵，因为，当它还处在蒙昧的状态时，你给它一个火炬它也是看不见的，而且，在辽阔的思想的原野中，它也不可能找到理性所指引的道路，因为那条道路的痕迹是这样的模糊，就连最好的眼睛也难于辨认出来。

所以，最初几年的教育应当纯粹是消极的。它不在于教学生以道德和真理，而在于防止他的心沾染罪恶，防止他的思想产生谬见。如果你能够采取自己不教也不让别人教的方针，如果你能够把你的学生健壮地带到十二岁，这时候，即使他还分不清哪只是左手哪只是右手，但你一去教他，他的智慧的眼睛就会向着理性睁开的；由于他没有染上什么偏见或恶习，因此在他身上不会有什么东西能够抵消你的教育的效果。他在你的手中很快就会变成一个最聪明的人；你开头什么也不教，结果反而会创造一个教育的奇迹。

你采取一反常规的做法，就可以把你要做的事情差不多都做得很好。由于大家不愿意把孩子教育成孩子，而要把他教育成一个博士，所以做父亲和做教师的不论骂他、夸他、吓他、教他、改他的缺点、答应给他东西和对他讲道理，都操之过急，做得不是时候。你这样做才能够做得更好：凡事要做得恰如其分，而且，不要同你的学生争辩什么理由，特别是不要为了叫他赞成他不喜欢的事情而同他讲道理，因为常常在不愉快的事情中谈论道理，只会使他觉得道理是令人讨厌的东西，使他还不能明白道理的心灵从小就对道理表示怀疑。你必须锻炼他的身体、他的器官、他的感觉和他的体力，但是要尽可能让他的心闲着不用，能闲多久就闲多久。需要担心的,是他还没有判断感情的能力以前就产生种种的情感。不要让他获得一些奇怪的印象;为了防止邪恶的产生,是不能那样急于为善的,因为只有在他明白道理的时候,才能这样做。所有这些延缓的做法都是有利的,使他大大地接近了最终目的而又不受什么损失;最后,还有什么东西是必须教他的呢? 如果延到明天教也没有什么大关系的话,就最好不要在今天教了。

另外,从孩子特有的天资看,也可以肯定这个方法是有用的,要知道哪一种培养道德的方法最适合于他,就必须对他特有的天资有充分的了解。每一个人的心灵有它自己的形式,必须按它的形式去指导他;必须通过它这种形式而不能通过其他的形式去教育,才能使你对他花费的苦心取得成效。谨慎的人啊,对大自然多多地探索一下吧,你必须好好地了解了你的学生之后,才能对他说第一句话,先让他的性格的种子自由自在地表现出来,不要对它有任何束缚,以便全面地详详细细地观察它。你认为这样让他自由是浪费了他的时间吗? 恰恰相反,这段时间是用得非常恰当的,因为要这样才能知道怎样在最宝贵的时期中不致浪费片刻的光阴;可是,如果你在不知道应该如何着手以前就开始行动,那么你就必然会盲目从事,容易做错,不得不重新来做,所以,你急于达到目标,结果反而不如慎重前进的快。你不要学那些悭吝的人,他们一个铜子儿也舍不得花,结果是造成更大的损失。在童年时期牺牲一些时间,到长大的时候会加倍地收回来的。聪明的医生绝不是那么一瞧病人就糊里糊涂下药的,他首先要研究了病人的体质之后才开药方;他虽然是晚一些时候才开始治疗病人,但可以把病人治好;反之,操之过急的医生是会把病人医死的。

不过,为了把这个孩子当作一个没有感觉的人,当作一个机器人来培养,我们应该把他放在什么地方才好呢?把他放在月球上,或者放在一个荒岛上吗?使他同一切的人都隔离吗?在这个世界上岂不会继续不断地看到别人产生欲念的情景和事例吗?难道从此就不让他看到他那样年纪的孩子?不让他看到他的父母、邻居、乳母、保姆、仆人和教师(他总不能是一个天使)?

这种反对的意见提得很有理由。可是我哪里向你说过自然教育是一件很容易的事情?诸位!如果你们把一切好事都理解成很困难的事情,这能怪我吗?我也是感觉到有这些困难的,我也同意这些困难也许是无法克服的,可是我深深相信,只要尽力预防,我们是可以在一定程度上把它们加以避免的。我之所以提出我们必须抱定的目标,并不是说我们一定能够达到那个目标,而是说,谁愈是向着那个目标前进,谁就愈会成功*。

你要记住,在敢于担当培养一个人的任务以前,自己就必须要造就成一个人,自己就必须是一个值得推崇的模范。当孩子还处在无知无识的时候,你尽可从容地进行一切准备,以便让他最初看到的都是适合他看的东西。你必须使自己受到人人的尊敬,你必须从使别人爱你着手做起,才能使每一个人处处都想满足你的心意。如果你不能控制孩子周围的人,你就不能做孩子的老师;这种

＊　费讷龙❶在他的《论女子的教育》这篇论文第 13 章中说:"我之所以论述这种最好的教育事业,并不是为了提出一些不完备的规则。诚然,每一个人在实践中是不可能做到像我在纸上发挥的思想那样完善的;不过,即使最后是不可能做得那么十全十美,但能够了解到这种完美的境地,并尽力去达到这种境地,也不是没有用处的;这是走向完美境地的最好途径。"

❶　费讷龙(1651—1715):法国大主教和著述家,曾担任过路易十四的孙子的教师。

权威，如果不以别人尊敬你的道德为基础，就永远不能充分地行使。这并不是说要把你自己荷包里的钱都掏出来慷慨地拿给别人，我从来没有见过金钱能买得人的欢心。但是，也不应当那么悭吝和冷酷无情，能解除别人的痛苦时，就替他解除痛苦，而不要光是在那里表示忧虑。如果你只打开你的钱柜而不同时打开你的心，也是枉然的，别人的心也始终是向你紧紧关闭的。你必须牺牲你的时间、你的心血、你的爱以致你自己，因为，不管你怎样做，别人都始终认为你的金钱并不就是你本人。对别人表示关心和善意，比任何礼物都能产生更多的效果，比任何礼物对别人都有更多的实际利益。有多少穷苦和患病的人需要我们的安慰而不需要我们的布施啊！有多少受压迫的人需要我们的保护而不需要我们的金钱啊！使争吵的人两相和好，劝别人不要去打官司，教孩子们恪尽天职，使父亲们大度宽容，促成幸福的婚姻，预防别人陷入苦恼的境地，尽量利用你的学生的双亲的名望去扶持那些遭受委屈和被强者欺凌的弱者。你要大声宣称你是不幸的人的保护者。你为人要公正和善良。你不要光是布施，而必须同时以仁爱之心待人。慈善的行为比金钱更能解除别人的痛苦：你爱别人，别人就会爱你；你帮助别人，别人就会帮助你；你待他情同手足，他对你就会亲如父子。

这里还有一个我为什么要把爱弥儿带到乡间去培养的理由，那就是，我要使他远远地离开那一群乱哄哄的仆人，因为除了他们的主人之外，就要算这些人最卑鄙；我要使他远远地离开城市的不良风俗，因为它装饰着好看的外衣，更容易引诱和传染孩子；反之，农民虽有种种缺点，但由于他们既不掩饰，也显得那样粗鲁，所以，只要你不去存心模仿，则它们不仅不吸引你，而且还会使你发生反感。

在乡村里，一个教师更能很好地安排他拿给孩子的东西；他的名声、他的谈话和他的举止，将使他享有在城市中享不到的威信；对每一个人都有帮助，因而每一个人都感谢他，都想得到他的看重，都想在学生面前显示一下老师是怎样待他的；所以，即使他不改掉他的缺点，但至少会少做一些可羞的事情；这一点，正是我们要达到的目的。

不要把你自己的过失推诿给别人：孩子们固然要受到他们耳濡目染的坏事的败坏，但同他们受你的教育不善的败坏相比，在程度上还是要轻一些的。你为了向他们灌输你所谓的良好的观念，就成天讲道说教，卖弄学问，结果，在灌输你那个思想的同时，又把二十个一点儿价值也没有的观念灌输给他们了：你尽管有满脑子的想法，可是没有看到在他们脑子中将产生什么效果。在你滔滔不绝地向他们高谈阔论的时候，你以为他们一句话也不会听错吗？你以为他们不会按他们的方式去评论你啰啰嗦嗦杂乱无章地讲解的那些事情吗？你以为他们不会从其中找到一些材料来形成一套他们所理解的东西，以便有机会的时候就用来反对你吗？

你刚才对这个小孩进行了一番教训，现在就请你听一听他所讲的话；让他说，让他问，让他爱怎样谈就怎样谈，你马上就会惊奇地发现，你所讲的那番道理在他心中变了一个多么奇怪的样子：他简直说得乱七八糟、颠三倒四，使你生气，有时候还提出一些料想不到的反问使你感到痛心；不弄得你哑口无言，就弄得你只好叫他停止讲下去。这时候,要是他发现像你这样一个爱讲话的人突然沉默起来,他将作何感想呢?万一他占了上风,并且明白他胜过了你,今后就不要提什么教育了;从这个时候起,一切都完了,他不但不受你的教育,而且还要尽量找你的茬儿。

热情的老师,你要保持纯朴,谨言慎行。只有在防止别人对你的学生施加影响的时候,你才能采取行动,我以后还要不断地重复这一点;如果可能的话,就连有益的教育也加以抛弃,以免把有害的教育授予他们。大自然把这个世界造成了人类的第一天堂,你在这个世界上要当心,不要在教天真无邪的孩子分辨善恶的时候,自己就充当了引诱的魔鬼。你既然不能防止一个孩子在外面学别人的样子,所以就必须集中精力把那些样子按适合于孩子的形象印在他的心中。

冲动的情绪被孩子看到了,就会对他产生巨大的影响,因为这种情绪有十分明显的表现刺激他,使他非注意不可。尤其是愤怒到极点的时候,就会显得如此的狂暴,以致附近的人不能不觉察出来。在这种情况下,你不要问是不是正该老师好好地讲一番话的时候。唉! 不要讲什么好听的话了,不要讲,一句话也不要讲。让孩子走过来,因为这种情景已经使他感到惊讶,不免要问一问你。回答要很简单,就直接根据那些触动他的感官的事物去回答他。他看见一个面红耳赤、眼冒火花、气势汹汹的人在那里叫喊,所有这些表现都说明那个人的身体已失去常态。所以,你既不要装模作样,也不要故弄玄虚,只是沉着冷静地告诉他说:“这个可怜的人生病了,他正在发烧。”你可以趁此机会用几句话使他对疾病及其影响获得一个观念,因为这也是属于自然的,是他必须遭受的必然的束缚之一。

　　这个观念本身是不会错的，他有了这个观念，是不是从小就会把情绪的过度放纵看作是疾病，从而产生一种厌恶的感觉呢？你是不是认为，即使在适当的时候使他获得这样一个观念，也不可能像你唠唠叨叨地说教那样产生良好的影响呢？可是，你要注意到这种观念将产生的效果。在迫不得已的时候，可以把一个桀骜不驯的孩子当作有病的孩子来处理；可以把他关在房间里，如果必要的话，还可以叫他成天躺在床上，规定他的饮食，用他自己一天天增多的缺点去吓他，使他觉得那些缺点是非常可厌和可怕的；这样做，就不至于使他把你为了纠正他的缺点而不得不采取的严厉手段看成是一种惩罚。如果你因为一时的激动，失去了你施教时应有的冷静和稳重，你就不要想方设法地掩饰你的错误；你可以坦率地用一种温和的责备口吻向他说："我的朋友，你使我多么难过啊。"

　　此外，还需知道的是，一个小孩子所接受的这种简单的观念，是可能使他产生种种天真烂漫的想法的，所以，千万不要当着他的面谈论他的天真的言行，即使要谈，也不要让他发觉。轻率地笑一下，也许就会毁掉你六个月的工作，造成一次终生不能弥补的错误。我不能不反复地指出，为了做孩子的老师，你自己就要严格地管束你自己。我想，在两个邻家妇女争吵得最激烈的时候，我可爱的爱弥儿是一定会走到那个吵得最厉害的妇女面前，用同情的语气向她说："我的好邻居，你生病了，我是替你十分难过的。"毫无疑问，这句俏皮话对旁观的人和两个争吵者是不能不产生影响的。这时候，我既不笑，也不责备他，也不夸奖他，趁他还没有看出这种影响,或者,至少在他还没有想到这种影响以前,就不论他愿不愿意,都把他带开,赶快用其他的事情分散他的心,使他不久就把这件事情忘记了。

我的计划并不是要把所有一切的详细情节都一一地谈到,而只是陈述一般的原则,只是在遇到困难的时候才阐述一些例子。要在社会当中把一个孩子一直带到十二岁都不使他对人与人的关系和人类行为中的是非有一点儿概念,我认为是不可能的。因此,只需尽可能晚一些时候才把这些必要的概念灌输给他,并且在不可避免地要让他获得这些概念的时候,只把当时需要的概念灌输给他,其目的只是为了使他认识到他不是任何人的主人,他不应当满不在乎地损害别人,或者损害了别人还不知道。有些孩子的性格是很温和的,我们可以从他们天真无邪的童年时期把他们带养到很大都不会出什么乱子;但是,也有一些孩子的性格很暴烈,他们那种凶猛的气质发展得早,因此,必须赶快把他们教养成人,以免迫不得已地要把他们束缚起来。

我们首先是要对自己尽我们的责任;我们原始的情感是以我们自身为中心的;我们所有一切本能的活动首先是为了保持我们的生存和我们的幸福。所以,第一个正义感不是产生于我们怎样对别人,而是产生于别人怎样对我们;一般的教育方法还有一个错误是,首先对孩子们只讲他们的责任,而从来不谈他们的权利,所以开头就颠倒了:他们应该知道的事情,一样也没有告诉他们,而他们不应该知道的和同他们毫不相干的事情,却全都对他们讲了。

如果说一定要我去教育一个我刚才描述的那种孩子,我心里会这样想：一个孩子虽不打人[1]，但要打东西；虽然他不久能从经验中学会尊重一切在年龄和体力上超过他的人，但他对东西就不一定爱护。因此，应当使他具备的头一个观念，不是自由的观念，而是财产的观念；为了使他获得这个观念，就必须让他有几样私有的东西。仅仅告诉他说他有哪些衣服、家具和玩具，那是没有什么意义的，因为，虽然他在用这些东西，但他不知道他为什么和怎样有这些东西的。即使再进一步告诉他，说他之所以有这些东西，是因为你给他的，也未必能说明问题，因为，要给人东西，就必须自己有东西，可见一样东西在归他所有以前是属于别人的；我们要向他讲解的，正是这种财产的原理；至于赠送礼物，那是一种社会习俗，就用不着向他讲了，因为孩子们在目前是根本不懂得什么叫社会习俗的[2]。诸位读者，请你们根据这个例子和成千成百个其他的例子仔细想一想，仅仅在孩子们的头脑中填塞一些他们无法理解的词儿，怎么就能说是把他们已经教育得非常好了呢？

因此，我们要追溯财产的起源，因为第一个观念就是从这里产生的。孩子在乡间生活，就可以获得一些田间劳动的概念；只要他有观察的能力和空闲的时间，就可以做到这一点；而这两种东西，他都

---

　　① 一个孩子把大人当作下人似地打骂，是绝不能容忍的，即使是当作跟他同等的人来打骂，也是不许可的。如果他真敢打什么人，纵然那个人是他的听差，或者是一个刽子手，也要叫那个人加倍地还手打他，使他不敢再有打人的念头。我曾经看见过一些愚蠢的保姆竟鼓励孩子们造反，引诱他们打人，甚至让孩子打她们自己，并且还笑他们打得不重；她们没有想到，这个狂暴的孩子正是怀有凶杀的意图才动手打人的；她们不知道，他小时候打人，到长大的时候就会杀人。

　　② 大多数孩子之所以要讨还他们已经拿给人家的东西，而且在要不回来的时候就哭，其原因就在这里。这种情形，在他们明白什么叫赠礼的时候，就不会再发生；他们只不过要多多考虑以后才给了。

是有的。不论什么年龄的人,特别是像他这样的孩子,是很想进行创造、模仿和制作,发挥自己的体力和活泼的精神的。所以,只要他看过一两次别人如何锄地、播种和种植蔬菜,他自己就想去种蔬菜的。

根据上述原理,我是绝不会反对他的意志的;相反,我还要十分的赞成,分享他的乐趣,同他一块儿劳动,其目的不是为了使他高兴,而是使我自己高兴;至少在他看来是这样的:我做他种菜的副手,我帮他锄地,一直帮到他自己有足够的臂力锄地为止;当他把一颗蚕豆种在地里的时候,他就占领这块土地了,这样的占领,当然比努涅斯·巴耳博亚❶替西班牙国王把旗子在南海的海岸上一插就算是占领南美,更值得尊重和不可侵犯。

我们每天都给蚕豆浇水,我们看见它们长起来的时候,简直是高兴极了。我对他说:"这是属于你的。"他一听这话,就更感到高兴;当我给他解释"属于"这个词的意思时,我使他意识到他在这里投入了他的时间、他的劳动、他的辛勤以及他的人格;使他意识到在这块土地上有他自己的东西,任何人来侵犯,他都有权制止,正如他自己的手,任何人来强拉,他都可以把它缩回来。

在一个晴朗的日子,他拿着浇水壶急急忙忙地走到那里。啊,多么糟糕!啊,多么痛心!所有的豆子都被人铲掉了,地也被人翻过了,甚至连种豆的地方也认不出来了。啊!我的劳动,我的成绩,我所关心的甜美果实到哪里去了?是谁夺去了我的财产?是谁拿去了我的蚕豆?这个孩子的心中涌起了一片反抗的情绪;第

---

❶　努涅斯·巴耳博亚(1475—1517):西班牙航海家和冒险家,在 1513 年发现太平洋,即宣布它为西班牙的领海。

一次遇到这种不平的事情使他充满了悲伤，眼泪像潮水似地流出来，这个伤心的孩子震天价地哭哭啼啼。我也为他感到痛苦，感到愤慨；我们四方寻找，见人就问，到处追查，最后才发现是园主干的；立刻，我们就派人去把他叫来。

可是，这件事情原来是我们做得大错而特错了。当园主弄明白我们为什么对他生气以后，便开始对我们生一阵更大的气。"怎么，两位先生，是你们糟蹋了我的东西！我在这里种了马耳他瓜，瓜种是别人当成宝贝似的送我的，我还希望等瓜成熟以后就拿来款待你们；可是你们瞧，为了种你们那些贱豆子，竟把我已经长起来的瓜都搞坏了，使我再也没有办法补种了。你们给我造成了一个无法弥补的损失，而你们自己也失去了吃甜瓜的口福。"

让·雅克：我的可怜的罗贝尔，请原谅我们。你在这里曾经辛勤劳动，流了许多的汗。我已经明白，我们不应该糟蹋你种的东西；不过，我们会给你找一些马耳他瓜的种子来的，而且，我们以后种地，一定要先弄清楚是不是已经有人在那里种了东西。

罗贝尔：唉！两位先生，算了，算了；空闲的土地已经没有啦。我，我种的是我的父亲所耕耘的土地；人人都是这样，你们看，所有的土地早都被人占完了。

爱弥儿：罗贝尔先生，你种瓜的种子是不是常常丢失？

罗贝尔：不，我的好孩子；因为像你这样淘气的小孩到我们这里来的还不多。我们谁也不去动一动邻家的园地，每个人都尊重别人的劳动，以便他自己的劳动得到保障。

爱弥儿：可是我，我没有园地呀。

罗贝尔：这同我有什么关系？如果你们要糟蹋我的菜园，我以后就不让你们到里面去了，因为，我不愿意白白地辛苦一阵，收不到东西。

让·雅克：我们可不可以同诚实的罗贝尔商量个办法？请他在这个菜园里划一小块地方给我们，让我的小朋友和我种东西，条件是，所得的收成我们分一半给他。

罗贝尔：我无条件地给你们一块土地。不过你们要记住，如果你们再来动我的瓜，我就要铲掉你们的蚕豆。

在试用这个方法把一些原始的观念教给孩子的过程中，我们就可以看出财产的观念是怎样自然而然地追溯到第一个以劳动占有那块土地的人的权利的。这一点是非常的简单和明了，能够为孩子充分地理解。从这里一直到产权和交换，就只有一步了，走过这一步，就应该马上停止。

我们还可以看到，我在这里用两页文字阐述的事情，也许实际做起来就要花一年的工夫；因为在培养道德观念的过程中，是不能怪我们走得太慢，不能怪我们每一步都走得太稳的。年轻的教师们，我请你们想一想这个例子，而且要记着，在任何事情上，你们的教育都应该是行动多于口训，因为孩子们是容易忘记他们自己说的和别人对他们说的话的，但是对他们所做的和别人替他们做的事情，就不容易忘记了。

正如我所说的，这样的教育或迟或早是要进行的，只不过是要看学生的性情是温和还是暴烈而提前或延迟进行的时间罢了；它们的效用是眼睛可以看得出来的；但是，为了不至于在这些困难的事情中把重要的东西忽略了，我们再举一个例子来谈谈。

你那个性情暴烈的孩子碰到什么就搞坏什么，你不要生气，把他能够搞坏的东西都放在他拿不着的地方。他打坏他所用的家具，你别忙着给他另外的家具，让他感觉到没有家具的不方便。他打破他房间的窗子，你就让他昼夜都受风吹，别怕他受风寒，因为，宁可让他着凉，不可让他发疯。绝不要埋怨他给你造成的种种麻烦，不过，你要让他头一个感觉到这些麻烦。最后，你才叫人来修理窗子，你自始至终什么话都不要说。他又打破了呢，那就换一个方法；你不要生气，只是直截了当地告诉他说："这些窗子是我的，是我费力气安在那里的，我不能让它们被打破。"然后，你把他关在一间没有窗子的黑屋里。这样做的时候，如果他还要吵闹和发脾气，那就谁也不去理他。不一会儿他就会泄气和改变声调，在那里唉声叹气地诉他的苦的；一个仆人到那里去，这个造反的人就会请那个仆人把他放出来。叫那个仆人不要找什么借口说不能放他，只回答他说："我的窗子也是不愿意人家打破的。"说完就走开。让孩子在那里待几个小时，待到足以使他在里面感到心烦，而且能够把这件事情记在心里以后，才派个人去叫他同你订一个条约，根据这个条约，你还他的自由，而他今后也不再打破你的窗子。这样做，他觉得再好不过了。他叫人来请你去看他；你到他那里去，他向你提出他的条约，你马上就接受，同时对他说："这个想法很好，对我们两人都有好处；你为什么早不想到呢！"然后，既不问他还有没有什么异议，也不要他说他坚决遵守他的诺言，你只是欢欢喜喜地拥抱他，并且马上把他带到他的房间去，好似这个条约一发誓遵守，就是神圣不可破坏的。采取这种做法，你想他对这些约定的信念和它们的用途会抱怎样的看法呢？在这个世界上，只要还找得到一个孩子（当然是指尚未娇养坏的孩子）经过这样的教训之后还故意打破窗子的话，那就算我错了。按照这样的次序去做吧。当这个顽皮的孩子在地上挖一个窟窿种蚕豆的时候，他绝没有想到他是给自己挖牢房，让自己的知识迅速地把自己关在里面[①]。

我们现在已进入道德的世界，这里向罪恶打开了大门。欺骗和撒谎的行为将随着社会习俗和义务而同时产生。一个人既能做他不应该做的事情，也就想掩饰他该做而未做的事情。一种利益既可使人许下诺言，则更大的利益就可使人违反诺言。问题不只是在于违反了诺言可以不受惩罚，而是因为有天然的手段；他可以隐瞒，可以撒谎。由于我们不能防罪恶于未然，到现在就只好对罪恶的行为加以惩罚。人生的种种不幸就是这样随着人的错误而同时开始的。

在这方面，我说的话已经是够多了，其目的是为了使大家明了我们不能为了惩罚孩子而惩罚孩子，应当使他们觉得这些惩罚正是他们不良行为的自然后果。所以你不要去斥责他们撒谎，绝不要仅仅因为他们撒谎而处罚他们，而要使他们明白，如果撒谎，则谎言的种种不良后果都要落在他们的头上，例如，即使说的是真话，也没有人相信；即使没有做什么事情，也要被别人不由分辩地

---

① 此外，即使这种遵守诺言的责任感在孩子心中还没有通过它实际的效用而得到明确的认识，但他已开始萌芽的内心情感将把这种责任作为一种良心的法律，作为只等到有应用的知识才加以发挥的固有的原则，加到他的身上。这个最重要的特点，不是由人的手画在我们心中的，而是由一切正义的创造者刻在我们心中的。除去原始的契约和它加给人的义务，则人类社会的一切就都是虚幻的。只是在对自己有利的时候才遵守诺言的人，其守信的情形等于是一句诺言也没有应许，或者说，他到最后是终归要违反他的诺言的，正如玩杓球的人之所以迟迟不利用对方给他的那个分数，只不过是为了等到更有利的时候才利用罢了。这个原理极其重要，值得深入地研究，因为人正是从这里开始同自己相矛盾的。

指责说干了坏事。不过,我们要向孩子们讲解清楚什么叫撒谎的行为。

谎言有两种:一种是就过去所做的事情撒谎,一种是就将来承担的义务撒谎。第一种撒谎的情况是:否认他所做过的事情,或者硬说他做过他没有做过的事情,总而言之,就是他明明知道事情的真相不是那样,却偏偏说成是那样。第二种撒谎的情况是:许出一些他并不打算加以遵守的诺言,总而言之,就是表示一种同他本来的意图相反的意图。有时候这两种谎是合在一起撒的①;不过,我在这里只谈一谈它们不同的地方。

一个人如果意识到自己需要别人的帮助,同时又常常领受别人的恩惠,他就绝不会起骗人的念头;反之,他还一心要别人明了事情的真相,以免错误地损害了他。因此,可以很明显地看出,撒谎的事不是孩子的天性,而是服从的义务使他们不得不撒谎,因为服从别人是一件很痛苦的事情,所以他们就悄悄地尽可能设法不服从别人,同时,他们还觉得,与其暴露事情的真相要到将来才能得到利益,不如撒一个谎就能免掉一次处罚和责备,得到现时的利益。在自然的和自由的教育之下,你的孩子干吗要向你撒谎呢?他有什么要隐瞒你的呢?你不找他的岔子,你不惩罚他,你不强迫他,他为什么不像告诉他的小伙伴那样天真地把他所做的事情都告诉你呢?他不可能认为向你承认就会比向他的伙伴承认会遭到更大的危险。

----

① 例如被人指控做了一件坏事的罪犯,替自己辩护的时候总说他是一个诚实的人。他这样说,在事实和义务两方面都是撒了谎的。

由于答应做什么或不做什么是双方协定的行为,既逾越了自然的状态,也有损于自由,所以,就义务而撒谎的行为是更不符合自然的。再者,孩子们所做的一切许诺,其本身就是无效的,因为他们的见解有限,只能看到眼前的情形,所以当他许下诺言的时候,他们是理解不到他们所许诺的事情的。他们一会儿撒谎,他们也就会做这样或那样的诺言,因为他们心里所想到的只是怎样摆脱现时的困难,所以凡是在眼前不会产生什么影响的手段都是可以采用的:他答应在将来做什么的时候,实际上是空话,他的想象力还处在懵懵懂懂的状态,还想象不到他这个人在两个不同的时候的情景。如果叫他答应他明天从窗口跳出去,就可以免掉他一顿鞭打或给他一包糖果,他也会立时答应的。这就是为什么法律不尊重小孩的约定的理由;如果严厉的父亲和老师强要孩子们做他们所许诺的事情的话,也只能是因为这些事情即使他们不许诺也是非做不可的。

小孩在答应做什么事情的时候,是并未撒谎的,因为在他做出诺言时,他对他所许诺的事情没有什么了解。但是,如果他不履行诺言,情况就不同了,就可以把他的诺言追溯为一种谎言,因为他很清楚地记得他做出过那个诺言;不过,他不知道遵守诺言的重要性罢了。由于他没有观察将来的能力,所以也就预见不到事情的后果;即使他破坏了他的诺言,他的行为也并不违背他那样年龄的理智。

由此可见,孩子的撒谎,完全是老师造成的,他们想教会孩子说实话,结果却教会孩子说谎话。他们巴不得能好好地管教孩子,使孩子循规蹈矩,但是又找不到相当的手段来达到目的。他们认为凭一些空洞的格言和不合理的清规就可以重新约束孩子的心灵,因此,他们宁可让孩子背诵功课和撒他们的谎,也不愿意让孩子保持天真和诚实。

至于我们,我们只主张我们的学生从实践中去学习,我们宁可让他们为人忠厚而不愿他们有一肚子的学问;我们并不勉强他们老老实实,以免他们弄虚作假;我们并不硬要他们做出这样或那样的诺言,以免他们不打算遵守他们的诺言。如果当我不在的时候,他做了什么坏事,而我又查不出是谁干的,我也不归罪于爱弥儿,我也不问他:"是不是你?"①因为这样做,除了教他加以否认以外,又会得到什么效果呢? 如果他的性情执拗,使我不得不同他订个条约,我的做法也要极其慎重,以便条约的内容全部由他提,而不由我提;当他订下条约的时候,我总要使他觉得履行条约就能获得很大的现实利益;万一他不履行诺言,我也要使他觉得,这样撒谎所招来的痛苦是由于事物发展的必然后果,而不是出自老师的报复。不过,我是根本不需要采取这种如此毒辣的手段的,因为,我几乎可以断定,爱弥儿要很久很久以后才知道撒谎是怎样一回事情的,而且,他在知道的时候,一定会大感奇怪,想象不出撒谎有什么好处。所以,事情很清楚,我愈是使他美好的生活不受他人的意志和判断的影响,我就愈能使他明白撒谎对他没有好处。

---

①　再没有比这样问法欠慎重的了,特别是当孩子做了错事的时候,这样问就更显得不慎重了:如果他以为你知道是他干的,他也许会以为是你对他设的圈套,他有了这种看法,就可能对你发生反感。如果他以为你不知道,他就会对自己说:"我干吗要暴露我的错处呢?"可见,当初诱使他撒谎的,正是由于你这样冒冒失失地问他。

如果我们不是那样急于想教好孩子,我们也就不会那样急于硬要他做这做那的,我们就可以从从容容地只是在适当的时候才提出我们对他的要求。这样,只要不采取溺爱的方式,是一定能教好孩子的。但是,一个愚昧的教师由于不知道如何对孩子进行教育,以致时时刻刻要孩子答应做这个做那个,既没有分别,也没有选择,而且数量也过于繁多,弄得孩子十分烦恼,承担了许许多多的诺言,结果使他把那些诺言看得满不在乎,置于脑后,认为不屑于遵守,甚至把它们看做一套空话,觉得做出了诺言又破坏诺言是一件好玩的事情。你希不希望他忠实地遵守他所说的话呢?如果希望的话,对孩子提出什么要求的时候,就一定要十分慎重。

我刚才所讲的关于撒谎的情形,在很多方面都可用来阐明强使孩子们承担种种其他的义务,因为把那些义务加在他们身上,不仅可恨,而且实际上是做不到的。看起来好像是在向他们宣讲道德,实则是使他们去爱种种的恶习:在禁止他们沾染恶习的过程中,反而使他们养成了那些恶习。你想使他们变得虔诚,结果,把他们带进教堂的时候反惹得他们满腹牢骚;你要他们叽叽咕咕不停地祈祷,但他们却认为从今不向上帝祷告才是福音。为了要他们心怀仁慈,你就叫他们向人布施,好像你自己不屑去布施才叫他去布施似的。啊!应当向人布施的,不是孩子,而是老师。不管一个老师多么地爱孩子,他都应该同他的学生争这个荣誉;他应该使孩子认识到,像他那样的年纪,还不配做布施他人。布施,是大人的事情,因为他了解他所布施的东西的价值,他了解别人需要他的布施。孩子是不懂得这些的,所以即使布施了,也不能算作功德,他的布施并不是出于慈悲和善意;而且,他根据他自己和你的例子来看,认为只有小孩子才向人布施,到长成大人的时候就不这样做了,所以,他在布施的时候还感到有些害羞哩。

应当注意的是,叫孩子去布施的,只能是他不知道有多大价值的物品或他衣袋里的金属东西,因为这些东西除了给别人以外,对他并没有什么用处。一个孩子是宁愿把一百个金币而不愿把一块点心给人的。现在,请你试一试,能不能叫这个豪爽的布施者把他心爱的东西、玩具、糖果和点心拿给别人,我们立刻就可看出你是不是使他变成了一个真正大方的人。

还可以找到一个达到这种目的的办法,那就是:隔一会儿就把他已经给人的东西还他,使他习惯于把他认为可以要回来的东西拿给别人。我在孩子们身上只发现这两种大方的情形:他拿给别人的东西,不是对他没有用处,就是别人准会还他的。洛克说:"要使他们从经验中知道,最豪爽的人往往能占很大的便宜。"正是因为这样做,才使一个孩子在表面上显得大方,而在实际上则是非常的吝啬。他还说,这样就可以使孩子们养成慷慨的习惯。不错,高利贷式的慷慨,给人家一块奶油,为的是要他一头奶牛❶。但是,当你要他真给的时候,这个习惯就没有了;你不还他,他就不给你。重要的是养成心灵的习惯而不是手上的习惯。你教育孩子们的一

---

❶ 这句译文的用词和原文略有不同。原文直译为:"……给人家一个鸡蛋,为的是要他一头牛。"在法文中,"鸡蛋"(œuf)和"牛"(bœuf)是两个形似和音似的字,作者用这两个谐声字是很幽默的。为了保持原文的风趣,译文就改用"奶油"和"奶牛"这两个在字面和音韵上大体相近的词,把全句译为:"……给人家一块奶油,为的是要他一头奶牛。"

切道德，都同这种手上的道德差不多，正是由于向他们宣讲这些美德，反而使他们的少年时期过得那么忧郁！难道说这是一种明智的教育吗？

诸位老师，你们别那么虚伪了，你们为人要公正和善良，要把你们的榜样刻画在你们的学生的记忆里，使它们深入到他们的心。一切慈善的事情，我不仅不强求我的学生去做，我反而喜欢当着他的面由我自己去做，不仅如此，我甚至还要使他没有模仿我的可能，使他觉得这不是他那样年龄的人可以享受的荣誉；因为，重要的是，不要使他习惯于把只应该是大人做的事情看作是小孩做的事情。如果他看见我帮助穷人的时候问我这些问题，而我又觉得已经到了该向他解答的时候①，我就向他这样说："我的朋友，穷人之所以希望遇到富人，是因为富人答应过要养活所有那些靠自己的财产或劳动都无法生活的人。""这样说来，你也答应过要养活他们了？"他又这样问我。"当然，正是因为在我手中经过的这些财物附有这个条件，所以我才这样地支配它们。"

听了这一段话（我已经讲过要怎样才能使一个孩子明白这一段话的意思）之后，另外一个孩子——不是爱弥儿——也许就会学我的样子，以富人的姿态行事了；在这种情况下，我至少要防止他做的时候带有夸耀的神气，我宁可让他夺去我的权利，背着我悄悄把东西拿给别人。这是他那样年龄的人可以做得出来的一种隐瞒的行为，也只有这一种隐瞒的行为才独一无二地能够取得我的

---

① 可以想象得到，我是不会在他高兴什么时候问就什么时候回答他的；要不然，我就会受他的意志的支配，使我自己处在一个教师可能从属于他的学生的危险境地。

原谅。

我认为，所有这些从别人那里模仿来的美德，都是像猴子那样学来的乖，而任何一种良好的行为之所以能够产生良好的道德效果，只是因为在你做的时候就认识到它本来是好的，而不是因为看见别人那样做，你才那样做。不过，像孩子那样的年龄，心灵还处在懵懵懂懂的状态，所以需要使他们模仿我们希望孩子们养成习惯的行为，以便他们最终能够凭他们自己的判断和对善的喜爱去实践这些行为。人是善于模仿的，动物也是一样；爱好模仿，是一种良好的天性，不过，这种爱好在社会中已经变成一种恶习了。猴子模仿它所畏惧的人而不模仿它所轻视的动物；它认为比它优越的人的举动一定是好的。而我们则恰恰相反，我们的各种丑角之所以模仿美好的行为，是为了贬低它们的价值，是为了把它们弄得可笑；由于他们感到自己卑贱，所以就力图使自己能够跟比他们高尚的人列于同等的地位；即使在他们竭力模仿他们所钦佩的行为时，我们也可以从他们所选择的对象中看出这些模仿者的旨趣是虚假的，因为他们的意图是想欺骗别人，是要别人赞赏他们的才能，而不是使自己变得更好或更聪明。我们之模仿别人，其根源就在于我们常常想使自己超越自己的地位。如果我的工作取得成功，爱弥儿就绝不会有这种想法。所以，我们必须消除这种想法可能产生的表面的好处。

把你的一切教育法则都彻底考察一下，你就会发现它们都是错误的，特别是有关道德和风俗的法则更是荒谬。在道德教育方面，只有一条既适合于孩子，而且对各种年龄的人来说都最为重要，那就是：绝不损害别人。甚至教人为善这一条，如果不从属于这个教训，也是虚伪的、矛盾的和有害的。谁不做点好事呢？大家都做一些好事，坏人和其他的人同样做一些好事；他做了一件好事，成百的人就要遭殃；我们的种种灾祸就是从这里产生的。最高尚的道德是消极的，同时也是最难于实践的，因为这种道德不是为了做给人家看的，而且，即使我们做得令人心满意足，也不能因此就在我们心中产生甜蜜的快乐。一个人如果从来没有损害过他的同胞，那他就是对他们做了极大的好事啦！他需要有多么坚贞不屈的心灵和多么坚强的性格才能做到这一点啊！要体会到把这一条做得成功是何等的伟大和艰难，那就不能光是谈它的理论，而必须付诸实践[①]。

　　这几个一般的观念，我希望人们教育孩子时要预先加以注意，不时刻这样去教育孩子，就必然会使他们或损害自己或损害别人，特别是会染上一些往后就很难纠正的恶习；不过，对受过良好教养的孩子来说，当然就不太需要这样做了，因为在他们的心中没有撒上不良行为的种子，他们是不会变得那么粗野、顽皮、撒谎和贪婪的。所以，我在这一点上阐述的这些看法，更适用于例外的情形而不适用于一般的情形；但是，由于孩子们脱离他们原来状态和沾染大人的坏习惯的机会愈来愈多，所以这种例外的情形就愈来愈常

---

　　① "绝不损害别人"这条训诫，和"尽可能不依附于人类社会"这条训诫是相抵触的，因为在社会条件下，一个人的幸福必然造成另一个人的痛苦。这个关系存在于事物的本质，是没有任何办法可以改变的。我们可以按这个原则来判断社会中的人和孤独隐居的人这两者哪一个好。有一个著名的作家说只有孤独的人才是坏人；而我则认为只有孤独的人才是好人。这个说法虽不很精辟，但是比前面那个说法更真实和更合情理。如果坏人是孤独的，他有什么坏事可干？只有在社会里他才能设下机关陷害别人。如果谁想把这个论据倒过来责难好人，我就用这个脚注所注释的这一段文字来回答他。

见了。在繁华地方抚养起来的孩子，比在穷乡僻壤抚养起来的孩子更需要提早受到这样的教育。因此，即使说这种单独的教育仅仅能够使孩子在童年时期就长得很成熟，也是宁可采取这种教育的。

另有一种例外的情形是全然不同的，那就是：有些孩子年龄小而天资特别高。正如有些人永远脱不掉孩子气一样，有些人也可以说是根本没有经历过童年，他们差不多一生下来就成了大人。不幸的是，这种例外的情形很稀有，也难于看出来，每一个做母亲的都以为一个孩子可以成为神童，因此也就相信她的孩子可以成为神童。不仅如此，她们甚至把说话俏皮、动作鲁莽和活泼天真这些司空见惯的现象也当作是特异的表征，然而这些现象正是他那样年纪的特点，最能说明孩子毕竟是孩子。你既然使一个孩子说了许多的话，允许他什么都说，一不讲礼节，二不讲规矩，那么，碰巧说几句中肯的话，又有什么奇怪呢？要是他一句中肯的话也不曾说，那才奇怪，甚至比星象家胡说一阵一句预言也没有说准还奇怪哩。昂利四世说："他们撒了那么多的谎，以致最后终于说出了实话。"谁要是想说几句漂亮话，只要多说傻话就行了。愿上帝保佑那些除了说几句漂亮话以外就没有其他长处值得赞扬的时髦人物吧！

正如孩子们的手上可能戴有最珍贵的钻石一样，他们的脑子里也可能有最美妙的思想，或者说得更确切一点，他们的口中也可能有最美好的语句，但不能因此就说这些思想和钻石是他们的；就他们那样的年龄来说，没有哪一种财产真正是属于他们的。一个孩子所说的事情，在他们理解起来和我们理解起来是不同的，其间没有相同的观念。这些观念——如果他有这些观念的话——在他的头脑中是不连贯的;在他的思想中没有任何固定的和明确的东西。就拿你所谓的天才来说吧,有时候你发现他的思想极其灵活,宛如一个喷泉,清澈得可以反照天上的云彩。然而更多的时候,这同一个人又是那样迟钝,好像陷入了浓厚的烟雾。有时候,他走在你的前面;有时候,他又待在那里不动。一会儿你说:"他是一个天才。"过一会儿,你又说:"他是一个傻瓜。"你这两种说法都说得不对。他是一个孩子,他是一只幼鹰,时而飞入云霄,过一会儿又要回到它的窠巢的。

因此,不管他的外表如何,都应该按他的年龄对待他。不要使他做过多的运动而耗尽了他的气力。如果他的头脑已经发热,如果你看见它已开始沸腾,就让它自由自在地思维,而不再刺激它,以免它全都消散了;当他初生的精华快要挥发掉的时候,就马上把余下的精华保留起来,以便随着年岁的增长而变成活命的热和真正的力量。不这样做,你就会白费你的时间和苦心,毁掉你自己的成绩;你用热腾腾的烟雾把自己糊里糊涂地陶醉一阵之后,将只剩下失去精华的渣滓。

有了愚笨的孩子就会有平庸的大人,我想,这条法则是最普遍和准确不过的了。最困难的是要在一个孩子的童年时期看出他是真正的笨还是表面上显得笨,这种表面上的笨实际上往往是坚强性格的表征。乍看起来是很奇怪的:这两种极端情形的征象是极其相似的,而且是应该相似的,因为当人们还处在没有真正的思想的年岁时,有天才的人和没有天才的人之间的区别在于,后者光接受虚假的观念,而前者能看出它们是假的,因此就一个也不接受;

所以两者都如同傻子：一个是样样都不懂，而另一个是觉得样样都不称他自己的心。只是偶尔才能发现区别它们的唯一征兆，因为在这种时候，向有天资的儿童灌输某种观念他就能够了解，反之，没有天资的儿童却始终是那个样子。小卡托❶在童年时候被他家里的人看成是一个蠢孩子。他沉默寡言，性情执拗：这就是人们对他的全部评价。有一次在苏拉❷的客厅里，他的叔父才发现他是很聪明的。要是他不走进那间客厅的话，也许一直到他长到有理智的年龄他都会被别人看成是一个粗野的人。如果那时不出现恺撒❸也许人们始终会把这个卡托当作一个幻想家，然而正是他看出了恺撒的阴险，老早预料到他的计谋。轻率地对孩子们下断语的人，是往往会判断错误的！这种人反而比孩子们还更加幼稚。我和一个人❹的友谊使我感到很光荣，然而这个人到年岁已经相当大的时候还被他的亲友当作是一个头脑很简单的人；这个睿智的人不声不响地一天天成熟起来，突然，大家才看出他是一个哲学家；我深信，后世的人将在当代最出色的思想家和最渊博的形而上学家中给他留一个很光荣和崇高的位置。

要尊重儿童，不要急于对他作出或好或坏的评判。让特异的征象经过一再地显示和确实证明之后，才对它们采取特殊的方法。让大自然先教导很长的时期之后，你才去接替它的工作，以免在教

---

❶　小卡托（公元前 95—前 46）：罗马政治家，站在元老院一边极力反对恺撒的独裁。

❷　苏拉（公元前 138—前 78）：罗马独裁者。

❸　恺撒（公元前 100—前 44）：罗马独裁者。

❹　指法国哲学家孔狄亚克（1715—1780）。孔狄亚克是一个感觉论者，洛克的继承人，著有《论感觉》等书。

法上同它相冲突。你说你了解时间的价值，所以不愿意有分秒的损失。可是你没有看到，由于错用时间而带来的损失，比在那段时间中一事不做的损失还大，一个受了不良教育的孩子，远远不如没有受过任何教育的孩子聪明。你看见他无所事事地过完了童年的岁月，就感到惊奇！唉！难道说让他成天高高兴兴的，成天跑呀、跳呀、玩呀，是一事不做、浪费时间吗？柏拉图的《理想国》一书，大家都认为是写得很严肃的，然而他在这本书中完全是通过节日、体操、唱歌和娱乐活动来教育孩子的；当他教他们玩耍的时候，他把其他的东西也一起教给他们了；塞涅卡谈到古罗马的青年时说："他们总是站着的，从来没有学过什么坐着干的活儿。"*难道说他们长到年富力强的时候会因此就跌落了身价？所以，你对这种所谓的懒惰状态不要那样担心害怕了。要是一个人为了把一生的时间全都拿来利用，就不去睡觉，你对这个人怎样看法？你会说："这个人是疯子；他不但没有享受他的时间，反而损失了他的时间，因为抛弃睡眠的结果，是奔向死亡。"所以，你要了解到这里的情况恰好相同，要了解到儿童时期就是理性的睡眠时期。

教育孩子，在表面上看来好像很容易，而这种表面的容易，正是贻误孩子的原因。人们不知道，这样的容易其本身就是他们什么也没有学到的证明。他们的光滑的头脑可以像一面镜子似地把你给他们看的东西都反射出来，但并没有留下任何深刻的印象。孩子记住了你所说的话，但是把观念却反射掉了；听他说话的人都能明白他那些话的意思，而不明白那些话的意思的，恰恰就只是他

---

* "他们不拿卑下的人要学的东西教他们的孩子。"见塞涅卡：《道德书简》，88。

自己。

尽管记忆和理解是两种在本质上不同的本能,然而两者只有互相结合才能得到真正的发展。在达到有理智的年龄以前,孩子不能接受观念,而只能接受形象;但是,两者之间有这样的区别:形象只不过是可以感知的事物的绝对的图形,而观念是对事物的看法,是由一定的关系确定的。一个形象可以单独地存在于重现形象的心灵中,可是一个观念则要引起其他的观念。当你在心中想象的时候,你只不过是在看,而你思索的时候,你就要加以比较。我们的感觉纯粹是被动的;反之,我们所有的理解或观念都是产生于能进行判断的主动的本原。这一点,我在以后还要加以阐述。

所以我认为,孩子们因为没有判断的能力,因此也就没有真正的记忆。他们记得声音、形状和感觉,然而却很少记得观念,更不用说记得观念的联系了。反对我的人看见他们学会了一些初级几何,就以为可以拿这点来证明我的看法是错误的;恰恰相反,他们正好证明了我的论点,表明孩子不仅不能自己推理,甚至还记不住别人的论证;你们把这些小几何学家所用的方法拿来考察一下,马上就可以看出,他们所记得的,只不过是例题的精确图形和术语罢了。稍一反驳,他们就不懂了;把图形一颠倒过来,他们就会莫名其妙的。他们的全部知识都停留于感觉,没有哪一点是透彻地了解了的。他们小时候已经听人讲过的事情,到长大以后总得要重新学过,可见他们的记忆力是并不比他们的其他能力强的。

　　然而我并不认为孩子们是一点理解力都没有的①。恰恰相反，我认为他们对一切同他们眼前可以感觉得到的利益有关的事物却理解得非常好。不过，我们所不明白的是他们究竟知道些什么东西，因此，他们本来是不知道的，我们却以为他们知道，他们本来是不懂的，我们却要他们讲一讲其中的道理。我们还有一个错误是，要他们去注意那些同他们没有一点儿关系的问题，例如他们将来的利益啦，成年人是多么幸福啦，长大时别人将对他们多么尊敬啦；这些话对没有一点儿远虑的人来说，是绝对没有什么意义的。硬要可怜的孩子们去研究这些东西，往往会使他们把心思用到同他们毫不相干的事情上去。所以，要请你判断一下能不能叫他们去注意这些事情。

　　大事夸耀怎样怎样地教诲学生的冬烘先生，得了人家的束脩，所以他们的说法就完全不同；其实，根据他们自己的行为就可以看出，他们的看法同我的看法完全是一样的。因为，他们教给学生的到底是些什么东西呢？词句，词句，还是词句。在他们所吹嘘的各种学科中，对学生真正有用的，他们反而不教，因为它们是事物的

---

　　①　在一部长篇著作中，要使同样的字始终表达同样的意思，是不可能的，这一点，我在写作本书的时候曾经反复考虑过一百次。还没有哪一种语言竟丰富到我们想怎样修饰，它就能提供多少字眼和词句。给所有的词都下一个定义，并且经常用所下的定义去代替被下定义的词，这个办法当然很好，只是实际上行不通；因为，怎样才能避免循环呢？如果我们不用词句来下定义的话，定义也许是好的。但尽管这样，我认为，即使我们的语言很贫乏，我们也可以把意思表达得很清楚，其办法并不是使同样的词始终只表达同样的意思，而是不管每一个词用多少次，我们都要使它表达的意思能够充分地从上下文中看出来，从而使含有这个词的句子就可以反过来做它的定义。有时候我说孩子们不能够推理，有时候我又说他们理解得十分得好。我不认为这表明我在这个问题上的思想是自相矛盾的，但是，我不能否认我在我的表达方法上常常是有矛盾的。

科学,他们就不会教好;他们所选教的是他们知道其中的一些术语、谱系、地理、年代和语言等等的科学,以此显示他们精通这些学科;然而所有这些学问,对成年人来说关系已经不大,对孩子来说关系就更小了,所以,只要他一生当中能把它们拿来用上一次,就算是一件了不起的事情了。

我把教授语言当作一种没有用处的教育,你也许对这一点会觉得奇怪;不过你要知道,我在这里说的只是童年时候的教育;所以不管你们怎样说,我不相信哪一个孩子(有天才的儿童除外)在十二岁或十五岁以前是真正学会了两种语言的。

如果说语言的学习只不过是学习一些词,也就是说学习表达这些词的符号或声音,那么,我也认为这种学习可能是适合于孩子的,不过,语言在改变符号的同时,也就把它们所表达的观念改变了。知识是由语言形成的,而思想则带有观念的色彩,只有理性是共同的,每一种语言的精神都有它独特的形式,这个差别可能是民族性格不同的一部分原因或结果;可以用来证明这种推断的是:世界上各个民族的语言都是随着它们的风俗而几经变化的,它们也像风俗那样,或者是保持下去,或者是有所改变。

孩子们在使用的过程中便可学会那些形式不同的语言中的一种语言,而这也就是他在达到有理智的年龄以前所能记得的唯一的语言。为了学会两种语言,就需要懂得比较它们的概念,然而现在他们连概念都不知道,怎么能进行比较呢? 每一种东西在他们看来都有成千种不同的符号,然而每一个概念却只能有一种形式,因此他们只能学会一种语言。有人说他们的确学会了几种语言;我认为这种说法是不对的。我曾经看见过几个据说是能讲五六种语言的神童。我听见他们讲了德语，接着又用拉丁语、法语和意大利语的词来讲；他们确实能用五六种词汇，但他们始终是讲的德语。总之，不管你愿意教孩子多少同义语，然而你变换的是词而不是语言，所以他们还是只能学会其中的一种语言。

正是为了掩盖他们在这方面的无能，所以你才偏偏教他们去学那些已经死了的语言，因为现在是再也找不到人来评判对这些语言的教法是不是合乎文规了。由于这些语言的通常用法早已失传，你就模仿书上所写的词句，而且还说这些就是口语哩。如果老师的希腊文和拉丁文就是这样的话，我们也就可以想见孩子们所学的希腊文和拉丁文了。他们才刚刚记得一点语法入门，还根本不懂得怎样用法的时候，你就要他们把一篇用法文写的文章译成拉丁文；当他们学得高深一点的时候，你就要他们把西塞罗的句子写成散文，把维吉尔❶的一些诗篇写成韵文。这样一来，他们就以为是能够讲拉丁语了，谁又去说他们讲得不对呢？

在任何一门学科里，代表事物的各种符号如果不具有它们所代表的事物的观念，那就是毫无意义的。而你使孩子所学到的，也就是限于这种符号，而不能使他们明白它们所代表的东西。你以为你已经教他明白了地球是什么样子的，其实仅仅使他看到了一些地图：你教他的城名、国名和河名，而他则认为这些地方除了在图上指给他看一下以外，实际上是不存在的。我记得曾经在什么地方看见过一本地理书，它开头就这样说："什么是世界？世界是一个用纸壳做的球。"孩子们所学的地理正是这个样子。我敢说，

---

❶　维吉尔（公元前71—前19）：罗马诗人，其主要作品为长篇叙事诗《埃涅阿斯纪》。

你拿地球仪和世界志教他们学了两年之后,还找不到一个十岁的孩子能够按照你所教的法子说出从巴黎到圣丹尼镇应该怎样走法。我敢说,没有任何一个孩子能按照他爸爸的园林示意图走过其中曲曲折折的道路而不迷失方向的。请看,知道地图上哪里是北京、伊斯帕亨、墨西哥和地球上所有一切国家的博士,就是如此。

我听见有些人说,最好是让孩子们去学那些只用眼睛学的东西;如果确实有什么东西只凭眼睛就能学会的话,那当然是可以的;不过,这样的东西我根本还没有见过。

更加可笑的是,你叫他们学习历史:你在想象中以为历史是可以被他们理解的,因为它搜集的全是事实。但是,"事实"这个词应当怎样理解呢? 你认为决定历史事实的种种关系是那样容易理解,以致在孩子们的心中可以毫无困难地形成相应的观念吗? 你认为对事件的真正了解可以同对事件的原因和结果的了解相分开;认为历史涉及道德的地方是非常少,以致不懂道德的人也可以学会历史吗? 如果你在人的行为中只观察外部和纯肉体的活动,那么,学了一阵历史又能学到什么东西呢? 那是绝对学不到什么东西的;学习历史既索然寡味,就不能使我们得到快乐,也不能使我们获得教益。如果你愿意拿那些行为的道德关系来衡量它们的话,就请你试一试,看你的学生能不能了解那些关系,然后你就明白像他们那样年龄的人适合不适合学历史了。

读者诸君,你们经常要记住,同你们讲话的人既不是学者,也不是哲学家;他是一个普通的人,是真理的朋友,既不抱什么成见,也不信什么主义;他是一个孤独的人,他很少同别人一块儿生活,因此沾染他们偏见的机会也就不多,也就有富裕的时间思考他同他们交往的时候使他有所感受的事物。我的论点,其根据与其说是原理,不如说是事实;我想,为了使你们能够评判我的论点,最好的办法莫过于常常向你们举几个使我产生这些论点的事例。

我曾经到一个乡下人家去住了几天,这家人的可敬的主妇对孩子们的生活和他们的教育是极为关心的。有一天早晨,大孩子上课的时候我也在场;他的老师曾经详细地教过他的古代史,这一次讲亚历山大❶的故事时,又谈到了医生菲力浦的著名的逸事;书上有这个故事的插图,的确,这个故事是值得讲一讲的﹡。这位老师是一个可敬的人,不过,他对亚历山大的勇敢行为发表的几个看法我是不赞成的,当时,我没有同他争论,为的是免得降低他在他学生的心目中的威信。在吃饭的时候,照法国人的习惯是免不了要叫那可爱的小孩瞎说一阵的。由于他那样年龄的活泼的天性和

---

　❶　亚历山大(公元前 356—前 323):古代马其顿王,公元前 336—前 323 年在位。

　﹡　见昆图斯-库修斯❷,第 3 卷,第 6 章。蒙台涅❸也叙述过这个轶事。"亚历山大……接到了帕米尼俄❹的一封信,信上说,他最亲近的医生菲力浦已经被大流士❺用金钱买通,要用毒药害他;他把信拿给菲力浦看,而且同时就把菲力浦给他的药一口吞下去了。"第 1 卷,第 23 章。

　❷　昆图斯-库修斯:公元 1 世纪罗马历史学家,著有《亚历山大史传》。﹡号注所说的第 3 卷,第 6 章,疑指该书。

　❸　蒙台涅(1533—1592):法国作家,著有《论文集》。﹡号注所引蒙台涅的叙述见《论文集》第 1 卷,第 23 章。

　❹　帕米尼俄:马其顿将军,公元前 330 年亚历山大怀疑他不忠诚,下令将他杀死。

　❺　大流士:波斯王,公元前 336—前 330 年在位。公元前 334 年亚历山大率马其顿-希腊军东侵波斯,大败波斯军。次年再败之。公元前 330 年波斯帝国被亚历山大所灭,大流士为部下所杀。

准可受到一番称赞的信心,遂使他讲了无数的傻话;当然,在这些傻话中时而也碰巧有一两句是说得中肯的,因此也就使人把其余的傻话忘掉了。最后,他就谈到医生菲力浦的故事;他把这个故事叙述得很简要和优美。大家照例地称赞(做母亲的巴不得人家这样称赞,而孩子也是等着人家这样称赞)一番之后,就开始议论他所讲的这个故事了。大多数人都责备亚历山大太冒失,有几个人则跟着老师说他们佩服亚历山大的果断和勇气,所有这些,使我认为在场的人没有哪一个是看出了这个故事的美究竟是美在什么地方。"至于我,"我向他们说,"我觉得,如果说在亚历山大的这个做法中有点儿勇敢和果断的表现的话,那也不过是一种蛮头蛮脑的行为罢了。"于是大家都赞同我的看法,说那是一种蛮头蛮脑的行为。我跟着就想解释和热烈地论述一番,这时候,坐在我旁边的一个妇人(她到现在还没有开过口哩)侧过身来在我的耳朵边上轻轻地说:"别说了,让·雅克,他们是听不懂你的意思的。"我望她一眼,我吃了一惊,我马上就闭嘴不讲了。

由于有几个现象使我怀疑我们这位小小的博士对他讲述得那么好的历史并没有真正了解,所以晚餐以后就拉着他的手,同他到花园中去散了一会儿步;我随便问了他几个问题之后,发现他比任何人都更钦佩被人们所吹嘘的亚历山大的勇敢;不过,你可知道他是从什么地方看出亚历山大的勇敢的呢?原来,独一无二地是因为亚历山大毫不犹豫,毫无难色地把那难吃的药一口就吞下去了。这个可怜的孩子,在不到十五天以前还吃了一次药,不知费了多大的劲才把药吃下去了,而至今口上还有药的余味咧。死亡和中毒,在他的心目中只不过是一些不愉快的感觉罢了,而他所能想到的毒药就是莜那❶。然而,必须承认的是,亚历山大的果断对他幼稚的心灵确已产生了很大的影响,使他下定决心,以后吃药的时候一定要做一个亚历山大。我没有进行解释,因为这显然是他不能理解的,所以我只告诉他说这种想法很值得称赞。我回去的时候,暗中好笑有些做父亲的和做老师的也真是高明,竟想到了拿历史来教育孩子。

使他们在口头上学会国王、帝国、战争、征服、革命和法律这些词,是很容易的;但是,当问题是要赋予这些词以明确的观念时,也许就不可能像我们同园主罗贝尔谈话那样来解释了。

有些读者对"别说了,让·雅克"这句话是不很满意的,我早已料到,他们会问在亚历山大的行为中究竟哪一点在我看来是值得称赞的。可怜的人啊!如果要我告诉你们的话,你们怎么懂得呢?亚历山大的行为之所以值得称赞,是因为他相信德行;是因为他敢于拿他的头颅,拿他自己的生命来证实他的信念;是因为他的伟大的心灵配得上这个信念。啊,他所吞的那一剂药正是这种信念的真实表白!还没有哪一个人对自己的信念做过这样庄严的表白哩。如果谁是当今的亚历山大的话,那就请他照样把他的信念表白给我看一看*。

如果孩子们还不懂得你所讲的字眼,就不宜于拿你的功课去教他们。如果他们没有获得真正的观念,他们就不会有真正的记

---

❶　莜那,一种豆科植物,能治腹泻。

*　"这位国王的勇于冒险是盖世无双的:但是我不知道在他的一生中是否有过比他在这件事上所表现的更为坚决、更被传为美谈的事情了。"见蒙台涅:《论文集》,第1卷,第23章。

忆,因为我认为仅仅保留一些感觉是不能叫做记忆的。他们在脑子里记上一连串莫名其妙的符号,对他们有什么用处呢?在学习事物的过程中,他们岂不也就学会了那些符号吗?为什么要他们浪费气力学两次呢?而且,你要他们拿一些根本不懂得的话作为他们的学问,岂不会使他们产生极其危险的偏见!正是由于孩子所学的第一个词,由于他所学的第一件事物,全是照别人的话去了解,而自己根本就不明白它的用途,所以才丧失了他的判断的能力;他也许可以在傻子面前炫耀一个很长的时期,但是他不可能弥补他这样的一个损失[①]。

不,纵然说大自然使一个孩子的头脑具备了这种能够接受种种印象的可塑性,那也不是为了让你使他记住什么国王的名字、在位年代、谱系、地球仪和地方名称,或者记住那些对他这样年纪的人来说既毫无意义,而且对任何年纪的人来说也没有一点用处的词句;把这些东西压在他的身上,是必然会使他的童年过得十分忧郁和没有趣味的;所以,孩子的头脑之有可塑性,是为了让那些能够为他所理解和对他有用处的观念,这些关系到他的幸福和日后指导他履行其天职的观念,早已以不可磨灭的印象记在他心中,

---

① 大多数学者也是像小孩这样夸耀于傻子的。他们的学识渊博,不在于他们记得许多的观念,而在于他们记得许多的形象、日期、专门名词、地点和种种孤立而没有思想内容的东西,只是作为符号保留在他们的记忆里的,如果不同时看一下他们所读过的篇页的正反两面,不看一下他们第一次见到那些东西的图形,他们就很难把那些东西回想得起来。在前几个世纪曾大出风头的学者差不多都是这样的。至于我们这个世纪的学者,就是另外一个样子了:他们既不研究,也不观察,而只是做梦;他们使我们狠狠地做了几个夜晚的噩梦之后,就说是教过我们哲学了。也许有人会说我也是在做梦;我同意这种说法;但是我梦见的是别人不愿意梦见的东西,我做的是梦就说是梦,让读者去寻找在这些梦中是不是有对头脑清醒的人大有用处的东西。

使他一生当中能按照适合于他的天性和才能的方式过他的生活。

即使是不读书本，一个孩子可能有的记忆力也不会因此而闲着没有用处；他所看见的和他所听见的一切，都会对他产生影响；他将把它们记下来，他将把大人的言语和行为都记在心里；他周围的事物就是一本书，使他在不知不觉中继续不断地丰富他的记忆，从而增进他的判断能力。为了培养他具备这种头等重要的能力，真正的好办法是：要对他周围的事物加以选择，要十分慎重地使他继续不断地接触他能够理解的东西，而把他不应该知道的事物都藏起来，我们要尽可能用这个办法使他获得各种各样有用于他青年时期的教育和他一生的行为的知识。是的，这个办法既不能培养出什么神童，也不能使他的保姆和教师得到人家的夸耀，但是，它能培养有见识、有性格、身体和头脑都健康的人，这样的人，小时候虽没有谁称赞，到长大后是一定会受到人人尊敬的。

爱弥儿是绝不背诵什么课文的，即使是寓言，即使是拉·封登❶的寓言，不论它们是多么简单和动人，他都是不背诵的，因为寓言中的话并不就是寓言，就像历史中的文字并不就是历史一样。人们怎么会这样糊涂，竟把寓言也称为孩子们的修身学，毫不考虑寓言固然可以使他们高兴，但同时也会使他们产生谬误，毫不考虑他们受了杜撰的事情的迷惑，就必然会遗漏真理，毫不考虑这样教法虽然可以使他们觉得有趣，但也妨碍了他们从其中得到益处？寓言可以用来教育大人，但对孩子们就应该直截了当地讲真理；你用幕布把真理盖起来了，他就不愿意花力气去把它揭开。

---

❶　拉·封登(1621—1695)：法国寓言作家和诗人。

大家都要孩子们学拉·封登的寓言,但是没有哪一个孩子是真正学懂了的。要是他真正学懂了的话,那就更加糟糕了,因为其中的寓意对他那样年龄的人来说,是那样的拐弯抹角和不相适应,以致不仅不能使他学到良好的德行,反而使他学到了许多的坏毛病。你也许会说:"瞧,又在发怪论了。"不错。但是让我们看一看这番怪论说的是不是真理。

我认为,小孩子是学不懂你教他的那些寓言的,因为,不论你怎样努力地把那些寓言写得很简单,然而由于你想通过它去进行教育,所以就不能不在其中加上一些小孩子无法理解的思想,而且,那些寓言虽然是写成了诗体便于背诵,但诗韵本身反而使它们更难于理解;所以,寓言写是写得很有趣了,但因此也就牺牲了它的鲜明的寓意。有许多的寓言是孩子们根本无法读懂的,而且对他们也是一无用处的,然而由于在一本集子里这样的寓言是同其他的寓言混在一起的,所以你也没头没脑地叫他们把这些寓言拿来学习,现在,姑且把这样的寓言撇开不谈,我们在这里只谈那些似乎是作家专门为小孩子所写的寓言。

在拉·封登的寓言集中,我只知道有五六个寓言是洋溢着孩子的天真气的;我现在把这五六篇寓言中的第一篇寓言①做例子来谈一下,其原因是这一篇寓言既适合于各种年龄的人,而且也最能为孩子们所理解,学起来也最感兴趣,所以,作者才特地把它选出来放在他那本集子的前头。假使作者的目的是要这篇寓言能够为孩子们所理解,能够使他们读了以后感到很高兴和受到教益,那

---

① 据福尔梅先生说,这是第二篇而不是第一篇。

么,这篇寓言当然就是他的一个杰出之作了,因此,请允许我用几句话在这里把这篇寓言逐行逐行地分析一下。

乌 鸦 和 狐 狸

寓　言

"乌鸦先生在一棵树上歇息,"

"先生!"这个词本身是什么意思? 把它放在一个专门名词之前❶表示什么? 用在这里又是什么意思?

什么叫"乌鸦"?

为什么说"在一棵树上歇息"? 我们的说法不是"在一棵树上歇息",而应当说"歇息在一棵树上"。因此,就必须讲一讲诗歌的倒置法;就必须说一说什么叫散文,什么叫诗。

"它嘴里含着一块奶酪。"

什么奶酪? 是一块瑞士奶酪,还是布里奶酪或荷兰奶酪? 如果孩子从来没有看见过乌鸦,你怎样才能给他讲清楚乌鸦的样子呢? 如果他看见过乌鸦,他又怎能想象乌鸦把一块奶酪含在嘴里呢? 所以应该按照自然的样子来描述。

"狐狸先生被美味所引诱,"

又来一个"先生!"对狐狸来说,这个头衔真是很合适! 它可以说是玩弄花招的行家。应该讲一讲什么叫狐狸,把它们真正的性

---

❶　乌鸦先生:法语为 Maître Corbeau,这里按照法语的次序,所以说"之前"。

格和平时出现在寓言中的性格讲清楚。

"引诱"这个字眼平常是很少人用的。应该加以解释;应当说明只是在诗里才用这个字眼。要是小孩子问你为什么诗歌和散文的说法不一样呢? 你怎样回答他?

"被奶酪的美味所引诱!"这块奶酪是含在歇息在一棵树上的乌鸦的嘴里,要有多大的气味才能使树丛或地洞中的狐狸闻得到! 正确的判断在于有可靠的依据,在于能分辨别人所说的事情哪些是真哪些是假,所以,你能不能用这句话来训练你的学生掌握这个判断事物的精义呢?

"向乌鸦这样说:"

"这样说"! 狐狸能说话吗? 它能讲乌鸦讲的那种语言吗? 聪明的老师,留心一点,要慎重地考虑考虑才回答;你回答的话,其关系之大是你想象不到的。

"喂! 你好,乌鸦先生!"

"先生!"小孩子看见你把这个称呼当作笑话来用,以致不知道它是一种尊称。说"乌鸦先生"的人要费很大的工夫才能把加在"乌鸦"前面的冠词"德"(de)解释得清楚。

"你多美呀! 我觉得你多好看啊!"

没有用处的重复话。小孩子看见你用另外的词来重复同样的事情,也就会学到讲无聊的话。如果你说这种多余的话是作家的一种艺术手法,以表达狐狸是有意用这些话来大大地夸乌鸦一番,这种解释可以对我说,然而对我的学生说,就是很不适宜的。

"不要撒谎,要是你的歌喉"

"不要撒谎!"这么说,你有时候是撒过谎了的吗? 如果你告诉孩子说,只因狐狸撒了谎,所以它才叫乌鸦"不要撒谎,"孩子听了以后将作何感想呢?

"配得上你的羽毛,"

"配得上!"这是什么意思? 叫孩子把声音和羽毛这两种性质完全不同的东西加以比较,你看他怎么能理解你的意思。

"就让你做这林中百鸟的凤凰。"

"凤凰!"什么叫"凤凰?"我们在这里突如其来地又谈起虚妄的古物,差不多好像讲神话了。

"林中的百鸟!"多么形象的话啊! 阿谀奉承的人用雅致的词把他的话说得很高尚,以便更易于诱惑别人。一个小孩子懂不懂这种妙处呢? 他是不是知道,他能不能知道什么是高尚的说法,什么是鄙俗的说法呢?

"听到这些话,乌鸦乐得忘乎所以,"

必须要亲身经历过十分激动的情绪之后,才能体会这个成语表达的状况。

"于是,为了显示他美妙的歌声,"

不要忘记,为了要懂得这一行诗和整个的寓言,孩子就要听一听乌鸦的声音究竟是美在哪里。

"把嘴一张开,奶酪就掉到地上。"

这一行诗写得真好,单单从诗韵的和谐上就可以想象那种情景。我看见了一只怪嘴张得大大的,我听见了奶酪从树枝中掉到地上的声音;不过,这种优美的地方对孩子来说是莫名其妙的。

"狐狸抓着奶酪,说,我的好先生,"

瞧,好心竟变成愚蠢。当然,你马上会教育孩子的。

"你要知道,所有阿谀奉承的人"

笼笼统统的说法,我们是不懂的。

"都靠他所吹捧的人生活。"

一个十岁的孩子是根本不懂得这一行诗的。

"花一块奶酪学这个教训,真是值得。"

说得很清楚,意思也很好。然而也可能有少数的儿童要把一个教训和一块奶酪拿来比较,因而就宁可要奶酪而不要教训的。因此,应该使他们明白这样说法不过是一种笑话。孩子们哪里懂这种妙处!

"乌鸦又羞又气,"

又说重复话了;这一次就无法辩解了。

"发誓——可惜晚了——从今不再上这种当。"

"发誓!"哪里有那样傻的老师敢向孩子们讲发誓是怎么一回事情?

以上是讲得够详细了,但说到对这篇寓言的全部思想进行分析,并且把这些思想当中的每一个思想所依据的基本观念归纳出来，这还是不够的。不过，谁又觉得需要这样分析给年轻的人听呢？我们当中没有哪一个人讲哲学竟会讲到把自己当成了小孩子。所以，我们现在就接着谈它的寓意。

我要问一下，对六岁的孩子来说，是不是需要告诉他们有些人为了自己的利益就吹牛拍马或撒谎骗人？我们至多只能告诉他们说，拿小孩子逗着玩或暗中嘲笑他们傻里傻气的人，确实是有的；但是，一块奶酪就把整个事情弄糟了，因为你不是在教他们怎样把自己的奶酪紧紧地含在嘴里，而是教他们怎样想办法把别人嘴里的奶酪骗出来。这里，我又提出了我的第二个怪论；而且，这个怪论的重要性是不亚于前一个怪论的。

只要你长期同曾经学过寓言的孩子在一起，你就可以发现，当他们有机会把所学的寓言拿来应用时，他们的所作所为差不多同寓言作者的意图完全是相反的；对于你想纠正或防止的缺点，他们不仅满不在乎，而且还偏偏喜欢为非作恶，以便从别人的缺点中得到好处。在前面所讲的那个寓言中，他们一方面嘲笑乌鸦，而另一方面却非常地喜欢狐狸；在第二个寓言中，你以为他们会拿蝉来做学习的榜样；不，他们选择的榜样是蚂蚁。谁也不喜欢丧失自己的体面，他们想担任漂亮的角色；这是自爱的选择，这是很自然的选择。但对孩子们来说，这是多么可怕的教育啊！在一切怪物中，最可恶的怪物莫过于一个又悭吝又心狠的小孩子，他既能料到别人会问他要什么东西，而且也懂得什么东西应该拒绝拿给别人。蚂蚁更厉害，它甚至教他在拒绝的时候还要把人骂一顿。

在所有的寓言中，狮子通常是一个最显要的角色，孩子在学了这些寓言之后，就想做狮子；当他主持分什么东西的时候，他就会学狮子千方百计地把所有的东西都据为己有。但是,当他学到蚋把狮子搞垮的时候,他的想法就不同了,他就不愿意做狮子而愿意做蚋了。他将来要学它在不敢明目张胆地攻击别人时,就把他叮死。

学了《瘦狼和肥狗》这个寓言后,孩子们不仅不像你所想象那样把它作为一种谦逊的教训,反而认为这个寓言是在教人放肆。我永远不能忘记的是,我曾经看见过有人拿这个寓言来折磨一个小女孩,想用这个寓言教她乖乖地听大人的话,结果使那个女孩子很伤心地哭了一场。起初大家都不清楚她为什么会哭,到最后才明白了她哭的原因。原来,这个可怜的女孩子受人的束缚已经受够了,她觉得她脖子上的皮都被锁链磨破了,她哭她不是一只狼。

所以,第一个寓言的寓意在孩子们看来是教人卑鄙奉承,第二个寓言的寓意是教人残忍无情,第三个寓言的寓意是教人做事不公正,第四个寓言的寓意是教人嘲笑讽刺,第五个寓言的寓意是教人不服管束。最后这个寓言,对我的学生来说固然是用不着,但是更不宜于用来教你的学生。当你拿一些自相矛盾的寓意教他们的时候,你想你这番苦心将得到什么样的结果呢? 不过,所有这些寓意在我看来固然是构成了反对寓言的理由,然而在你看来也可能恰恰是它们应该得到保存的原因。社会中需要有一种口头的教训,也需要有一种行动的教训,而这两种教训是截然不同的。前者见之于一问一答地教训一阵就算了事的问答教义;后者则见之于拉·封登给孩子们写的寓言和给母亲们写的故事。同一个作者把这两者都教训了。

拉·封登先生,让我们商量一个两全其美的办法。我,我本人答应选读你的书,而且很喜欢你,要从你的寓言中受到教益,因为我相信我不至于误解它们的目的;至于我的学生,请允许我一个寓言也不让他去学;如果你要我叫他去学,那你就首先要给我证明尽管那些寓言中的事物有四分之一是他不懂的,但他学了还是对他有好处;证明他学习他可能懂得的寓言时不会误解它们的意思,证明他学了以后不仅不会上人家的当,而且还不学歹人的样子。

我这样使孩子们摆脱了种种的功课,从而就替他们消除了使他们最感痛苦的原因:读书。读书是孩子们在儿童时期遇到的灾难,而你却单单要他们在读书中消磨他们的时间。爱弥儿长到十二岁还不大知道什么叫书。也许有人说:"至少他应该识识字呀。"我同意这种说法;当读书对他有用处的时候,他是应当识字的;不过到现在为止,读书除了使他感到厌烦以外,是没有其他好处的。

如果你不勉强孩子们照你们的话去做,他们就不会去学那些在现时对他们既无趣味也无用处的东西;否则,有什么动机可以促使他们去学呢?对不在眼前的人讲话和听他们讲话,以及不经过中间的媒介而把我们的感情、意志和希望远远地传达给他们,是一种艺术,这种艺术的用处是各种年龄的人都可以感觉得到的。是什么奇怪的原因使这样一种如此有用和如此有趣的艺术变成了孩子的一项刑罚呢?那是因为你采取了强迫的方法叫他去学它,是因为你硬要他把它用之于他不了解的事物。一个孩子不论多么好奇也不可能好奇到自己去练习使用你拿来折磨他的这个工具;但是,只要你能够用这个工具去增进他的快乐,即使你不许可他用,他也是马上要去用它的。

人们在煞费苦心地寻找教读书识字的最好办法,有些人发明了单字拼读片和字卡,有些人把一个孩子的房间变成了印刷厂。洛克则主张用字骰教孩子们学习识字。这岂不是找到了一个最好的办法吗?真是可怜! 其实有一个办法倒是比以上的办法都更为可靠的,但这个办法一直被人们所遗忘了:这个办法就是促使孩子们有学习的欲望。你使孩子们先有这个欲望,然后把你那些字卡和字骰都通通拿开,这时候,随你用什么方法去教都可以把他们教得很好的。

现实的利益才是最大的动力,才是使人走得又稳又远的唯一的动力。爱弥儿有时候接到他的父亲、母亲或亲戚朋友的请柬,请他去赴宴、游览、划船或看戏。这些请柬只有短短的几句话,意思写得很清楚,字也写得很好看。他需要找一个人来念给他听,可是这样的人不是到时候找不着,就是找着了也像孩子昨天对他那样慢吞吞地答应他。这样一来,事情过去了,时间也过去了。最后才把请柬念给他听,可是已经太迟了。唉! 要是自己能识字就好啦! 他又接到一些请柬,上面的话多么简单! 谈的事情多么有趣! 他很想明白那些话的意思;他有时候找得到人帮忙,有时候又碰钉子。他自己尽量地试一试,终于把请柬上的话明白了一半:请他明天去吃奶油……可是还弄不清楚在什么地方和哪些人一起吃……费了多大的劲才把剩余的几个字识出来啦! 我不认为爱弥儿是需要用什么写字桌的。我现在给不给他讲怎样写字呢? 不,我是不好意思在一部论述教育的著作中拿这些琐琐碎碎的小事情消遣的。

我只补充一句话,而这句话是可以作为一个重要的准则的,那就是:一般地说,你不急于达到什么目的,反而可以很有把握和十分迅速地达到那个目的。我几乎可以肯定地说,爱弥儿不到十岁就能完全学会读书和写字,其原因恰恰是由于我对他十五岁以前能不能读书识字一事是很不重视的;但是,我还是宁可让他一个字也不识,而不愿他为了学到这一些学问就把其他有用的东西都牺牲了,因为,当他根本不喜欢读书的时候,读书对他有什么用处!"应当特别注意的是,不可使还不喜欢读书学习的学生对读书发生厌恶的心情,不可使他尝到读书的苦味,以免他过了青年时期还觉得读书是一件可怕的事情。"①

我愈是坚持我这种听其自由不加管束的办法,我觉得人们将愈强烈地反对。如果你的学生从你那里学不到什么东西,他就会向别人去学习的。如果你不用真理去涤除谬误,他就会学到许多邪说。你担心他将产生的那些偏见,正是他周围的人灌输给他的;它们将通过他所有的感官进入他的心,败坏他尚未成熟的理性;他长期不用而陷入麻木状态的心灵也将沉溺于物质的享受。在儿童时期没有养成思想的习惯,将使他从此以后一生都没有思想的能力。

我觉得,要回答人们反对我的论点,是非常容易的,不过,为什么老是去回答反对我的人呢? 如果我的方法能自行回答那些反对的意见,可见它就是一个好方法;如果它不能回答,可见它就没有一点价值。所以我还是接着谈下去。

如果你按照我所拟的计划,采取同成规老套截然相反的办法,如果你不使你的学生的心灵向往于遥远的未来,如果你不一再地

---

① 昆体良❶,第1卷,第1章。

❶ 昆体良:公元1世纪罗马修辞家,著有《讲演艺术指导》一书。注①所云第1卷,第1章,疑指此书。

使他迷惘于其他的地方、其他的风土、其他的世纪和天涯海角及天堂,而是专心致志地使他按他自己的能力生活,使他注意同他有直接关系的事物,那么,你就可以发现他是能够进行观察、记忆和推理的;这是自然的次序。有感觉的生物一活跃起来的时候,它就可以获得同它的体力相适应的辨别能力;只有在保持自身生存所需要的体力以外还有多余的体力时,才适于把这种可以做其他用途的体力用来发展它的思考能力。所以,如果你想培养你的学生的智慧,就应当先培养他的智慧所支配的体力。不断地锻炼他的身体,使他健壮起来,以便他长得既聪慧又有理性,能干活,能办事,能跑,能叫,能不停地活动,能凭他的精力做人,能凭他的理性做人。

如果老是由你去指点他,老是由你告诉他"来呀,去呀,休息呀,做这个,不做那个呀,"结果,你用这个方法准定是会使他变成一个傻子的。如果你的头脑常常去指挥他的手,那么,他自己的头脑就会变得没有用处。你必须记得我们的条约,如果你是一个迂腐的先生,就请你别看我这本书好了。

有些人以为身体的锻炼有害于思想的运用,好像这两个活动不应该同时进行,好像这个活动不能老是去指导那个活动,这种错误的看法真是叫人又好气又好笑!

有两种人的身体是在继续不断地锻炼着的,而这两种人,对心灵的培养当然都很少注意,这两种人就是农民和野蛮人。前者是很健壮、钝鲁和笨拙的,而后者的感觉敏锐和心思细致是人人都知道的;一般地说,农民是最迟钝不过的人,而野蛮人则是最狡黠不过的人。这种差别从何产生的呢? 这是由于农民总是别人叫他怎么样做,他就怎么样做;或者他看见他父亲做什么,他就做什么;或者他自己小时候做哪些事,以后也就一直做那些事,每天都是那么一套,从无变化;他一生差不多都是像机械似的,做的总是那些事情,在他身上,习惯和服从代替了理性。

至于野蛮人,情况就不同了,他们不定居于一个地方,没有规定要办的事情,不服从任何一个人,除了自己的意志以外,就没有其他的法律;他对他生活中的每一个行动都不得不加以考虑,他不事先斟酌一下结果,他就一动也不动,一步也不走。这样,他的身体愈活动,他的心思也就愈灵敏;他的体力和智力同时成长,互相增益。

博学的老师,让我们看一下,在我们的两个学生当中哪一个像野蛮人,哪一个像农民。你的学生事事都听命于一个成天教训他的权威,所以,别人说什么他才做什么,他肚子饿了不敢吃东西,心里高兴不敢笑,心里悲伤不敢哭,伸了这只手就不敢换那只手,你说什么地方可以去,他的脚才敢到什么地方;不久以后,他连呼吸也要照你的规定呼吸了。当你事事都在替他着想的时候,他还动什么脑筋呢? 既然可以依靠你的深谋远虑,他何必事先考虑呢?他看见你在照顾他的生命和幸福,他就觉得自己用不着操什么心;他的判断依赖于你的判断,凡是你未曾禁止过他做的事情,他就放心去做,因为他知道做了之后不会出乱子。他知道你会替他观看天色,他无需去猜是下雨还是不下雨。他既然放心你不会让他错过吃饭的时间,他又为什么要计划散多久的步? 只要你不制止他吃,他就吃;只要你一制止,他就不吃;他不听他的胃的话,而听你的话。所以,你徒然使他的身体呆笨,而没有使他的心思灵活。而

且,由于你叫他把仅有的一点理解力用之于对他没有用处的事物,
结果反而损害了理智在他心目中的价值。由于他未发现过理智对
他有什么好处,所以他终于认为它是一无用处的。更糟糕的是,他
一弄错了,就要被你抓着把柄,而他被抓着的次数是如此之多,以
致他心中满不在乎,不再惊讶了。

你认为你的学生也很机灵,也能用我在前面所讲的那种风度
同妇女们聊天;但是,一遇到必须牺牲个人,必须在某种困难的情
况下拿出主张的时候,你将发现,他比最笨拙的农民的儿子还愚蠢
一百倍。

至于我的学生,或者说得更确切一点,自然的学生,他从小就
锻炼自己尽可能地依靠自己,所以没有经常去求助他人的习惯,更
不善于向他人炫耀自己的学问。不仅如此,他对所有一切同他有
直接关系的事物都要进行判断,考虑其后果和分析它的道理。他
不夸夸其谈,他要实际行动;他对世上的事情是一无所知,但是他
非常懂得他应该做的是哪些事情。由于他经常不断地在活动,所
以他不能不对事物进行仔细的观察,好好地考虑其影响;他从小就
获得了许多的经验,他的经验是取之于自然而不是取之于人;正因
他不知道教育的意图,他所受的教育愈能发挥良好的效果。这样,
他的身体和头脑同时都得到了锻炼。他始终是按照他自己的思想
而不是按照别人的思想进行活动的,所以他能不断地把身体和头
脑的作用结合起来;他的身体愈健壮,他就变得愈加聪明和愈有见
识。这个方法可以使他将来获得一般人认为不能同时具有的东
西,获得大多数伟大的人物都具有的智力和体力,获得哲人的理解
力和力士的精力。

　　年轻的老师，我劝你采取的方法，在你看来是难以实施的，那就是：不按照成规来管教你的学生，要放任无为才能一切有为。我承认，这个办法不适合于你的年龄，而且在开始的时候既不能显示你的才华，也不能提高你在他们父亲的心目中的身价，但这是唯一能够取得成功的方法。如果你不首先培养活泼的儿童，你就绝不能教出聪明的人来。这是斯巴达人的教育方法，他们在开头并不是教孩子们去啃书本，而是教他们去掠夺他们的食物。斯巴达人到长大的时候是不是因此就非常的愚鲁呢？谁不知道他们说话有力，巧于辩驳？他们战无不胜，在各种各样的战争中把敌人都打得落花流水；卖弄嘴舌的雅典人既害怕同他们说话，也害怕同他们打架。

　　采取规规矩矩的教育方法，老师发号施令，以为这样就管住了孩子；然而实际上是孩子在管老师。他利用你强迫他做的事情，反过来要你做他所喜欢的事情，他非常清楚，他勤勤恳恳地用一个小时的功，你就要顺他八天的心意。你每时每刻都要同他讲条件。这些条件，你是按照你的方式提出来的，而他却按照他的方式去实行，因此总是有利于他的荒唐的行为的，特别是当你笨头笨脑地把他无论是否履行诺言都准可达到的要求订在条约中的时候，更是便利于他去胡闹。一般地说，小孩子了解老师的心，比老师了解孩子的心还要透彻。这是不足为怪的，因为，一个自由自在的孩子既能用他的机智保卫他的生存，他当然要把他所有的机智用来摆脱暴君的锁链，夺回他天赋的自由；反之，老师是不会去窥探孩子的心的，因为他没有任何切身的利益促使他这样做，所以他有时候觉得让他偷懒或瞎闹一阵反而对自己有好处。

采取一个同上述办法完全相反的做法去教导你的学生,让他常常认为是他在做主,而实则始终是你在做主。在一切束缚人的办法当中,再没有比仅仅保护自由的外表这种办法更周密的了,这样做,甚至把他的意志也俘虏了。可怜的孩子,他什么都不知道,什么都不会,什么都不懂,岂不是可以由你任意摆布吗?由于你同他的关系,你不是可以随便调度他周围的一切吗?你这位做老师的人,岂不是要怎样影响他就可以怎样影响他吗?他的工作和游戏,他的快乐和痛苦岂不是在他不知不觉中全都掌握在你的手里吗?当然,他可以做他想做的事情,但实际上是你希望他那样做,他才那样做;他每行动一步,你都能早有预料,他一张口,你就知道他要说什么话了。

这样一来,他就可以专心去搞他那样年龄的人所需要的体格锻炼,同时还不至于使他的心思变得迟钝。这样一来,你将发现,他不仅不想方设法地逃避那使他烦恼不堪的管束,而且还尽量从最好的方面去利用他周围的一切取得他当前的幸福;这样一来,你将惊奇地看到,他为了把可以获得的东西占为己有,为了不要人家的指点而真正享用那些东西,他所想的办法是多么巧妙。

你这样让他自己支配他的意志,就绝不会养成他乖戾的性情。由于他做的都是适合于他做的事情,所以不久以后他就能做他应当做的事情;尽管他的身体在继续不断地运动,然而一旦涉及他现实的利益,你就会看到他将尽量地发挥他的理智,而且发挥的方式远远比单纯地凭空研究还好得多。

这样一来,由于他看见你并不存心为难他,由于他没有什么不相信你的，没有什么要隐瞒你的，所以他就绝不会欺骗你，绝不会向你撒谎；他将毫无畏惧地显示他本来的面目；你可以从容地观察他，利用他周围的事物对他进行培养，从而不至于使他不想接受你的教育。

他再也不会带着猜疑的目光窥探你的心情，看到你做错了事情也不会暗中笑你。这是很麻烦的事情，我们要加以预防。正如我曾经说过的，孩子们最留心的事情之一，就是要发现管束他们的人的弱点。这种倾向往往使他们做出一些顽皮的事情，然而这种倾向的产生，不是由于他们有顽皮的天性，而是由于他们需要逃避那压制他们的权威。他们受不了你强加在他们身上的束缚，所以要想方设法地摆脱它；老师的缺点一被发现以后，就提供了他们达到这个目的的最好手段。因此，他们将养成这样的习惯：留心别人的缺点，以发现别人的缺点为乐。显然，在爱弥儿的心中是堵塞了产生这种恶习的根源的；由于他根本没有挑我的错处的心，所以他既不找我的错，也不找别人的错。

这些方法之所以显得很困难，是由于你还不知道的缘故；其实，它们是一点也不难的。我理应假定你已经具备从事你所选择的职业的必要知识，我应当假定你了解人心的自然进程，你知道怎样研究人类和单独的人，能预料你把适合于你学生的年龄的有趣的事物展现在他的眼前时，他将偏爱什么东西。这样，有了工具，又懂得怎样使用工具，岂不就能精通业务吗？

你对孩子乖僻的性情表示反感，你搞错了。孩子们之所以乖张任性，不是自然造成的，而是由于教育的不良，也就是说，他们服从于别人或命令别人；而我曾经说过一百次，小孩子是不应当服从人也不应当命令人的。所以你的学生的乖僻性情全是你养成的；你吃你自己的错误做法的苦头，完全是应该的。"不过，怎样补救呢？"你也许会这样问我。补救的办法仍然是好好地教导他，对他要十分地耐心。

有一个孩子，我负责管教过他几个星期，这个孩子不仅已经养成想做什么就做什么的习惯，而且还惯于指挥别人照他的心意去做，因此，这个孩子是非常地胡闹的＊。从头一天起，他为了试验我对他是不是依顺，半夜就起床了。当我睡得很熟的时候，他跳下床，穿上睡衣，就来叫我。我从床上起来，点燃蜡烛；他要我做的事情就是这么一点；过了一刻钟，他就瞌睡起来，同时觉得他的试验也很满意，就去睡了。过了两天，他又照样来一次，并且也同样地成功，而我丝毫没有不耐心的表示。他去睡觉的时候吻了我一下，我很安详地对他说："小朋友，已经做得够好了，不要再来了。"这句话引起了他的好奇心，于是，第二天就想看一看我怎么敢于不听他的话，他到了那个时候又起来叫我。我问他什么事。他说他睡不着。我接着就说："糟糕，"说完就一声不响了。他请我点燃蜡烛；我问他："为什么？"说完又一声不响了。这种简明的回答方法开始使他迷惑起来。他一摸一摸地找着了打火器，装着要打火的样子；我听见他打痛了手指头就禁不住笑起来。最后，他觉得实在是打不着了，就带着打火器走到我的床边；我对他说我用不着，说完就翻过身去。于是，他就开始在房间里瞎跑，又叫又唱，弄得到处乱响，时而打桌子，时而打椅子，当然，他每次都是很小心地打，以免

＊　这个孩子是杜潘夫人的儿子。见《忏悔录》第 7 卷。

打痛了手叫喊起来，因为他的目的只是使我不得安宁。所有这一切都没有收到效果；我看出，他原来的打算是要我好好地劝他或者发一顿脾气，但是对我这种冷静的做法他却丝毫没有准备。

然而，他决心要顽强地征服我的耐心，他继续在那里闹闹嚷嚷，以致最后终于闹成功了，使我心中生气了；眼见在这不该发脾气的时候，一怒之下就会把一切都弄得很糟糕，我就采取了另外一个办法。我起来，一句话也没有说，我去找打火器没有找着；我问他要，他把打火器给我，他高兴极了，以为终于战胜了我。我打燃火石，把蜡烛点亮，我牵着这个孩子的手静静地把他引到附近的一间盥洗室去，盥洗室的窗子是关得好好的，里面也没有什么怕打坏的东西；我把他留在那里，也没有给他蜡烛；我跟着就把门锁上，一句话也没有向他说，我转身回去睡了。他开头是不是吵闹了，这是不问就知道的。我在那里等着，一动也不动。最后，吵闹的声音小下来了，我注意地听，我听见他已安静下来，于是我放心了。第二天，我天一亮就走进盥洗室去，发现那位小小的造反者睡在一张便床上，睡得挺熟的，他弄得精疲力竭之后，当然是需要好好地睡一觉的。

这件事情并没有到此就结束。他的妈妈知道了孩子一晚上有三分之二的时间没有睡觉。这一下可糟了，孩子就像死人一样了。他看见报复的机会来了，就假装生病，可是没有料到他是一点儿好处也得不到的。医生请来了。母亲可倒了霉，因为这位医生是一个爱开玩笑的人，他为了拿她的恐惧心逗着玩，就设法使她的恐惧心理更加恐惧。这时候，他在我耳边说："让我来办吧，我一会儿就可以替你把孩子的胡闹病治好的。"他对孩子的吃饭和睡觉都做了一定的规定,并且把他交给了药剂师。我很同情那位可怜的母亲,因为她周围的人除我以外都在愚弄她,而她却反而单单恨我一个人,其原因恰恰是由于我没有骗她。

她把我狠狠地责备一阵以后,对我说,她的儿子身体很娇嫩,是她家独一无二的继承人,不论花多少钱都要保全他的生命,又说,她不愿意有谁为难他。以上几点,我是完全同意她的说法的,不过,她所理解的"为难他",意思就是说我没有样样都服从他的指挥。我看出,对这位母亲说话应该采取对孩子说话的语气。"夫人,"我相当冷静地对她说,"我不懂得应该怎样培养一个继承人,再说,我也不打算研究这方面的学问,你看该怎么办就怎么办吧。"他们还需要我教一些时候,他的父亲极力劝解,而母亲则写信去催原来的老师赶快回来;至于孩子,看见打扰我的睡眠和装病都一无所得,就打定主意去睡他的觉,病也好起来了。

这个小暴君如此任意地使役他可怜的老师的事例,真是不知道有多少;其所以有这种情形,是由于老师是在母亲的监视之下进行教育的,而她是不允许哪一个人不服从她的继承人的。他每一点钟都想跑出门去,所以必须常常带着他,或者说得更确切一点,去跟着他;而他又总是存心把出去的时刻选择在老师最忙的时候。他企图对我行使同样的权力,虽然他晚间不得不让我休息,但到了白天他就进行报复。对这一切我都表现得很愉快,我一开始就让他亲眼看到我使他感到高兴时,我心里也是挺喜欢的;此后,当问题是要纠正他胡闹的行为时,我就采取另外一种做法了。

应当首先使他明白他的错误,而要做到这一点,是并不难的。我们都知道,小孩子总是只想到眼前的,所以我就凭我有预见这一点占他的上风；我知道有些室内玩的东西极合他的胃口，因此就专拿这些东西给他玩；当我看见他玩得着迷的时候，我就向他提议去散步；他把我推开；我坚持要去，他不理我；我只好屈服于他，而他也十分注意地看出了这种屈服的现象。

第二天就轮到我来拒绝他了。我早就看出他这时候是玩够了，可是我，恰恰相反，这时候好像是忙得不可开交似的。他一见这种情形就打定主意干一下。他马上来要我放下工作，立刻带他出去散步。我表示拒绝，他坚持要去。"不，"我向他说，"你昨天想怎样办就怎样办，也教会了我今天想怎样办就怎样办，我不想出去。""好吧！"他马上就接着说道，"我一个人去。""随你的便。"我说完又照样做我的事情。

他穿上衣服，看见我不管他，随他做什么就做什么，就有些不安起来。他准备好要出门了，他向我行了一个礼，我向他答礼；他向我说他要到这个地方又要到那个地方，企图拿这一点来吓我；听他的口气，好像他这一去就要走到天边似的。我一点不动声色，只是祝他一路顺风。他愈加感到不安了。然而他仍然是神色自如地准备出去；他叫他的仆人跟他一块儿走。那个仆人，我是早就告诉过他的，所以就回答说他没有时间，说他要办我吩咐他办的事情，还说他应当服从的是我而不是他。这一下，可把这个孩子弄得没有办法了。他，自以为比谁都重要的人，以为天地万物都是关心他的生存的，怎么能设想一个人单独出门呢？于是，他开始感觉到他的柔弱，他明白他将孤孤单单地处在他不认识的人群当中，他预见到他将遇到的危险，现在仅仅是一点顽强的心情还在支持他罢了；他很勉强地慢慢走下楼梯，十分困窘，心里想，要是他遇到什么灾祸的话，别人会要我负责的；他有了这点安慰，最后就走上了大街。

　　我正是等他这样来一下，一切都是事先准备好了的；由于是出现在公共场合，所以我是先取得了他爸爸的同意的。他刚刚走了几步路，就听见左右两边都有人在谈论他。"大伯，你瞧那位漂亮的少爷！他这样单独一个人到哪里去呀？他会走错路的！我想请他到咱们家里来。""大婶，你要当心啊。这个小浪子什么也不想干，所以才从他爸爸家里赶出来了，这你还不知道？""不应当收留浪子，他愿意到哪里去，就让他到哪里去好了。""好吧！愿上帝指引他！我不安的是，他也许会遇到什么灾难的。"他向前又走了几步，遇见几个同他年纪差不多的孩子，他们嘲笑他，逗着他玩。他愈向前走，就愈感到狼狈。他发现，他孤单单地没有人保护，竟成了众人捉弄的对象，他非常吃惊地看出，他华丽的装饰和锦绣的衣服并不能使他受到人家的尊敬。

　　在我的朋友当中，我委托了一个他从来没有见过面的人去盯着他，一步一步地跟着他走，而又不引起他的注意，并且，在适当的时候就向前同他搭话。这个角色，和《普索尼亚克》中的斯布里加尼❶担任的角色是很相像的，所以需要一个很机警和很有办法的人。他不要一下就把孩子吓得太厉害，以免他感到胆怯和害怕，他应当使孩子充分认识到这样随随便便地跑出来是十分冒失的，然后，过半个小时就把他乖乖地给我带回来，这时候，他已经是狼狈得连头也不敢抬了。

---

　　❶　斯布里加尼是莫里哀的喜剧《普索尼亚克》一剧中的主角之一，他计谋多端，能见机行事。

　　他这次远游之后,最倒霉的是,他刚刚一进屋,他的父亲就从楼上走下来,好像要出门的样子,并且在楼梯上碰见了他。他问孩子从哪里来,为什么我没有同他在一起①。那可怜的孩子真恨不得钻进一个地洞里去。他的父亲很生气地责备了他一阵,以我也没有料到的冷淡语气向他说:"你想单独出门,你就一个人走好了,不过,我不愿意我家里有一个捣乱的人,所以,你再单独出去的话,就要当心回不来了。"

　　至于我,我见到他的时候既没有责备也没有嘲笑,只是稍微严肃一点,因为怕引起他怀疑所有这一切只不过是一场把戏,所以那天我就没有带他出去散步。第二天,我很高兴地发现,他同我遇到昨天见他孤单单的就拿他开玩笑的那些人,仍然是挺神气的。大家可以猜想出来,他以后就再没有吓唬过我,说他一个人出去,不需要我去带着他。

　　通过以上的办法和其他类似的办法,在我同他相处的短短的时期中,终于使他完全照我的话去做,而且无需我规定他做这个做那个,或者禁止他做这样或那样,或者唠唠叨叨地向他说一番教训和鼓励的话,或者拿无用的功课去麻烦他。并且,不管我怎样说,他都是挺喜欢的,而在我沉默不语的时候,他反而感到忧虑,因为他知道,其中准有些事情做得不对,而且,他总是要受到这些事情的本身的教训。不过,现在还是让我们言归正传,回头来谈我们的主题。

　　像这样在大自然的单独指导之下继续不断地锻炼,不仅增强

---

　　①　在这种情况下,你可以毫不困难地叫他把真实的情况告诉你;因为他知道要瞒是瞒不住的,而且,要是大胆撒谎的话,也会马上发现出来的。

了体格，也丝毫没有使思想因此而迟钝，反而在我们身上形成儿童时期易于形成的唯一的一种理解能力，而这种理解能力，对任何年龄的人来说都是必须具备的。从锻炼中，我们学会了怎样使用我们的体力，知道了我们的身体同周围的物体的关系，学会了怎样掌握那些适合于我们的器官使用的自然工具。一直由母亲放在房间中带养大的孩子，连什么叫重量和阻力都是不知道的，所以竟想去拔动大树和掀掉岩石，谁比得上他那份傻气呢？我头一次离开日内瓦时，想跟着一匹奔驰的马一起跑；我扔石头去打离我两里之远的萨勒夫山；村中的孩子们都拿我逗着玩，我在他们看来简直是一个愚人。十八岁的时候，我从物理学上才知道什么叫杠杆；可是十二岁的农家孩子用起杠杆来却个个比法兰西学院第一流的机械师还熟练。小学生在校园中互相学习的知识，比你在课堂上给他们讲的东西还有用一百倍。

我们来看一看一只猫第一次闯入一间屋子的时候是怎样做的：它东瞧西看，留心观察，用鼻子闻闻味道，一会儿也不停息，只有把各方面都探查清楚之后，才放心去活动。一个初学走路的孩子，第一次进入世界的时候也是这个样子。所不同的是，虽然孩子和猫都同样用视觉探查，但孩子除了用视觉之外还使用了大自然给他的手，而猫除了视觉之外，则用大自然赋予它的灵敏的嗅觉。这种禀赋的培养得好或坏，就能使孩子变得灵巧或笨拙，活泼或痴呆，鲁莽或谨慎。

由于人的最初的自然的运动是观测他周围的一切东西，是探查他所见到的每一样东西中有哪些可以感知的性质同他有关系，因此，他最初进行的研究，可以说是用来保持其生存的实验物理学,然而,他还没有把他在这个世界上的地位弄清楚,你就不要他研究这种物理学而去研究一些空论了。当他柔嫩而灵活的器官还能自行适应它们所接触的物体时,当他的感官尚未受到幻觉的影响而保持纯洁时,正好趁此机会锻炼它们承担它们固有的任务,正好趁此机会学习认识事物同我们之间可以感觉得到的种种关系。由于所有一切都是通过人的感官而进入人的头脑的,所以人的最初的理解是一种感性的理解,正是有了这种感性的理解做基础,理性的理解才得以形成,所以说,我们最初的哲学老师是我们的脚、我们的手和我们的眼睛。用书本来代替这些东西,那就不是在教我们自己推理,而是在教我们利用别人的推理,是在教我们老是相信别人的话,而不自己去学习。

　　要从事一门职业,首先就要有从事那门职业的工具;为了有效地使用这些工具,就必须把它们做得坚固耐用。为了要学会思想,就需要锻炼我们的四肢、我们的感觉和各种器官,因为它们就是我们的智慧的工具;为了尽量地利用这些工具,就必须使提供这些工具的身体十分强健。所以,人类真正的理解力不仅不是脱离身体而独立形成的,而是有了良好的体格才能使人的思想敏锐和正确。

　　为了说明在童年时期把那样长的一段时间闲着不用究竟有什么好处,我竟这样详细地阐述一番,这在有些人看来,似乎是十分可笑的。"好玩的功课,"也许有人会对我这样说,"把它们反过来拿给你自己去批评,就可以看出它们全都是谁也用不着学的东西! 为什么把时间浪费在这些不教自会、值不得花气力和心思去学的课程上呢? 有哪一个十二岁的孩子不知道你要你的学生学的那些事情呢? 再说,他们当中哪一个又没有学会他的老师教他的东西呢?"

诸位先生，你们弄错了；我教给我的学生的，是一项需要在很长的时期中刻苦学习才能学会的艺术，而这种艺术，你们的学生准定是学不到的；这项艺术就是保持其无知的状态，因为任何一个人所有的真实学问归根到底只是那么一点点。你们教学生以种种的学问，好极了；可是我，我只是帮他准备能够用来获得学问的工具。据说，威尼斯人有一天向一位西班牙使臣大事夸耀圣马可教堂的珍宝，而这位使臣把桌子下面瞧了一瞧之后，只向他们说了这样一句恭维的话："下面没有根基。"我每次看见老师夸耀他的学生的学问时，都想拿同样的话来回答他。

所有那些研究过古人生活方式的人都认为，正因为他们有了体育锻炼，所以才有那样的体力和智力，使他们和现代的人有明显的区别。我们从蒙台涅阐述这种看法的语气就可以看出，他对古人的生活方式是有很深刻的了解的；他曾经再三再四地从各个方面反复谈到这一点。在论述一个孩子的教育时，他说："为了使他有坚强的心，就需要使他有结实的肌肉；使他养成劳动的习惯，才能使他养成忍受痛苦的习惯；为了使他将来受得住关节脱落、腹痛和疾病的折磨，就必须使他历尽体育锻炼的种种艰苦。"智者洛克、可敬的罗兰、渊博的弗勒里和迂腐的德·克鲁扎斯四人尽管在其他方面彼此的看法不同，然而在多多锻炼孩子的身体这一点上意见是完全一致的。在他们所教的训条当中，只有这一条最正确，然而在现在和将来最容易为人们忽视的，也就是这一条。我已经相当详细地阐述过它的重要性；由于我在这方面所说的理由和方法都不如洛克的书中所说的理由好，不如他所说的方法更切实际，所以我将在大胆地对他所说的理由和方法发表几点意见以后，再加以论述。

在发育中的身体各部分,所穿的衣服应当宽大;绝不能让衣服妨碍它们的活动和成长,衣服不能太小,不能穿得紧贴着身子或捆什么带子。法国式的衣服,成年人穿上已经是挺不舒服和不合卫生了,所以给孩子们穿就特别有害处。体液不流动,循环就受到阻碍,在停滞不动中它就会变得陈腐,同时,由于坐着不动的生活使休息的时间增多,因而使它更加易于败坏,产生坏血病,患这种病的人在我们当中一天天加多,但古代的人几乎还不知道这种病的病状是什么样子哩,因为他们穿衣和生活的方式保护了他们不受这种疾病的侵害。骑士服不仅没有减少反而增加了不舒服的感觉,因为这种服装虽少给孩子捆了几根带子,但要把他全身都扎得紧紧的。最好的办法是,让他们多穿袍子,能穿到几岁就穿到几岁,然后再给他们穿非常肥大的衣服,千万不要用衣服去显示他们的身材,因为这样做,反而会使他们变成畸形的人。他们身体和精神上的缺陷,差不多都是由同样的原因造成的,那就是你想提早使他们成为大人。

有些颜色很鲜艳,有些颜色很暗淡;前一种颜色最适合于孩子们的兴趣,也最适合于配在他们的身上,我不明白人们在这方面为什么没有想到这样自然的配法;从孩子们只因某种衣料很华丽就选用它的时候起,他们的心就已经是趋向奢侈,趋向荒谬的时尚了;这种爱好,可以肯定地说,不是由他们自己产生的。我不知道要怎样阐明衣服的选择和这种选择的动机对教育有多大的影响。不仅是一味溺爱的母亲答应给孩子们一些装饰,作为给他们的奖励,而且还有一些糊涂的老师竟威胁他们的学生说,要拿粗布做的简朴的衣服给他们穿,以此作为给他们的一种惩罚:"如果你不好好学习,如果你不好好保护你的衣服,我就要叫你穿得像一个农家的孩子似的。"这无异乎是告诉他们说:"你要知道,人是全靠衣服的,所以你的价值就在于你那身衣服。"对青年人进行这样的教育,致使他们只重装饰,只凭外表论人的长短,这又有什么奇怪呢?

如果我要使一个这样娇纵坏了的孩子有所醒悟的话,我就要使他觉得他最华贵的衣服是最不舒服的,穿在身上总不痛快,总是紧绷绷的,总受到种种的拘束;我将使他在漂亮的服装下面失去他的自由和快乐:如果他想同衣着简朴的孩子们一块儿玩,那些孩子就马上会停止玩耍,一哄而散的。最后,我将利用他的浮华使他感到这样烦恼,这样饱受其苦,这样被自己的华丽衣服所奴役,以致把那些衣服看成是他生活中的枷锁,使他在看到最黑暗的地牢时也不像在看到人们给他准备穿华丽的衣服时那样害怕。只要一个孩子还没有为我们的偏见所束缚,他的头一个愿望必然是想生活得愉快和自由;最简朴和宽敞的衣服,最使他不受拘束的衣服,在他看来才是最珍贵的。

有些人的身体习惯于动,有些人的身体习惯于静。习惯于静的人,其体液的流动很均匀,所以应当保护身体不受空气变化的影响;习惯于动的人,其身体是在继续不断地由动到静、受热受寒,所以应当使身体习惯于空气的变化。因此,居家不动的人应当随时都穿得暖暖的,以便使身体所受的温度始终一致,一年四季和一天二十四小时都差不多是一样的。反之,经常走来走去,时而遇风,时而遇雨,时而晒太阳,大部分的时间都在户外活动的人,应当常常穿得单薄些,以便习惯于空气和温度的种种变化,而不至于感到不舒服。我奉劝这两种人都不要按季节去变换衣服,我的爱弥儿将来也是要坚持这种做法的;我这样说,意思并不是叫他夏天也像不动的人那样穿冬天的衣服,而是说,他要像劳动的人那样在冬天穿夏天的衣服。牛顿爵士一生都保持了这种冬天穿夏天衣服的习惯,而他是活了八十岁的。

　　不论什么季节,孩子头上戴的东西要少,甚至不戴任何东西。古代的埃及人,头上总是光光的;至于波斯人,从前头上是戴厚帽子,现在则缠厚头巾,据沙丹❶说,这是因为那个国家的气候使他们必须用这种东西。我在另外一个地方①也谈到希罗多德❷在一个战场上看出了波斯人的头和埃及人的头是大有差别的。由于我们必须使头骨长得很坚硬和紧密,而不是那样脆弱和稀松,才能更好地保护脑子,使它不仅能够抵抗外伤,而且还能抵抗寒热和空气的影响,所以要使你的孩子养成习惯,无论冬天或夏天,白天或黑夜,都光着他们的头。为了保持清洁和使头发不乱,你在夜间可以给他戴一种镂空的薄小帽,这种小帽很像巴斯克人用来笼头发的网子。我知道,大多数母亲都觉得沙丹所讲的话很对,而不以我讲的道理为然,因为她们以为到处的气候都同波斯的气候是一样的;可是我,我并没有打算把我的欧洲学生变成一个亚洲人。

　　一般地说,我们给小孩子穿的衣服都太多,尤其是在幼童时候穿的衣服更多。其实,我们应该使他们受得住冷而不是受得住热:如果使他们从小就习惯于寒冷,即使遇到大冷天他们也不会有什么不舒服的感觉;反之,他们皮肤的纤维这时候还太嫩弱,太易于

---

❶　沙丹(1643—1713):法国旅行家,曾几次游历印度和波斯,著有《波斯和东印度旅行记》。

①　《致达朗贝先生的信》。

❷　希罗多德(公元前484—前420):希腊历史学家。

发汗,所以热到极点时将不可避免地使他们耗尽精力的。还须提到的是,在8月间死的孩子比其他任何一个月死的孩子都多。此外,把北方的人和南方的人加以比较,就可看出,受得住酷冷的人比受得住酷热的人长得健壮,这种情形,似乎是很常见的。但是,当孩子越长越大,肌肉越长越结实的时候,就应当使他们慢慢地晒惯太阳:使他们所晒的阳光逐步逐步地强烈,就可使他们将来能够毫无危险地忍受热带的酷暑。

洛克正在给我们谈到许多勇敢而合理的办法时,我们怎么也料想不到,像他那样谨严的思想家忽而又说起矛盾的话来了。同样是这个人,一方面主张孩子们在夏天用冰冷的水洗澡,但另一方面却不赞同孩子们在发热时喝凉水或躺在潮湿的地方①。既然他希望孩子们的鞋子时常都是湿渍渍的,怎么在孩子们发热的时候反倒认为它们应该少沾水呢? 他既然以手来推论脚,以脸来推论身子,我们就不能以脚来推论身子吗? 我将告诉他说:"如果你希望一个人全身很像脸部那样健康,为什么要责备我希望他全身都像脚那样健康呢?"

为了不让孩子在发热的时候喝水,他说应该锻炼他们在喝水以前先吃一块面包。当孩子口渴的时候,却拿吃的东西给他,这种做法也真是奇怪;反过来,当他肚子饿了的时候,那就应该拿水给他喝了。我绝不相信我们起初的食欲是这样的错乱,以致我们不受点危险,就不能满足它们。如果真是这样的话,则人类在不知道

---

①　农家的孩子虽然选择干燥的地方坐,选择干燥的地方睡,但我们还没有听说过潮湿的土地使他们当中哪一个人生过什么病! 要是把医生对这个问题的说法信以为真,则野蛮人个个都要患关节炎而成为残废的。

怎样保护自己以前，老早就被毁灭过一百次了。

　　每当爱弥儿渴了的时候，我就叫人给他水喝；我希望给他喝的是清水，水里不加任何东西，甚至连热都不热一下，即使他汗流浃背，即使时值隆冬，都要这样。我唯一要提请注意的，是必须分别水的性质。如果是河水，则从河里取来的时候马上就给他喝；如果是泉水，就必须在空气中放一会儿以后才给他喝。在夏天，河水是热的，而泉水则不同，它没有接触空气，所以要等到它达到空气的温度时才给他喝。反之，在冬天，泉水就温度来说不像河水那样寒冷。不过，在冬天出汗，特别是在户外出汗，那是不自然的，也是很少见的，因为冷空气不断地袭击皮肤，所以把汗水都堵在体内，使毛孔闭塞不让它自由地发散出来。我不赞成爱弥儿在冬天的时候靠近暖暖的火炉做运动，我要他到户外去，到田野去，到冰雪中去锻炼。只要他因为做雪球和扔雪球而感到口渴的时候，就给他水喝，让他喝完以后又继续去玩，我们用不着担心他出什么毛病。如果因为做其他运动而出汗和感到口渴的话，就给他喝凉水，即使在这样的冷天也喝凉水。我们只需把他缓步带到稍远的地方去取水就行了。我们使他这样受点冷，在他走到那里时，他身上已经是相当凉爽，所以喝了水也不会有危险。最要紧的是，我们采取这些小心预防的办法时，不要让他看出来了。我宁可让他有时候生点儿病，也不愿意他老是一心惦着他的健康。

　　孩子们睡眠的时间要长，因为他们运动的时候特别多。睡眠可以补偿运动造成的消耗，这两者同样是孩子们所需要的。夜里是休息的时间，这是大自然所规定的。亘古不移的是，当太阳西沉，我们在万籁俱静不再感到有阳光照热的空气时，睡得更香甜。所以，养成日出而起，日落而眠的习惯，是最有益于健康的。由此可见，在乡间，人和动物一般在冬天都比夏天需要睡更多的时间。可是，城市生活就没有那样单纯、那样自然，能免于事物的纷扰和动乱，使人习惯于这种始终不变的起居时间，以致使他觉得必须照这个习惯去做。毫无疑问，人是应当服从法则的，但最重要的法则是，能够在有所需要的时候可以毫无危险地打破法则。因此，切不可没头没脑地让你的学生那样安安静静不受一点儿打扰地一直睡下去，以致使他的体质变软弱了。开头不要去麻烦他，让他服从自然的法则；但是，不能忘记的是，处在我们的环境中，应当使他摆脱这个法则；使他能够睡得晚，起得早，突然醒来，站一个晚上也不至于感到不舒服。只要我们趁早就这样做，而且把做的时间一步一步地慢慢加多，就可以使他的体质能够适应这些情况，然而，同样是这些情况，等他已经长大以后才突然遇到的话，就必然会把他的身体弄垮的。

重要的是，开头就要习惯于在不好的地方也能睡觉，这是以后不怕遇到坏床的办法。一般地说，艰苦的生活一经变成了习惯，就会使愉快的感觉大为增加，而舒适的生活将来是会带来无限的烦恼的。太娇弱的人只有在软床上才睡得着，而在木板上睡惯了的人，是哪里都能入睡的：一躺下就入睡的人，是不怕硬床的。

一张软床，人睡在上面就淹没在鸭绒被或凫绒被里，因此可以说它把人的身子加以熔化和融解了。腰部盖得太热就发烧。因此常常患结石症或其他的毛病，而且必然使人的体质虚弱，百病丛生。

可以使人睡得很香的床，就是最好的床。你们看，爱弥儿和我预备在白天睡的床就是这个样子。我们不需要你叫波斯奴仆来给我们收拾床铺，我们在种地的时候就把被褥理好了。

我从经验中知道，当一个孩子身体健康的时候，我们差不多可以随心所欲地叫他睡和叫他醒。当孩子躺在床上叽里呱啦地说得保姆感到厌烦的时候，她就对他说："你睡吧"；这正如他在生病的时候对他说："你快好吧。"真正能够使孩子入睡的办法，是让他自己感到厌倦。你要多说话，说得他不得不闭着嘴巴，一会儿就睡了。唠唠叨叨的训教法有时候也有些用处，摇他的小床还不如向他说教有效，不过，你在夜间可以用这种麻醉剂，但在白天就千万不要用它。

我有时候叫醒爱弥儿，其目的不是怕他贪睡，而是使他对什么都能习惯，甚至对突然被人叫醒也能习惯。此外，如果我不能做到一言不发也能随心所欲地使他自己醒来和自己起床，那就说明我是不称职的。

如果他睡得不够，我就使他觉得这是为了等待那令人心烦的翌日的清晨，使他自己也把这可以用来睡眠的时间看作是加以利用了；如果他睡得太多，我在他醒来的时候就拿一件他喜欢的东西给他玩。如果我想要他在一定的时候醒来，我就向他说："明天六点钟的时候，我要去钓鱼，到某个地方去远足，你去不去？"他答应说要去，并且请求我叫醒他。我答应或不答应叫他，这要看我的需要而定；如果他醒得太晚，他就发现我已经走了。如果他不很快学会自己醒来的话，是一定要吃亏的。

此外，如果真有（其实很少有）哪一个懒孩子确实是懒得要命的话，就绝不能听任他这种倾向发展下去，否则他就会变得十分迟钝；我们应当给他一些鼓励，使他醒悟过来。我们应当了解，问题不在于怎样用强力迫使他进行活动，而是要使他产生某种欲望，从而促使他去进行活动；这种欲望，如果在自然的秩序中善加选择的话,就可使我们达到一举两得的目的。

我想,无论什么事情,只要我们用一点巧妙的办法,就既可以使孩子们对它发生兴趣,甚至对它发生热爱,又不至于使他们产生虚浮、竞争和妒忌的心理。他们的活泼的性情,他们的模仿心,就足以使他们做到这一点,特别是他们有快乐的天性,所以对做到这一点是很有把握的,然而迄今还没有一个教师曾经想到过利用这种工具咧。无论做任何游戏,只要我们能够使他们相信那不过是一场游戏,他们就会毫无怨言,甚至还会笑嘻嘻地忍受其中的痛苦的,然而,如果不这样做,他们也许就会痛得泪流满面的。挨饿、挨打、挨烫以及把身体弄得精疲力竭,这在野蛮人的孩子们看来都是很有乐趣的;这就证明了痛苦本身也是一种调料,能够消除其中的苦味;但是,这并不是说所有的教师都要能够配制这种调料,也不是说所有的学生在尝到这种滋味的时候都不要表示出一点愁眉苦脸的样子。你看,如果我一不小心的话,又会谈到例外的事情上去的。

人要是惧怕痛苦,惧怕种种疾病,惧怕不测的事件,惧怕生命的危险和死亡,他就会什么也不能忍受的;所以,我们愈是使人熟悉这些观念,就愈能医治他心中萦绕的不安的感觉,这种感觉,使他有痛苦而没有忍受痛苦的耐心;我们愈是使他受惯他时常都可能遭受的痛苦,则他就能像蒙台涅所说的,愈不觉得那些痛苦有什么奇怪,同时,他也愈能使他的心灵坚毅而不可征服;他的身体就是盔甲,能抵挡一切向他射来的弩箭。纵然死亡即将来临,那也不等于就是死了,因此,他将觉得死也不过是如此而已;可以说他是不死的;他要么就是活,要么就是死,绝不会是不死不活的样子。正是他,才是蒙台涅在谈到一个摩洛哥王子时所说的在死以前比谁都尽情地活过的人。

所以,坚忍不拔也像其他的美德一样,是孩童时期应该学习的东西;但是,我们不应该仅仅教他们知道这种美德的名称,而应该使他们在不知不觉中体会到它们的美的时候去学习它们。

不过,既然是谈到死亡问题,我们应该怎样对待天花给我们的学生带来的危险呢? 我们在幼儿时期给他种痘呢还是等他自然而然地得天花? 第一个办法是比较符合我们的实践的,可以保证生命不在最珍贵的年岁遭到牺牲,而只是在生命不是那么珍贵的时候冒一下危险,如果我们所谓的危险就是指经过妥善处理的种痘的话。

第二个办法更符合我们总的原则,即:在任何事情上都让大自然按它最喜欢的办法去照顾孩子,因为人一旦去干预它的做法,它马上就会放手不管的。 自然人是随时都可种痘的,我们应该让这位老师给他种,因为它选择的时机比我们选择的时机好。

不要因此就得出结论说我认为种痘不好,因为,我不要我的学生种痘,所根据的理由是不适用于你的学生的。你的教育方法将使他们在天花袭击他们的时候无法逃脱一场天花;如果你让天花猝然降临在他们身上的话,他们也许将因此而丧失生命的。我发现,有些地方的人愈是需要种痘,愈是拒绝种痘;其道理是很容易明白的。因此,我不打算论述爱弥儿的种痘问题。他种痘还是不种痘,这要看时间、地点和情况而定;种和不种,对他来说没有什么不同。如果要人为地使他得天花,我们就可以预先了解他的痛苦,这也有几分好处;如果让他自然而然地得天花,那我们就可以替他免掉医生的折磨,这好处就更大了。

名门巨户之家的教育,只是在于使接受这种教育的人与众不同,所以它总是选择最花钱的科目教,而不愿意教最普通的科目,即使最普通的科目最有用处也不教。因此，在百般照料之下成长起来的年轻人全部要学骑马，其原因是由于这是很花钱的；可是，他们当中几乎没有一个人学过游泳，因为学游泳一个钱也不用花，而且一个工匠也能游得比谁都不差。一个旅行家虽然没有研究过骑马的学问，也会骑马，也会骑着马任意驰骋；但在水里你不会游泳就要淹死，而你不去学游泳，你就一点也不会游。再说，在艰难的生活中，我们并不是非骑马不可的；相反地，谁也不敢肯定他能避免时时刻刻都可能遭遇的危险。将来，爱弥儿在水里也能像在陆地上一样地生活。要使他在一切环境中都能生活！如果一个人能够在空中学飞的话，我就要使他变成一只鹰；如果能够受得住火烧的话，我就要使他成为一条火蛇*。

有人担心孩子在学游泳的时候会淹死。不管他是在学游泳的时候淹死的，还是因为没有学过游泳而淹死的，都是你的错。只因一时的自负，我们做事才那样鲁莽；在没有人看着的时候，我们是不至于一味蛮干的。爱弥儿即使在全世界的人都看着他的时候，他也不会那样轻率地干什么事情的。由于练习不是去冒险，所以他将在他爸爸的庄园的小河中学习横渡赫勒斯滂海峡；不过，为了学会在遇到危险的时候不至于弄得手忙脚乱，所以也应当使他常常遇到一些危险；这是我刚才谈到的学习中的一个很重要的部分。此外，由于我随时都注意按照他的体力预先决定他遇到的危险程度，而且还经常亲自同他一块度过危险，所以，当我按照保护我自己的生存的办

---

* 当然，卢梭是为了使他的总的思想更易于为人们所体会，才在这里采用了古代的民间传说，认为火蛇能够在火里生存。《百科全书》中关于"火蛇"那一条大体上说明了造成这样一种无稽之谈的原因。

法,制定了保护他的生存的办法时,我就不怕他会冒冒失失地去干的。

一个小孩子没有大人那样高大,也没有大人那样的体力和智力;但是他不论看和听都完全同大人一样的清楚,或者是差不多的;他的味觉虽然不像大人那样灵敏,但也是很好的,也能分辨味道,虽然他不像大人那样贪图味道。在我们身上首先成熟的官能是感官,因此,应该首先锻炼的是感官;然而,唯独为人们所遗忘的,而且最易于为人们所忽略的,也是感官。

锻炼感官,并不仅仅是使用感官,而是要通过它们学习正确的判断,也就是说要学会怎样去感受;因为我们只有经过学习之后,才懂得应该怎样摸、怎样看和怎样听。

有一些运动纯粹是自然的和机械的,可以用来增强体质,但不能促使我们去进行判断,这些运动是:游泳、跑、跳、抽陀螺和扔石头;所有这些运动都是很有意义的,但是,我们是不是只有两只胳臂和两条腿呢?我们不是有眼睛和耳朵吗?难道说这些器官对手和脚的使用毫无帮助吗?所以,不只是要锻炼体力,而且要锻炼所有一切指挥体力的感官;要使每一种感官都各尽其用,要用这个感官获得的印象去核实另一个感官获得的印象。要学会测量、计算、称重和比较。只有在估计过阻力之后,才使用我们的力气;任何时候都要事先估计一下效果,然后才决定采用什么方法。要告诉孩子,在使用体力时,不要使用得不够,也不要使用得太多。如果你使他养成习惯,对自己的一切动作都预先想一想它的效果,并且按自己的经验纠正错误,那么,他活动的时间愈多,他就愈变得有制断的能力,这一点难道还不明白吗?

就拿撬动一块庞大的物体来说,如果他用的棍子太长,他使出的气力就太多；如果他用的棍子太短，他使出的气力就不够；经验将教训他如何选择适合他的需要的棍子。这种聪明，像他那样年龄的孩子，并不是没有的。再拿搬运重物来说，如果他能搬多重就想搬多重，同时你又不叫他试一试是否搬得起来，在这种情况下，他岂不是只好用眼睛去估计重量了吗？要是他想知道怎样比较质量相同而大小不同的东西，怎样在大小相同而质量不同的东西之间进行选择，他就必须学会比较它们的比重。我曾经看见过一个受过很好教育的青年人，他说他必须做过实验之后，他才相信同一个提桶装满一桶橡树刨花的时候，不如装满一桶水的时候重。

我们并不是平均地使用我们的种种官能的。有一种官能，即触觉，在我们醒着的时候其作用就从没中断过，它遍布于我们身体的整个表面，好像一个从不休息的哨兵，一发现可能伤害我们身体的东西就告诉我们。正是有了这种官能，才使我们不论愿意或不愿意都要通过它的不断运用而尽早地获得经验，因此也才使我们无须对它进行特别的训练。我们都知道，盲人的触觉比我们敏锐和准确，因为他们不能凭借视觉，所以就不能不唯一地从触觉中去判断我们用视觉判断的事物。我们为什么不可以像他们那样练习在黑暗中行走，在黑暗中辨别我们可以拿得到的物件，判断我们周围的环境，一句话，我们为什么不能练习在黑夜中不要灯光也能做他们白天瞎着眼睛做的事情呢？当阳光照射的时候，我们强过于他们；然而在黑暗中就轮到他们做我们的向导了。我们一生当中有一半的时间是瞎的；其间的区别是，真正的瞎子随时都知道怎样引导自己，而我们在漆黑的夜晚连一步也不敢行走。"你可以点灯呀，"也许有人会向我这样说。怎么！随时都有灯笼供你使用！谁向你保证过它们在你需要的时候总是跟着你的？至于我，我宁可让爱弥儿的指头上长眼睛，也不愿意他到蜡烛铺去买一支蜡烛❶。

你在深夜的时候关在一间屋子里拍手，根据回声你就可以判断那间屋子是大还是小，判断你是站在屋子的当中还是站在一个角落里。离墙半步远，四周的空气虽不是那样均匀，但更易于反射，因此使你的脸上有另外一种感觉。你站在原地连续向四方转动，如果有一扇门是开着的，那么，一股微风就可以告诉你门在哪一方。你坐在船上，根据迎面吹来的风势，不仅可以知道船是向哪个方向走，而且还能判断船在水上走得快还是走得慢。这些经验，以及与此相似的许多经验，只有在夜间才可取得；而在白天，由于我们所见的情景一方面虽帮助了我们，但另一方面也分散了我们的心，因此，不管我们是多么留心，也将把这些经验遗漏掉的。我们在这里既不用手，也不用棍子。根据触觉，甚至在什么东西都不接触的情况下，我们也能获得许多由视觉得来的知识！

多在夜间做游戏。这个办法的重要性，远远不是从表面上看得出来的。黑夜自然是使人恐惧，有时候使动物也感到恐惧①。只有很少数的人由于他们的理智、判断、精神和勇气才摆脱了这种恐惧的感觉。我曾经看见过一些辩论家、哲学家和白天很勇敢的军

---

❶　这里的意思是要把爱弥儿的指头训练得具有像盲人那样的触觉，在黑暗中不用借助蜡烛，也能行走。

①　这种恐惧的情形，在日全食的时候特别显著。

人，在夜里就像妇人一样，听见树上掉一片树叶也打哆嗦。有些人说这种恐惧感是由保姆所讲的故事造成的，这种说法是错误的；这种恐惧感的产生，是有一个自然的原因的。是什么原因呢？这个原因不是别的，就是那个使聋子猜疑，使人们迷信的原因：对周围的事物和周围的变化不了解①。由于平时已经习惯于离得远远地

---

① 其中还有另外一个原因，有一位哲学家（我常常引用他的著作，他的卓越的见解对我更是时常有所启发）把这个原因解释得很清楚。

"当我们由于特殊的情况，不能够正确地知道距离，而且只能够根据角度的大小，或者说得更确切一点，只能够根据物体在我们眼中形成的形象来判断它们的时候，我们是必然要弄错这些物体的大小的。大家都有这样的经验：在夜间旅行时，把近在身旁的矮树丛当作远处的大树，或者把远处的大树当作近旁的树丛。同样，如果你不能根据物体的样子认出它是什么东西，如果你不能根据这个方法判断它的距离，那你更是要弄错的。一个苍蝇在离我们的眼睛只有几个指头的地方很快地飞过去，在我们看来就好像是远处飞过的一只鸟；站在田间动也不动的一匹马，比方说，如果它采取山羊那样站立的姿态，只要我们原来不知道它是一匹马，那我们就会把它看作是一只肥大的山羊；但是，一旦我们把它认出来的时候，我们马上就觉得它真是有一匹马那样大，从而就立刻纠正了我们的第一个判断。

"每当我们夜间走到一些不熟悉的地方，由于天色黑暗，因而不能判断其距离，不能看清各种东西的样子时，我们对呈现在那里的东西马上就有错下判断的危险。黑夜之所以几乎使一切人都产生恐怖和内心的疑惧，其原因就在这里；许多人之所以说他们看见过鬼，看见过可怕的庞然大物，也就是这个原因。我们一般都对他们解释说，这些形象是在他们的想象中，尽管它们可能真正地出现在他们的眼里，而且很有可能他们确实看见了他们所说的曾经看见过的东西；因为，每当我们只能够根据一个物体在我们眼中形成的角度来判断的时候，我们愈是接近那个我们所不知道的物体，它就愈显得高大；如果它猝然出现在一个人的眼中，而这个人既不知道他看见的是什么东西，又弄不清楚是站在多远的地方看见的，那么，倘使它开头离那个人二三十步远的时候显得有几英尺高，而在它相距几英尺远的时候，就显得有几英寸高了；所以，那个人只有走过去摸一摸那个东西，或者把它看个明白，否则就一直会感到惊恐的；因为，就在他弄清楚它究竟是什么东西的一刹那间，那个庞然大物马上就会缩小，现出它真正的大小的；但是，如果那个人吓跑了，或者不敢走过，那么，他所看到的只不过是那个

看东西,而且还要预先考虑它们的影响,所以当我看不见我周围
有些什么东西的时候,怎么不以为有无数的人和无数的事物的
变化可能要伤害我,而我又没有办法可以保护自己不受他们的
伤害呢? 即使我知道我所处的地方很安全,这也没有用处,因
为,只有在我确实看清我所在的地方以后,我才知道它是安全
的;我心中总觉得有什么东西使我害怕,而在白天,我是不会有
这种感觉的。 是的,我知道,一个外界的物体要对我的身体施加
作用,就不能不发出一些声音。 所以,我的耳朵总是始终保持警
惕的! 稍为听到一点声音,如果弄不清楚它的原因的话,我的自
卫感就首先促使我留心那些最引起我注意的东西,因此,也正是
这些东西最使我感到恐惧。

即使绝对没有听见什么声音,我也并不因此就感到放心,因为
别人还可以一声不响地突然来袭击我。 我必然要按照已往的事物
的情景想象一些事物,必然要想象它们现在还是那个样子,必然要
看到一些我根本没有看到的东西。 这样一来,就使得我的想象好
似 演戏一样一幕一幕地过去,而不久以后,我就无法控制它们了,

东西在他眼中形成的形象,从大小和样子来看,当然是很庞大或吓人的。 可见,人们之
所以认为有鬼,是有其自然的原因的,而鬼怪的幻象,并不像哲学家所说的那样完全是
出于想象。"(《博物学》,第 6 卷,12 开本,第 22 页。)

我在正文中已尽量阐明它们只是部分地依赖于想象;从上面这一段解释的原因来
看,我们就可以知道,在夜间走路走惯了,就可以学会怎样在黑暗中辨别各种东西由于
形状的相似和距离的不同而显现的种种样子;因为,即使天空是相当的明亮,可以让我
们瞧出各种东西的轮廓,但由于距离愈远,中间阻隔的空气就愈多,所以,当一件东西
离我们愈远的时候,它的轮廓看起来总是愈不清楚的;凭着我们的习惯,就可以保证我
们不至于发生毕丰先生在这里所解释的错觉。 不管你采取哪一个解释,我的方法都是
很有效的,而且经验已经证明它是完全正确的。

尽管我竭力想安定自己，但结果反而愈加感到惊慌。如果我听见一点声音，我就以为是贼；如果什么也没有听见，我就以为看见了幽灵。由于保护自己的生存而产生的警惕心，反而使我尽想到一些害怕的事情。这时候，要想镇定自己，就只有运用我的理智；然而比理智更强烈的本能却不由我这样做。既然是无法可施，又没有什么东西可怕，那我们又何苦去想它呢？

找到了疾病的原因，就可以找到医治疾病的药。在一切事情上，我们的习惯都能克制我们的想象，只有新的事物才能唤起我们的想象。对我们每天都见到的事物，起作用的不是想象而是记忆，而这也就是俗话所说"见惯不惊"的道理，因为，只有想象的火焰才能燃起心中的情绪。所以，当你想医治谁对黑暗的恐惧时，你无须对他讲这样那样的道理，而只是常常把他带到黑暗的地方去就行了；你要知道，所有一切哲学的论证都不如这个办法有效。盖屋顶的工人从来没有感到过头晕；常常到黑暗地方去的人，见到黑暗是不感到害怕的。

可见，夜间做游戏除了前面所说的那个好处以外，还有另外一个好处；不过，为了使游戏做得成功，就不能不着重说明做游戏时一定要快快乐乐的。再没有什么东西比黑暗更阴沉的了，切不可把你们的孩子关在地下室里。要使他笑嘻嘻地走进黑暗的地方，在走出黑暗以前又要使他重新笑起来；要使他在黑暗中做了一阵游戏以后，接着又想去做别的游戏，这样，就可防止他心中可能产生荒唐的想象了。

在生命中有这样一个时期，过了这个时期，人在前进的时候，同时也在倒退。我觉得我已经过了这个时期。我可以说是又重新开始另外一次经历。我感觉到我已达到了成熟的年岁,而成年时期的空虚使我回想到童年的甜蜜。在年龄日增的同时,我又变成了儿童,而在三十岁的时候,我反而愈是喜欢回忆我十岁时候的事情。读者诸君,请原谅我在这里引述我自己的几个例子,因为,要想把这本书写得好,就必须在写作的时候心里很愉快。

那时候,我在乡下寄住在一个名叫朗贝西埃的牧师的家里。我有一个伙伴,他是我的表兄,比我富裕,大家都把他看作是他家的继承人;至于我,远远地离开了我的父亲,只不过是一个穷苦的孤儿。我的大表兄贝尔纳特别胆小,尤其是在晚上更胆小。我老是拿他的胆怯开玩笑,以致弄得郎贝西埃先生听我吹牛都听厌了,要想试一试我的勇气。在一个秋天的夜里,天色是非常的幽暗,他把教堂的钥匙给我,叫我去拿他放在讲坛上的《圣经》。他为了激起我的荣誉感,还说了几句使我不敢稍露退缩之意的话。

我没有拿灯就走了,如果拿灯的话,还更糟糕了。必须经过墓地,我高高兴兴地大着胆子走过去了,因为,只要是在空旷的地方,我心里是没有一点恐怖的。

在开门的时候,我听见圆屋顶嘎啦嘎啦地响了几下,这声音好像是人声,于是我骑士般的勇毅心理就开始动摇起来了。门开了,我想进去;可是,刚走几步,就一下停住了。我见到这个广大的地方一片漆黑,立时就吓得毛骨悚然,我往后退,我跨出门,我战战兢兢地逃跑。我在院子里看见了小狗絮耳唐,它亲热的样子使我的心安定下来。我觉得这样逃跑委实可羞,于是就想带着絮耳唐和我一块儿折回去,可是它不愿意跟着我走。我猛地跨过大门,走进教堂。可是,我刚一进去,又吓住了,而且吓得晕头晕脑地不知所措了;尽管我明明知道讲坛就在右边,可是我没有看见,反倒转向左边去找了好半天,东也绊着凳子,西也绊着凳子,竟连我究竟是到了什么地方也不知道了;我这时候既找不到讲坛,又找不到大门,所以立时头昏目眩起来,我那狼狈的样子真是难以形容。最后,我瞧见了大门,终于走出了教堂,又像头一次那样战战兢兢地逃跑,下定决心,非在白天绝不单独一个人到教堂里去。

我一步不停地回到屋子。正准备进去,我猛然听见朗贝西埃先生哈哈大笑的声音。我早就知道他是在笑我,我觉得这样被人家看见真是很难为情,我迟疑地不敢去开大门。这时候,我听见朗贝西埃小姐说她对我很不放心,并且叫女仆给我拿灯来,而朗贝西埃先生则决定由我的勇敢的表兄陪着他一道来找我,跟着,他们就把这个光荣的使命交给我的表兄去完成。顷刻间,我恐怖的心情全都没有了,而且,深怕在我跑的时候被他们抓着。我向教堂飞也似地跑去,既未瞎撞,也未瞎摸,一下就走到了讲坛;我走上讲坛,拿着《圣经》,往下一跳,三脚两步就跳出了教堂,连门也忘记关了;我气喘吁吁地回到屋子,把《圣经》扔在桌上,我惊惶固然是惊惶,但心里还是高兴得直跳,因为我到底抢在他们派来帮助我的人的前头了。

也许有人会问,我是不是拿这个故事作为大家仿效的模范,是不是以它表明我所说的从这类锻炼中取得的快乐就是这个样子。不;但是我要拿它来证明,再没有什么办法比安静地听隔壁屋子中人的谈笑声更能使被黑夜的阴暗吓坏的人心神安定了。我希望大家在晚上不要单独地同一个学生闹着玩,而要把许多活泼的孩子都集合在一块儿;不要一开头就把他们一个个分别地派出去,而要把好几个孩子一起派出去;在事先没有弄清楚一个孩子是不是过分害怕的时候,就不要冒冒失失地一下就使他孤孤单单地到黑暗的地方去。

我想,再也没有什么办法能够像这种游戏只略施妙计就可不加强迫地做得这样有趣和这样有意义了。我在一个大厅中用桌子、椅子、凳子和屏风布置一个迷宫。我在这迷宫来回交错、弯弯曲曲的道路中放上八至十个空盒子,再在它们当中放上一个装有糖果的盒子,这个盒子的样子,同其他盒子的样子几乎是一样的;我用简单扼要的几句话说一下这个糖果盒子所在的地方;我提供的线索,足以使其中比较细致而不是那样粗心大意的孩子能够把那个盒子辨别出来①;然后,就叫孩子们抽签,抽完以后,我就派他们一个接着一个地去寻找,一直到把那个盒子找到为止;当他们一次比一次地巧于寻找的时候,我就使那个盒子一次比一次地难于寻找。

你设想一个小小的海格立斯❶,十分神气地从征途归来,手里拿着一个盒子。他把盒子放在桌上,慎重其事地把它打开。当他们发现不是他们所期待的糕点蜜饯,而是整整齐齐地在藓苔或棉花上放一个小甲虫、一个蜗牛、一块煤、几个橡子、一块芜菁或另外几件类似的东西时,我听到这一群欢乐的儿童一起都笑起来和叫起来了。另外一次,我在一间刚刚粉刷过的房间里,在靠近墙壁处挂几件玩具或小用具,叫他们去寻找,而在寻找的时候,不许碰着墙壁。谁只要拿到一件东西,马上就回来,再看他是不是做得符合

---

①　为了锻炼他们的注意力,就只能对他们讲一些在当时可以为他们所了解和引起他们很大兴趣的事情;特别要注意的是,说的话不要过长,一句多余的话也不能说。而且,在你的话中绝不能有什么含糊不明和语义双关的地方。

❶　海格立斯:希腊神话中的英雄,以非凡的力气和勇武著称。

我们所订的规矩；他的帽顶要是弄白了，他的鞋边、衣边或袖子沾有白粉，就表明他笨头笨脑做得不合条件。为了使大家了解这种游戏的精神，我的话已经说得够多了，也许还说得太多了。如果要全都讲完的话，你就不要看我这本书了。

经过这样训练的人，在夜间岂不比其他的人占许多的便宜！他的脚已经习惯于在黑暗中踏踏实实地行走，他的手已经能轻易摸出他周围的东西，因此可以在伸手不见五指的黑暗中引导他的活动。他的想象中充满了幼年时期夜间游戏的情景，所以对吓人的东西，连头也懒得转过去看它一下。如果他听见了一阵阵的笑声，他把发笑的人看作是旧时的同伴而不是什么妖精；如果他看见了一群人，他就把他们看作是聚集在老师房间中的同学而不是什么半夜的魔鬼。黑夜除了勾起他快乐的回忆以外，没有什么可怕的；他不但不怕它，反而喜欢它。在行军的时候，无论是单独一人还是随着队伍，他都是时时刻刻整装以待的。他走进扫罗❶的军营，把整个的营盘都跑遍了也没有迷失路径，他一个人都没有惊动，就径直走到了国王的营帐，而且从那里回来时还没有被任何人发觉。如果要他去窃取雷苏士❷的战马，你尽可放心地叫他去窃取好了。然而在采用另外的方法培养起来的人当中，你要想找到一个尤利西斯❸，那是很困难的。

———————————

❶ 扫罗：《圣经》中的以色列人的第一个国王。

❷ 雷苏士：希腊神话中的特雷斯王，在特洛伊战争中站在特洛伊一方和希腊人作战的勇士。

❸ 尤利西斯：希腊神话中的伊撒克王，特洛伊战争中的主角之一，曾潜入特洛伊城盗取守护神雅典娜的神像。

　　我曾经看见过有些人想采取常常使孩子们吓一跳的办法去养成他们对黑夜无所恐惧的习惯。这个办法很不好；它所产生的效果同他们预期的效果恰恰相反，只能使孩子们更加胆怯。一个人在不知道摆在他眼前的危险究竟有多大的时候，无论运用理智或习惯都是不能使他的心放下来的，同样，对常常受到的惊吓，他的心也是不能保持镇定的。要怎样才能使你的学生在遇到这类意外的事情时不感到恐怖呢？要做到这一点，我觉得，最好是像我这样向他说出你的主意："你在这种情况下，"我对我的爱弥儿说，"应当进行正当的防卫；因为来袭击你的人使你没有时间判断他是来害你还是来吓你，同时，由于他已经占据优势，所以你即使想跑也是跑不掉的。因此，不论是人还是野兽，只要夜里突然来攻击你，你就勇敢地把他抓住；尽全身之力紧紧地掐住他；如果他一动手，你就打他，拳脚交加，不停地打，而且，不管他怎样说，怎样做，你在没有弄清楚他究竟是谁以前，就绝不放手。把事情弄清楚以后，你也许觉得原来是没有什么可怕的，不过，对开玩笑的人采取这种方法，就可以自然而然地使他不敢再来第二次了。"

　　尽管在我们所有的感觉中，运用触觉的时间最多，然而正如我曾经说过的，由触觉得出的判断比由其他感觉得出的判断更粗糙和更不全面，因为我们总是把它同视觉一块儿运用的，而眼睛又比手先接触到物体，因而无须再用手摸，我们的心灵就做出了判断。但反过来说，触觉的判断是最可靠的，其原因恰恰是由于这种判断所包括的范围最窄，只要把我们的手伸到可以摸到的地方，就能纠正其他感觉的错误；因此，其他的感觉所能达到的范围虽远远超过了它们所感觉的事物，但不能像触觉那样，接触到什么物体就能觉察得十分清楚。此外,我们在需要的时候,还可把肌肉的力量和神经的活动联系起来,通过同时产生的感觉,把对温度、大小和形状的判断同对重量和硬度的判断结合在一起。所以,在一切感觉中,由于触觉使我们在外界物体接触我们的身体时能获得最正确的印象,因此它使用的时候最多,最能给我们以保存生命所需要的直接知识。

既然声音在发音体中能引起可以感觉出来的颤动,那么,经过训练的触觉为什么不能像它代替视觉那样在一定程度上代替听觉呢?当我们把一只手放在小提琴上时,我们就可以无须眼睛和耳朵的帮助,单凭音响的颤震就能分辨它发的是低音还是高音,是由高音弦发出的还是由基音弦发出的。只要能练习我们的感官分辨这些差异,我相信,练习的时间一久,我们就能达到仅仅凭指头就可听出整个曲子的程度。这个假定要是成立的话,那么,我们是能够很顺利地用音乐同聋子说话的,因为音调和节拍有规律的结合之能够为人所感受,并不次于清音和浊音,所以也同样可以作为语言的元素。

有一些练习能使触觉变得愈来愈迟钝,而另外一些练习则能使它愈来愈敏锐和细致。前一种练习,由于使用了许多的动作和力量去连续不断地感受坚硬的物体,所以使皮肤变得粗糙,起了厚茧,从而失去了它自然的感觉能力;第二种练习,由于频频地轻微接触物体,所以使自然的感觉能力接连地变化,从而使心灵在注意那些不断地反复出现的印象时,获得判断它们各种各样变化的能力。这种差别,在使用乐器的时候就可以感觉出来:准确而用力地抚弄小提琴、大提琴和低音提琴的弦,固然能使手指练习得很灵活,但指尖则变粗糙了。大键琴的柔和的指法,既能使手指非常灵活,而且还同时能使它们的感觉更加敏锐。因此,最好是选择大键琴来做这方面的练习。

重要的是,应当使皮肤受得住空气的影响,能抵抗它的种种变化,因为身体的其他各部分全靠皮肤来保护。除了这一点以外,我不希望老是死板地把手拿去做同样的工作,因而使它变得很僵硬;也不希望手上的皮肤变得干瘪瘪的,丧失了它敏锐的感觉,因为,正是有了这种感觉,我们才能够分辨我们用手接触到的究竟是什么东西,才能在黑暗中常常随接触的方法不同,而得到种种的感受。

为什么一定要我的学生在脚板下穿一块牛皮呢?如果他自己的皮肤在需要的时候能够当鞋底用,有什么不好呢?很显然,要是这一部分的皮肤太娇嫩,不但没有什么用处,反而有许多害处。日内瓦城的人,在隆冬时节半夜被敌人惊醒起来,首先想到的是找他们长枪而不是找他们的鞋子。如果他们全都不会赤脚走路的话,谁保得住日内瓦不会被敌人攻占呢❶?

要使人随时都武装起来抵抗一切意外的事件。但愿爱弥儿无论在什么季节,每天早晨都赤脚跑出房间,跑下楼梯,跑过花园;我不但不责备他,反而要学他的榜样;我唯一要注意的,是清除路上的玻璃。我不久就要谈到体力劳动了。但现在还是先叫他学会有益于身体成长的步伐,学会无论采取什么姿势都要站得很稳当;学会跳远、跳高、爬树、翻墙;学会在任何情况下都能保持平衡;要在

---

❶　1602 年,萨瓦大君曾偷袭日内瓦,结果失败,没有攻占该城。

不知道静力学的道理以前早就能按照平衡的法则调整他的一切动作和姿势。凭他的脚站在地上的姿势,凭他的身子和腿的姿势,他就可以觉察出来他站得稳不稳。不慌不忙的举止总是最优美的,而稳稳当当的姿势也是最漂亮的。如果我是舞蹈家的话,我就不会像马塞耳①那样猴子似地乱跳,因为这种跳法只是在表演的地方才用得着;所以我不仅不要我的学生那样扭来扭去地跳,我还要把他带到一个悬崖那里,教他在岩石上应当采取怎样的姿势,怎样才能站稳身子抬起头,怎样向前运动,怎样用脚和用手才能轻松地顺着那崎岖难行的羊肠小道前进,怎样在上坡下坎的时候一下就从这里跳到那里。我要他同山羊争胜负,而不要他同舞蹈家较长短。

触觉只能在一个人的周围发挥作用,而视觉则能把它的作用延伸到很远的地方;视觉每每发生错误的原因也就在这里:一个人一眼就能看到地平线上半个圆圈内的东西。既然在同一个时候有那样多的感觉和凭感觉而做的判断,怎么会一个错误也不产生呢?所以,在我们的感觉中,视觉的容易发生错误,也恰恰是由于它延伸的地方太远,同时,由于它总是比其他的感觉先接触物体,所以它的作用总是发挥得太快,涉及的范围总是太广,以致其他的感官无法对它加以矫正。再说,为了认识那广阔的空间,并把它的各部分加以比较,这种配景的错觉其本身就是很需要的。如果没有假

---

① 巴黎著名的舞蹈家,他对他的观众很有了解,所以搞了许多荒唐的花招,使人觉得他的艺术很了不起,而大家看了虽觉得好笑,但心里仍然是深深尊敬的。还有一种舞蹈也同样是那样胡闹的,在这种舞蹈中,今天还可以看到一个喜剧演员装模作样地做一些疯狂的动作,而且还同样地取得相当的成功。用这个方法在法国表演是准能卖座的。真正的艺术是比较朴实而不虚浮,所以在法国找不到出路。朴实无华在这个国家里是傻子的美德。

象，远处的东西就一点也看不出来，如果没有大小和光度的层次，我们就无法估计距离，或者说得更确切一点，在我们的观念中根本就无所谓距离。同样大的两棵树，如果其中离我们一百步的那一棵看起来同离我们十步的那一棵是一样的大和一样的清楚，我们就会以为它们是彼此挨着的。如果我们看到的各种东西，其大小全都同它们真正的尺寸一样，我们就无法理解什么叫空间，我们将觉得所有一切东西好像都是紧挨着我们的眼睛似的。

视觉在判断物体的大小和它们的距离时，只有一个标准，那就是物体在我们眼睛中形成的角度；由于这个角度是一个由综合的原因造成的简单结果，所以，我们凭视觉而做的判断，是不能在许多原因中把每一个特殊的原因都区别出来的，否则就必然要判断错误。因为视角是这样的，当我们从这个视角看见一个物体比另一个物体小的时候，由于这个物体本来就比较小些，或者由于它所在的地方比较远，那我们怎能一看就区别出来呢？

所以，在这里必须针对前面那个办法背道而行，不是简化感觉，而是经过双重的感觉，经常用这个感觉去验证另外一个感觉；使视觉器官从属于触觉器官，也就是说，用后面这种器官的稳重的行为去克制前一种器官的孟浪。我们如果缺少这种练习，我们的估计就会估得非常不准。我们目测高度、长度、深度和距离都不能测得很精确；工程师、测量师、建筑师、泥水匠和画家的眼力一般都比我们的眼力看得准，对幅度的估计都比较正确，就可以证明；如果有什么错误的话，则错误不在视觉本身，而在于对视觉的运用；这些人的职业使他们在这方面获得了我们没有获得过的经验，他们用同视角相伴随的幻象去矫正视觉的谬误，使他们的眼睛可以更准确地确定构成这个角度的两个原因之间的关系。

　　要孩子们去搞各种各样能够运动身体而不束缚身体的活动,总是很容易的。有千百个办法可以用来引起他们测量、观察和估计距离的兴趣。那里有一棵很高的樱桃树,我们怎样才能摘到它的樱桃呢?用仓房里的梯子行不行?那边有一条很宽的溪流,我们怎样才能走过去?把院子中的一块木板拿来搭在上面可以吗?我们要从窗子上去钓这个城壕里的鱼,需要几码钓鱼线?我要在这两棵树中间做一个秋千,用一根两英寸长的绳子够不够?有人对我说,在另外一幢房子中,我们的卧房有二十五平方英尺大,你看够不够我们用?它是不是比这间屋子大一些?我们十分饥饿的时候,发现那边有两个村庄,到哪个村庄去吃饭更近些?等等。

　　应该教一个懒惰的孩子练习跑步,因为这个孩子,虽然安排他将来要进入军界,但他自己却不愿意去做这种练习和其他的练习;我真不明白,他怎么会以为他那样身份的人可以一事不做,一事不学,他的高贵可以代替他的手和他的脚,可以代替各种各样的功绩。要把这样一位绅士训练成一个步履矫捷的阿基里斯,即使有希隆❶的巧妙办法也是很难奏效的。由于我对他绝对不采取任何强迫的办法,所以困难就更大了:既然我不利用我的权利对他进行训诫,或者作什么诺言,或者采取威胁的手段,或者同他竞赛,或者显示一番自己的本领,那么,要怎样做才一句话不说也能使他去练习跑步呢?我自己先跑,这个办法也不太可靠,而且也不合适。此外,问题还在于要从这种练习中得出一些可以用来教育他的东西,

------

❶　希隆:阿基里斯的老师。

以便使身体和心灵能够经常地配合一致。我，也就是借这个例子说话的人，是采取如下的做法的。

　　下午同他去散步的时候，我有时就在衣袋里放两块他挺喜欢的点心；在散步中①，我们一人吃一块，之后就高高兴兴地回去了。有一天，他瞧见我有三块点心；像这样的点心，他吃六块也不至于有什么不舒服，所以，他几口就把他那块点心吃完，为的是好问我要那第三块点心。"不，"我对他说，"我自己还想吃咧，要不然，我们就分着吃；不过，我倒是想叫那边的两个小孩子来赛一次跑，看谁跑得快就给谁吃。"我把那两个孩子叫来，把点心给他们看，把我的办法也说给他们听。他们觉得再好不过了。我把点心放在一个大石头上，而且就以这个石头作为目标；把路线画好以后，我们就坐下来看：信号一发，两个孩子就开始跑；胜利的孩子抓着点心，当着旁观的人和那个失败的孩子一点情面不留地就吃起来了。

　　这个游戏比点心有味得多，但在开头还不能产生什么效果。我一点也不灰心，一点也不着急，因为，要做好教育孩子的工作，就必须懂得：把时间白白地放过去，正是为了争取更多的时间。我们继续散我们的步；我常常带三块点心，有时候带四块，时常还有一块甚至两块是预备给赛跑的孩子的。如果奖品不大，则争夺的人就没有劲头；要使得奖的人受到称赞和欢迎，一切都要做得很体

────────────

　　①　大家可以看得出，我们此刻是在乡间散步。在城中的热闹地方散步，对男孩子和女孩子都是顶有害处的。到那些地方去，将使他们开始产生虚荣心，企图把自己显示给人家看一看：正是因为常常到卢森堡，到提勒里，特别是到王宫，巴黎的美少年才学到了那种傲慢而做作的神气，使他们显得可笑，在欧洲到处都遭到别人的嘲弄和厌恶。

面。为了鼓动他们多跑和增加他们的兴趣,我把路线划得长一点,让几个孩子都一齐参加。竞赛一开始,过路的人就停下来看;大家都叫喊、喝彩和拍手,以鼓励他们。我有时看见我的这个小家伙在一个孩子快要赶上或超过另一个孩子的时候,就紧张得心里怦怦地跳,站起来叫喊;这在他看来,真是一场奥林匹克运动会。

然而,这些赛跑者有时候要使用诡计,互相拉扯,或者彼此弄得摔了跤,或者在半路上你弄一块石头来挡我,我也弄一块石头来挡你。这就要由我来把他们分开,使他们从不同的地方起跑,当然,到终点的距离仍然是相等的。你马上就会明白为什么要这样安排的道理,因为,我要极其细致地论述这件重大的事情。

常常看到别人吃点心,使得这位小骑士真是馋坏了,所以终于想到善于跑步还是有点儿好处,同时,觉得他自己也有两条腿,所以就开始悄悄地去做试验。我装着没有看见他在试验,我知道我的计策已经成功。当他认为他够棒的时候(他还没有这种想法以前,我早就看出来了),他就假装问我要那块剩下来的点心。我不给他,他硬是问我要,最后以很不耐烦的口气对我说:“好吧!把点心放在石头上,把路线画出来,咱们瞧谁能吃上。”“好极了!”我笑着对他说,“一个骑士也会跑步吗?你愈跑愈饿,想吃的东西是得不着的。”我一取笑,他就生了气,就拼命地跑,同时,因为我把他的路线画得很短,而且没有让跑得最快的孩子参加,所以他就更容易得到奖品。大家可以想到,这第一步成功之后,要继续使他参加赛跑,是多么容易啊。不久以后,他对这种练习的兴趣是如此之大,以致无须我偏袒他,也不管路线有多么长,他差不多都有把握在赛跑中胜过其他的孩子。

　　这个好结果取得以后，又产生了另外一个我以前没有想到的结果。当他只是偶尔才得到一次奖品的时候，他也像其他的孩子一样，拿到点心总是独自一人吃；但是，随着胜利的次数愈来愈多，他就变得大方起来，往往把得到的点心同其他的孩子一块儿分着吃。这使我本人对道德也有了一层了解，通过这个事实明白了慷慨的真正原理。

　　我继续使他参加赛跑，而且在不同的地方画起跑点时，悄悄地不让他看见我把距离画得长短不一，以便使那个必须跑更多的路才能达到终点的人处于显然不利的地位；但是，尽管我让我这位学生去挑选，他也不愿意利用这点便宜。他对距离的远近满不在乎，而总是挑最平坦的路跑；由于我可以预先料到他挑选哪一条路线，所以可以随心所欲地使他得到或者得不到点心。我之采取这个计策，是为了要达到几个目的。由于我的意图是要他看出这种差别，所以我尽力地设法使他明白这一点；然而，尽管他在沉静的时候很懒惰，但一玩起来却变得这样活泼，这样相信我，以致我费了九牛二虎之力也不能使他明白我在欺骗他。不论他多么愚蠢，我还是终于使他明白了这一点，于是他责备我欺骗他。我对他说："你有什么可抱怨的呢？既然由我拿出奖品，难道不能由我规定条件？谁强迫你来跑呢？我向你说过要把路线画得一样吗？难道你不知道挑选？你挑最短的路跑，我也不禁止你呀。你怎么看不出我偏袒的是你呢？你嘀嘀咕咕地说距离长短不等，其实，如果你会利用的话，对你是大有好处的，这一点你怎么不懂呢？"话已经说得很清楚了，而他也明白了；为了要进行选择，就需要仔细地观察。起初，他想用脚步去量，但是，一个小孩子用脚步去量总是量得又慢又不准的,此外,我又决定在那一天举行几次赛跑,这样一来,这种游戏就变成了一件使人心急的事情了,觉得把赛跑的时间浪费去测量路线是很可惜的。孩子们的活泼性情,对这种慢吞吞的办法是不喜欢的,所以他们就要练习好好地看,好好地用眼力去测距离。因此,我没有费多大的气力就培养了这种兴趣。经过几个月的试验和纠正测量的错误以后,就使他的眼睛变成了一个目测仪,以致我随便把一块点心放在很远的地方,他一看就知道有多少距离,其准确的程度同测量师用测链测量是一样的。

在所有的感觉中,视觉是很难同心灵的判断分开的一种感觉,因此需要花很多的时间去学习观看,需要常常把视觉同触觉加以比较,才能使它熟练于观察形状和距离之间的正确关系;如果没有触觉,没有前进的运动,则世界上最锐利的眼睛也无法告诉我们这个空间是什么样子。整个宇宙,在一个蛤蜊看来不过是一个小点,即使有人去告诉这个蛤蜊,它还是觉得不过如此。只有通过行走、抚摸、计算和测量物体的尺寸,我们才能学会怎样估计物体;然而,如果老是采用测量的方法,则感官对仪器将形成依赖,不能获得正确的感觉能力。然而,孩子们不应当一下就抛弃测量的办法而进行估计;他们不能一次做通盘比较时,就先一部分一部分地比较,用估计的数字去代替准确的数字,但又不要老是用手去测量,而要习惯于单凭一双眼睛去测量。我想,我们对孩子最初做的几次目测可以实地检验一下,以便改正他的错误,如果在视觉中还存在有什么错误的印象,他就可以学会怎样进行更好的判断,去加以纠正。我们有一些几乎在任何地方都可应用的天然的尺度,那就是:我们的脚步、两臂伸直的总长和我们的身躯。当一个孩子要估计一座房子的高度时，他的老师就可以做他的尺子；如果他要估计一个钟楼有多高，他就可以用房屋做衡量的标准；如果他要知道一条路有几里长，他就可以根据走了几个小时的路来计算；特别重要的是，所有这些，我们不要替他去做，而要让他自己去做。

我们要正确地判断物体的广狭和大小，就要认识它们的形状，甚至能把它们描绘出来；因为，归根到底，描绘物体是绝对要按配景的法则去画的，如果对这种法则一点也不懂得，就不能根据它们的样子估计远近。孩子们是善于模仿的，他们看见什么东西都想画，所以我要我的这位学生也学习这门艺术，其目的，不是为这门艺术而学这门艺术，而是在于使他的观察正确和手指灵巧；一般地说，他懂得不懂得怎样进行这样或那样的练习，关系是不大的，只要能够做到心灵眼快，并且获得我们要经过练习才能获得的良好的身体习惯就行了。如果一位教图画的老师只知道拿一些仿制品来教他描画，只知道教他照着图画来画，那么，我是不愿意请这位老师来教他的；我希望他的老师不是别人，而是大自然，他的模特儿不是别的，而是他所看到的东西。我希望摆在他眼前的是原件而不是画在纸上的图形；我希望他照着房子画房子，照着树木画树木，照着人画人，以便养成习惯，仔细地观察物体和它们的外形，而不至于老是拿那些死板板的临摹的绘画当作真实的东西来画。我甚至不愿意他在眼前没有那个东西的时候凭记忆来画，我要使他经过屡次的观察，把它们的正确的形象印在他的心中，以免拿一些稀奇古怪的样子去代替事物的真正形象，因而失去了比例的观念和鉴赏自然的美的能力。

我当然知道，他采用这个方法，也许在一个很长的时期中所画的东西都是乱七八糟什么都不像的,他画了很久以后还不能像画家那样画出清晰的轮廓和线条,也许根本就画不出什么逼真逼俏的效果和图画的风味;然而在另一方面,他通过这种练习,他的眼睛看东西可以看得更正确,他的手画东西可以画得更准,他就可以了解动物、植物和各种天然物体之间大小和样子的真正比例,他就可以在配景作画方面取得得心应手的经验。我想达到的目的就是这些,我的意图不是要他懂得如何描绘什么东西,而是要他懂得如何认识那些东西;即使他画大门柱上莨苕叶形的装饰画得不太好,但只要他能认出哪种植物是莨苕,我就挺喜欢了。

此外,在这个练习和其他练习中,我不使我的学生只觉得他一个人好玩。我希望我能继续不断地同他一块儿分享乐趣,使他觉得这种练习更有兴味。除我以外,我不希望再有别人同他竞争,但是我这个竞争者,对他是并无妨害的,因此可以使他练习的时候很有兴趣,而不至于在我们之间造成猜疑。我也照他那个样子拿着铅笔,起初也像他那样不会使用。我想做一个阿贝尔❶,可是我发现我却画得很糟糕。我开始画一个人,同小孩子在墙上画的人是一样的;每个胳臂画一笔,每条腿也是画一笔,十根指头画得比胳臂还粗。过了很久以后,我们两人都看出了这种不相配称的情形;我们发现一条腿要粗一些,但是粗的程度并不是到处都是一律的;胳臂的长度应当同身体成比例,等等。在这样的进度中,我不是同他一块儿前进,便只是走得比他稍稍快一点点,以致使他容易追上我,而且往往还超过了我。我们有颜色和画笔;我们试着描画各种

---

❶　阿贝尔:公元前 4 世纪时希腊的画家,以善画人像著名。

东西的色彩、面貌和状态。我们着色，我们绘图，我们随随便便地画，但在随随便便地画的时候，我们要不断地观察自然；除了大自然这位老师眼前的东西以外，其他的东西我们一概不画。

我们从前担心没有什么东西装饰我们的房间，而现在，你瞧，什么都有了。我们用框子把我们的图画装起来，并罩上很好的玻璃，以免谁再去动它；我们两个人看见这样放置图画，心里都想，不要忘了把自己的图画也这样放上去。我依次把它们挂在房间的四面墙上，每一幅画都要反复画二十到三十次，以便从每一张画中看出作者的进度：开头画的房子只不过是一个简单的四方形，而现在，它的正面、侧面、比例大小和影子，都画得非常逼真。这样逐步提高，使我们继续不断地获得了许多有趣的图画，这些图画，在旁人看来颇以为奇，而在我们，则可鼓励我们经常地互相竞赛。我给我们最初画的那几幅最简单的图画装上亮晃晃的金边框子，以便使它们看起来比较美观；但是，当我们照着实物画得越来越像，而且确实是画得很好的时候，我反而只给它装一个简单的黑色框子，因为它本身已经很美，不再需要别的装饰，而且，要是让框子分去了人们对图画应有的注意，那是一项损失。所以，我们每一个人都以得到简朴的框子为荣；当一个人看不起另一个人的图画时，就说应该给它装上金框子。也许，几天以后，这些金框子就在我们中间成了笑柄，而且，我们也希望许多人都采用这种按图画的好坏装配框子的办法去评判他们自己的装饰。

我已经说过，几何学是不能被孩子们所理解的；但推究其原因，只能怪我们做得不对。我们没有认识到他们的方法和我们的方法不同，没有认识到几何学对我们可培养推理的熟练，而对他们则只能培养观察的熟练。所以,我们不要拿我们的方法去教他们,而要拿他们自己的方法去教;这样做更好些,因为我们学习几何学的时候,是把它当作一件既是推理的也是想象的事情的。当一项定理提出以后,就要去想象怎样论证,也就是说,要找出这个定理是根据哪一个已知的定理得出来的,并且在那个定理得出来的种种结论中去确切地选择它所需要的结论。

这样做法,即使是最谨严的推理家,如果他没有创造的才能的话,也马上会束手无策的。其结果怎样呢?结果,论证的方法不是由我们自己去找,而是由他口头讲给我们听;老师不是在教我们推理,而是在替我们推理,只是把我们的记忆力练习一下罢了。

画一些很准确的图形,把它们拼起来,一个一个地重叠起来,研究一下它们的关系;这样,你无须讲什么定义、命题或任何论证的方法,只简简单单地把图重叠起来,反复观察,就可以学会全部初等几何学。至于我,我是不想教爱弥儿几何学的,相反地,要由他来教我;由我寻找那些关系,而他则发现那些关系,因为我在寻找那些关系时,采用了使他能够发现那些关系的方法。例如画圆周的时候,我不用圆规,而用一根线一端系一个笔尖,另一端系在一个轴上转一个圈。画好以后,我就把一个个的半径加以比较,这时候,爱弥儿就会笑我,就会告诉我说,如果把那根线老是拉得那么紧的话,是不至于画出不相等的半径的。

如果我要量一个六十度的角,我便以这个角的顶点为中心,画一个整个的圆形而不画一个弧形;因为,对孩子们是不能采取什么不言自明的含蓄做法的。我发现这个角的两条线间切取的那一部分圆是整个圆形的六分之一。画完以后,我又以这个角顶为中心画一个比较大的圆,我发现这第二个弧形仍然是它的圆形的六分之一。我又画第三个同心圆,我在这个圆上又做了同样的试验,终于使爱弥儿对我这种愚蠢的做法大吃一惊,于是就告诉我说,这个角所切取的每一个弧,不论大小,都是圆形的六分之一,等等。这样一来,我们马上就懂得半圆规的用法了。

为了证明三角形三角之和等于二直角,别人是画一个圆来证明;而我则相反,我先使爱弥儿在圆周内看出这一点,然后对他说:"如果把圆周去掉,留下这几条直线,这几个角的大小变没有变呢?"等等。

一般人对作图的准确性是不大注意的,认为可以假定它是准确的,因此,就把他们的注意力集中于怎样证题。我们的做法则相反,我们所关心的,不是怎样证法;我们认为最重要的是,画线要画得很直,很准确,很均匀;画方就方,画圆就圆。为了证明图是不是画得精确,我们就用所有一切可以觉察得到的特征去检验它;这样,就使我们每天都有发现一些新特征的机会。我们按一条直径把一个圆折成两个半圆;按对角线把一个正方形摺成两半:我们把两个图形加以比较,检查哪一个图的边折得最准确,因而把那个图分得最好;我们要讨论一下在平行四边形和不等边四边形中是不是也能够分得这样平均,等等。我们有时候在没有做试验以前就要预言一下是否能做得成功,并且要尽量找出其中的道理,等等。

对我的学生来说,几何学只不过是一门怎样掌握使用尺子和圆规的艺术;千万不要把它跟图画混同起来,他在画图画的时候是不用这两种器具的。应当把尺子和圆规都锁起来,不要轻易给他使用,而且,即使使用,用的时间也要很短,以免他习惯于拿它们去乱画;我们可以在散步的时候把我们所画的图带在身上,好谈谈我们应该怎样画或者我们打算怎样画。

我永远也不会忘记这件事情:我在都灵看见过一个年轻人,他小时候,老师每天拿出许多各种各样几何形状的奶油薄饼,叫他把其中等周形的薄饼都挑选出来,想通过这个办法教他学会周长和面的关系。因此,这个小小的贪吃鬼就把阿基米德❶的艺术做了一番透彻的研究,以便去寻找可以多吃几口的饼 *。

小孩子玩羽毛球,可以锻炼他的眼睛看得准,手打得稳;他抽陀螺,可以增长他的气力,但是他不能从其中学到什么东西。我有时候问人家,为什么不给孩子们玩大人所玩的需要技巧的游艺,例如网球、槌球、台球、射箭和足球。他们回答我说,在这些游艺当中,有些是他们的体力玩不了的,而另外一些,由于他们的五官和四肢发育不够,所以还不能玩。我认为,这些理由是不对的,这无异于是说,一个孩子没有大人那样的身材,就不能穿大人那样的衣服。我的意思并不是要他们拿我们玩的大棍子到一个三英尺高的台子上去打弹子,也不是要他们到我们的运动室去打台球,或者要他们的小手使用网球拍子;我的意思是要他们在一个大厅里玩,大厅的窗子可以用东西挡起来,叫他们在里面先只玩软球,按他们的进度开始用木拍子,然后用皮拍子,最后才用肠线绷的拍子。你认为他们最好是玩羽毛球,因为它不那么使人疲劳,而且也没有危险。你这两个理由都是错误的。羽毛球是妇女们玩的东西;没有

---

❶ 阿基米德(公元前 287—前 212):古希腊的数学家和物理学家。

* 所谓"等周形",就是几个周边的长度是相等的图。在这种图形中,圆形包括的面最大。因此,那个孩子应该选择圆形的奶油薄饼。

哪一个妇女见到皮球滚来时不逃跑的。她们白嫩的皮肤经不住撞擦，她们的脸不能打伤。可是我们，生来就是要成为身强力壮的人的，难道说不吃一些苦就能成为这样的人吗？如果从来没有受过打击，又凭什么力量去抵抗打击呢？老是那样有气无力地玩，即使是笨一点的话，也不会出岔子；一个羽毛球掉下来是打不伤人的；然而正是因为要用手去保护头，所以才能把我们的手锻炼得异常灵活，正是因为要保护眼睛，所以才能锻炼我们的眼睛看得准，看得明。从大厅的这边跳到那边，判断那跳在空中的球将落到什么地方，又狠又准地用一只手把球打出去，这些游戏虽不适合于大人玩，但可以用它们来培养孩子们的本领。

人们说，孩子的筋骨太柔嫩！他们的筋骨气力虽差，但是却比较灵活；他们的胳臂虽然没有劲，但总是一条胳臂；应当比照其他的器官加以适当的锻炼。人们又说，孩子们的手中没有掌握什么技巧；正是因为这个缘故我才希望教他们学一些技巧。一个大人如果同他们一样地没有经过很多的锻炼，其动作也是不会比他们的动作灵巧的。我们只有在使用过我们的器官以后，才懂得怎样去运用它们。只有从长期的经验中我们才能学会充分发挥我们本身的能力，而我们要真正学习的，正是这种经验，所以，不能不趁早就开始学起。

凡是我们能做的，都可以教他们去做。谁都看到过身子灵巧的孩子，做起事来手脚的灵活和大人是一样的。我们差不多在所有的市集上都看到过他们表演金鸡独立、双手走路和花样跳绳。这些年来，有多少儿童剧团把观众吸引到意大利喜剧院去看他们的芭蕾舞啊！在意大利和德国，谁没有听说过著名的尼科利尼哑剧团？哪一个曾经讲过，同成年的舞蹈家相比，那些儿童的动作没有那样熟练,姿势没有那样优美,耳朵听音乐没有那样准确,舞蹈没有那样柔和? 诚然,首先,他们的指头粗短而不灵巧,手也肥大,不太拿得稳东西,但是不是因此就使其中的几个孩子不会写字和画图呢? 要是别人在他们那样的年纪,也许连笔也不知道怎样拿法咧。全巴黎的人现在都还记得,有一个英国女孩子年纪只有十岁,却能弹一手好钢琴①。在一个市长的家里,我曾经看见过,大家在餐后用茶点的时候,把他的一个漂亮的八岁男孩放在桌上演奏大提琴;他站在桌上,宛如站在高台中央的一个塑像,而大提琴的个儿也差不多同他的身子一样高,可是这孩子演奏的美妙,竟使提琴家也为之吃惊。

我觉得,以上这些例子和许多其他的例子都证明,大家认为孩子们笨而无力,不宜做我们所做的运动,只不过是想当然耳;如果说你们还没有看见过他们把这些运动做得成功的话,那全是因为你们从来没有要他们练习的缘故。

也许有人会说,我在这里谈到儿童的身体时,又犯了我在谈到儿童的心灵时所谴责的过早地培养的错误。这两者是大不相同的;因为,在这两种进步中,有一个只是表面的进步,而另一个则是真正的进步。我已经论证过,孩子们表面上看起来好像有心思,其实他们是没有心思的;反之,他们看来能做的事,他们是能够做到的。此外,我们始终要想到的是,所有这些只不过是或者只能是游戏,才是大自然要求他们的使一切活动能舒展自如的办法,才是使他们的娱乐变得更有趣味的艺术,以便使他们不感到有丝毫的勉

---

① 　在此以后,又有一个七岁的男孩比她演奏得更好。

强,不至于把娱乐当成了苦役。因为,归根到底,如果我不能够使游戏在他们看来是一种教育人的办法,他们又从哪里觉得游戏是很有趣味的呢？即使我不能做到这一点,只要他们玩得高兴而不出什么毛病,同时又消磨了时间,则目前他们在各方面能否取得进步,是无关紧要的;反之,如果照你们所想的,非要他们学这个学那个不可,那么,就不能不最终使他们感到束缚、愤恨和烦恼。

　　我对我们经常不断地使用的最重要的两种感官所说的话,也可以用来说明我们应当怎样锻炼其他的感官。视觉和触觉对静止的和运动的物体都同样能起作用;但是,因为只有空气的振荡才能触动我们的听觉,只有运动的物体才能发出声音,所以,如果万物都静止不动的话,我们就永远也听不到什么声音了。在夜里,我们只有在高兴的时候才活动,所以我们对一切动的物体总是感到害怕的,因此我们的耳朵必须要灵,要能通过它听到的声音判断发出声音的物体的大小和远近,以及它的振动是很猛烈还是很轻微。动荡的空气是往往要受到反射的,一有反射就要产生回音,因而使我们听到的声音有所重复,觉得那发出声响的东西是在别的地方而不是在它本来的地方。在平原和山谷中,我们如果把耳朵贴着地面,就比我们站着能听到更远的脚步声和马蹄声。

　　由于我们已经把视觉同触觉做过一番比较,所以也须把它拿来同听觉比较一下,以便知道从同一个物体同时发出的两种印象,哪一个最先达到接受印象的器官。当我们看到大炮的火光时,我们还可以进行躲避,但一听到了爆炸声,那就来不及了,因为炮弹已经到了我们的跟前。我们可以根据闪光和雷声之间相隔的时间来判断那一声霹雳是从多远传来的。你们要使孩子们懂得这些经验,要使他们就他们的能力所及去取得这些经验,并且能举一反三,归纳出其他的经验;不过,我倒是一百个情愿他们对这些经验一个也不知道,而不愿意由你把这些经验告诉他们。

我们有一个同听觉器官相应的器官,那就是发声器官;但是我们没有同视觉器官相应的器官,我们不能使颜色像声音那样反复出现。我们对听觉器官也有一个培养的办法,那就是使主动器官和被动器官互相地进行锻炼。

人有三种声音:说话的声音或音节清晰的声音、唱歌的声音或有旋律的声音、感伤的声音或高昂的声音,感伤的声音是感情的语言,它使人的歌唱和说话富有蓬勃的生气。小孩同大人一样,也有这三种声音,然而也同样不知道把这三种声音加以结合。他也像我们一样,能笑、能哭、能感叹、能叫喊、能呻吟;但是他不知道把这些声音的音调变化同其他两种声音配合起来。完美的音乐是把这三种声音结合得非常之好的。孩子们是不会这种音乐的,他们唱的歌没有情感。同样,在说话的声音中,他们的话也没有声调;他们叫喊,但他们不能音节分明地叫喊;正如在讲话中没有抑扬一样,他们的叫声也不洪亮。我们的学生讲起话来声音还更单调,因为他的情感还没有焕发起来,所以还不能把感情的表达同他的语言结合在一起。不要教他去背诵悲剧或喜剧角色的台词,甚至像有些人所主张的教他朗读,我认为也是不必要的。他的脑子再好也不会好到能有声有色地说他们一点也不懂的事情,或者有表情地发抒他们从来没有体会过的情感。

教他说话的时候要声调匀称而清楚,要咬清音节,要吐字准确而不故意做作,要懂得和按照语法规定的重音和韵律发音,要有足够的音量，让人家听得清楚，但是绝不要把声音提高到超过需要的程度——在公立学校受过教育的学生一般都有这个毛病；在任何事情上都不要有过分的多余。

同样，在唱歌的时候，声音也要唱得准、唱得稳、唱得柔和而响亮；他的耳朵要听得出拍子和韵调；但是，做到这一点就够了，不要有过多的要求。拟声音乐和舞台音乐是不适宜于在他那样的年纪时唱的；我甚至不希望他唱歌词，如果他要唱的话，我就尽量拿适合于他年纪的有趣的歌词给他唱，而且歌词的意思也要像他的思想那样简单。

有人以为，既然我不急于教他识字，我也不急于教他认谱。我们要避免使他因过分用心而伤害脑筋，我们不要急于使他的心思专注于那些死板的符号。我承认，这看起来好像是很困难的；因为，正如不识字也能说话一样，在起初即使不识乐谱也是能唱歌的。但是，其间有这样的区别：说话是表达我们自己的思想，而唱歌则是表达别人的思想。为了能表达它，就必须认识它。

但是，第一，即使不认识乐谱，我们也可以听出来，而一支歌子我们用耳朵去学总是比用眼睛去学更学得准确的。此外，为了更好地理解音乐，仅仅会唱，是不够的，还必须能自己作曲；这两方面要同时学习，不这样，就永远不能精通音乐。起初，教你们的小音乐家练习写很通顺的、念起来很铿锵的句子，然后用很简单的调子把它们连起来，最后用正确的音符标出它们的不同的关系；只要好好地选择一下音韵和休止的时间，就可以做到这一点。最重要的是，绝不要做荒唐怪诞的歌，歌中绝不要有感伤的词句。一个优美的歌调总是朴实易唱的，总是以主弦的音起唱的，而且还那样清楚地表达了低音,所以容易听,也容易合着它唱;因此,为了训练嗓子和耳朵,最好是合着大键琴唱。

为了更好地发音,就要在发音的时候把音吐清楚,因此我们采用了以一些音节表示的字音唱歌法。为了区别音阶,就需要定出那些音阶和它们固定的间隔的名称;因此才产生了各种音程的名称,产生了标示琴键的字母和标示音阶的音符。C 和 A 表示两个固定不变的音,始终由一定的键发出来。ut 和 la 的情况则不同。ut 始终是大调的主音或小调的中音。la 始终是小调的主音或大调的第六音。所以,字母所表示的,是我们音乐总谱中各关系之间不变的间隔,而音节所表示的则是不同音调的相似关系的相似间隔。字母表示键盘上的键,音节表示调式的音阶。法国的音乐家把这些区别搞得一团混乱;他们把音节的意思和字母的意思混为一谈;他们在琴键上使用了双重的符号,这完全是多余的,而且,正是因为对琴键使用了双重的符号,所以才没有给表示音弦的符号留下余地;结果使 ut 和 C 在他们心目中始终认为是同一个东西;实则不是那样的,也不应该是那样的,因为,如果是同一个东西的话,C 有什么用处呢? 同样,他们的字音唱歌法也是非常之难的,而且也没有什么用处,因为在采用他们这个方法的时候,既然像 ut 和 mi 这两个音节能同样表示大三度、小三度、增三度或减三度,所以也不能使我们的心灵获得一个清楚的概念。恰恰在这个产生了许多优秀的音乐著作的国家里,学起音乐来反而更困难,这到底是怎样一回怪事呢?

我们要采取最简单明了的办法来教我们的学生;我们只教他学两种调式,这两种调式的关系始终不变,而且始终是由同样的音节代表。不论他是唱歌还是弹奏乐器,都要教他把调子定在可以作为基音的十二个音的一个音上,同时,不论是转到 D 调、C 调、G调或其他调子,都要按调式的不同把结尾落在 ut 或 la 上。这样做,他才能明白你的意思,才懂得为了要唱得准或弹奏得准,心中要常常想到调式的主要关系,才能演唱佳妙,进步迅速。法国人所谓的"自然唱谱法",实在是荒谬极了;它模糊了事物的真实概念,而代之以令人迷惑的奇怪的概念。只有改变调式的"变调法"才是最自然的。以上就音乐问题所谈的话已经是够多了;只要你始终把它作为一项娱乐,你爱怎样教,就可以怎样教。

以上,我们已经清楚地了解到外界物体在它们的重量、形状、颜色、硬度、大小、距离、温度、静止和运动方面对我们的身体的关系。我们已经知道,我们对哪些物体可以接近,对哪些物体应该远离,以便采取必要的办法克服它们的阻碍,或者抵抗它们可能给我们造成的伤害;但这还是不够的,因为我们的体力在不断地消耗,所以需要继续地使它恢复元气。虽然我们有把其他物质变成我们本身的物质的能力,但对物质不能不有所选择,因为,并不是所有的食物都是适合于人吃的;由于一个人的体质和他居住的地区、他的特殊的性情以及由他的职业所决定的生活方式不同,所以,在人能吃的东西中,有些很适合于他,有些则不那样适合于他。

如果说为了选择适合于我们的食物,就必须等到取得了辨别和选择它们的经验之后,才去选择的话,那我们就可能会饿死或毒死的:最仁慈的上帝已经把可以感知的生的乐趣造成了保存生命的工具,使我们能够根据我们的口味知道哪些东西适合于我们的胃。在自然状态下,对人来说,最可靠的医生莫过于他的食欲;我毫不怀疑的是,只要他按照他原始的食欲觉得最可口的食物,就一定是最有益于健康的食物。

不仅如此。造物主不只是为他赋予我们的需要提供食物,而且还为我们自己产生的需要提供食物;正是为了经常使我们的欲望同需要相适应,所以他才使我们的口味随着我们的生活方式进行改变。我们愈脱离自然的状态,我们就愈丧失我们自然的口味,说得更确切一点,就是习惯将成为我们的第二天性,而且将那样彻底地取代第一天性,以致我们当中谁都不再保有第一天性了。

由此可见,愈是自然的口味,就愈为简单,因为这种口味是最容易改变的;但是,如果我们常常拿怪味的东西去刺激它的话,到它形成了一定类型的口味以后,就不再更改了。一个人如果尚未浸染一个地方的饮食习惯,则他对任何地方的习惯都可以毫不困难地适应的;但是,一旦他有了一个地方的饮食习惯之后,就再也不能适应另外一个地方的饮食习惯了。

这一点,我觉得,就所有的感觉来说都是对的,特别是就所谓的味觉来说,更是如此。我们的第一种食物是奶;我们只是逐渐逐渐地才习惯于强烈的味道的,而在起初,我们是挺不喜欢它们的。在原始人看来,水果、蔬菜、草以及烤熟的肉,虽没有放调味品和盐,但已经是盛馔了①。一个野蛮人第一次喝酒的时候,一定要现出皱着眉头的样子,把酒吐出来;即使在我们中间,一个人只要活

———————
①　参见鲍桑尼阿斯的《世外桃源》;并阅读后面(第196页)转录的普卢塔克的一段文章。

到二十岁都还没有尝过发过酵的饮料的话,是再也不会养成喝这种酒的习惯的;所以,如果不是在童年时候别人拿酒给我们喝过,也许我们全都会成为滴酒不尝的人的。的确,愈是简单的口味,就愈是我们人人共有的口味;而大家所不喜欢的,正是那些五味俱全的菜肴。反之,谁曾经看见过哪一个人不喜欢水和面包呢?这是自然的意图,也是我们的规律。尽量让孩子保持他原始的口味,使他吃最普通和最简单的东西,使他的嘴经常接触的是一些清淡的味道,不要养成一种爱好过于厚重的味道的习惯。

我在这里并不是探讨这种生活方式是不是更有益于健康,我不是从这个角度来研究它的。我的目的,只是论证这种方式最合乎自然,最易于适应其他的方式,因而是最可采取的。有些人说,应该使孩子们习惯于他们长大以后所吃的食物;这在我看来,是没有道理的。当他们的生活方式是那样不同的时候,为什么吃的东西要相同呢?一个大人由于工作的劳累和心思的焦虑,所以需要味美汁多的食物,给他的头脑带来新的元气;可是,刚刚才跳跳闹闹地玩了一阵的小孩子,他的身体正在成长,所以需要很丰富的食物,以产生大量的乳糜。再说,一个成年人已经有固定的社会地位、职业和家庭;而小孩子,谁说得上他将来的命运是怎样的呢?因此,在任何事情上都不要使他形成一种刻板的方式,以免在必要的时候要花很大的力气才能更改。不要使他不到处带一个法国厨子跟着走,他就会饿死,不要使他将来对别人说只有法国人才做得出好吃的东西。顺便提一下,这样的矜夸,实在是可笑的!恰恰相反,在我看来,只有法国人才是唯一不懂得饮食之道的人,因为他们需要一种特殊的艺术才能把菜做得合乎他们的胃口。

在我们的各种感觉中，味觉对我们的影响往往是最大的。所以，我们在判断那些补益我们身体的东西时，比之判断形成我们周围环境的东西关切得多。有千百种东西，在我们摸到、听到或看到的时候，都觉得无所谓的；但是，几乎还没有哪一样东西在我们尝到的时候不引起我们的注意。此外，味觉的活动又全是肉体的和物质的，只有这种感觉才是不能凭想象解决问题的，至低限度可以说，就我们所有的感觉而论，味觉中所掺杂的想象，其程度是最轻微的；反之，模仿和想象往往使其他感觉获得的印象掺杂有精神的成分。一般地说，心地柔和而贪恋色情的人，性情急躁和真正敏感的人，虽易受其他感觉的影响，但对味觉是相当淡漠的。从这一点看，似乎味觉同其他感觉相比是次要的，而贪图口腹的倾向是可鄙的；但是，我从这一点得出的结论正好相反，我认为，抚养孩子最合适的办法，就是要通过他们的饮食对他们进行教育。贪食心比虚荣心好得多，因为前者是一个自然的欲望，是直接由感官决定的；而后者则是习俗的产物，每每为人的轻浮行为和各种恶习所左右。贪食是孩童时期的欲念，然而这个欲念是不能同其他欲念相匹敌的，一遇到其他的欲念，它就会消失。啊！请相信我说的话，不用太久，一个孩子就不会再对他吃的东西花许多心思的；当他心中装的事情太多的时候，他的嘴就不会再叫他用脑筋了。到他长大的时候，千百种强烈的感情将转移他贪吃的心，使他产生贪图虚荣的欲念，因为，唯独这种欲念能凭借别的欲念而滋生，而且最终将把所有一切其他的欲念全都吞没。我曾经多次观察过那些考究美食的人，他们一醒来就考虑当天要吃些什么东西，对他们所吃的一顿饭，其描述之详细，一如波利毕❶之描述一场战争。我发现，所有这些所谓的成年人，无非是一些四十岁的孩子而已，既没有气力，也长得不结实，真是"徒耗地力的人"†。贪食是意志不坚决的人的一种恶习。一个贪图口福的人的心思，完全贯注在他的一张嘴里，他一切都为了吃；他愚蠢无能，只有在饭桌上才有他的一席地位，他只懂得品评菜肴；我们就把这件事情毫不惋惜地交给他办好了，对他来说，这件事情也比其他事情更为适当，对我们和他都有好处。

　　担心贪食的恶习在一个有出息的孩子身上扎下了根，这是见识短浅的人的一种杞忧。在孩童时期，我们心中所想的只是吃；到了少年时期，我们就不想了，所有一切在我们看来都是好吃的，何况还有许多其他的事情要我们去做哩。然而，我并不希望大家把这样一个十分低级的动机加以不明智的利用，也不希望用美味的食物作为对良好行为的鼓励。我不明白的是，既然整个童年只能是或者说应当是玩耍和嬉闹游戏的时期，为什么不可让纯粹的身体锻炼得到适当的物质代价。当马召尔卡岛上的一个小孩看见树顶上挂着一只篮子，就用石弓把它弹下来，如果他因此而得到什么好处的话，难道说有什么不应该，难道说不能吃一顿美好的早餐去补偿他用来获得那只篮子所花费的气力①？一个年轻的斯巴达人

---

❶　波利毕（公元前 205—前 125）：希腊历史学家。

†　贺拉斯❷，第 1 卷，书信第二封。

❷　贺拉斯（公元前 65—前 8）：罗马诗人，著有《颂诗》《讽刺诗》《书信集》等。

①　好几个世纪以来马召尔卡岛上的人已经没有这个习惯了；这是他们石弓盛行时候的事情。

冒着挨一百皮鞭的危险,轻手轻脚地溜进厨房偷了一个活生生的
小狐狸,当他把它藏在罩衫里带出厨房的时候,它用爪子抓他、咬
他,使他的血都流出来了,然而这个年轻人因羞于被人家捉住,即
使痛断肝肠也不变神色,甚至叫都不叫一声,像这样,最终由他享
用他的掳获物,在被狐狸咬了一顿之后,由他来吃它,难道说不应
该吗?绝不应当把一顿盛餐看作为一种报酬;但是,为什么有时候
不能把它作为一个人为了获得这顿盛餐而花费的心力的结果呢?
爱弥儿是绝不把我放在石头上的那块点心当做给跑得好的人的奖
品的;他只知道,要获得那块点心,唯一的办法是比别人早先到达
那块石头。

　　这同我刚才就菜肴要怎样简单所讲的原理并不矛盾,因为,为
了使孩子们的胃口好,问题不在于怎样刺激他们的肉欲,而在于使
它得到满足;只要我们没有使他们养成考究味道的习惯,那么,用
世界上最普通的东西就可以满足它的。由于身体成长的需要而造
成的胃口常开的现象,就是一种调味的佐料,有了这种佐料,就可
以代替许多其他的佐料。只要有水果、乳制品、比普通面包稍微精
致一点的糕点,尤其是有慎重调配这些食物的艺术,即使把一群群
的孩子带到天涯海角去游历一趟之后,也不至于使他们变成嗜好
厚味或味觉迟钝的人。

　　对肉类的嗜好,并不是人的天性,关于这一点,例证之一是,孩
子们对肉制的菜都是很淡然的;他们全都喜欢选蔬食类的东西吃,
例如乳制品和水果等等。因此,重要的是,不要去改变他们这种原
始的口味,不要使他们成为嗜肉的人,这样做既无损于他们的健
康,也有助于陶冶他们的性情,因为,不管你怎么样解释,都不能否

认酷嗜肉类的人一般都比其他的人残酷和凶暴,这种情形,在任何地方和任何时候都是一样的。英国人的野蛮,是人人皆知的[①];而高卢人则相反,他们是人类当中最温和的人[②]。所有的野蛮人都是很残酷的,其所以如此,并不是由于他们的性情使然,而是由于他们的食物。他们去打仗,就像去打猎一样,他们把人也当做熊看待。在英国本土,屠夫是不能当证人的[③],外科大夫也不能当证人。大恶棍歹徒杀了人还喝人血,因此他们的心变得十分冷酷。荷马把食肉的独眼巨人描写得十分可怕,而把食忘忧树的果子的人则描写得那样可爱,只要同他们一度来往,就立刻会忘掉自己的家乡,愿意同他们生活在一起。

"你问我,"普鲁塔克说道,"毕达哥拉斯[❶]为什么不吃兽类的肉;可是我,我倒要反过来问问你,第一个人要有多大的勇气才能把打死的兽类的肉拿到嘴边,才能用牙齿咬碎那垂死的动物的骨头,才能在面前摆着死了的动物,吃那些尸体,而且把片刻之前还在叫、在吼、在走、在看的动物的肢体吞到胃里去。他的手怎能把一块铁器插进一个有感觉的生物的心脏? 他的眼睛怎能忍心去看那杀戮的情形? 他怎能忍心看那可怜无助的动物流血、被剥下了

---

①　我知道,英国人对他们的仁慈和民族的良好天性是竭力吹嘘的,他们说他们是"脾气很好的人",但是,他们枉自拼命地叫喊一阵,谁也不附和他们这种说法的。

②　巴尼亚人戒食一切肉类,比高卢人还更严格,他们这两种人差不多都是同样温和的;不过,由于巴尼亚人的道德没有那样纯洁,他们所崇拜的东西没有那样合乎情理,所以,他们并不是那样诚实的人。

③　本书的英译者之一,删去了我在这里所说的一番轻蔑的话,两位译者都把这一点加以修改了。屠夫和外科大夫可以当证人;不过,在审理刑事案件的时候,屠夫不能选为陪审,而外科大夫是可以的。

❶　毕达哥拉斯(公元前 580—前 500):希腊哲学家和数学家。

皮和被肢解？他怎能忍心看那颤动的肉？它们的气味怎么会不使他感到恶心？当他去清除那伤口上的污物,洗涤那凝在伤口上的污血时,他怎么会不感到厌恶和害怕呢？

> "剥下的皮在地上跳动,
>
> 火上烧烤的肉在哀鸣,
>
> 吃肉的人不能不战栗,
>
> 听见它们在腹中诉泣。

"当他第一次违反自然,做这样一顿可怕的膳食时,心中的感触和想象一定是这个样子,当他第一次看见一个活活的牲畜而感到饥饿的时候,当他想吃掉那还在吃草的动物的时候,当他叫别人把那只正在舐他的手的羊羔戮死和砍成碎块烹煮的时候,他心中是一定有这种感触的。使我们感到惊吓的,是那些最先享用这种残忍的盛餐的人,而不是那些抛弃这种盛餐的人;不过,起初享用这种盛餐的人虽然野蛮,但还有几分理由,而在我们,是没有那种理由的,因此说明我们比他们还野蛮一百倍。

"吃这种盛餐的原始人向我们说道:神所喜爱的人啊,把我们当时的情形同你们现在的情形比较一下,就可以看出你们是多么幸福,我们是多么可怜!新形成的土地和雾沉沉的空气还不听从季候的使唤;河水的流向无定,到处冲毁了它们的河堤;池沼、湖泊和深渊大泽中的水泛滥于地面上四分之三的土地,而另外的四分之一,则满是荒芜的树木和丛林。地上不出产好吃的果实;我们没有耕作的器具,我们不懂得种地的方法;不播种的人就没有收获。所以,我们无时不忍饥受饿。冬天,苔藓和树皮就是我们常吃的食品。小慈姑和石南树的绿根,在我们看来就等于珍馐;当我们找到榉子、胡桃和橡子的时候,大家就高兴得围着一株橡树或榉树跳舞,唱着调子简单的歌曲,称呼大地为养育我们的母亲;这就是我们唯一的节日,我们唯一的欢乐,除此以外,我们一生都过的是艰难和痛苦的日子。

"当荒芜不毛的土地不再供给我们任何东西的时候,我们为了保全生命就只好违背自然,吃掉我们可怜的同伴,以免跟他们同归于尽。可是你们这些残忍的人,谁在强迫你们去杀人害命呢?看一看你们周围的东西是多么丰富!大地给你们出产了多么多的果实!田野和葡萄园给你们带来了多少财富!有多么多的牛羊拿它们的奶来滋养你们,拿它们的毛给你们做衣服!你们还要什么呢?当你们财丰物阜有吃有穿的时候,怎么会狂暴到去杀了那么多的人呢?你们为什么要说我们的母亲——大地的谎话,责备她不供给你们吃的东西?你们为什么要侮辱那神圣的法则的发明者赛丽斯❶,为什么要侮辱人类的安慰者、豪爽的巴考士❷?难道说他们丰厚的礼物还不够用来保存人类!你们怎么忍心把他们甜美的果实和那些骨头一起放在你们的桌上,怎么忍心在喝奶的时候又喝给你们奶吃的牲畜的血?你们称之为猛兽的狮子和豹子,按照它们凭力量的本能去伤害其他的动物,以保持它们的生命。可是你们比它们还凶猛一百倍,你们的违反本能,不是出于什么需要,而是为了贪图那残酷的享受。你们所吃的那些动物,它们并不吃别的动物;至于食肉兽,你们不但不吃它们的肉,反而学它们的样:你

---

❶　赛丽斯:即希腊神话中的德美特,掌管五谷的女神。
❷　巴考士:即狄奥尼苏斯,希腊神话中的酒神。

们用来充饥的,是那些性情温和的无辜的牲畜,这些牲畜不但没有伤害过任何一个人,而且还依依不舍地陪伴在你们的身边,替你们做工,可是它们辛劳一阵的代价,就是被你们吞食。

"啊,违反自然的凶手! 如果你硬说大自然之所以生你,就为的是叫你去吞食你的同类,去吞食像你一样活生生的有感觉的有骨有肉的生命,那就把大自然使你对这种可怕的食物感到的恐惧心情完全抛弃,亲自去杀那些动物,我的意思是说,不用刀斧而用你自己的手去杀那些动物,像狮子和熊一样,用你们的指甲把它们的皮撕下来,把一条牛咬成碎块;把你们的手指插进它们的皮;把一只羊羔活活地吃下去,趁它的肉还热气腾腾的时候就吞进肚里,把它的灵魂和它的血都吞下去。你战栗! 你不敢用牙齿去咬那活鲜鲜的还在颤动的肉! 可鄙的人呀! 你先把那个动物杀死,然后才把它吃掉,这样做,好像是为了叫它死两次。这还不够,死肉还依然使你感到厌恶,你的肠胃接受不了,必须把它拿在火上做过,煮过,烤过,用药材调配味道和改变它的形象;你要屠夫、厨工和炙肉师替你消除屠杀的恐怖痕迹和烹调那死了的躯体,以便让味觉在烹调技术的欺瞒之下不至于对那些奇异的味道感到难吃,而且还津津有味地品尝那目不忍睹的尸体。"

尽管这段文章同我论述的问题没有关系,但我还是禁不住要把它抄录在这里,我相信,在读者当中是不会有人表示反对的。

不论你使孩子们采取哪种摄生法,只要你使他们养成了吃普通的和简单的菜肴的习惯后,你就让他们爱吃多少就吃多少,爱怎样跑和玩,就尽量去跑跑玩玩,你可以放心,他们绝不会吃得太多,也不会患消化不良症;但是,如果你使他们有一半的时间是在挨饿，同时他们又找得到逃避你的监督的办法，那么，他们就会尽力追补他们的损失，他们将一直吃到发吐，一直吃到撑破肚皮为止。我们的食欲之所以过度，只是因为我们没有使它遵循自然的法则；我们经常在规定或增减我们的膳食，但无论是增是减，都由我们的手做天平，而这个天平的衡量标准是我们的想象而不是我们的胃。我往往要举我看到的一些例子。在农民的家里，菜橱和果箱随时都是打开的，然而无论孩子或大人并不因此就患消化不良的病。

　　如果真的有一个孩子十分贪吃（我相信，采用我的办法以后，是不可能出现这种情形的），那么，只要拿一些他所喜欢的游戏就可以极其容易地分散他这种贪食的心思，而且到最后能在他不知不觉中消除他的营养不良的现象的。像这个又可靠又容易的办法，怎么会所有的教师都没有想到呢？希罗多德描写＊吕底亚人在食物极端缺乏的情况下，曾经发明了一些游戏和其他的娱乐，来解除他们的饥饿，因而竟然整天把吃饭这件事情都忘记了①。你们这些学识渊博的教师也许把希罗多德的这段记载看过一百遍，然而没有想到可以把那些方法应用于孩子。在你们当中也许有人会向我说，一个孩子是不会自动离开餐桌去研究他的功课的。老师，你说得对；不过，我说的是他们的游戏而不是他们的功课。

　　嗅觉对于味觉，就像视觉对于触觉那样，它先于味觉，它告诉

　　＊　第 1 卷，第 94 章❶。

　　❶　指希罗多德所著《历史》，汉译本在 1960 年由商务印书馆出版。

　　①　古代的历史学家所描述的事实即使是错误的，然而他们有很多见解可以供我们采用。我们都不善于认真地利用历史；大家所注意的是那些引经据典的批评：好像要从一件事实中得出有益的教训，就一定要那件事情是真的。明理的人应当把历史看作为一系列的寓言，它的寓意是非常适合于人的心理的。

味觉这样或那样东西将对它发生影响，告诉它按照我们预先得到的印象去寻找或躲避那种东西。我听说，野蛮人的嗅觉的感受跟我们的嗅觉的感受完全不同，他们对好的气味和坏的气味的判断也跟我们完全两样。在我，我是很相信这种说法的。气味就其本身说来，给人的感觉很轻微；它所触动的，与其说是人的感官，不如说是人的想象力，它使人闻到的味道，不如它使人尝到的味道的影响大。这个假定如果成立的话，那么，某种人由于他们的生活方式而产生跟别人极不相同的味觉之后，必然对味道的判断也是截然相反的，从而，对显示味道的气味的判断也是截然相反的。一个鞑靼人闻到一匹死马的一块臭肉，其愉快的心情，也好像我们的猎人闻到一只半腐的松鸡。

稀微的一些感觉，宛似沾满花香的东西一样，对那些忙忙行走、无心漫步的人和工作虽然不多但无暇偷闲的人说来，是无所谓的。经常挨饿的人，对那些不预示有什么吃的东西的香味，是毫无兴趣的。

嗅觉是想象的感觉，由于它使神经受到了一种很强烈的感染，因此大大地激动着人的头脑；正是因为这个缘故，所以它才能一时使我们感到兴奋，往后又渐渐地使兴奋的心情完全消失。它在我们的爱好中起着显著的作用。化妆室的芬芳气味并不是如大家所想象的是一个没有多大用处的香饵；如果一个聪明而感觉迟钝的人闻到他情人胸前所戴的花的气味心里动都不动一下的话，我不知道我们是应该对他表示称赞还是表示惋惜。

所以，嗅觉在童年时期不会过分活动，因为在这个时期，想象力还没有受到欲念的刺激，因而还不易于为情绪所感染，同时，在这个时期我们还没有足够的经验凭一种感官的印象预料另一种感官的印象。这个事实也是完全经过研究而证实的，可以肯定地说，大多数孩子的嗅觉都很迟钝，而且几乎等于是没有。其原因，不是由于孩子们的嗅觉不如大人的嗅觉灵敏，而是因为它们没有同其他的观念相联系，不像我们的嗅觉这样容易受到一种快乐的感觉或痛苦的感觉的影响，因而从其中感到愉快或痛苦。我相信，只需对我们自己的身体进行研究，用不着对两性的身体做比较的解剖，我们就能知道为什么妇女们对气味的感受一般都比男子灵敏。

有人说，加拿大的野蛮人从青年时候起就把他们的嗅觉锻炼得这样的敏锐，以致虽然他们都有猎狗，但在打猎的时候都不用它们，因为他们自己就可以当他们的狗用。因此，我想，如果我们培养孩子们像猎狗辨别猎物那样辨别他们的饮食的话，我们也可以使他们的嗅觉达到同样的灵敏程度；但是，如果这不是为了使他们明白嗅觉和味觉的关系，我的确认为，这样做是没多大用处的。大自然已经注意到要使我们了解这些关系了。它使嗅觉器官和味觉器官紧邻在一起，因而使味觉器官的活动几乎同嗅觉器官的活动不能分离，它在口腔中布置好使它们直接相连的通道，所以我们尝到什么味道的时候，就不能不闻到什么气味。我只希望大家不要为了欺哄一个孩子就去改变这种自然的关系，例如用一块香甜的东西去掩盖药物的苦涩；因为这两种感觉很不协调，所以是瞒不住他的；比较强烈的感觉将消除另一个感觉的效果，因而他吃起药来还是感到一样难吃；这难吃的味道将同时传遍受影响的一切感官，稍稍有一些感觉，就会使他想到其他的感觉；非常适口的香味，在他看来也成了一种难吃的味道了；所以，正是因为我们采取了不周到的办法，才使我们愉快的感觉遭到牺牲，而不愉快的感觉有所增加。

我留在以后的篇幅中谈的，是第六个感觉的培养；我把这第六个感觉称为共通的感觉，其所以这样称法，并不是因为人人有这种感觉，而是因为它是由其他的感觉的很好的配合使用而产生的，是因为它能通过事物的种种外形的综合而使我们知道事物的性质。因此，这第六个感觉并没有一个单独的器官，它只是存在于人的头脑里；这种感觉完全是内在的，我们可以称它为"知觉"或"观念"。我们的知识的广度，就是以这种观念的多少来衡量的；人的思想是否正确，就是看这种观念是否清晰和精密；我们所谓的人的智力，就是把这种观念互相加以比较的艺术。所以，当我说感性的理解或孩子的理解时，就是说它把几种感觉组合成简单的观念；当我说理性的理解或成人的理解时，就是说它把几个简单的观念组合成复杂的观念。

现在假定我的方法就是自然的方法，而且在应用这个方法的过程中也没有发生什么错误，那么，我们带着我们的学生已经通过种种感觉的领域，走到了孩子的理解的境界；我们跨入这个境界的第一步，就是成人的步伐了。但是，在进入这个新的境地以前，让我们回顾一下我们刚刚走过的地方。每一个年龄，人生的每一个阶段，都有它适当的完善的程度，都有它特有的成熟时期。我们常常听说"成人"，但现在，且让我们来看一看一个"成熟的孩子"，也许这个人物对我们来说是比较新鲜的，还不至于令人感到有什么不高兴的地方。

　　有限的生命是这样的空虚和短促,以致当我们只看到它现在的情景时,我们是一点也不感动的。我们常常把幻想加在真实的事物上,如果我们的想象力不给那些触动我们感官的东西加上魅力,则我们从其中得到的乐趣便没有什么意义,只能算是感觉器官的享受,至于我们的心,则仍然是冷冰冰。秋天,大地装饰着种种的珍宝,展现出一片富丽的景色,让我们的眼睛欣赏;但是,欣赏并不等于感动,因为它发端于人的感想而不是发端于人的感情。在春天,田野上几乎是一片荒凉,没有长什么东西,树林也没有阴影,草地不过是刚吐叶儿,然而我们的心却为这景色所感动。看见大自然重返大地,我们觉得自己的生命也为之复苏;我们周围都是一片愉快的情景;那欢乐的伴侣,同温柔的感情时时相随的甜蜜的眼泪,已经是涌到了我们的眼皮边上了;可是,收葡萄时候的情景却是那么的欢腾和热闹,我们尽管是看到了它,但始终没有流一滴眼泪。

　　为什么会产生这种不同的心情呢?这是因为看到春天的景色的时候,我们的想象力就联想到随这种景色而来的季节,当我们的眼睛看见那娇嫩的幼芽时,我们的想象力就会给它加上花、果实、叶荫,有时候还加上叶荫之下可能出现的神秘情景。它刹那间就把一个接一个的情景连在一起,它所看到的,不是事物的将来的样子,而是它所想望的样子,因为这一切都是可以由它选择的。在秋天则相反,我们只能看到现有的景致。如果想到春天,则冬天阻挡了我们的道路,我们不活跃的想象力就会消逝在一片霜天雪地之中。

　　童年的美之所以比成年的圆熟更能引起我们的沉思,就是因为它有这种迷人的魅力。我们在什么时候才是真正愉快地观察一个成年人呢？那就是在我们回忆他的行为,从而追溯到他的一生的时候,才真正是怀着愉快的心情看他的,因为这个时候,我们可以说是又把他少年时候的光景展现在我们的眼前了。如果我们要按照他现在的样子或老年的样子去看他的话,则晚年衰老的观念将使一切喜悦的心情为之消失的。看着一个人大踏步地向着坟墓走去,那是一点也不愉快的,死的形象使所有一切都变丑陋了。

但是,当我想到那么一个十至十二岁的孩子,长得又健又壮,以年龄而论是发育得非常之好的时候,我无论对他的现在或将来都是不会产生什么不愉快的感觉的。我看见他蹦蹦跳跳、活活泼泼的,没有什么劳心的焦虑,没有什么痛苦的远忧,实实在在地过着现实的生活,充分地享受着那似将溢出他身体的生命。当我预想他长到另外一个年岁,能够运用他的感觉、他的思想、他一天天发达起来每时每刻都在增加的体力的时候,如果我把他看作一个孩子,我心里感到喜悦;如果我把他想象为一个成人,我心里尤其喜悦;他沸腾的血温暖了我的血,我相信,我可以借助他的生命而生,他活泼泼的样子使我返回了青春。

钟声响了,发生了多大的变化啊！他失去了眼睛的光辉,他失去了脸上欢乐的容颜,再也不能游戏,再也不能蹦蹦跳跳地玩了。一个严峻而怒气冲冲的人抓着他的手,庄重地对他说:"走吧,孩子",接着就把他带走了。在他们进入的房间中,我隐隐看到了一些书。书！就他那样年龄的人来说,是多么累赘的东西啊！那可怜的孩子一任那个人把他拉着;他用依依不舍的目光把他周围的东西看了一下，就沉默地走了，他眼里充溢了眼泪不敢哭出来，他心里充满了怨气不敢发出来。

啊，你这无所恐惧的人，你这生命中没有一个时刻曾感到过烦恼的人，你这白天不忧晚上不愁、尽过着快乐的时光的人，来吧，我聪明可爱的学生，快离开那个忧郁的人到我们这里来安慰我们吧；你快来吧……他来了，在他走近我的时候，我感到了一阵愉快，我看见他也同样地感到一阵愉快。在这里等着他的，是他的朋友，是他的游玩的伙伴；他看到我的时候，深信快乐的时光不久就要到来：我们彼此并不是互相依赖，而是相处得非常和谐，我们跟任何人都不曾像我们两人在一起这样友爱。

他的面貌、举止和表情，说明了他的自信和高兴；他容光焕发、身体健康；他稳健的步伐表明他很有精力；他的皮肤细嫩而光润，没有一点松软的样子，空气和太阳已经在它上面印上了男性的可敬的标记；他的肌肉丰满，显示了一种正在成长的生理的特征；他的眼睛虽没有燃起感情的火焰，但至少还流露着天真的①明静；即使是长期的忧郁，也丝毫不能使它们黯然无光，他的脸上从没有过无止无休的哭泣的泪痕。在他矫捷而稳重的动作中，你可以看出他那样年纪特有的活泼、独立自恃的信心和多种多样的锻炼经验。他的态度是多么的开朗和大方，没有一点傲慢或虚浮的样子；由于我们从来没有叫他把头埋下去啃过书本，因此他绝不会把他的头低垂到他的胸前：我们用不着对他说："抬起头来"；他没有什么可

———————————

① "天真的"(Natia) 这个词，由于在法文中还找不到一个和它同义的词，所以我是按照意大利文的意思来用它的。如果用错了的话，也没有多大关系，只要大家能了解我的意思就行了。

羞可怕的事情使他低下头去。

现在,让我们把他放在大庭广众之中;各位先生,请你们来考一考他,毫不顾忌地问他,别担心他硬要你们做这个或做那个,不要担心他会胡言乱语或提出什么不适当的问题。不要害怕他纠缠着你们,不要害怕他企图叫你们都为他一个人而忙碌,因而使你们没有办法应付。

可是,你们也不要等着他说什么好听的言辞,或者告诉你们说我教了他些什么话;你们只能从他口中听到不加修饰、杜撰和浮夸的天真朴实的实话。正如他坦率地告诉你他做了些什么好事一样,他也将告诉你他曾经做了些什么坏事或想做什么坏事,并且还不因为他这些话对你产生的影响而感到不安:他的话是怎样想就怎样说的。

有些人欢喜预卜孩子的未来,然而往往听到孩子说一连串的蠢话,就把从一些同孩子们愉快的谈话中所产生的希望完全推翻,结果是深为难过。虽说我的孩子很难满足人家的这种希望,但他绝不会使他们感到那样难过,因为他从来不说一句废话,绝不唠唠叨叨胡言乱语地讲他明知别人不听的话。他心中的观念为数不多,然而是很明确的;虽说他记忆的事情很少,但他从经验中学到了很多的东西;虽说他读书没有别的孩子读得好,但他对自然这本书的理解却比其他的孩子透彻;他的智慧不表现在他的舌头上,而是储藏在他的脑子里;他的记忆力不如他的判断力强;他只会说一种语言,但是他懂得他所说的语言;虽然他说话不像别人说得那么样好,但他做事却比他们做得高明。

他不懂得什么叫成规和习惯,他昨天做的事情,绝不影响他今天做的事情①：他绝不按老一套的公式办事，绝不怕什么权威或先例，他觉得怎样合适，就怎样做，怎样说。所以，你休想听到他说别人教他说的话，休想看到他从书上学来的举止，他的话句句都忠实于他的思想，他的行为完全是出自他自己的心意。

你发现他也有一些关系到他目前状况的道德概念，但关系到成人时候的道德概念，则一个也没有。既然一个小孩子还不是社会中的活动分子，那么，这些概念对他有什么用处呢？向他讲自由、财产以及契约，他也懂得；他知道他的东西为什么是他的，不是他的东西为什么不是他的；超过这一点，他就不明白了。同他谈到义务和服从的时候，他听不懂你说的是什么意思；你命令他去做事情，他是不理睬你的；可是你对他说："如果你把这件事情做得令我满意的话，我有机会也要做得令你满意的，"他立刻就会想法子做得使你满意，因为，他觉得，能扩大他的活动范围，能从你那里取得不可破坏的权利，是再好不过的事了。也许，他也不会拒绝你让他占一个位置，充一个数，被当作人物看待；但是，如果他有最后这个动机的话，可见他已经是脱离了自然，你没有堵好所有一切虚荣的关口。

从他自己来说，如果他需要帮助的话，他第一个碰到谁，他就不加分别地要求谁帮助，他请求一个国王帮助，同请他的仆人

---

① 习惯之所以能够迷惑人，是因为人天生是懒惰的，如果任性地懒惰的话，懒惰的程度就会增加：我们做我们曾经做过的事情，做起来就比较轻松；路已经被人踏平了，所以走起来也更容易。同样，我们可以说，习惯的势力对老年人和懒惰的人的影响特别大，而对青年和勤奋的人就特别小。按习惯做事，只有对心灵软弱的人才起作用，其结果是使他一天天地衰弱下去。对孩子们来说，唯一有用的习惯是服从理性。其他的一切习惯都是有害的。

帮助是一样的：在他看来，所有的人都是平等的。你从他请求的态度就可以看出，他并不认为你是应该帮助他的；他知道他请求的是你的好意。他也知道人情厚道是会使你给他带来好意的。他说的话很简单明了。他的声音、目光和态度表明，无论别人是满足他的要求或拒绝他的要求，他都是处之泰然的。这种表现，不能说是奴隶似的畏缩或顺从，也不能说是主人似的盛气凌人的样子；这是对同伴的衷心信赖，是一个自由、聪明而体力柔弱的人要求另外一个自由而亲切、强壮的人给他帮助的时候应有的高尚和蔼的态度。如果你答应他的要求，他也不谢你，不过他觉得他是负了一项债。如果你拒绝他，他既不埋怨，也不坚持，他知道这样做是没有用处的；因此，他绝不说："人家拒绝我了。"他将说："这是不可能的。"正如我所说的，只要他看出那是必然的事，他就不会逆着它去做的。

让他一个人自由自在，你一言不发地看他活动，观察他要做些什么和怎样做法。由于他无须表明他是自由的，所以他不会仅仅为了显示一下自己能凭自己的力量活动就鲁鲁莽莽地去干：难道他不知道他始终是自己的主人吗？他机警、灵敏、神采奕奕，他的活动充满了他那个年龄的活力，但是，你看到的那些活动没有一个是漫无目的的。尽管他想做什么就可以做什么，但他绝不做他力所不能及的事情，因为他对他的力量做过试验，所以是有很好的估计的；他的方法始终适合于他的意图，他没有成功的把握就绝不行动。他的眼睛仔细注意地看，因此，他不会看到什么就蠢头蠢脑地去问别人；他要亲自观察，要先弄清楚他想知道什么东西之后，他才发问。如果他遇到什么意外的困难，他烦恼的心情也不像别人那样严重；如果遇到危险，他也不感到害怕。由于他的想象力还处在停滞的状态，同时我们也没有使它活跃起来，所以他只能看到现实存在的情景，只能按危险的真实程度去估计危险，因此他的头脑能够始终保持冷静。自然的需要压在他的身上，他是无法违背的；他一生下来就受到了需要的束缚，现在，他对这种情况已经是习惯了；他在任何时候都是胸有成竹的。

要他工作或要他游戏，在他看来都是一样的；他的游戏就是他的工作，他觉得两者之间是没有差别的。他做一切事情都是兴趣盎然，令人欢笑，而且动作大方，令人一看就感到喜悦；从他所做的事情就可以同时看出他的心理的倾向和知识的范围。当你看着一个眼睛灵活、态度沉着、面貌开朗而带着笑容的漂亮的孩子高高兴兴地做最重要的事情或者专心专意地嬉乐游戏的时候，岂不感到高兴、心里乐洋洋的吗？

你现在要不要对他做一个比较的观察呢？叫他同别的孩子混在一起，他爱怎样做，就让他怎样做。你马上就可以看出哪一个孩子长得真正的好，哪一个孩子长得最接近他们那种年纪的完善境地。在城里的孩子中，没有哪一个孩子的动作比他更敏捷，而他则比他们当中哪一个孩子的身体都长得结实。在乡下的孩子中，他的气力和他们的气力是一样的，但手脚的灵巧则胜过他们。对孩子们所能理解的一切事情，他比他们都更善于判断、推理和预测。说到运动、跑、跳、摇晃东西、抬运重物、估计距离、发明游戏和争夺锦标，我们可以说，连大自然都在听他的命令，因为他知道怎样使一切事物都服从他的意志的指挥。他所受的教育就是为了去领导和管理他的同伴的：他的才能和他的经验，可以代替他的权利和权威。随你给他穿什么衣服和取什么名字都可以，没有什么关系；他到任何地方都可以超群出众，都可以成为他人的领袖：他们都觉得他比他们优秀，所以，他虽不发号施令，他实际上是众人的首领，而他们虽不认为是在服从他，但实际上是在服从他。

他长大为成熟的儿童，他过完了童年的生活，然而他不是牺牲了快乐的时光才达到他这种完满成熟的境地的，恰恰相反，它们是齐头并进的。在获得他那样年纪的理智的同时，也获得了他的体质许可他享有的快乐和自由。如果致命的错误来毁掉我们在他身上所种的希望的花朵，我们也不至于为他的生命和为他的死而哭泣，我们哀伤的心情也不至于因为想到我们曾经使他遭受过痛苦而更加悲切；我们可以对自己说："至低限度，他是享受了他的童年的；我们没有使他丧失大自然赋予他的任何东西。"

这样的儿童教育，实行起来是要遇到许多麻烦的，因为只有眼光深远的人才懂得它的意义，而在一般庸俗的人看来，花这样多心血培养起来的孩子不过是顽皮的儿童。一个教师考虑他自己的利益的时候比考虑他学生的利益的时候多；他所注意的，是怎样证明他没有浪费时间，证明别人给他的薪水他是受之无愧的；他把一套易于表现的本领教给他的学生，随时都可以拿出来夸耀于人；他不管他教学生的东西是不是有用处，只要能显示于人就行了。他要他的学生毫无分别和选择地在脑子里乱七八糟地记住一大堆东西。在考试孩子的时候，老师就叫他把那些货色摆出来。炫耀一番，而大家也就感到满意，此后，他把他的东西收拾起来就走了。至于我的学生，可没有这样富裕；他没有什么可显示的东西，他除他自己以外，没有别的东西可以拿给人家看的。一个小孩或大人都不是一下子就可以看透的。哪里去找一眼就能看出他独特之点的观察家呢？这样的观察家有固然是有的，不过是很少的；在成千上万做父亲的人当中，也许连一个也找不到的。

　　问题问得太多了，谁都要感到厌烦的，尤其是小孩子是更要感到厌烦的。几分钟以后，他们的注意力就分散了，根本就不细心听你那些重三复四的问题，因此只是随随便便地回答罢了。这样的考试方法是迂腐无用的；有时候无意中说出的一句话，往往比长篇大论更能表示他们的心情和思想；不过要注意他那句话是不是别人教他的或偶然碰巧说的。你自己必须要有很深刻的判断能力，才能评价孩子的判断能力。

　　我曾经听到已故的海德爵士说，他的一个朋友在意大利待了三年之后回来，想考一考他那个年纪只有九到十岁的儿子的学业。有一天傍晚，他同老师和孩子一起到一个空旷的地方去散步，那里有一些小学生在放风筝。父亲边走边问他的儿子："风筝的影子在这里，风筝在哪里？"那个孩子连头也不抬一下就立刻回答说："在大路的上空。""不错，"海德爵士说，"大路是在太阳和我们的中间。"那位父亲听见这句话，就吻他的儿子，考完以后，也没有说什么话就走了。第二天，他送给老师一张钱票，在他的薪俸之外还给了他一笔年金。

　　这位父亲是多么贤明！他的儿子是多么有出息①！那个问题正适合于用来问他那样年纪的孩子：他的回答虽然简单，但是你可

———————————

　　①　伯利耳元帅的独生子吉索伯爵。

以从其中看出那个孩子的判断是多么准确！亚里士多德❶的学生❷也是这样驯服那匹任何骑师都无法驾驭的名驹的。

----

❶　亚里士多德(公元前 384—前 322)：古希腊的哲学家。
❷　指马其顿王亚历山大。

第 三 卷

虽然在成长为少年以前生命的全部过程都处在柔弱的时期，但在这幼年期间，也正是他处在体力的增长超过他的需要的时候，所以，这个成长中的人，从绝对的意义说来虽然是很柔弱，但从相对的意义说来，已经是变强了。他的需要还没有全部发展，他现时的体力除满足他所有的需要以外，还绰绰有余。作为成人，他还很柔弱，但作为孩子，他已经是非常的强壮了。

人为什么会显得柔弱呢？那是由于他的体力和他的欲望不平衡。是我们的欲念使我们变得这样柔弱的，因为要满足我们的欲念，所花费的体力，比大自然赋予我们的体力还多得多。所以说，减少我们的欲念，就等于增加我们的体力：体力多于欲念的人，体力有剩余，因此他当然是长得很强健的。现在是到了童年的第三个阶段了，而我目前要阐述的，也就是这个阶段。由于没有适当的表达的词，所以我依然把它叫"童年"，到了这时候的年纪，就接近少年了，不过还没有到春情发动的时期。

在十二三岁的时候，孩子的体力的增长，比他的需要的增长快得多。他还没有感觉到有什么非常强烈和非常之大的需要；他的器官还处在不成熟的状态，好像是要等他的意志去加以强迫，它才脱离那个状态似的。他对空气和季候的伤害满不在乎，根本就不把它们看在眼里;他的体温就代替了他的衣服;他的食欲就是他调味的佐料,凡是能够营养人的东西,在他这个年纪的时候都是好吃的;如果他困倦了,他一躺在地上就睡了;他到处都发现有他需要的东西;他没有任何臆想的需要使他感到烦恼;别人说些什么,对他是不发生影响的;他的欲望不超出他的两手所能够达到的范围;他不仅自己能满足自己的欲望,而且他的体力除了满足欲望的需要以外还有剩余;在他的一生中,只有这个时期他才是处在这样的情况的。

我预料到有人要表示反对的。他们不说孩子们的需要比我所说的需要多,而是否认孩子们有我所说的那种体力;他们不考虑一下,我说的是我的学生,而不是在一个屋子里拿着厚纸做的玩具从这个房间游到另一个房间的活动玩偶。也许有人说,只有到了年富力强的时候才有雄健的精力;只有生命的元气在本体中炼成之后散布于全身,才能使肌肉长得又结实又有弹性,从而产生真正的力量。这是凭空想象的说法;至于我,我是要凭经验来看的。我在乡间看见一些长得高高的孩子,也和他们的父亲一样,能锄地耕田,能搬酒桶和赶大车,如果不从他们的声音听出他们是小孩子的话,你也许还把他们当作大人咧。就说城里吧,有一些年轻的工人、铁匠、刀匠和马掌匠,差不多同他们的师傅是一样的健壮,如果及时给他们以训练的话,其熟练的程度也不比他们的师傅差。如果说有差别的话(我也同意是有差别的),我再说一遍,这个差别,比一个大人的种种强烈的欲念和一个孩子的有限度的欲念之间的差别还是小得多的。何况这里的问题还不单单是指体力,而尤其是指弥补或运用体力的精神能力。

在这个阶段中,个人的体力超过了他的欲望的需要,所以,虽然说这个阶段不是他的绝对的体力达到最大的时期,但是正如我曾经说过的,是他的相对的体力达到最大的时期。这是生命中最珍贵的时期,一生中这样的时期只有一次;这个时期特别短促,尤其是想到怎样善于利用这段时间对他是极关重要的时候,就更觉得它是非常短促了。

那么,他将怎样利用他所有这些在目前看来是过多而将来成长到更大的年岁时就不会是过多的天资和体力呢? 他将在必要的时候尽量把它们用到有益于他本身的事情上;他可以说是把他现在的生命的多余部分投放于将来:强壮的孩子为柔弱的成人准备食粮;不过,他是不会把他的东西放在可能被别人偷走的箱子里,或者放在不属于他自己的仓房里的;为了要真正占有他所取得的东西,就要把它们放在他的手里和头脑里,放在他自己的身体里。所以说现在是到了工作、教育和学习的时期了;请你们注意的是,这并不是我任意选择的,而是大自然指导他这样做的。

人的智慧是有限的;一个人不仅不能知道所有一切的事物,甚至连别人已知的那一点点事物他也不可能完全都知道。既然每一个错误的命题的反对面都是一个真理,所以真理的数目也同谬误的数目一样,是没有穷尽的。因此,我们对施教的内容和适当的学习时间不能不进行选择。在我们所能获得的知识中,有些是假的,有些是没有用的,有些则将助长具有知识的人的骄傲。真正有益于我们幸福的知识,为数是很少的,但是只有这样的知识才值得一个聪明的人去寻求,从而也才值得一个孩子去寻求,因为我们的目的就是要把他培养成那样的聪明的人。总之,问题不在于他学到的是什么样的知识,而在于他所学的知识要有用处。

在这为数很少的知识中,凡是那些必须要具有十分成熟的理解力才能懂得的,凡是那些牵涉到一个孩子不可能理解的人的关系的,以及那些尽管本身是真实的,但将促使一个没有经验的人对其他的问题产生错误想法的,都要通通抛开,不能拿来教育孩子。

这样一来,你就把你要教的东西限制在一个同现时的事物有关的很小的范围了;不过,这个范围,以孩子的思想衡量起来,仍然是一个很广阔的境界。人类的理性的深渊,哪一个胆大的人的手敢来揭开你的面纱?我看见我们那些华而不实的种种学科在这个不幸的孩子周围造成了许多的陷阱!啊,你在这危险的小径上带着他走的人,你这位为他揭开遮在他眼前的自然的神圣的帷幕的人,不要慌忙!你必须首先使他的头脑和你的头脑保持清醒,不让他或你,或者你们两人都感到昏眩。要当心谎言的奇异的魅力,要当心骄傲的迷人的烟雾。要记住,要时时记住,一个人的无知并没有什么坏处,而唯有谬误才是极其有害的;要记住,人之所以走入迷途,并不是由于他的无知,而是由于他自以为知。

他在几何学上的进步可以作为他的智力发展的证明或一定的测量尺度;但是,一到他能辨别哪些东西有用或没有用的时候,那就需要有很好的安排和方法,去引导他进行思考了。例如说,当你要他在两根线的中间找一个比例中项的时候,开头就要设法使他觉得需要找一个同一定的矩形相等的正方形;如果要他找两个比例中项,就首先给他讲一下有趣的立方体的二倍问题,等等。你看,我们就是这样逐步地取得分辨好坏的道德观念的。到现在为止,我们除需要的法则以外,对其他法则都是不知道的;现在我们要谈怎样致用,而且不久还要谈到怎样才用得合宜和用得正确。

同一种本能可以刺激人的不同的官能。当身体的活力极度发达的时候,精神的活力也跟着要受到教育。开始,孩子们只不过是好动,后来就变得好奇;这种好奇心只要有很好的引导,就能成为我们现在所讲的这个年龄的孩子寻求知识的动力。我们始终要区别,哪些倾向是产生于自然,哪些倾向是产生于偏见。有一种求知热的产生,完全是由于想使别人尊敬他为一个学者,而另外一种求知热的产生,则由于人对所有一切在目前或将来同他息息相关的事物有一种自然的好奇心。一方面他生来就有谋求幸福的欲望,而另一方面又不能充分满足这种欲望,因而他不得不继续不断地寻求满足他的欲望的新的方法。这就是好奇心的第一本原,这个本原是自然而然地在人的心中产生的,但它的发展是必然同我们的欲望和知识成比例的。假定有一个科学家带着他的仪器和图书隐居到一个荒凉的岛上,并且决心单独一个人在那里度过他的余年,那他是不会再自找麻烦地去研究什么天体说、引力法则和微积分的,也许他终其一生是一本书也不看的;然而在另一方面,不管那个荒岛是多么大,他都是禁不住自己的游览全岛的欲望,一直到最偏僻的角落也要去看一看的。所以,在儿童时期学习的东西中,还需要抛弃那些不适合于我们天然的兴趣的东西,而且要把学习的范围限制于我们的本能促使我们去寻求的知识。

就人类来说,这样的岛就是地球,而最引人注目的东西则是太阳。当我们一开始远望他处的时候,我们的目光首先看到的就是这个岛和那个太阳。差不多所有一切的野蛮人都思考过地球的想象的区域和太阳的神性。

人们也许会说："变化得多快啊！"我们刚才还只是谈到直接接触和围绕在我们周围的东西，而现在又忽然要去周游地球，要跳到天边去了！这个变化是我们的体力和我们的思想发展的结果。当我们处在身体柔弱和体力不足的时候，我们的注意力都集中于怎样保存我们的生命，而在我们达到年富力强的时候，我们扩展我们生命的欲望不仅使我们超过了上面所说的范围，而且还使我们尽量地瞻望远远的地方；但是，由于我们还没有接触过知识的世界，所以我们的思想就不能超过我们眼睛所能看到的界限，我们的理解能力只能随它所涉猎的范围而发展。

我们要把我们的感觉变成观念，但是不要从感觉的对象一下就跳到思想的对象。我们必须通过前一种对象达到后一种对象。在最初的思想的活动中，完全是以感觉为指导的。以世界为唯一的书本，以事实为唯一的教训。孩子读书并不等于就是在运用思想，他只晓得读书；他不是在受教育，而是在学文句。

使你的学生去观察自然的种种现象，不久以后就可使他变得非常好奇；不过，为了培养他的好奇心，就不能那么急急忙忙地去满足他的好奇心。你提出一些他能理解的问题，让他自己去解答。要做到：他所知道的东西，不是由于你的告诉而是由于他自己的理解。不要教他这样那样的学问，而要由他自己去发现那些学问。你一旦在他心中用权威代替了理智，他就不再运用他的理智了，他将为别人的见解所左右。

你为了教这个孩子学地理，就给他弄来了许多地球仪、天象仪和地图。多么完备啊！为什么要用这些代表实物的东西呢？你开头应当使他先看原物,以便使他至低限度能够知道你给他讲的是些什么!

在一个美丽的黄昏,我们到一个幽静的地方去散步,在那里,开阔的地平线可以让我们看到日落的全景;我们注意地观察了日落之处的景物,以便记得那个地方。第二天,我们为了呼吸新鲜空气,就在日出以前又到那里去。太阳还没有出来,我们就远远地看到了它发出的火光。火光愈来愈大,整个的东方好像都烧起来了似的;火光迸发之后,我们等了很久还是没有看到太阳,每一个瞬间我们都以为它要出来了,到最后我们才终于看到了它。一个明亮的光点像闪电似的出现在眼前,而且立刻充满了整个空间;黑暗的帷幕落下去了。人们又看见了他们居住的地方,发现它们已经变得很美丽了。夜里,绿茵获得了新的活力,黎明照耀着它,初升的阳光给它镀上了金黄的颜色,盖上一个用露珠织成的亮晶晶的网罩,把它的光彩和颜色反映在人们的眼里。鸟儿在一起合唱着歌调,欢迎那一切生命的父亲;在这个时刻,没有哪一只鸟儿是不唱歌的,它们的鸣啭之声虽然微弱,但在一天之中只有这时候的歌声最柔和,流露出从睡梦中恬然醒来的倦意。所有这些情景的交相配合,给我们带来了一种沁透心灵的清新的感觉。在这半个小时当中,没有哪一个人不为之神往;面对着这么壮观和美妙的一种景色,谁也不能无动于衷。

老师的心中热情洋溢,他想把这种感受传达给孩子,他以为使孩子注意那些触动他本人的情感的地方,就可以使孩子受到同样的感动。这完全是愚蠢的想法!自然的景色的生命,是存在于人的心中的,要理解它,就需要对它有所感受。孩子看到了各种景

物,但是他不能看出联系那些景物的关系,他不能理解它们优美的
谐和。要能感受所有这些感觉综合起来的印象,就需要有一种他
迄今还没有取得的经验,就需要有一些他迄今还没有感受过的情
感。如果他从来没有在干燥的原野上跑过,如果他的脚没有被灼
热的沙砾烫过,如果他从来没有受过太阳照射的岩石所反射的闷
人的热气,他怎能领略那美丽的早晨的清新空气呢? 花儿的香、叶
儿的美、露珠的湿润,在草地上软绵绵地行走,所有这些,怎能使他
的感官感到畅快呢? 如果他还没有经历过美妙的爱情和享乐,鸟
儿的歌唱又怎能使他感到陶醉呢? 如果他的想象力还不能给他描
绘那一天的欢乐,他又怎能带着欢乐的心情去观看那极其美丽的
一天的诞生呢? 最后,如果他不知道是谁的手给自然加上了这样
的装饰,他又怎能欣赏自然的情景的美呢?

　　绝不能向一个孩子讲一番他听不懂的话。不要描绘形容,不
要滔滔论辩,不要咬文嚼字,不要吟诵诗句。现在还谈不上感情和
风趣。说话仍旧要那样的简单明了和十分冷静;要采用另外一种
语言的话,的确是太早了。

　　如果按照我们的准则的精神去培养他,使他习惯于制作他所
需要的一切工具,只有在确实知道自己力量不足时才去求助于别
人,那么,他看见每一种新事物的时候,就会一声不响地仔细观察
的。他是好思而不是好疑。因此,你可在适当的时候让他看到一
些事物;此后,当你看见他的好奇心已充分动起来了,就向他提出
几个简明的问题,引导他去解答他心中觉得稀奇的地方。

　　就拿上面所讲的事例来说吧,在你同他一块儿好好地观赏了
太阳的升起之后,在你叫他注意地看了那个方向的山脉和附近的

景物,并且让他随意地谈了一下日出的景致以后,你就沉默一下,好像是在深思似的,然后对他说:"我记得昨天晚上太阳是落在那里的,可是今天早晨却从这里升起来。这是怎么一回事情呢?"不要多说下去了;如果他问你的问题,你也不回答,把话扯到别的事情上去。让他自己去解答,保证他要去思考的。

为了使一个孩子养成事事留心的习惯,为了使他把某一个明显的真理印记在心,就必须让他对那个真理花几天的心思,把它弄个明白。如果他按照这个方式还是不能把上面所讲的日出的事情想出一个所以然来,我们也有办法使这个真理更易于为他所了解,这个办法就是把问题颠倒过来问他。如果他不知道太阳是怎样从落下到升起的,他至少知道它是怎样从升起到落下的;这一点,他单单用眼睛就可以看出来。因此,你就可以用后面这个问题去阐明前面那个问题:除非你的学生是绝对的愚蠢,否则这个推论简直是明显得使他不能不得出一个答案的。这样就给他上了第一课宇宙学了。

由于我们总是慢慢地由一个可以感觉的观念到另一个可以感觉的观念,由于我们对同一个观念要熟习很久之后才转到另一个观念去,最后,由于我们绝不采取强迫学生用功的办法,所以,从这第一课起,还需要经过一段很长的时期之后才能讲到太阳的运行❶和地球的形状;但是,由于天体所有的一切运动现象其原理都是相同的,由于第一次观察可以引导他进行其他的观察,所以,从

---

　❶　显然,卢梭在这里和下一段关于太阳和地球的说法是错误的。太阳是恒星,是地球绕着太阳转,而且它的轨道是椭圆形而不是正圆形。

地球的自转讲到日蚀和月蚀的计算,同好好地讲清白天和黑夜的道理相比,所花费的时间虽然是较多,但所花费的气力就比较少了。

既然太阳是绕着地球转的,它走的路线就是一个圆圈,而一个完整的圆圈就应当有一个中心,这一点,我们是已经知道的。这个中心是看不到的,因为它在地心里;但是,我们可以在地面上画两个同它相应的对立点,画一个连接三点,并且把两端延长的叉形,就可以找到地球和太阳每天运行的轴心。一个圆陀螺在它的陀螺尖上旋转,就好比天在轴上旋转一样,陀螺的两端就等于两级:这样一来,孩子就会感到高兴,因为他可以找到其中的一个极;我在小熊星的尾巴那里把那个极指给他看了。在晚间这样观察天象是很好玩的;我们逐渐地就熟习了那些星星,从而也就开始产生了认识各个行星和观察星座的浓厚兴趣。

我们在仲夏的时候看过日出,我们在圣诞节或一个冬天的晴朗的日子里还要去看日出,正如大家所知道的,我们不是懒人,我们把冒寒受冷看成一种乐趣。我特地选在我们第一次观察天象的地方进行第二次观察,只要把观察的准备工作做得很巧妙,他或我不免要惊诧地叫道:"啊,啊! 这才有趣咧! 太阳不是从原来那个地方升起来的! 我们原来的记号在这里,可是它现在却从那里升起来",等等。"可见有一个是夏天的东方,有一个是冬天的东方……"年轻的老师,你现在是找到了教导的路径了。这些例子足以说明,你采取用地球讲地球、用太阳讲太阳的办法,是可以把天体讲解得非常清楚的。

在一般的情况下,只有在你不可能把一个东西拿给他看的时候,你才能用符号去代替那个东西,因为符号将吸引孩子的注意力,使他忘记那个被代表的东西。

我觉得,浑天仪这个仪器的构造很不好,各部分的大小很不调和。它那些乱七八糟的圆圈和画在上面的图形,使它看起来好像是一本巫师的魔书,因此将使孩子们感到害怕。地球太小,圆圈太大、太多;有些圆圈,例如分至圈,是一点用处也没有的;每一个圆圈都比地球大;由于纸板太厚,所以显得很硬,使人觉得它们是真有其物的一些圆东西;当你告诉孩子说这些圆圈是想象的,他就不知道他所看到的究竟是什么东西,不明白它们到底有什么用处。

我们从来没有设身处地地揣摩过孩子的心理,我们不了解他们的思想,我们拿我们的思想当作他们的思想;而且,由于我们始终是按照自己的理解去教育他们,所以,当我们把一系列的真理告诉他们的时候,也跟着在他们的头脑中灌入了许多荒唐和谬误的东西。

对研究学问究竟是选用分析的方法还是选用综合的方法,人们是有争论的。并不是只能在这两者当中选择其一的。有时候,我们在同样的研究课题中可以进行分析,也可以进行综合,在孩子认为应当采取分析的方法的时候,你就用综合的方法去指导他。这两个方法同时采用,可以起互相验证的作用。从两个对立的地点同时出发,经过不同的路线而相会在一起的时候,必然会使他感到十分惊奇,这样的惊奇之感是非常地令人愉快的。举例来说,我教地理就要从两极教起,讲过了地球的旋转之后,就进而从我们居住的地方开始测量地球的各个部分。当孩子研究天体,把自己的心神荡漾在天空的时候,你就把他带回来研究地球的划分,而且首先把他自己居住的地方讲给他听。

他的地理课上所讲的头两个地点,是他居住的城市和他爸爸的乡间别墅,然后是这两个地点之间的村镇和附近的河流,最后才讲太阳的样子和定方位的方法。这里就是会合点了。叫他自己把所有这些都画成一个地图,非常简单的地图,起先只画两个地方,然后在他知道或估计出其他地方的距离或位置的时候,才渐渐把那些地方加在图上。你现在可以看出,我们教他采取以自己的眼睛作罗盘的方法,就先给他提供了一个多么大的利器。

尽管这样,你当然还是要给他一些指导的,不过是很少的一点指导,要少到使他看不出来。如果他搞错了,就让他搞错,用不着去改正;你静静地等着他自己去发现和更改好了,或者,至多也只能在适当的时候画几下,引导他自己觉察出他的错误来。如果他一直没有出过错的话,他就不会学得那么好了。此外,问题还不在于要他精确地画出那个地方的地形,而在于使他学会画地形的方法;他头脑中是不是记得一些地图,其关系是不大的,只要他能够了解到它们代表什么,而且对画图的艺术有一个明确的观念就行了。在这里已经看得出你的学生的学识和我的学生的无知之间的差别了!你的学生能看地图,而他则能画地图。能画地图,他的房间又将有新的装饰了。

你要始终记住,我所施行的教育,其精神不是要教孩子以很多的东西,而是要让他头脑中获得完全正确的和清楚的观念。即使他一无所知,那也没有关系,只要他未受欺骗就行了;我之所以向他的头脑中灌输真理,只是为了保证他不在心中装填谬误。理智和判断力的发展是很慢的,然而偏见却大量地产生,需要预为防备的正是种种的偏见。但是,如果你从学问的本身来看学问,则你将掉进一个充满暗礁和无边无际深不可测的海洋,而且永远也不能从海中游出来的。当我看见一个热爱知识的人,沉湎于知识的美,学了一门知识又赶快去学另外一门知识,而没有一刻停息,我就认为,我所看到的这个人就好比在海滩上拾贝壳的孩子,起初拾了一些贝壳,可是看到其他的贝壳时,他又想去拾,结果扔掉一些又拾到一些,及至拾了一大堆贝壳不知道选哪一个好的时候,只好通通扔掉,空着手回去。

在幼年时期,时间是很长的,所以我们要尽可能地放弃一些时间,以免把它们用错了。而现在的情况则相反,我们的时间用来做有益的事情还不够哩。你要知道的是,欲望已经快要到来了,当它敲门的时候,你的学生的心就不再注意别的而只是注意于它了。智慧的平静的年岁是那样的短促,它过得那样迅速,它还有许多其他的必要的用途,所以,企图在这段期间把一个孩子培养成一个很有学问的人,实在是一种妄想。因此,问题不在于教他各种学问,而在于培养他有爱好学问的兴趣,而且在这种兴趣充分增长起来的时候,教他以研究学问的方法。毫无疑问,这是所有一切良好的教育的一个基本原则。

在这段期间,也正好使他慢慢养成持久地注意同一个事物的习惯;不过,这种注意力的产生,不是由于我们的勉强,而是由于他有那种兴趣或欲望;应当特别注意的是,不要因此就加重了他的负担,以致使他感到厌倦。所以要时时注意,不管怎样,在他快要困倦的时候,什么事情都要停下来;因为重要的不是要他学多少东西,而是不要使他做任何违反他的意志的事情。

倘使他自行向你提出一些问题，你就看怎样能引起他的好奇心就怎样回答，而不要去考虑如何满足他的好奇心；特别是当你发现他不是为求知而发问，而是胡说八道地问你一大堆没头没脑的问题时，你就应该马上停止回答，因为这时他在心中所想的不是你们所讨论的事情，而只是怎样用许多的问题来找你的麻烦。需要注意的，不是他所说的话，而是促使他说话的动机。我这句忠言，在此以前并不是一定要你们非采纳不可的，但是，一到孩子能开始运用理智的时候，就看出了它有头等重要的意义，因此不能不提请你们注意了。

在普遍的真理中有一条锁链，通过这条锁链，所有一切的学科都跟共同的原理联系起来，一个接着一个地发展；这条锁链就是哲学家的方法。不过，我们在这里用的不是这种方法。还有另外一种完全不同的方法，通过这个方法，每一个特殊的事物将联系到另外一个特殊的事物，而且指出跟在它后面的事物是什么样子。这个次序可以不断地刺激人的好奇心，使人对每一个事物都加以注意，所以，不仅大多数成人要按这个次序观察事物，小孩子则尤其要按这个次序观察事物。当我们定好方向画地图的时候，就需要画出子午线。在早晨和晚上的两个相等的投影之间有两个交叉点，可以作为一个十三岁的天文学家的一条很好的子午线。但是，这种子午线是要消失的，需要花一些时间才能把它们画出来，而且还非在同一个地方画它们不可；像这样花心思和挺麻烦的工作终归要使他感到厌倦。这一点，我们早已料到，有了准备。

现在，我又要在这里详细地谈一件事情了。读者诸君，我已经听见你们在嘟嘟哝哝地发牢骚，我是不怕听你们这些牢骚话的，我绝不能因为你们不耐烦,就把本书中最有用的部分略而不讲。听不听我详细长谈,请随你们的便;至于我,我是决心不顾你们的牢骚要继续讲下去的。

很久以来,我的学生和我都发现琥珀、玻璃和蜡这些物体经过摩擦之后,就能把干草吸起来,而其他的物体则不能。有一次,我们偶尔发现有一种物体的性质比它们还稀奇:它不经过摩擦也能把隔得相当远的铁屑和铁片吸起来。我们花了许多时间来观赏这种物体的性质,但是看不出一个所以然来! 最后,我们发现这种性质竟传到了铁的本身,使铁在一定的方向中磁化了。有一天,我们到市集上去①,看见一个玩戏法的人用一块面包去逗引一个在一盆水上游动的蜡制的鸭子。我们大为惊异,可是并没有把我们惊异的心情说出来,我们并没有说那个人是一个巫师,因为我们还不知道什么叫巫师。我们虽然是继续不断地看到这些我们不知其原因的现象而感到惊异,但我们并不急于想研究它们究竟是怎样一回事情;我们安然处在我们的无知的状态,要等到有机会的时候才把它们弄个一清二楚。

回到家里的时候,由于谈起市集上的那只鸭子,我们就想照着它做一个。我们拿一根完全磁化了的针,外面包以白蜡,尽量做成一个鸭子的样子,再使针穿过鸭身,针尖做鸭子的嘴。我们把鸭子

---

①　当我看见福尔梅先生对这段小故事提出的尖刻的评论时,我禁不住笑了起来。"这个玩戏法的,"福尔梅先生说道,"竟以同一个孩子竞争为荣,而且还板着面孔教训他的老师,这样的人,正是爱弥儿这样的孩子的世界中的一个人物。"这位精明的福尔梅先生不可能想到这一幕小小的戏是事先安排的,那个玩戏法的人是我们叫他担任这个角色的;这一点我是不能讲出来的。但是,我曾经再三地说过,我这本书不是为那些事事都要我加以说明的人而写的。

放在水上,我们用一个钥匙环去接近它的嘴,这时候,你们可以想象得到我们是多么快乐。我们发现我们的鸭子跟着钥匙游动,完全同市集上看到的跟着面包游动的鸭子是一样的。我们还注意到,我们让鸭子在水上静止不动的时候是朝着哪个方向的,以便下次再那样做。现在,我们把心全都放在这件事情上,再也不想做其他的事情了。

当天傍晚,我们又到市集上去,并且在衣袋里放了一个特制的面包;那个演戏法的人演过之后,我的这位小博士简直沉不住气了,他对那个演戏法的人说,这个戏法并不难,说他自己也会演。他说了就做:他立刻从衣袋里拿出那个藏有铁块的面包,他向着桌子走过去的时候,他心里扑扑地直跳,他的手一边颤抖,一边把面包拿过去,鸭子游过来,跟着他所带的路线游来游去;这时候,孩子高兴得大跳大叫起来。一听到观众的鼓掌喝彩,他简直乐得晕头转向,忘乎其形了。那个玩戏法的人虽然感到很窘,但仍然走过去拥抱他,祝贺他,并且请他第二天也光临表演,还说他将招来更多的观众给他表演的技巧捧场。我们这位骄傲的小科学家正想说话的时候,我马上封住他的嘴,带着他满载荣誉而归。

这个孩子带着一种可笑的焦急心情在那里一分钟一分钟地一直计算到第二天。他把他遇见的人都邀请去了,他希望整个的人类都来做他的光荣的见证;他不愿意等到规定的钟点才表演,他要把时间提前,因为人们像潮水似地赶来,大厅里已经是坐满了人。在走进大厅的时候,他幼稚的心乐得几乎跳出来了。有一些魔术是排在前面演的,那个演戏法的人拿出他平时没有显过的本领,表演了一些惊人的节目。这个孩子对那些节目瞧也不瞧;他着急,他冒汗,他呼吸也感到急促;他把手放在衣袋里弄他那块面包,一只手急得发抖。他表演的时刻终于到来了,那个魔术师很隆重地向观众报告了他的节目。他羞答答地走过去,他把面包拿出来……。人间的事情真是多变啊! 那个鸭子昨天还是很听话的,而今天却变得如此不驯了;它不但不把嘴伸过来,反而掉转尾巴就逃跑了;它昨天是怎样唯恐不及地跟着面包游动,今天也怎样唯恐不及地躲避面包和把面包拿到它嘴前的手。无数次的试验都宣告失败,观众嘘叫不已;这时候,孩子抱怨说大家在骗他,说原来那只鸭子已经被人掉换了,最后还要那个玩戏法的人也拿现在这只鸭子照样地表演。

那个玩戏法的人一句话也没有回答,拿着一块面包就向鸭子送去;那只鸭子立刻过来,游到那只拿面包的手的跟前。孩子又把他那块面包拿去逗鸭子,但是,不仅没有比先前做得成功,他看见鸭子反而同他开起玩笑来了,它绕着盆子直打转,弄得他只好狼狈不堪地走开,不敢再听观众的嘘叫了。

这时候,那个玩戏法的人把我们这个孩子带来的面包拿在手中,而且同用他自己的面包一样地表演得非常成功;他当众把面包里的磁铁取出来,又引起大家对我们一阵嘲笑;他用这块空心面包也照样能带领鸭子游水。他还把另外一个面包当众交给一个第三者掰开以后,用来表演这个戏法;他用他的手套表演,用他的手指头表演,都同样地成功;最后,他走到大厅的中央,用他们那个行业的人惯有的声调向观众大声宣布说,他的鸭子不仅听他的手势的指挥,而且还能听他的声音的指挥;他向它说话,它马上就服从;他叫它向右,它就向右;他叫它回来,它就回来;他叫它转弯,它就转弯；总之，命令一下，它立刻就照命令行动。观众一再鼓掌欢呼的声音，对我们来说就是一再的羞辱。我们悄悄地溜走了，我们关在屋子里，没有照我们原来的计划到处去讲述我们的成功。

第二天，听见有人在敲我们的门；我把门打开一看，原来是那个玩戏法的。他用谦和的语气诉说他对我们的行为的不满。他对我们做了些什么事情，竟使我们去拆穿他的戏法和剥夺他谋生的手段呢？在玩鸭子游水这个戏法上，干嘛要为了争一点荣誉就牺牲一个诚实的人的衣食呢？"老实说，先生们，要是我有其他的谋生的本领，我也不会以我有这点本事为荣的。你们要知道，玩这种小戏法玩了一生的人，对这个戏法当然是比你们只花了一会儿研究工夫的人知道得更清楚的。我之所以在起初没有表演我的拿手好戏，是因为一个人不应该那样傻头傻脑地把他所知道的全部东西一下都亮出来。我要把我的看家本领留下来应付急需，除了这个戏法以外，我还有其他的戏法可以用来防止那些幼稚的鲁莽的人来拆我的台。先生们，我现在是好心好意来把这个曾经使你们如此狼狈的戏法的秘密教给你们，但请你们不要随便乱玩这个戏法，以免对我有所损害，并且请你们在以后的场合做事务必要谨慎一点儿。"

说完以后，他就把他演戏法的用具拿出来，我们一看就惊奇得不得了：原来是一个上好的磁石做的，另外在桌子下面藏着一个小孩，由他拿着磁石活动，所以观众看不出来。

那个人把他的用具收拾起来，我们对他表示了我们的感谢和歉意之后，想送他一件礼物，他拒绝了。"不，先生们，我不能让自己因为收了你们的礼物就要感谢你们；我要让你们来感谢我，尽管你们是不愿意的；这是我唯一的报复。要知道，各种行业的人都有他慷慨豪爽的地方；我以表演戏法挣钱，而不是以教授戏法挣钱。"

在出门的时候，他径直叫着我的名字高声责备我，他说："我可以原谅这个孩子，他的过失是出于无知。可是你，先生，你明知他做得不对，为什么还让他去做呢？既然你们是在一块儿生活，作为一个年长的人应当关心他和教导他；你的经验就是你的威信，可以用来指导他。当他长成大人，回想到年轻时候的错误而感到悔恨时，他无疑是要把他犯错误的原因归诸你没有事先告诉他的。"①

他走了，留下我们两个人都狼狈不堪。我责备我管得太松了，我答应孩子下次为了他的利益绝不再那样松懈，并且要在他未犯错误以前就告诉他哪些是不应该做的；因为，我们的关系即将改变的时刻就要到来，那时候，就要用老师的严格来代替同伴的殷勤了；这种改变应当是逐步逐步地进行的，事先要有充分的准备，老早就要做充分的准备。

第二天，我们又到集市上去看我们已经知道其秘密的戏法。我们带着深深的敬意走近我们那位苏格拉底❶式的魔术家，我们几乎不敢抬起眼睛来望他；他对我们非常客气，并且把我们安坐在一个很显著的地方，然而这个位置反使我们更加感到羞怯。他照平常那样演他的戏法，但在表演鸭子游水这个戏法的时候，他却演得特别起劲，时间也演得特别长，而且还屡屡带着骄傲的神气看我

---

①　我要不要提出某个读者竟愚蠢到觉察不出这一番责备的话是老师逐句口授给那个人转说出来的呢？是不是有人认为我自己也是够愚蠢的，所以很自然地把这一番话叫一个玩戏法的人来说呢？我认为，能够叫一些人按照他们那种职业的神情说话，也可以证明我至少是有中等才能的。请参见下一段的结尾。除了福尔梅先生以外，在其他的人看来，岂不是把什么话都说明了吗？

❶　苏格拉底（公元前 470—前 399）：古希腊哲学家。

们。我们一切都明白,可是我们没有吭声。如果我的学生竟敢开口的话,那他真是蠢得要命了。

这个例子所有的一切细节,都有你们想象不到的重要意义。仅仅在一个例子中就包括有这样多的教训！虚荣心的第一次冲动就招来了这样多的严重后果！年轻的老师,你要十分细心地窥察这第一次的冲动。如果你能利用它去遭到一些羞辱和不幸①,我敢说,在一个很长的时期中将不会再遭到这种丧失体面的事情的。"真是小题大做!"你也许会这样说。你说得不错,但在我们看来,这个例子的一切经过就可以作为代替子午线使用的指南针。

在知道磁石可以透过其他物体发生作用以后,我们就急忙一模一样地做一个我们所看到的那种道具:一张空心桌子,上面安装一个很平坦的盆子,盆里盛一些水,此外,再细心地制作一只鸭子,等等。我们经常在盆子周围留心观察,我们最后发现鸭子在静止的时候差不多都是朝着同一个方向的。我们根据这个经验去研究那个方向,我们发现它是由南而北的。有了这个发现就够了,我们找到了我们的指南针,或者说我们找到了同指南针相等的东西了,现在我们要开始研究物理了。

地球上有好几种地带,各个地带的温度都是不相同的。我们愈接近极地,就愈觉得季候的变化非常显著;所有的物体都是冷则收缩、热则膨胀,这个效果在液体中是比较大的,而在酒精中就更

---

① 可见这次遭到的羞辱是我而不是那个玩戏法的人设法造成的。既然福尔梅先生想在我活着的时候占有我的著作,而且在发表的时候竟干脆去掉我的名字而印上他的名字,那么,他至低限度应该花一番心思——我的意思不是说叫他花心思写这本书,而是说他应该花心思看一看这本书。

加明显了，根据这一点就制出了温度计。风吹拂我们的脸，因此风也是一种物体、一种流体；我们可以感觉它，虽然我们没有任何办法看见它。把一只玻璃杯倒立地插入水中，除非你给其中的空气放条出路，否则水是进不去的，可见空气是有阻力的。再把杯子往水里多按下去一些，水就可以进入空气的空间，但是它不能完全填满那个空间，可见空气是可以压缩到一定的程度的。一个皮球装着压缩空气时，比装着其他任何物质都跳得高，可见空气是一种有弹性的物体。当你洗澡的时候躺着身子，把胳臂平直地伸出水中，你就会觉得胳臂上承受了很大的重量；可见空气是有重量的物体。当你使空气同其他的流体处于平衡的时候，你就可以计算它的重量。根据这些现象，就可以制出气压表、虹吸管、气枪和唧筒。所有一切静力学法则和流体静力学法则都是根据一些粗浅的经验而发现的。不过，我们并不是为了制作以上那些仪器而走进物理实验室的，所有那些仪表和设备都引不起我的兴趣。科学的气氛将摧毁科学。因为，不是孩子对那些仪器感到畏惧，就是那些仪器将分散他对它们的效果的注意力。

我希望，由我们自己来制造我们所需要的一切仪器，然而我并不打算在没有经验以前就开始制作我们需要的仪器；我只是在偶尔有了一个经验以后，才慢慢地发明一个仪器去加以证明。我宁可让我们的仪器并不是做得那样的完善和那样的准确，但是我希望我们对它们大概的样子和它们的用法获得十分明确的观念。我的第一课静力学并不是借助于天平来讲解的，而是把一根棍子和椅子的靠背交叉地放着，在放平稳以后就量一量两端的长度，并且在这一端和另一端都加上一些重量，有时相等，有时则不相等，因此就需要斟酌情况把棍子往后面拉一点或往前面推一点,最后,我发现,要取得平衡,就需要使重量同杠杆的长度成反比。这样一来,我的这位小物理学家在没有见过天平以前就懂得怎样校正天平了。

毫无疑问,一个人亲自这样取得的对事物的观念,当然是比从他人学来的观念清楚得多的;而且,除了不使他自己的理智养成迷信权威的习惯之外,还能够使自己更善于发现事物的关系,融会自己的思想和创制仪器,不至于别人说什么就相信什么,因而在不动心思的状态中使自己的智力变得十分低弱。自己不用心思,好似一个人天天有仆役替他穿衣穿鞋,出门就骑马,最终是要使他的四肢丧失它们的力量和用途的。布瓦洛❶夸他曾经教拉辛❷做诗的时候如何下苦功。而我们在许多加速科学研究的好方法中,最迫切需要的方法正是:在科学研究中怎样才能多下苦功。

像这样缓慢而费力气的研究,其最显著的益处是,在运用心思研究的同时,他使身体继续活动,四肢柔和,使两手不断劳动,到长大的时候可以运用自如。由于发明了那样多的仪器帮助我们进行试验,使我们的感官达到更精确的程度,因此就使我们不再重视感官的锻炼了。有了经纬仪,就用不着我们去估计角度的大小了;我们的眼睛本来是可以很精确地测量距离的,然而现在却用测链去代替它测量了;有了提秤,我们就无须像从前那样

---

❶　布瓦洛(1636—1711):法国诗人和文学评论家。

❷　拉辛(1639—1699):法国诗人和剧作家。

用手去估计重量了。我们的仪器愈精巧,我们的感官就变得愈粗笨:由于我们周围有一大堆机器,我们就不再拿我们自己当机器使用了。

我们原来是以技巧代替机器的,而现在却用技巧来制造机器了;我们原来是不凭借机器而凭借我们眼明手快的才能的,而现在也使用这种才能来制造机器了;当我们这样做的时候,我们是有所得而无所失的,我们使自然又多了一门艺术,使我们变得更加灵巧,但是我们也并不因此而操作不熟练。如果不叫孩子去啃书本,而是叫他在工场干活,则他的手就会帮助他的心灵得到发展:他将变成一个哲学家,虽然他认为他只是一个工人。此外,这种锻炼还有我在后面将要谈到的其他好处,你们可以看到怎样利用哲学的游戏去培养真正的成人的机能。

我曾经说过,纯理论的知识是不大适合于孩子的,即使孩子在接近于长成少年的时候,对他也是不大适合的:不必叫他去深入钻研理论物理学,而要使他们用某种演绎的方法把他们的经验一个一个地联系起来,以便凭这个锁链把它们井然有序地记在心里,可以在必要的时候回忆得起来;因为,当我们没有回忆的线索的时候,是很难把孤立的事实和论据长久地记在心里的。

在探索自然的法则的时候,始终要从最普遍和最显著的现象开始探起,要常常教导你的学生不要把那些现象当作原因,而要当作事实。我拿起一块石头,假装要把它放在空中,可是我一松手,石头就掉下去了。我看见爱弥儿很注意我的动作,于是我问他:"这块石头为什么掉下去了呢?"

有没有哪一个孩子会瞠目结舌地答不出来呢？没有，就说爱弥儿吧，除非我想方设法地使他不知道怎样回答，他也不会说他答不出来。大家都会说，石头之所以往下掉，是因为它很重。重是怎么一回事呢？它要往下掉。这么说，石头之所以往下掉，是因为它要往下掉了？问到这里，我的这位小物理学家就被难住了。这样就给他上了第一课理论物理了，不管这一课对他有没有益处，它总是一个应当知道的常识。

随着孩子的智力愈来愈发展，有一些重要的问题使我们不能不对他所学的东西进行更多的选择。一到他能自行考虑怎样才能获得他自己的幸福的时候，一到他能理解一些重大的关系，从而能判断哪些东西对他是适合或不适合的时候，他就有区分工作和游戏的能力了，他就会把后者看作是前者的消遣了。这时候，就可以拿一些真正有用的东西给他去研究，就应当要求他不仅要像做简单的游戏那样用心，而且还要持之以恒。需要的法则总是反复出现的，它很早就教导人做他不喜欢的事，以防止他可能遇到对他十分不利的恶事。这就是远见的用处；这种远见运用得好，就能使人变得非常明智，如果运用得不好，就能使人受到种种苦难。

所有的人都希望得到幸福，但为了要取得幸福，就必须首先知道什么是幸福。自然人的幸福是同他的生活一样简单的；幸福就是免于痛苦，也就是说，它是由健康、自由和生活的必需条件组成的。道德人的幸福则是另外一回事情；不过，我们在这里要阐述的不是道德人的幸福。我再三再四地说过，只有有形的物质的东西才能引起孩子们的兴趣，尤其是对那些尚未沾染过我们的虚荣，尚未受过我们的偏见的毒害的孩子来说，更是如此。

虽然他们还没有觉察到但已经预料到他们有什么需要的时候，他们的智慧就已经是大有进步了，他们已开始知道时间的价值了。因此，重要的是，要使他们惯于把时间花在有用的事物上，不过是按他们那样的年龄看来和以他们的智慧理解起来是有用的事物。所有一切有关道德秩序和社会习惯的东西，都不应该告诉他们，因为他们还没有理解这些东西的能力。愚蠢的是，我们硬要他们把注意力用在人们泛泛地告诉他们说是有益于他们的幸福的事物上，然而那种幸福是什么样子，他们是不知道的；人们还告诉他们说，他们长大的时候可以从那些事物中得到益处，然而目前他们对这种所谓的益处是毫无兴趣的，因为他们对它根本就不理解。

不能让孩子照别人的话做，除了他自己觉得对他是有益处的事物以外，其他的一切事物对他都是没有益处的。当你经常要他去做非他的智力所能理解的事情时，你认为是在未雨绸缪，其实你是没有懂得未雨绸缪的意义的。你为了拿一些他也许永远也用不着的徒有外表的工具去装备他，你就不让他使用人类的万能工具——常识；你使他习惯于听从人家的指挥，成为人家手中的工具。你希望他小时候是非常的柔顺，这就等于要他在长大的时候成为易受欺骗的老憨。你不断地对他说："我要你做的所有一切事情，都是对你有利的，可是你不明白这一点。我的话，你照不照着做，同我有什么关系呢？你所做的这些事情，也只是对你一个人有好处。"你认为向他说这一番好听的话，就可以使他变得很聪明，其实你是在替空谈家，在替骗子、恶棍和各种各样的狂人打开大门，好让他们有一天也用这种好听的话引他上他们的圈套或者跟着他们胡作非为。

重要的是，一个大人对孩子不知其用途的种种事物应当有深深的了解，但是，所有一切大人应当了解的事物，一个小孩子是不是也需要了解和能够了解呢？如果你尽量教孩子学习在他那个年龄看来是有用的事物，你就发现，他的时间是充分利用了的。你为什么硬要他牺牲适合于他今天学习的东西，而去学习他未必能够长成到那样大的年龄的人才适合于学习的东西呢？你也许会说："等到他需用的时候，哪里还来得及学呢？"来不来得及学，我是不知道的，不过，就我所知，要提早学习是不可能的，因为，我们真正的老师是经验和感觉，一个人只有根据他所处的关系才能清楚地觉察哪些东西是适合于他的。一个小孩子是知道他要变为成人的；他对成人的状况可能具有的种种观念，对他来说，就是教育的理由；但是，他对这种状况不能理解的地方，就绝不应该让他知道。我这本书全是继续不断地在证明这个教育原理。

当我们一有机会使我们的学生知道"有用的"这个词的意思以后，我们就多了一个管理他的诀窍；因为，只要他觉得这个词对他那样年龄的人来说有它的意义，只要他能清楚地看到它对他当前的利益的关系，他对这个词就会获得深刻的印象。你的学生对这个词是不可能有什么印象的，因为你没有设法按他们的理解使他们对它有一个观念，因为其他的人常常在供给他们有用的东西，所以他们就无须自己去考虑，他们就不懂得什么叫效用了。

"这有什么用处？"这句话从此以后就有了它的神圣的意思，它将决定他和我之间的我们生活中的一切行动：当他问我一些问题的时候，我就准定要用这个问题来问他；如果他不是为了求知而是为了对他周围的人行使某种权威，因而没头没脑地不断拿一些问题来纠缠他们的话，就可以把这个问题作为一个缰绳勒住他的嘴，使他不再问那些莫名其妙的问题。一个孩子，如果我们特别着重地教育过他，除了有用的东西以外，其他一切都不学习，那么，他问起问题来就会像苏格拉底似的；他自己没有找到一个理由，他是不会问你的，因为他知道，你在解答他的问题以前，一定要他说一说他问那个问题的道理。

你看，我已经把多么有力的一个工具交给你去控制你的学生了。由于他找不到什么理由，所以你高兴在什么时候就可以在什么时候把他制伏得不敢吭声，而你则恰恰相反，你可以大大地利用你的知识和经验，向他指出所有你告诉他的事物的用处！因为，你要知道，你向他提出这个问题，也就是在教他反过来向你提出这个问题；你应当估计到，在你以后要他做什么事情的时候，他一定要照你的样子问："那有什么用处呢？"

这也许是一个老师很难应付的难题。就孩子所问的问题来说，如果你只想摆脱自己的困难，那你只需给他讲一个他不能理解的理由就够了；当他看见你是按照你的观念而不是按照他的观念解释的时候，他就会认为你向他说的话，适用于你那样年龄的人而不适用于他那样年龄的人；他以后就再也不相信你的话了，这样一来，一切都完了。哪一个老师愿意马上把话停下来对他的学生承认他的错处呢？所有的老师对自己的错误都是一概不承认的；而我则要订下这样一条规则，即：当我不能够使他明白我讲的理由时，即使我没有什么错误，我也要说我错了：由于我的行为在他看来始终是很坦率的，所以不至于使他对我产生任何怀疑；我承认错误，远比那些掩盖错误的人更能保持我的威信。

首先，你要记住的是，不能由你告诉他应当学习什么东西，而要由他自己希望学什么东西和研究什么东西；而你呢，则设法使他了解那些东西，巧妙地使他产生学习的愿望，向他提供满足他的愿望的办法。由此可见，你问他的问题不应当太多，而应当经过慎重的选择；由于他向你提出的问题比你向他提出的问题多得多，所以你被他问着的时候总是比较少的，而更多的时候是你问他："你问这个有什么用呢？"

此外，只要他能善于理解和善于利用他所学的东西，则他究竟是学这还是学那，都是没有什么关系的，如果你不能对他提出的问题给他一个良好的解释，你就一句话也不回答他。你干脆地对他说："我还不能很好地回答你，是我搞错了，那就算了吧。"如果你教他的东西实在是不适当的，你把它完全抛弃，也没有什么坏处；如果是适当的，那你就稍稍留一点心，赶快找一个机会使它对他产生显著的用处。

我是一点也不喜欢长篇大论地口头解释的，年轻的人是根本不用心听这种解释的，而且也是记不住的。用实际的事物！用实际的事物！我要不厌其烦地再三指出，我们过多地把力量用在说话上了，我们这种唠唠叨叨、废话连篇的教育，必然会培养出一些唠唠叨叨、废话连篇的人。

现在假定，当我和我的学生正在研究太阳的运行和定方位的方法时，他突然打断我的话问我研究这些有什么用处。我可以向他发表一篇多么好听的讲话啊！我可以趁此机会在回答问题的时候给他讲多么多的东西，尤其是有人在场听我们讲话的时候，我更应该怎样向他大讲而特讲啊①！我将给他谈到旅行的好处、商业的利益、各地的特产、不同的民族的风俗、历法的用途、农业的季节的推算、航行的艺术以及在海上自己不知道究竟在什么地方的时候，怎样寻找方向和准确地按照自己的路线前进。我还要讲到政治学、博物学、天文学，还要讲到人的道德和权利，以便使我的学生对所有这些学问有一个大体的概念和学习的巨大愿望。当我把话都讲完了的时候，我固然是像一个道地的冬烘先生那样显示了我的学问，然而他，也许是连一个概念也没有听懂。他可能会像以往一样巴不得问一问我定方位有什么用处，可是他不敢，因为他怕我发脾气。他觉得最好还是假装听懂了我强给他讲的东西。华而不实的教育就是这样做法的。

但是我们的爱弥儿是用比较质朴的方式培养起来的，我们已经费了很多力气使他养成了一种扎实的构思方法了，所以他是不听我这一套的。只要头一句话他听不懂，他就溜了，他在房间里东玩西玩，让我一个人在那里滔滔不绝地讲我的。我们要找一个更简单的答案来回答他；我这套高深的学问对他是不适用的。

我们在观察蒙莫朗西镇北的森林的位置时，他突然问我："这有什么用处？""你问得对，"我对他说道，"有工夫的时候再想一想，

---

①　我常常注意到，当老师旁征博引地给孩子上课的时候，他的目的并不是讲给孩子们听，而是讲给在场的大人听的。我是有很大的把握才说这番话的，因为我发现我自己就是这样做的。

如果发现这件事情没有用处的话，我们就不继续搞下去了，因为我们并不是没有其他好玩的事可干的。"于是我们就开始做别的事情，这一天，我们就不再讲地理了。

第二天早晨，我约他在午饭以前去散一会儿步，他高兴极了；一说起出去跑一跑，孩子们总是挺喜欢的，何况这个孩子的腿又很有劲咧。我们进入森林，跑遍了林间的各个地方，我们迷失了方向，我们也不知道走到什么地方了；等到要回去的时候，我们找不到路了。时间过去了，天气热起来了，我们的肚子也饿了；我们赶快走，从这边瞎跑到那边，我们到处见到的都是树林、丛林和旷野，哪里都找不到认路的标志。我们简直热极了，累极了，饿极了，我们愈跑愈迷失路径。最后，我们只好坐下来歇一会儿，以便好好地研究一下。现在假定，爱弥儿所受的教育和其他孩子一样，所以他不会研究，他开始哭起来了；他不知道我们已经走到蒙莫朗西镇的镇口，只不过有一个小小的树丛把它挡着，我们看不见就是了；可是，这个树丛对他来说就是森林，像他那样身材的人，即使是一片矮矮的丛林，也会把他埋起来的。

沉默了一会儿以后，我带着不安的神气对他说："亲爱的爱弥儿，我们从这里怎样才走得出去呢？"

爱弥儿（满身大汗，哭得热腾腾的眼泪直流）：我不知道。我累极了；我肚子饿了，口也渴了；我再也跑不动了。

让·雅克：你以为我比你好一点吗？你想一想，如果我能够拿眼泪当面包吃，我还有不哭的？现在不是哭的时候，现在要赶快找出一条路径。看一看你的表，几点钟了？

爱弥儿：十二点，我还没有吃过东西哩。

让·雅克：不错,已经十二点了,我还没有吃过东西哩。

爱弥儿：啊！你一定很饿啦！

让·雅克：糟糕的是,没有人把午餐给我们送到这里来。现在是十二点;这正好是我们昨天从蒙莫朗西镇观察这个森林的位置的时候。我们是不是也可以从这个森林找一下蒙莫朗西镇的位置呢?……

爱弥儿：可以;不过,我们昨天是看得见森林的,而现在从这里是看不见蒙莫朗西镇的。

让·雅克：糟就糟在这里……如果我们看不见它也能找到它的位置就好了!……

爱弥儿：啊,我的朋友!

让·雅克：我们不是说过森林是……

爱弥儿：在蒙莫朗西镇的北边。

让·雅克：可见蒙莫朗西镇应该在……

爱弥儿：森林的南边。

让·雅克：我们有一个在中午找到北方的办法。

爱弥儿：不错,看阴影的方向。

让·雅克：可是南方呢?

爱弥儿：怎么办?

让·雅克：南方和北方是相反的。

爱弥儿：是了,只要找到阴影的反对方向就行了。啊！这边是南！这边是南！蒙莫朗西镇准是在这边,我们朝这个方向去找。

让·雅克：你也许说得对,现在就从这条小路穿过树丛去吧。

爱弥儿(拍手,高兴得叫起来)：啊！我看见蒙莫朗西了！就在我们的前面,看得清清楚楚的,回家吃午饭,回家吃午饭,快跑,天文学有时候也真有点用处呀!

你要知道,即使他没有说最后这句话,他也会在心中想这句话的;没有关系,只要我不说这句话就行了。你要相信,他是一辈子也不会忘记今天这个教训的;相反地,如果我只是在房间里给他讲这些东西,他第二天就会把我的话忘得干干净净的。能够做多少,才说多少,不能做的事,就不要说。

读者不要以为我是那样的看不起他,所以每教一门功课都要给他做一个示范;但是,无论教什么东西,我都不能不特别强调老师必须按照学生的能力举他的例子,因为,我再说一次,糟糕的不是他不懂,而是他以为他已经懂了。

我记得,由于我想使一个孩子对化学发生兴趣,把几种金属的沉淀给他看了以后,我就向他讲解墨水是怎样做的。我告诉他说,墨水的黑色,完全是由矾类中分离出来的很细的铁粉经过碱性的溶液沉淀之后产生的。正当我做这种高深的解释的时候,这个小家伙突然拿我教他的那个问题来问我,于是当场把我弄得十分难堪。

稍微思索了一下之后,我想出了一个办法;我派人到主人的地窖中去取了一点酒,另外又到一家酒铺去买了八分钱的酒。我在一个小长颈瓶里装了一点不挥发的碱溶液,然后,把两个装着两种不同的酒的玻璃杯放在我的面前①,我对他这样说:

————————————

① 在每一次向孩子讲解的时候,先拿出一个小小的仪器,可以使他更加用心地听。

有人用掺假的办法使一些食品显得比它们原来的样子更加好看。这种掺假的办法虽可以使你的眼睛和舌头发觉不出来,然而是有害的;况且这种掺假的东西,样子虽然好看,但实际上比它们以前的质量还差。

特别是饮料容易掺假,尤其是酒,更是容易掺假,因为在这些东西中掺假最难于辨认,而且也最有利可图。

绿色的酒,即酸酒,是用氧化铅掺假的,而氧化铅是用铅做的。铅和酸一化合就成了一种很甜的盐,改变了酒的酸味,但是也毒害了饮酒的人。因此,在饮用可疑的酒以前,应当弄清楚它是不是掺有氧化铅。现在请听我讲发现掺假的方法。

正如你从酒精做的白干酒中看见过的,酒里不仅含有易燃的酒精,而且还含有酸类,这一点,你从酒制的醋和酒石酸中就可以看出来。

酸类对金属有一种亲和力,它通过溶解可以和金属化合成盐,例如铁锈,就是铁被空气或水中所含的酸所溶解而成的;又如铜绿,就是铜被醋酸溶解而成的。

但是,酸类对碱性物质的亲和力比对金属的亲和力大,所以,把碱性的东西放在我刚才所讲的合成盐中,酸就不能不把它所化合的金属游离出来,以便自己同碱性的东西相结合。

金属脱离了溶化它的酸类以后,就沉淀下去,从而使酒失去了光泽。

所以,在这两种酒中,如果向一种酒里掺入氧化铅,则酒中的酸将把氧化铅溶解在酒里。只要我倒下一点碱性溶液,则它将强迫酒中的酸放出氧化铅,以便同它相化合;铅一脱离了酸的溶解,就显现出来，把酒弄得很混浊，最后便沉淀在杯底上。

如果酒里没有铅①，也没有任何其他的金属，则碱性的物质就缓缓地②同酸相化合，溶在酒里，不会产生任何的沉淀。

接着，我便把碱性溶液倒入两个杯子里：自己家中的酒依然是那样的清澈和透明；而买来的酒则混浊了一会儿，过一小时以后，我们便能清楚地看出杯子底上沉淀有铅。

"那一杯酒，"我说道，"是可以饮用的纯正的酒，而这一杯酒则是掺了假的，有毒的。我在前面给你讲做墨水的知识时，你问我有什么用处；现在，就可以用这种知识来发现哪一杯酒是纯正的，哪一杯酒是有毒的；会做墨水的人，就知道怎样分辨酒是不是掺有假的。"

我觉得我这个例子举得很好，然而我发现那个孩子却一点也不感兴趣。我花了些时间来考虑，方知我简直是做了一件傻事；因为，且不说一个十二岁的孩子不可能懂得我的解释，而且这种试验的用处，他也不会把它记在心中的：他把两种酒尝了一下，觉得两种酒都好，所以他根本就不可能明白"掺假"这个词的意思，虽然我觉得我已经向他解释得很清楚。另外，像"不卫生的"、"有毒的"这些词，在他看来也没有什么意思；他当时的情形，和那个学习菲力普斯医生的故事的孩子是一样的，任何一个孩子都是这样的。

---

　　①　巴黎酒商零售的酒，虽然不是全都掺有氧化铅的，但也难免不含有铅，因为酒商的柜台是包有这种金属的，而盛在量器中的酒在铅上经过，而且还要停一会儿，所以总要把它溶解一部分。奇怪的是，像这样明显和危险的弊端，警察也不干涉。不过，事实上，富裕的人是很少喝这种酒的，所以也不会中它的毒。

　　②　植物酸的作用是很柔和的。如果这是一种矿物酸，如果它不是那样的稀薄，则化合的时候，是不能不起气泡的。

　　凡是我们不知道其中的联系的因果关系,以及我们对之没有一点概念的善恶和我们从来没有感觉过的需要,对我们来说,都是不存在的;它们是引不起我们研究它们的兴趣的。我们在十五岁的时候对贤明的人的幸福的看法,和三十岁的时候对天国的光荣的看法是一样的。如果一个人想象不出这两种东西是什么样子,他就不会尽力去争取;再说,即使是能够想象,但如果他没有得到它们的愿望,如果他不觉得它们是适合于他的,则他是更加不愿意去争取的。硬要一个小孩子相信你教他的东西都是有用的,这做起来当然很容易;但是,如果你不能使他从心眼里相信,则强要他相信是办不到的。平平淡淡地讲一番道理,即使能使我们对一件事情表示赞同或非难,那也没有用处,只有欲念才能使我们有所行动:我们对不感兴趣的东西,怎么会产生欲念呢?

　　一个小孩子不能理解的事物,就绝不能告诉他。当他对人情几乎还一无所知的时候,由于我们不能把他当作成人来培养,所以,为了教育他,就必须要成人的一举一动都宛如孩子。当你考虑到什么东西在他长大以后也许对他有用处的时候,你也只能对他讲他目前就知道其用处的东西。此外,一到他开始懂得道理的时候,就绝不能使他把自己同其他的孩子相比较,即使在赛跑的时候,也不能使他有敌手或竞争者:我宁肯让他一点东西都不学,也不愿意他只因出于妒忌或虚荣而学到很多的东西。我只是把他每一年的进步都记下来,以便同他下一年取得的进步相比较;我将这样对他说:"现在你长高了好些,看一看你去年跳过的沟和你搬过的重物;再看看这边,你去年把一块石头扔了那样的距离,你一口气就跑了那样长的路,等等;现在,再瞧一瞧你目前有多大的本领。"我这样鼓励他，所以不至于使他对任何人产生妒忌的心。他想超过他去年的成绩，这一点，他是可以做到的；我看不出他一心要赛过他自己有什么害处。

我对书是很憎恨的，因为它只能教我们谈论我们实际上是不知道的东西。有人说，赫米斯❶把科学的原理刻在石柱上，以便使他的发现不致被洪水冲掉。如果他把它们深深地印在人的头脑里，它们就可以一代一代地保存下来。经过训练的大脑，是最安全的铭刻人类知识的石碑。

难道就没有什么办法可以把分散在那样多书籍中的许多知识联系起来，就没有什么办法可以把它们综合起来达到一个共同的目的，即：使人容易学习，有兴趣去学习，而且，即使像孩子那样年龄的人，也能鼓励他去学习？如果我们能够创造一种环境，以便在其中可以把人的一切自然需要都明显地显示给孩子，同时把满足这种需要的办法也巧妙地展现出来，那么，我们就可以利用这种环境的生动而天然的情景去初步训练他的想象力。

热心的哲学家，我已经看见你的想象力开动起来了。可是，请你不要再花什么气力，因为这种环境已经找到了，已经有人把它向我们描述过了，而且，不瞒你说，比你所描述的还好得多，至少比你所描述的要逼真得多和朴实得多。既然是我们非读书不可，那么，有一本书在我看来对自然教育是论述得很精彩的。我的爱弥儿最早读的就是这本书；在很长的一个时期里，他的图书馆里就只有这样一本书，而且它在其中始终占据一个突出的地位。它就是我们

❶　赫米斯：希腊神话中的掌管学艺、贸易和发明的神。

学习的课本，我们关于自然科学的一切谈话，都不过是对它的一个注释罢了。它可以用来测验我们的判断力是不是有了进步；只要我们的趣味没有遭到败坏，则我们始终是喜欢读它的。这本好书是什么书呢？是亚里士多德的名著？还是普林尼的？还是毕丰的？不，是《鲁滨逊漂流记》。

鲁滨逊在岛上，孤孤单单的，没有同伴的帮助，没有任何一样干活的工具，然而却能获得他所吃的食物，却能保持他的生命，甚至还能过得相当的舒服。这对各种年龄的人来说，都是一个很有意义的问题，我们可以用各种各样的办法使孩子们对这个问题感到兴趣。我原先用来作为比喻的荒岛，就要这样地变成现实。我同意这种说法，即：这种环境，不是社会的人的环境，也的确不同于爱弥儿的环境；但是，我们应当根据这种环境来探讨所有其他的环境。要排除偏见，要按照事物的真正关系作出自己的判断，最可靠的办法就是使自己处在一个与世隔离的人的地位，并且完全像那个人一样，由自己按照事物本来的用途对它们进行判断。

这本小说，除去它杂七杂八的叙述以外，从鲁滨逊在一个荒岛附近遭遇船难开始讲起，结尾是来了一只船把他载离那个荒岛，所以，在我们现在所谈的这个时期中，它可以同时作为爱弥儿消遣和教育的读物。我希望他忙得不可开交，希望他兢兢业业地管理他的楼阁、他的羊群和种植的作物，希望他不是从书本上而是从具体的事物上仔仔细细地研究在同样的情况下应当怎样办，希望他认为他就是鲁滨逊，穿一身兽皮，戴一顶大帽子，佩一把大刀，奇奇怪怪的东西样样都带在身上，就连他用不着的那把阳伞也随身带着。我希望他在缺少这样或那样的时候，很着急地在那里想解决的办法;希望他研究一下小说中的主人公是怎样做的,看一看那位主人公有没有什么疏忽的地方,有哪些事情可以做得更好;希望他留心他的错误,以免在同样的情况下他自己也犯那样的错误,因为,你必须要知道的是,他正在计划怎样修造一个相似的房屋,这是他那样快乐的年龄的人的真正的空中楼阁,他这时候所理解的幸福就是有必需的物品和自由。

　　一个心有妙计的人如果为了利用这种狂想而能设法使孩子产生这种狂想的话,他就可以增添多么多的办法去教育孩子啊! 孩子巴不得找一个能放各种物品的地方作为他的荒岛,因此,他想学习的心,比老师想教他的心还切。他希望知道所有一切有用的东西,而且也只希望知道这些东西:你用不着去指导他,你只是不要让他乱做就行了。此外,当他觉得他在那个岛上已经是够舒服的时候,就需要赶快使他定居在那里;因为这样的日子不久就要到来,那时候,如果他还想在岛上住下去的话,他就不愿意再是那样孤单地一个人住在那里了;而且,那时候,即使是现在还不曾过问过他的事情的"星期五"❶去同他住在一块儿,也是满足不了他的需要的。

　　自然的技术,是单独一个人就可以操作的,但是,自然的技术的实践将导致工业的技术,而工业的技术,操作起来就需要许多人合作了。前一种技术,孤独的人和野蛮人都可以练习运用,而后一种技术,则只能在社会中产生,而且,也正是因为要运用这种技术,

---

　　❶ "星期五"是鲁滨逊所搭救的、后来成为他的仆人的一个土著居民的名字。因为搭救的事情发生在星期五,所以鲁滨逊用"星期五"做这个仆人的名字。

所以才使社会成为非有不可的东西。当人们只知道身体的需要时，每一个人都可以自己满足自己的要求；而一有了多余的产物，就不可避免地要进行产物的分配和劳动的分工；因为，尽管一个人单独干活只能够获得一个人所需要的东西，但一百个人合起来干，就可以获得足够两百个人生活的东西。所以，当一部分人闲着而不劳动，就需要其他劳动的人协力合作才能弥补那些人懒惰坐吃的消耗。

你要极其小心的是，不能向你的学生的头脑里灌输各种社会关系的概念，因为这不是他的智力所能理解的；但是，当知识的锁链使你不能不向他讲到人类的互相依赖时，你就不要从道德方面向他讲解，而必须首先使他的注意力放在使人和人都互相有用的工业和机械技术上。当你带着他从这个工场走到那个工场的时候，就不能让他看见什么工作都袖手旁观，不能让他走出工场以后对里面的情形一点也不明白，你至少要使他对他所看到的东西有一个了解。为此，你就要亲自动手去工作，处处给他做一个模范：为了使他成为师傅，你就要到处都做徒弟；你要知道，他从一小时工作中学到的东西，比听你讲一整天学到的东西还多。

一般人对各种技术的评价，是同它们的真正用途成反比的。甚至，有些技术正是因为没有用处，人们对它们的价值才估计得那样高，这种情形是不足为奇的。最有用的技术，也就是报酬最少的技术，因为，工人的数目同公众的需要是成比例的，而人人都需要的工艺品，不能不按照穷人能付的价格来定它们的价值。反之，那些自尊自大的人（大家不称他们为工匠，而称他们为艺术家），因为完全是给懒汉和富翁制造东西，所以可以任意定他们那些美观而无实用的骗钱货的价格；由于这些没有实际用途的工艺品的价值只不过是臆想的，因而它们的价格的本身也就构成了价值的一部分，从而，它们的价钱愈昂贵，人们就愈说它们有价值。有钱的人之所以要这样来评价这些东西，并不是由于它们的用处，而是由于穷人买不起它们。"我所有的财物，将使世人艳羡不已。"①

如果你让你的学生也产生这种愚蠢的偏见，如果你自己也抱有这种偏见，如果他们看见你走进一家珠宝商人的店铺比走进一个锁匠的店铺更显得有礼貌，他们将变成怎么样的人呢？如果他们到处都发现任意抬高的价格和按实际用途而定的价格是很不调和，如果他们发现愈是昂贵的东西愈没有价值，他们对技术的真正价值和东西的真实价格将抱怎样的看法呢？你一旦让这些观念进入了他们的头脑，对他们以后的教育就用不着再进行下去了，因为，不管你怎样努力，他们都将变得同一般人一个样子；你十四年的辛劳将完全付诸流水。

爱弥儿一心想在他的岛上有几件家具使用，所以他有他自己的看法。鲁滨逊过去重视刀工作坊远远超过萨伊德对制造种种小玩具的重视。在他看来，刀匠是一个很可尊敬的人，而萨伊德不过是一个小小的江湖骗子。

"我的儿子生来是要在世界上生活的，他不同智者而是要同愚人生活在一起的；既然愚人要按照他们的愚昧行事，所以他必须懂得他们的愚昧。对事物进行认真的研究，也许是有用的，但

---

①　皮特罗尼乌斯❶《诗集》，第 100 章，布尔曼编校本）。

❶　皮特罗尼乌斯：公元 1 世纪时罗马诗人。

是,对人类及其判断能力进行研究,那就更有用处了;因为在人类社会中,人所使用的最大的工具就是人;最聪明的人,也就是最善于利用这个工具的人。拿一种想象的事物的秩序去教育孩子,而这种秩序他们将来又会发现同他们必须遵循的既定的秩序是完全相反的,这又有什么用处呢?你首先要教他们怎样做聪明的人,然后再教他们判断其他的人究竟愚蠢在什么地方。"

请看这一番表面上似有道理而实际上是没有道理的说法,做父亲的人由于智虑不周,竟按照这种说法去做,他们用偏见培养他们的孩子,结果使孩子们变成了偏见的奴隶,他们想教导孩子把愚人当作达到欲念的工具,结果反而使孩子们变成了愚人的玩物。为了要认识人,他必须先要对许多事物有所了解!明智的人是最后才去研究人的,而你却叫孩子把人作为头一个研究的课题!在用我们的看法去教育孩子之前,首先就要使他对我们的看法有一个认识。难道说,懂得人们的愚昧,就要把人们的愚昧当作自己的理智吗?要成为一个明智的人,就需要辨别哪些人是不明智的。如果你的孩子既不能判断人们的看法,又不能看出他们的谬误,他怎能去认识他们呢?更糟糕的是,当他还没有弄清别人所说的事物是真是假,他就去学它们。因此,首先要告诉他事物的真相,然后才告诉他那些事物在我们的眼中看来是什么样子;这样,他才懂得如何把人们的看法和实际的真相加以比较,才能超凡脱俗,因为,当你听信偏见的时候,你是看不出它是偏见的,如果你同大众是一个样子,你就不能对大众进行指导。但是,如果你还没有教会他怎样判断人们的看法,你就拿人们的看法去教育他的话，我敢说，不管你怎样努力，他最终是要把别人的看法当作自己的看法的，而且你以后就没有什么办法把它改掉了。所以，我认为，为了使一个青年能够成为明智的人，就必须培养他有他自己的看法，而不能硬是要他采取我们的看法。

你可以看到，一直到现在我还没有向我的学生谈到人，要是他能够懂得我在这方面所讲的东西，那他就太聪明了；他还不能那样明显地感觉到他同他周围的人的关系，所以还不能凭他自己的能力去判断别人。他唯一能理解的人，就是他自己，甚至对他自己的理解也不是十分完全的；但是，尽管他对自己的认识不够，他的认识至少是正确的。他不知道别人所处的地位，但他知道他自己所处的地位，并且牢牢地站在他所处的地位上。我们用来束缚他的，不是他不能理解的社会的法律，而是需要。现在，他仍然是一个自然人，我们要继续这样看待他。

在评价所有一切自然的物体和人制造的东西时，他所根据的是它们对他的用处以及他的安全、生存和舒适的显而易见的关系。因此，铁在他的眼中看来，应当比黄金值钱，玻璃应当比钻石值钱；同样，他对鞋匠和泥水匠，比对郎佩勒尔、勒布郎和所有欧洲的珠宝匠都更为尊敬；特别是做面包的师傅，在他的心目中更是一个十分重要的人物，他宁可拿整个法兰西学院去调换一个龙巴德大街的最小的糕点师。他认为，金匠、银匠、雕刻匠和花边匠都不过是一些懒汉，他们所搞的东西都是没有一点用处的玩意儿；甚至对制造钟表的人，他也是不十分看重的。快乐的儿童享受了时间而不做时间的奴隶，他利用了时光而不知道时间的价值。他的欲念是很平静的,使他每天都是那样恬静地生活,因而在他需要的时候可以作为计算时间的工具①。如果他说他需要用一个时表,又如果我们能够想法子使他哭泣一场,那么,我所培养的爱弥儿也不过是一个平庸的爱弥儿,对我固然有用处,可以使别人了解我,然而真实的爱弥儿却是一个与众不同的孩子,任何人想学他的榜样也是学不会的。

我们有一个既不背离自然而且还更加公平的次序,根据这个次序,我们将按照各种技术之间必然的联系去看待它们,把最能独立操作的技术列在前面,而那些需要许多其他行业的帮助才能操作的技术,则列在后面。这个次序,虽然使人们在总的社会次序方面联想到几个重要的问题,但同前面那个评价的次序一样,在世人的心目中恰恰颠倒了,以致生产原料的技术差不多都是被人看不起的,都是挣钱不多的,而原料愈是加工,则愈是最后加工制造成品的人,就愈是挣钱和受到人们的尊重。我不打算研究精巧的技术是不是因为把原料最后制成了成品,所以就应该比提供原料的技术更重要和得到更多的报酬,但是我要指出,在每一种东西中,用途最广和必不可少的技术毫无疑问是最值得尊重的;而一种技术,如果它最不需要其他技术的帮助,则我们对它的评价当然比那些依赖性最大的技术高得多,因为它是最自由的,而且是最接近于独立操作的。这才是对技术和劳力的真正的评价尺度,而一切其他的尺度都是任意的,都是以人的偏见为转移的。

---

① 如果我们的欲念要任意支配时间的进程,则时间对我们来说就失去了计算的意义。智者的时表就是他的兴致的平衡和心灵的宁静;他始终是恰合其时的,他始终能掌握他的时间。

在所有一切技术中,第一个最值得尊敬的是农业;我把炼铁放在第二位,木工放在第三位,以下类推。一个孩子如果没有受过庸俗的偏见的毒害,也一定是这样评定这些技术的次序的。我们的爱弥儿难道说不会从鲁滨逊身上想到许多重要的问题! 当他发现,有些技术只有进行细致的分工,只有无限地增添这种或那种工具,才能臻于完善,他将产生怎样的想法呢? 他心里将这样想:"那些人虽然是很灵巧,但灵巧之中也带有几分愚蠢:他们害怕他们的胳臂和手指干不了什么事情,所以才发明工具来代替它们。单单为了操作一门技术,他们就要受千百种其他技术的支配,每一个工人都要依赖整个的城市。至于我的同伴和我,我们就要把我们的天才用来增进我们的技巧,我们只制造可以随身携带的工具。那些人尽管在巴黎夸他们的本事,可是到了我们的岛上也许就什么也不行了,就得给我们做徒弟。"

读者诸君,不要只是待在这里看我们的学生练他的身体和练他的手艺,也请你们思考一下我们把他幼稚的好奇心是引向哪个方向发展的,思考一下我们将使他获得什么样的知识与培养什么样的首创精神和深远的眼光,思考一下我们将训练他具备什么样的头脑。他无论看见什么或做什么,都要把它彻底地弄个明白,懂得其中的道理;他要从一种工具到另一种工具,追溯到当初使用的第一个工具;他绝不凭想象行事;他对一样东西如果事先没有一点知识,他就不去学它;如果他看见人家做弹簧,他就想知道钢铁是怎样从矿石中炼出来的;如果他看见别人把木板钉成箱子,他就想知道树木是怎样砍伐的;当他自己工作的时候,他拿到他所用的每一样工具时他都要这样说:"如果我没有这样的工具,我怎样才能做一个同它相似的东西来用,或者怎样想办法不用这种工具?"

不过,当老师喜欢做什么事情的时候,难免不错误地认为孩子也同样喜欢做那种事情,所以,在你津津有味地工作时,必须注意看孩子是不是感到厌烦而不敢向你表示出来。孩子应该把全神贯注在他所做的事情上,而你则应该把全神贯注在他的身上,不断地留心观察他,但又不要让他发现你在暗中注意他;你要预先料到他心中的感想;要防止他产生不正确的看法;要使他专心到这样的程度,以致他不仅觉得他能够做那件事情,而且,由于他非常明白他所做的事情有什么用处,所以做起来心里也感到喜欢。

技术的结合在于工艺的交换,商业的结合在于物品的交换,银行的结合在于票据和银钱的交换:所有这些观念都是互相关联的,基本的概念已经有了,我们借园主罗贝尔的帮助,在幼小时候就使他获得了这些观念的基础。我们现在要做的事情,只是把以上这些观念综合起来,并且把它们用来说明更多的例子,以便使他懂得通商贸易是怎样一回事情,同时向他详细讲解有关各地特产的博物学,详细讲解航海方面的技术和科学,最后详细讲解按地方的远近,按陆地、海洋和江河等的位置而产生的或大或小的交通上的困难,以便使他对商业有一个深刻的了解。

没有交换,任何社会都不能存在;没有共同的尺度,任何交换都不能进行;没有平等,就不能使用共同的尺度。所以,整个社会的第一个法则就是:在人和人或物和物之间要有某种协定的平等。

人和人之间的协定的平等,跟自然的平等迥然不同,为了要实现这种平等,就需要有成文法,也就是说需要有政府和法律。一个孩子对政治的知识应当简单而明了;由于他对产权已经有了一些观念，所以，他只应该在牵涉到产权的时候才泛泛地知道有政府。

物和物之间的协定的平等，导致了货币的发明，因为，货币只不过是用来比较各种各样物品的价值的一个数额；在这个意义上，货币是社会的真正的纽带；但是，任何东西都可以作为货币。从前，牲畜做过货币，有几个民族现在还用贝壳做货币，斯巴达人用铁做货币，在瑞典曾经用皮革做货币，而我们则用金银做货币。

金属因为易于携带的缘故，所以一般都把它们作为各种交换的中介；为了避免在每次交换的时候都要衡量一下金属的重量，所以就把它们铸造成钱，因为钱币上的标记表明了打有那种标记的一块钱含有那样重的金属；只有国王才有铸造货币的权力，因为只有他一个人才有权利要别人承认他在全体人民当中的权威。

像这样来解释这个发明的用处，就连最愚蠢的人也能懂得的。要直接把性质不同的物品拿来比较，是很困难的，例如说布匹和麦子就很难比较；但是，当我们找到了像货币这样的共同尺度，织布的人和种麦子的人就容易按这个共同的尺度说出他们希望交换的物品的价值了。如果一定数量的布值一定数量的钱，而一定数量的麦子也值同样多的钱，那么，拿布来交换麦子的人就做了一项公平的交易。因此，通过货币，各种各样的东西才能用同一个单位的尺度来衡量，才能互相比较。

讲到这里就不要再多讲了，绝不要去解释这个制度对人们的道德的影响。无论你讲解什么东西，重要的是要好好地先揭示它的用途，然后才指出它的弊端。如果你要向孩子们解释符号是怎样使人们忘记了符号所表示的东西的,解释金钱是怎样产生了世人的种种妄念的,解释盛产白银的国家是怎样变成最穷的国家的,那你不仅把孩子们看成了哲学家,而且简直把他们看成了圣人,要他们了解连哲学家也没有了解透彻的东西。

有多么多有趣的东西可以供我们用来引导一个学生的好奇心,而且,在这样做的时候,既不离开他所能理解的实际的物质关系,也不使他在心中产生任何一个他弄不清楚的观念!教师的艺术是:绝不要让学生把注意力放在那些无关紧要的琐碎的事情上,而要不断地使他接触他将来必须知道的重大关系,以便使他能够正确地判断人类社会中的善恶。同学生交谈的时候,必须善于启发你在他心灵中所培养的思想。这样的问题,也许在别的孩子是一点也不注意的,可是它将使爱弥儿苦苦思索半年之久。

我们到一个富翁家里去吃饭,我们去时发现一个盛大的宴会已经准备得十分整齐,有很多客人,有很多仆人,有很多的菜,有一套精致漂亮的餐具。这一套又好看又很有气派的东西,如果没有见惯的话,会感到有些迷人的。我先就想到所有这一切对我的这个学生的影响。当宴会正在进行的时候,当菜一道接一道地端上来的时候,当满桌的人都在那里呱啦呱啦地谈个不休的时候,我俯身到他的耳朵边对他说:"你估计一下,你在桌上所看到的这些东西在端上来以前经过了多少人的手?"这短短的一句话在他的头脑中引起了多少想法啊!心旷神怡的闲情马上就为之烟消云散。他沉思,他默想,他计算,他感到不安。当那些哲学家被美酒或身旁的女人弄得迷迷糊糊,像小娃子似的在那里大说其昏话的时候,这个孩子却一个人在那里用哲学的态度细心思考。他问我,我拒绝回答,我告诉他改天再说;他着急,他忘记了吃也忘记了喝;他巴不得离开桌子向我问个痛快。他的好奇心多么想知道这回事情啊! 这一席话用来教育他是多么有用啊! 像他这样一个具有任何力量都无法败坏的合乎理性判断力的人,当他发现为了他在中午漂亮地穿一阵而晚上又放进衣橱里的这身衣服,世界上的每一个角落都得分担费用,也许还有两千万人为此而长年累月地劳动,成千成百的人为此而牺牲了生命,那他对奢侈将抱怎样的看法呢?

你要仔细观察他考虑了所有这些问题以后在自己心中悄悄得出的结论。如果你不照我所讲的那样加以防备,他也许会抱另外的想法的,也许在看见那样多的人为了准备他的午餐而劳碌奔走的时候,他会把自己看作是世界上的一个要人。如果你事先预料到他要作这样的理解的话,你在他还没有这种思想以前,就可以很容易地防止他产生这种想法,或者,至少可以立刻消除他获得的印象。由于他现在还只是因为想得到物质的享受才去占有东西,所以他只能根据可以感知的关系去判断它们对他是适合还是不适合。在做了一阵运动以后肚子就饿了,这时候自由自在、快快乐乐地吃一顿简单的乡村风味的饭,实在是满有味的,把这一顿饭同那样盛大那样令人拘束的宴会一比,就足以使他感觉到宴席上的那一套东西并没有使他得到什么真正的益处;他在离开农家的桌子时,也同离开金融家的桌子一样,肚子也是装得满满的,在这两处都没有什么可以真正地说得上是他自己的东西。

我们想象一下,在这样的情况下一个老师可以对他说些什么话。"把这两顿饭都好好回想一下,看你最喜欢哪一顿饭,哪一顿饭吃得最舒服?哪一顿饭吃得最痛快,笑得最欢畅?哪一顿饭吃的时间最久而又不觉得厌烦,又不需要另换餐具?不过,你要看一看其间的差别:你觉得那样好吃的黑面包,是那个农民收获的麦子做的;他那浑黑色的酒是用他园中的葡萄酿造的,既能解渴又有益于健康;他用的餐布,是他的妻子、女儿和女仆在冬天用他种的大麻织的;桌上的菜全是他自己家里的人做的;附近的磨坊和市集,对他来说就是宇宙间最远的地方。可是在另一张桌子上,虽然有远地的物产,又经过那样多的人的手调制,但你真正享受的究竟是什么呢?如果所有那些东西并没有使你吃一顿好好的饭,东西虽多又有什么用处呢?桌上的东西哪一样是为你而做的呢?"老师还可以向他说:"如果你是这一家的主人,你就会更加觉得所有这一切真是奇怪,因为你想在他人面前显示一下你的享受是多么豪华,结果却使你一点也享受不成:劳心费力的是你,而高兴快乐的是他们。"

这一番话也许很好听,但对爱弥儿来说就没有什么意义了,因为他不懂这些,他不能拿别人的看法做自己的看法。因此,要对他讲得简单一些。经过这两次吃饭的事情以后,我在有一天早晨对他说:"我们今天到哪一家去吃午饭?到这一家去,将看到桌子上四分之三的地方都摆着一大堆银器,在餐后用点心的时候,将看到镜子似的盘子上放满了纸花,将看到那些大模大样的女人把你当成好玩的小娃娃,给你讲一些你莫名其妙的话;或者到离这里两英里路远的乡村,到那些欢欢喜喜地拿上好的奶酪来款待我们的人家去?"爱弥儿无疑是选择后一家的,因为他既不爱说废话也不爱讲排场,他受不了那些拘束,所有那些珍馐美味他都不喜欢;但是,一说到乡间去,他总是马上就去的,他非常喜欢好水果、好蔬菜、好奶酪和好人家①。在路上走着的时候,他自然而然地就读起他的看法来了。他说:"我认为,所有那些花许多心思去搞盛大宴会的人,不是想浪费他们的精力,就是不懂得我们这种乐趣。"

我举的这些例子,对一个学生来说也许是好的,但对千百个其他的学生来说也许就不好了。如果你领会了其中的精神,则你可以按照你的需要把它们加以改变:例子的选择,有赖于对每一个人特有的天资的研究,而这种研究,又有赖于你使他们有表露其天资的机会。不要以为在我们所讲的这三四年的时间中,我们能够使一个天资优秀的孩子对所有自然的技术和科学都获得一个概念,使他将来有一天可以独立去学习;但是,像我们这样使他一件件地经历他必须有所认识的事物时,我们就使他进入了发展其爱好和才能的境地,使他向他的天资导引的目标迈出了第一步,而且还给我们指出应该向着什么方向辅助其天性的发展。

这一系列为数虽然有限然而是很正确的知识,还可以给我们带来另外一个好处,那就是:我们可以通过它们之间的联系和关系去教他,我们可以使它们在他的心目中占有它们应有的地位,可以防

---

① 我之所以知道我的学生对乡村有一种喜爱,是由于他所受的教育要自然而然地产生这样的结果。此外,由于他没有那种衣服丽都的纨绔子弟的样子讨好女们的欢心,所以,一方面他固然不像其他的孩子那样受她们的欢迎,但另一方面他也因此不太喜欢她们,不愿意同她们厮混在一起,而且,即使和她们在一起,他也是不会欣赏她们的风韵。我甚至不愿意教他吻她们的手,不愿意教他向她们说几句干巴巴的奉承话,不愿意教他对她们要比对男人显得更尊敬,虽然对她们应当是更尊敬;我定了这样一条不能破坏的规则,即:绝不强迫他做非他的智力所能理解的事情,何况我们还找不到充分的理由叫孩子对性别不同的人采取不同的态度。

止我们像大多数人那样偏重于培养某些才能，而忽视对他的其余的才能进行培养。对整体有很好的了解的人，就能了解每一个部分应有的位置，对一个部分有彻底的研究的人，就能够成为一个有学问的人；至于要成为一个有卓见的人，那就需要对整体有彻底的了解了；需要记着的是，我们想取得的不是知识，而是判断的能力。

不管怎样，我的方法是不拘泥于我所举的这些例子的，它是根据一个人在不同的年龄时的能力，根据我们按他的能力所选择的学习内容而进行的。我相信，你也许能顺利地找到另外一个方法，做起来似乎更好一点；但是，如果它对他的个性、年龄和性别是不太适合的话，我很怀疑你的方法能取得同样的成功。

在开始第二个时期的时候，我们已经利用我们过剩的精力把我们带到远离我们的地方；我们上了天，我们量了地，我们探寻了自然的法则；一句话，我们跑遍了整个的岛屿；现在我们又回到我们这个世界上来了，我们不知不觉就走到了我们所住的地方。要是在我们走回去的时候，发现我们的住所还没有被那些想霸占它的敌人所占据的话，我们就太高兴了！

把我们周围的情景看过以后，我们该怎样办呢？我们要把我们能够拿到的一切东西都加以使用，要利用我们的好奇心来增进我们的幸福。到现在为止，我们已经制造了一大堆各种各样的工具，但是还不知道我们用得着哪一种工具。也许，我们的工具对我们自己没有用处而对别人有用处，也许反过来，我们又需用他们的工具。这样一来，我们就发现把它们交换一下对我们是有利的，但是，为了要进行交换，就必须了解彼此的需要，每一个人都必须知道别人所使用的工具和可以拿出来交换的工具。现在假定有十个人，而每一个人有十种需要。每一个人为了满足他的需要都要做十种不同的工作；但是，由于天资和能力的差别，这个人做起这些工作来其成绩就不如那一个人好，而那一个人又不如另一个人好。所有的人虽各有所长，但现在都做同样的事情，所以效果是很不妙的。把这十个人组成一个团体，让每一个人为他自己也为其他九个人做他最适合的工作，这样，每一个人都能从其他九个人的才能中得到益处，宛如他单独一个人就具有这几种才能似的。每一个人由于继续不断地做一样工作，所以愈做愈是熟练，结果，所有这十个人的需要都全部得到满足了，而且还可能有剩余的东西供给其他的人。这就是我们所有一切的制度的显明的原理。我在这里不打算研究这个原理的结果，我在另外一本著作①中已经阐述过了。

按照这个原理，一个人如果想与世隔离，不依赖任何人，完全由自己满足自己的需要，其结果只能是很糟糕的。他甚至不能生存下去，因为，当他发现整个土地都由你和我所占有，而他只有孑然一身的时候，他从哪里得到他所需要的东西呢？我们在脱离自然的状态时，也强使别人脱离了这个状态；没有一个人能够不管其他的人怎样做他都要停留在这种状态；当不可能在这种状态中生活的时候，如果还想待在这种状态中的话，那才是真正地脱离了这种状态哩，因为自然的第一个法则是保卫自己的生存。

我们这样做，就可以使一个孩子在没有真正地成为社会的一个活动的成员以前，便在他的心中逐渐地形成社会关系的概念了。

---

① 《论人与人之间不平等的起因和基础》。

爱弥儿发现,他自己要使用工具,别人也要使用工具,因此他可以用他的工具去交换他所需要而别人又能提供的工具。我很容易地使他感觉到了进行这些交换的必要,使他能够利用它们来满足他的需要。

"大人,我要生活呀,"一个穷困的讽刺文作家在一位大臣骂他所搞的这门职业是很不体面的时候说了这样一句话。"我看不出这有什么必要,"那位显要的人冷冷地回答道。这样回答,从一位大臣说来,是讲得很漂亮的,但如果出自他人之口,就显得很粗鲁和虚伪。所有的人都要生活。这个论点,每一个人将随他懂得的人情世故的多少而产生或多或少的同感,但在我看来,从讲这句话的人来说,是无可辩驳的。既然在大自然赋予我们的一切厌恶感中,最强烈的是对死亡的厌恶,那么由此可见,无论哪一个人在没有任何其他办法生活的时候,由于厌恶死的心理的驱使,是可以采取一切手段生活下去的。讲节操的人在轻视其生命和殉其职责的时候,所根据的原则跟这个简单的原理是绝不相同的。在有些民族当中,一个人用不着努力修养也能成为善良的人,而且,在没有道德的轨范可资遵循的时候也能做事公正,这样的民族才是幸福的民族!如果说在这个世界上确实有一种恶劣的境地,使处在这种境地的人不为非作恶就不能生活,使处在这种境地的人民由于生活的需要而不能不做骗子,那么,该绞死的不是这个干坏事的人,而是那些促使他去干坏事的人。

一到爱弥儿知道什么是生命的时候,我首先关心的是教他怎样保持生命。一直到现在为止,我还没有讲过职业、等级和财产的区别,我在以后也不去讲这些东西的区别,因为各种身份的人都是一样的，富人的胃也并不比穷人的胃更大和更能消化食物，主人的胳臂也不见得比仆人的胳臂更长和更有劲，一个伟大的人也不一定比一个普通的人更高，自然的需要人人都是一样的，满足需要的方法人人都是相同的。应该使一个人的教育适应他这个人，而不要去适应他本身以外的东西。由于你培养他唯一无二地只能适应于一种社会地位，所以就使得他对其余的一切地位无法适应了，如果命运同你开玩笑，则你除了使他变成一个很可怜的人以外，是得不到其他结果的，这一点，你难道还不明白？一个大贵族已经变成了叫花子，而在穷愁潦倒之中还在夸他的出身，这岂不是可笑之至？一个破了产的富翁，一想到人们对穷人的轻视，就觉得自己变成了人类当中最卑贱的人，这岂不是糟糕透了？前一种人只好去做流氓骗子，后一种人只好去做哈躬弯腰的奴才，见人就说这句好听的话："我要生活呀。"

你想依赖现时的社会秩序，而不知道这个秩序是不可避免地要遭到革命的，而且，你也没有什么办法可以预料或防止那将要影响你的孩子的革命。大人物要变成小人物，富人要变成穷人，贵族要变成平民；你以为你能避免命运的打击吗？危机和革命的时代已经来临①。谁说得上你将来会变成什么样的人呢？凡是人所制造的东西，人就能够把它毁掉；只有大自然刻画的特征才是不可磨灭的，然而大自然是从来不制造什么国王、富翁和贵族的。这位大官，你当初只教育他追逐富贵，将来落到卑贱的地位时怎么办呢？

① 我认为，欧洲的几个大君主国家是不可能再长久延持下去的：它们都曾经兴盛过一个时期，盛极以后就要开始衰败。除了这个法则以外，我还可举出一些更特殊的理由，不过不打算在这里谈就是了，因为每一个人对这一点都是很清楚的。

这个只知道靠黄金生活的税吏,将来穷困的时候怎么办呢? 这个虚有其表的蠢人,无一技之长而全靠他人之力生活,到了一无所有的时候又怎么办呢? 一个人要能够在自己的地位发生变化的时候毅然抛弃那种地位,不顾命运的摆布而立身做人,才说得上是幸福的! 企图在衰败的王权下疯狂挣扎的这个破落的国王,你们爱怎样称颂他就怎样称颂他,可是我是看不起他的;我认为,他只不过是靠他的王冠生活,如果他不是国王,他便一文不值;但是,如果他失去王位而能够不靠王冠生活的话,那么他的品位倒是远远在国王之上了。他已经从国王的地位(懦夫、流氓或疯子都可以取得这个地位)升到了只有极少数的人才能取得的人的地位。这时候,他战胜了命运,敢于把命运不看在眼里,他一切都依靠他自己;当他除了自身之外便无他物可以炫耀于人的时候,他才能够说他不是废物,他才能够说他有几分用处。是的,我宁可要一百个在科林斯学校中教书的锡拉丘兹王,宁可要一百个在罗马做录事的马其顿王,而不要一个可恶的塔昆尼乌斯❶,因为他只知道做国王,只想成为三个王国的继承人*,任何人都拿他作嘲笑的对象,鄙视他那种潦倒的样子;他从这个宫廷奔走到那个宫廷,到处求别人的帮助,到处受别人的侮辱;他一无所长,没有从事一门职业的能力。

　　一个人和一个公民,不论他是做什么的,除了他自身以外,便没有另外的东西可以拿来投入社会;当一个人富起来的时候,或许

---

　　❶　塔昆尼乌斯:据传说是古罗马一个暴君的名字。

　　*　这里指 1688 年被废位的英王詹姆斯二世的孙子,即世称"觊觎王位者"查理-爱德华亲王。

他不去享受他的财富,或许由公众享受他的财富。在前一种情况下,那是因为他从别人那里窃取了他本来没有的东西;在第二种情况下,不能因此就说他对公众做了贡献。要是他只拿出他的财富的话,他对社会的债务还是一点也没有偿付。"我的父亲在挣得他的财产的时候,对社会就有了贡献……"。诚然,他付了他的债,但他没有付你的债。既然你一生下来就过着优厚的生活,所以你欠他人的债,比你在没有财产的情况下出生,还欠的多。把一个人对社会的贡献用来解除另一个人对社会的债务,那是一点也不公正的;因为每一个人的债都是他自己欠的,所以只能由他自己还,任何一个父亲都不能使他的儿子有权成为一个对同胞一无用处的人;你也许会说,他把他的财产传给儿子的目的就在于此,而他的财产就是他的劳动的证明和代价。一个人在那里坐吃不是他本人挣来的东西,就等于是在盗窃;在我看来,一个人如果一事不做而靠政府的年金生活的话,就同抢劫行人的强盗没有分别。处在社会之外与世隔离的人,对任何人都没有负担债务,所以他爱怎样生活就可以怎样生活;但在社会之中,他必然要借他人之力而生活,他应该用劳动来向他们偿付他生活的费用;这是任何人都不能例外的。所以,劳动是社会成员不可或免的责任。任何一个公民,无论他是贫或是富,是强或是弱,只要他不干活,就是一个无赖。

在人类所有一切可以谋生的职业中,最能使人接近自然状态的职业是手工劳动;在所有一切有身份的人当中,最不受命运和他人的影响的,是手工业者。手工业者所依靠的是他的手艺;他是自由的,他所享受的自由恰好同农民遭受的奴役形成对照,因为后者束缚于他的土地,而土地的产物完全凭他人的支配。敌人、贵族、有势力的邻居或一场官司,都可以夺去他的土地;人们可以用各种各样的方法利用他的土地去折磨他;然而,不论在什么地方,谁要是想折磨手工业者的话,他马上就捆起行李走掉了。可是农业是人类所从事的历史最悠久的职业,它是最诚实,最有益于人,因而也就是人类所能从事的最高尚的职业。我没有向爱弥儿说:"你去学一学农活吧!"因为他懂得农活。所有的庄稼活儿他都是很熟习的,他起初就是从庄稼活儿学起,而且还不断地干这种活儿。因此,我要对他说:"你现在耕种你祖上留下来的土地。但如果你失去了继承权,或者根本就没有继承权的时候,又怎样办呢? 所以,你还得学一门手艺。"

"你要我的儿子去学一门手艺,要我的儿子做手工匠人,老师,你是这样想的吗?""夫人,我在这方面比你想得更周到,你只知道使他成为王公贵族一类的人物,然而说不定他将来会成为一无所能的人咧;至于我,我要给他一个他怎样也不会失掉的地位,在任何时候都可以使他引以为荣的地位,我要把他教养成人;不管你怎样说,他得到这种地位的机会将会比你能给予他一切地位的机会少得多。"

这些话,从字面上看好像是很恼人的,但它的精神是令人奋发的。问题不在于为了懂得一种手艺而学一种手艺,问题在于要克服对那种手艺所抱的偏见。你也许永远也不会有不劳动就不能生活的日子。唉! 真糟糕,这对你是很不利的! 不过,也没有什么关系;即使不是为了生活的需要而劳动,也可以为了获得荣誉而劳动。为了要高出于你原来的身份,就必须要不耻于做一个手工匠人。为了要使命运和事物都听你的支配,你开头就要从不依赖它们做起。如果想利用舆论去进行统治,你首先就要统治舆论。

你要记着的是,我要求你的不是才能,而是一种手艺,一种真正的手艺,纯粹的机械的技术,做的时候是动手而不是动脑,这种手艺虽不能使你发财致富,但有了它,你就可以不需要财富。在一些根本就没有挨饿之虞的人家里,我曾经看见过几个做父亲的竟深谋远虑到除用心教育他们的孩子以外,还费一番苦心教给他们一些遇到意外的事件时用来谋生的知识。这些有远见的父亲,自以为做了很多的事情,实际上是一点事情也没有做,因为他们替他们的孩子所想的办法,还是要依靠他们的命运,尽管他们想使他们的孩子不依靠命运。所以,即使有好本领,但如果有本领的人没有遇到发挥他那些本领的环境,他也会像没有本领的人一样穷困而死的。

至于说到手腕和权谋,如果在你极端穷困的时候用它们去恢复你原来的地位,还不如用它们使你过优裕的生活。如果你去学那些必须要取得艺术家的名声才能取得成就的技艺,如果你使自己只能充任那些需要人家的恩宠才能获得的职位,那么,当你出诸正义而厌恶世俗,看不起你赖以成功的那些手段时,所有这一切对你还有什么用处呢?你研究过政治和王公贵族们的爱好,这很好;但是,如果你没有办法去接近大臣、宫廷贵妇和长官,如果你没有讨取他们欢心的秘诀,如果他们都觉得你还不适于做他们所需要的走卒,那么,你所研究的那些东西又有什么用呢?你是一个建筑家或画家,是的;但是,必须要人家了解你的才能,你才可以施展你的本领。你以为可以把一个作品直接拿到沙龙里去陈列吗?啊,那是办不到的!必须要你在法兰西学院挂一个名才行,甚至想在墙角边上找一个阴暗的地方陈列，也要托人家的庇护。所以，把尺子和画笔扔掉，坐一辆马车，挨家挨户地去走访，这样才能传出你的名声哩。你应当知道，所有那些显赫的人家都是有看门的门丁和仆役的，他们靠打手势来理解事情，他们的耳朵是长在他们的手上的。如果你想教授你所学的东西，想做地理教员或数学教员、语文教员、音乐教员、图画教员，你要想找到一些学生跟你学，也必须先找到一批替你吹嘘的人。你应当知道，重要的是要善于吹牛而不是本领熟练，如果你只懂得你那门技艺的话，你在别人眼中将永远是一个无知的人。

所以你看，这些谋生的妙法都是不大可靠的，为了要用它们，你还需要知道多么多的其他的办法啊。而且，在这卑贱的境地中你将变成什么样的人呢？逆境既不能使你有所长进，反而使你的遭遇更加恶劣，一旦变成了公众的笑柄，你怎能战胜偏见——你的命运的主宰呢？你怎能轻视你赖以谋生的那些卑鄙下作的行径呢？你以往只知道依靠你的财富，而现今还要去依靠富人；你愈来愈堕落成奴隶，在奴隶的生活中遇到种种痛苦。到了这种地步，你既贫穷又没有自由，真是堕落到了最坏的境地了。

那些奥妙的学问是用来培养心灵而不是用来培养身体的，所以，如果你不把你的依靠寄托于它们，而是在必要的时候寄托于你的手和你用手做成的东西，则一切的困难都不存在，所有的权谋都没有用处，在你需要的时候总可以找到谋生的办法的，正直和荣誉对你的生活并无妨碍；遇到大人物，你用不着那样畏缩不前地说一遍谎话；遇到恶人，你也用不着那样伏伏贴贴地听他们的摆布；你用不着那样卑鄙地去奉迎什么人了（当你身无分文的时候，你去向人家借钱或做强盗，差不多都是一样的），这样一来，别人的议论对你没有丝毫的影响，你无须去拍谁的马，你无须去讨哪一个傻瓜的好，无须低声下气地去巴结门丁，无须去买通或奉承什么人的宠妇。尽管有许多的恶棍在执掌大事，也同你没有什么关系：这不能妨碍你在默默无闻的生活中做一个诚实的人和挣你的面包。你走进你第一次学手艺的那个工场，说："师傅，我要找活儿干。""伙计，你就在这里干吧。"还不到吃午饭的时间，你已经就挣得了你的午饭。如果你勤勤恳恳踏踏实实地干，则一个星期还没有过完，你就挣得了下个星期的生活费用：你过着自由、健康、诚实、勤劳和正直的生活。这样去谋求生活，并没有白白地浪费你的时间。

我是绝对地主张爱弥儿学一门职业的。你说："要学就必须学一门诚实的职业。""诚实的"这个词是什么意思呢？凡是有用于大众的职业不都是诚实的吗？我绝不愿意他去做绣花匠或金匠或漆匠，不愿意他做洛克所说的那种文文雅雅的人，我也不愿意他去当音乐家或喜剧演员或著作家①。除了这几种职业以及同它们相似的其他职业以外，他爱学什么职业就可以学什么职业，我是丝毫不想干涉的。我倒是喜欢他做鞋匠而不做诗人，我愿意他去修马路而不愿意他在瓷器上绘花卉。"可是，"你也许会说，"警卫、暗探和刽子手也都是有用的呀。"要不是因为有政府，这些人是一点用处也没有的。且慢，我说错了。所选的职业仅仅有用还是不够的，还

---

① 　也许有人向我说："你，你就是著作家呀。"我承认，我是由于我的不幸而成为著作家的；我的过错，我想，我已经是尽量地改正了，所以别人不能拿它们来说明想成为我这样的著作家的理由。我之所以著书，其目的并不是要替我的错误辩解，而是防止我的读者学我的榜样。

必须要这种职业不能使从事于它的人养成一种丑恶的乖戾人情的心灵。言归正传，还是本段开头的第一句话，我们要从事一门诚实的职业，不过，我们要始终记住的是，没有实际的用处，也就没有诚实可言。

本世纪有一个出名的著述家①，其著作虽然包括了庞大的计划，然而观点是非常狭隘的；他也像他那个教会中的其他教士一样，发誓不娶妻子；但是，由于发现别人觉得他私通苟合的嫌疑比任何人都重，据说，他就决定雇一些漂亮的女仆，以便尽量用她们来弥补他由于这一顾前不顾后的誓言而对人类造成的损害。他认为，给祖国生育子女是公民的一个义务，因而，这样来为国家作贡献，增加了手工匠人这个阶级的人数。一到这些孩子长大成人，他就叫他们学一门他们所喜欢的职业，但不准他们学那些虚浮而无实用的或者容易受风气影响的职业，例如做假发这门职业，就是完全不需要的，只要大自然让我们长头发，这种职业就会一天比一天地变得没有什么用处。

我们应该本着以上的精神来选择爱弥儿的职业，或者说得更确切一点，不是由我们而是由他自己本着以上的精神选择他的职业，因为他所遵循的准则会使他自然而然地对没有用处的东西产生一种轻视的心的，他绝不愿意把他的时间花费在没有价值的工作上，他要凭事物的真正用途去了解它们的价值；他所学的手艺，必须是鲁滨逊在荒岛上也是使用得着的。

当我们把自然的产品和艺术的作品一件件地拿给一个孩子观

---

① 指圣皮埃尔神父(1658—1743)。

看的时候，当我们引起了他的好奇心，而且注意到他的好奇心向着什么方向发展的时候，我们就可以很顺利地对他的爱好、倾向和性癖进行研究，可以很顺利地发现他的天才的第一道火花，如果他真有什么显著的天才的话。但是，你必须防止一般人所犯的一个共同的错误，那就是：把机会的影响说成是才情的奋发，并且把人和猿猴都同样具有的模仿心当成是这样或那样的艺术倾向，因为在实际上，这种模仿心是无意识地使人和猿猴做他们看到的别人所做的动作，而对那种动作的用处是一点也不明白的。世界上有许多的手工匠人，特别是有许多的艺术家，是根本没有他们所搞的那种艺术的天才的；他们之从事一种艺术，是幼年时候或因其他习俗的影响，或因一时的热情的冲动，然而这种一时的热情是同样可以使他们去从事其他的艺术的，要是他们当时看到有人在搞另外一种艺术的话。所以，要是他们当初听见了鼓声，他们就会想当军人；看见别人修房子，就会想当建筑家。每一个人看见别人从事一门职业，如果他认为那种职业是受人尊敬的话，他就要受它的引诱的。

我认识一个仆人，他看见他的主人作画，就有意要成为一个画家。自从他打定这个主意的时候起，就拿起铅笔来画，而且除了使用画笔的时候，他手中的铅笔就一直没有放下过，也许他这一辈子也永远不会放下他手中的铅笔了。他既没有学过画法，也不懂绘画的法则，只是看见什么就画什么。他这样乱七八糟地整整画了三年，除了替主人办事以外，其他任何事情都不能使他停止他的绘画，而且从来没有因为他的天资平庸、进步很慢而灰过心。在一个酷热的夏天的六个月当中，我常常看见他在一个向南的小套房里，虽然我们从那里过一下路也闷得透不过气，但他坐在，或者说得更确切一点，整天钉在一张椅子上，对着一个地球仪描画着；他极其顽强地画了又画，不断地重画，一直到把球体画得相当的好，自己也感到满意为止。最后，在他主人的帮助和一个艺术家的指导之下，他终于辞去了他的差事，用他的画笔谋生。以坚忍不拔的毅力去弥补他才能的不足，只能弥补到一定的限度，他已经达到了这个限度，而以后就再也不能超过这个限度了。这个诚实的仆人的恒心和进取心是值得称赞的。他将永远以他的刻苦和有始有终的精神及耐心受到人们的尊重，但是他永远也只能画一些很蹩脚的画。谁没有受过他自己的热情的蒙蔽，把它当作一种真正的才华呢？一个人喜欢一项工作和适合于做那项工作之间，是大有区别的。由于一个孩子所表现的是他的愿望而不是他的禀赋，所以，为了弄清他真正的才情和真正的爱好，就需要进行一些意想不到的细致的观察，以免我们没有好好地研究一下他的禀赋就单凭他的愿望进行判断。我希望一个智虑明达的人写一篇论文给我们详细阐述观察孩子的方法。这个方法是不能不知道的，然而现今做父亲和做老师的连这个方法的基本的要点还不知道哩。

我们在这里也许太强调选择一门职业的重要性了。既然问题只是在于一门手艺，则这种选择对爱弥儿来说就是毫不费事的；通过我们迄今给他的种种锻炼，他学徒的期限已经是过了一半多了。你要他干哪种活儿呢？他什么都会：他已经会使铲子和铁锹，会使车床、锤子、刨子和锉刀，各种手艺的工具他都是很熟悉的。问题只是在于怎样把这些工具当中的某一种工具用得更熟练，以便努一把力赶上善于使用那种工具的工人；在这一点上，他有一个比谁都优越的条件，那就是他的身子灵便、手脚灵活，能毫无困难地做各种各样的姿势，即使长久地做什么动作，他也不觉得费劲的。此外，他的一切器官都是很健全的，而且还受过良好的锻炼；他已经懂得各种技术的机械原理。为了要成为一个干活的能手，他所欠缺的只是经验，而经验是只要有时间就能获得的。让我们来选择：在各项职业当中，他应该在哪一项职业上花足够的时间去孜孜不倦地干呢？现在的问题，就是这么一点。

让每一个人有一项适合于他的性别的职业，让年轻人有一项适合于他的年龄的职业；凡是待在房间里坐着做的职业，都是败坏身体的，所以这样的职业，他既不喜欢也不适合于他做。从来没有一个年轻小伙子是自己愿意去做裁缝师的，需要用一些巧妙的办法才能使男性去干这种女人的职业，因为他是生来就不适合做那种工作的①。会使针的手就不会使剑，会使剑的手就不会使针。如果我是国王的话，我就只允许妇女和瘸腿的男子去干针线活，要让瘸腿的男子和妇女一样地从事缝纫。我觉得东方人简直是发了疯，竟特地使一些人成为宦官，认为这种人也是非有不可的。他们为什么不拿那些失去了天性，丧失了良心的人去充当宦官呢？这种人是多得要不完的。凡是娇弱胆怯的男子，大自然就要叫他过那种静止不动的生活，他适合于同妇女们一块儿生活，适合于按她们那种方式而生活，叫他趁早去从事一门适合于他的职业；如果说绝对需要有真正的宦官的话，那么，就叫那些因为选择了不适合于

①　在古代人当中是没有裁缝师的，男子的衣服都是妇女们在自己家里做的。

他们的职业而丧失了男性的体面的人去充当好了。他们选择那种职业，就表明大自然的安排出了错误；你纠正这一类的错误，是只有好处而无坏处的。

我不允许我的学生选择不卫生的职业，但是我不禁止他去从事艰苦的职业，甚至去从事危险的职业，我也是不加禁止的。这些职业能同时锻炼身体和勇气，它们只适合于男子去做；妇女们是绝不会去从事这种职业的；所以，如果男人去夺取她们的职业的话，怎能不害羞呢？

> 女人是很少去打仗的，女人是不吃
>
> 力士那份口粮的。可是你，你却去
>
> 织绒线……①。

在意大利，我们在商店里从来没有看见过妇女；对见惯了法国和英国的街道的人来说，再也想不出什么东西比这个国家的街景更凄凉的了。看见那些卖杂货的男人向妇女们兜售花边、丝球、发网和绒线，我觉得，他们那一双原本是生来打造铁器的粗大的手拿着那些纤细的装饰品，实在是可笑之至。我心里想，在这个国家里，妇女们应该开设一些刀剑和枪炮店，来报复男人。啊！但愿每一个人都制造和售卖他或她那个性别的人使用的武器。为了要懂得它们，就必须使用它们。

年轻人，在你的工作上要印上男人的手的痕迹。你要学会用强有力的胳臂使用斧子和锯子，学会做大梁，学会爬上房顶去安放

---

① 尤维纳❶：《讽刺诗》第2卷，第五篇，第33首。

❶ 尤维纳(60—140)：罗马讽刺诗人。

横梁,学会用支柱和系梁把它安得牢牢实实的;然后正如你的姐姐叫你去帮她结花边一样,也叫她来帮你干你的活儿。

在这个问题上,我对我可敬的同业说的话已经是太多了,这一点我自己是感觉到了的;不过,有时候我是身不由己地不能不论述一下这些后果的影响。不管哪一个人,如果他不好意思当众手拿斧头、身围皮裙干活的话,我就认为,他这个人简直是舆论的奴隶,一听见别人嘲笑诚实的人,竟对自己所做的好事也害起羞来。只要无害于儿童,我们就可以向做父亲的人的偏见让步。为了尊重所有一切有用于人的职业,也不需要全都学会它们,只要我们不抱着不屑为之的态度就行了。当我们可以进行选择,而且又没有什么东西强制我们的时候,我们为什么不想一想在同一类职业当中,我们的爱好和倾向是适合于做哪一种职业呢?打造金属器具的工作是有用的,而且是最有用的,但是,除非我有一个特殊的理由,我是绝不叫你的孩子去做马掌匠、锁匠或铁匠的;我不喜欢看见他在炼铁炉旁边做出一副独眼魔鬼的样子。同样,我也不叫他去做泥水匠,更不叫他去做鞋匠。各行各业都要有人去做。但是,能够进行选择的人就应该考虑到那个职业的工作是不是很清洁,这一点,不是什么偏见,而是由于我们的感觉决定我们这样考虑的。最后,我之所以不喜欢那些没有趣味的职业,是因为其中的工人没有兢兢业业的上进心,而且差不多都是像机器似的人,一双手只会干他们那种活儿;织布的、织袜子的、磨石头的,叫一个聪慧的人去从事这些职业,有什么好处呢?从事这种职业的人,等于是使用另外一架机器的机器。

经过很好的考虑之后,我认为我最喜欢而且也最适合我的学生的兴趣的职业是做木工。这种工作很干净，也很有用，而且可以在室内做；它使身体有足够的活动量，它要求工人既要具有技术，又要勤勤恳恳地干；在以实用为主的产品的样式中，也不排除典雅和美观。

要是你的学生的天才确实是倾向于科学的研究，我也不会怪你给他选择一门适合于他的爱好的职业，例如说叫他去制作数学用具、眼镜和望远镜这一类的东西。

当爱弥儿去学他的职业的时候，我也希望同他一块儿去学，因为我深深相信，只有我们一起去学他才能学得很好。我们两个人都去当学徒，我们不希望别人把我们看作绅士，而要看作真正的学徒，我们之所以去当学徒，并不是为了好玩，我们为什么不能老老实实地做学徒呢？沙皇彼得在工场里做过木匠，在他自己的军队中当过鼓手；你难道认为从出身或功绩来看，这位皇帝还赶不上你吗？你要知道，我这一番话不是向爱弥儿而是向你说的，不论你是谁，我都是要向你阐述这一点的。

可惜的是，我们不能够把我们的时间全都用在工场里。我们不仅仅要学习做工人，我们还要学习做人；后者的学徒生活比前者苦得多和长得多。我们怎样办呢？我们像你跟舞蹈老师学习那样每天跟刨木板的师傅学习一个小时吗？不；我们不是学徒，而是弟子；我们所抱的志愿不在于学木匠的手艺，而在于把我们提拔到木匠的身份。因此，我主张每个星期至少到师傅家里去学一个或两个整天，在他起床的时候我们也起床，我们要在他的眼前工作，要在他的家里吃饭，要照他的吩咐去做；在荣幸地同他一家人吃过晚饭之后，如果我们愿意的话，就回到自己家里的硬床上去睡觉。我们要一下就学会几种职业，而且要在学做手工活的同时又不忽略其他的学习，就必须采取这样的办法。

在做正当的事情时，我们应该是纯朴的，不要因为同虚荣搏斗，而自己又重新产生了虚荣。由于战胜了偏见而骄傲，就等于是向偏见投降。有人说，按照奥托曼人的古老的习惯，苏丹是一定要亲手劳动的；每一个人都知道，一个国王的手所做的东西，是必须当作杰出的作品看待的。因此，他也就堂而皇之地把他的杰出作品分派给他朝中的大官；这些东西的价钱，是按照制造东西的人的身份来定的。在这件事情上，我认为，不好的并不是大家所说的这种劣政，因为相反地它倒是一件好事。由于强迫大官们把他们抢劫人民的东西拿来同他分享，苏丹就不能不相应地少去掠夺人民。这是专制制度必要的一个缓和，没有这种缓和，这个可怕的政府就无法存在。

这种习惯的真正坏处是，它使人认为那个可怜的人有那样大的价值。正如米达斯王❶一样，他只看见他摸过的东西都变成了黄金，但是他不明了这会带来怎样的结局。为了使我们的爱弥儿不遭到同样的结局，就不要使他的手具有这样一种发财的本领；他所做的东西，不能按制造东西的人，而必须按那个东西的好坏决定它的价值。在人们评判他所做的东西时，我们只允许他们把它拿来同手艺高明的师傅所做的东西相比较。他的作品之能得到大家的尊重，是由于作品的本身而不是因为它是他做的。当你看见一

---

　❶　米达斯王：希腊神话中菲里吉亚的国王。狄奥尼苏斯应他的请求，使他所接触的任何东西都变成黄金，连他的食物拿在手中也变成了金子，使他几乎饿死。于是狄奥尼苏斯又应他的请求，解除了他的点金的魔力。

件做得很好的东西时，你会说这件东西做得真好；但你不会问是谁做的？如果他自己带着骄傲和自满的神气说是我做的，你就冷淡地回答他说，是你或是另外一个人做的，这没有什么关系，反正是一件做得很好的东西。

贤良的母亲，你要特别小心别人向你说一番骗人的话。即使你的儿子知道的东西很多，你也不要相信他所知道的那些东西。如果他不幸是在巴黎长大的，而且又不幸是一个有钱的人，那他就没有前途可言了。有熟练的艺术家在身边的时候，他也许可以学到他们的本领，但一旦离开了艺术家，那他就什么本领也学不到了。在巴黎，有钱的人什么都知道，而愚昧无知的只是穷人。在这个首都里，充塞着爱好艺术的男人，而爱好艺术的女人，则尤其众多，他们做起作品来，和吉约姆先生调配颜色一样地容易。在男人中，我知道有三个人是例外，是值得尊敬的，也许还有更多的值得尊敬的人；但在女人中，值得尊敬的人我还一个也没有听说过，我怀疑她们当中是不是有这样的人。一般地说，在艺术界成名，和在法学界成名是一样的；正如成了法学博士就可以做官，一个人成了艺术家就可以做艺术批评家。

所以，一旦认识到懂得一门职业是一件好事，那你的孩子们即使是没有学过它也是会懂得的，因为他们像苏黎世市的议员一样会成为师傅。不要对爱弥儿说那种恭维话，不要他在表面上，而要他在实际上真正有那种资格。我们不要说他已经懂得了，而要让他不声不响地去学习。让他去做他最拿手的东西，但绝不称赞他是做那种东西的大师；不要让他在名义上，而必须要他在作品上表现他是一个工人。

如果到现在为止,我已经使人们懂得了我的意思,那大家就可以想象得出我是怎样在使我的学生养成锻炼身体和手工劳动的习惯的同时,在不知不觉中还培养了他爱反复思考的性格,从而能够消除他由于漠视别人所说的话和因自己的情绪的宁静而产生的无所用心的样子。他必须像农民那样劳动,像哲学家那样思想,才不至于像蒙昧人那样无所事事地过日子。教育的最大的秘诀是:使身体锻炼和思想锻炼互相调剂。

但是,我们要防止提早拿那些需要有更成熟的心灵才能理解的东西去教育学生。爱弥儿做了工人之后,不久就会体验到他起初还只是约略见到的社会上的不平等。我教他的那些准则,他是能够理解的,所以他以后是要按照那些准则来检验我的。由于他完全是由我一个人单独教育的,由于他是那样清楚地看到过穷人的境遇,所以他想知道为什么我是那么样不像穷人。也许他会突如其来地问我一些尖锐的问题:"你是一个有钱的人,这一点,你告诉过我,而我也是看出来了的。既然有钱的人也是人,那就应该为社会工作。你说说,你为社会做了什么工作?"一个好教师应该怎样回答这个问题,这我不知道。也许他会愚蠢地向孩子叙述他给予他的教育。至于我,我就要利用我们的工场来帮我解答这个难题。"亲爱的爱弥儿,你问得很好;如果你能够自己找到一个你感到满意的答案,我也答应为我自己解答这个问题。我可以尽量把我多余的力量贡献于你和穷人,我每一个星期做一张桌子或凳子,以免成为一个对谁都没有用处的人。"

这样一来,我们又谈到我们自己了。这样一来,我们的孩子在意识到他自己以后,就快要脱离孩子的状态了。这时候,他比以往更加感觉到对各种事物都有依赖的必要了。我们在开头锻炼了他的身体和感官之后，又锻炼了他的思想和判断的能力。这样，我们就能使他把四肢的运用和智力的运用结合起来；我们训练了一个既能行动又能思想的人，为了造就这个人，我们还需要做的事情只是把他教育成和蔼与通情达理的人，也就是说，用情感来使他的理性臻于完善。不过，在进入这个新的事物的阶段以前，我们回顾一下我们刚刚过完的阶段，并且尽可能准确地看一看我们已经达到了什么境地。

我们的学生起初是只有感觉，而现在则有了观念了；起初是只用感官去感触，而现在能进行判断了。因为，从连续发生的或同时发生的几种感觉的比较中，以及对这些感觉所做的判断中，可以产生一种混合的或复合的感觉，我把这种感觉称为观念。

人的心灵之所以有其特点，正是由于这种观念形成的方式。能够按真正的关系形成观念的心灵，便是健全的心灵；满足于表面关系的心灵，则是浅薄的心灵；能看出关系的真相的人，其心灵便是有条理的；不能正确地判断关系的人，其心灵便是错乱的；虚构出一些无论在实际上或表面上都不存在的关系的人，就是疯子；对各种关系不进行比较的人，就是愚人。在比较观念和发现关系方面的能力是大或是小，就决定了人们的智力是高还是低，等等。

简单的观念只是由感觉的互相比较而产生的。在简单的感觉以及在复合的感觉（我称它为简单的观念）中，是包含着判断的。从感觉中产生的判断完全是被动的，它只能断定我们所感触的东西给予我们的感觉。从知觉或观念中产生的判断是主动的，它要进行综合和比较，它要断定感官所不能断定的关系。全部的差别就在这里，但是这个差别是很大的。大自然从来没有欺骗过我们；欺骗我们的，始终是我们自己*。

我有一次在吃饭的时候看见一个人把一块冰过的奶酪拿给一个八岁的男孩子，他不知道那是什么东西，他把勺子放进嘴里，他突然地冷了一下，就叫喊起来："啊！真烫人！"他经历了一下很猛烈的感觉，而就他所知，最猛烈的东西无过于火，因此他就以为他被火烧烫了。可是这一次他搞错了，突然地冷一下固然使他难受，但是不会烫伤他的。这两种感觉是不相同的，曾经经验过这两种感觉的人是不至于把它们搞混的。因此，使他发生错误的不是感觉，而是他对感觉所做的判断。

同样，第一次看见镜子或光学仪器的人，或者在隆冬或盛夏走进深深的地窖中的人，或者把一只很热或很冷的手放进温水中的人，或者用两只指头交叉地转动一个小圆球的人，也会产生这种错误。如果他只是就他瞧见或感觉到一种情况而做判断的话，他所做的判断便纯粹是被动的，是不至于判断错误的；但是，如果他

---

　　*　"……始终是我们自己。"在其他版本作：

　　"我认为我们的感官是不可能欺骗我们的，因为我们感触的东西所给予我们的感觉始终是真实的；伊壁鸠鲁学派的人在这一点上是说得很有道理的。我们的感觉，只有在我们对它们产生的原因，对它们之间的关系或者对它们使我们所理解的事物的性质，随心所欲地做出我们的判断的时候，才会使我们陷入错误。伊壁鸠鲁学派的看法，不对的地方就在这一点，因为他们认为我们对感觉的判断是绝不会错的。我们有所感觉，可是我们不能感觉出我们的判断，我们必须自己去做判断。"

　　这一段话第一次出现在迪多于 1801 年印行的版本里；实际上在手稿里是附加在正文中的；但必须指出的是，在 1801 年的版本中，"人的心灵之所以有其特点……"和"简单的观念是由……"这两段话是没有的。

根据事物的外表判断的话,他就居于主动,他就要进行比较,从推理中得出他没有看到的关系;这样一来,他就会或者可能会弄出错误的。为了纠正或防止错误,他就需要有经验。

夜里,叫你的学生观看那些在月亮和他之间飘过的云,他便会以为云是静止的,以为月亮是在向相反的方向移动。他之所以得出这种看法,是由于一种仓促的推论,因为他平常见到的是小物体比大物体动的时候多,同时,由于他不知道月亮离得远,所以在他看来就觉得云比月亮大。当他坐在一只正在航行的船中远看岸边时,他所得出的错误则恰恰相反,他觉得陆地在奔跑,因为他自己一点也没有动,所以他就把船、海或河以及所有地平线上的东西都看作一个不动的整体,而把他认为是在奔跑的海岸或河岸看作一个部分。

孩子在第一次看见有一半截淹在水中的棍子时,他以为他看见的是一根折断了的棍子,他的感觉是真实的;甚至我们大人,要是不知道这种现象的道理的话,也会有这种感觉的。所以,如果你问他看见了什么的时候,他就会回答说:"一根折断了的棍子。"他说得对,因为他的的确确觉得他看到的是一根断了的棍子。但是,如果在他判断错误,说他看见的是一根断了的棍子之后,再经过进一步的观察,还说他看见的确实是一根断棍子的话,那他就说错了。为什么这样讲呢?因为这时候他已经变成了主动,他的判断不再是根据他的观察而是根据他的推理作出来的,他所断言的不是他的感觉,也就是说,他由一种感官得到的判断已经过另一种感官检验过了。

既然我们的一切错误都是由我们的判断产生的,则由此可见,如果我们不需要对事物进行判断,则我们就根本不需要进行学习,我们就永远也不会自己骗自己,我们在无知无识中反倒比我们有了各种学识还更为快乐。谁否认过在学者们的学识中有千百种真实的事物是蒙昧无知的人永远也不知道的呢? 然而,有学问的人是不是因此就更接近真理呢? 完全相反,他们愈是前进,便愈是远离真理,因为在判断上的自负自大比知识的增长快得多;他们每学到一个真理,同时也就会产生一百个错误的判断。的确,欧洲的种种学术团体都无非是一些谈论虚妄之事的公开的场所;我们可以万无一失地说,在法兰西学院中发生的错误,比在整个休伦族人中发生的错误还多。

既然人们知道的东西愈多,则愈是容易弄出错误,所以唯一可以避免错误的办法就是什么都不知道。不下任何判断,就不会犯什么错误。这是自然和真理给我们的教训。除了事物和我们之间为数很少的非常明显的直接关系之外,我们对所有其他的一切当然都是不很注意的。一个野蛮人是不愿意走去看那些精致的机器的运转和电流的奇景的。"这对我有什么关系?"这是无知的人最常说的一句话,而对智者来说,也是最宜采纳的一句话。

可惜,这句话对我们来说就不适宜了。由于我们对一切都要依赖,所以一切都同我们有关;而我们的好奇心也必然要随着我们的需要同时发展的。这就是我为什么说哲学家很好奇而野蛮人一点也不好奇的原因。后者对什么人都不需要,而前者则需要所有一切的人,特别是需要恭维他的人。

你也许会说我超出了自然的范围了,我可不这样认为。大自然不是按照人的偏见而是按照人的需要选择其工具和尺度的。但需要则是随人的环境而变化的。生活在自然环境中的自然人和生活在社会环境中的自然人是大有区别的。爱弥儿并不是一个奔逐荒野的野蛮人，他是一个要在城市中居住的野蛮人。他必须懂得怎样在城市中满足他的需要，怎样利用它的居民，怎样才能同他们一起生活，虽然他不像他们那样生活。

既然是不管他愿不愿意都要依据那样多新的关系去进行判断，那么，我们就教他正确地去判断好了。

学习正确地判断的最好方法是这样的：它要尽量使我们的感觉过程趋于简单，而且能够使我们不经过感觉也不至于判断错误。由此可见，虽然我们老早都能以这种感官的印象和另一种感官的印象互相验证，但还须学会使每一种感官不需要另一种感官的帮助而自行验证它所获得的印象，这样，每一种感觉对我们来说就能变成一个观念，而这个观念和实际的情况往往是符合的。在这人生的第三个阶段中，我想得到的收获就是如此。

这样的方法，要求我们必须耐心和谨慎，这一点是很多教师办不到的，然而要是学生不具备这两种态度的话，便永远也学不会怎样正确地进行判断了。例如，当他错误地根据表面现象把棍子看成是断了的时候，如果你为了指出他的错误就急忙把棍子从水里拿出来，这样也许是能纠正他那不正确的看法，但你教他学到了什么东西呢？一点也没有，因为这是他自己也能够弄明白的。啊！我们应该采取的做法才不是这样咧！问题不在于告诉他一个真理，而在于教他怎样去发现真理。为了更好地教育他，就不能那样匆匆忙忙地赶紧纠正他的错误。现在，拿爱弥儿和我做个样子说明如下：

首先，从我们所说的耐心和谨慎这两点当中的第二点来看，所有那些按照一般的方法教育的孩子就一定会十分肯定地回答说："当然,是一根断了的棍子。"我不相信爱弥儿会这样回答我。由于他看不出做一个有学问的人或假装是一个有学问的人有什么好处,所以他绝不会忙于下什么判断,只有在有了证明的时候他才下他的判断,然而在这件事情上要找到证明,是很不容易的。他这个人是知道我们按表面现象而作出的判断,是多么容易受错觉的影响,所以他一定要谨慎行事。

此外,他从经验中知道,我问他的每一个最细小的问题也是有他起先还看不出来的一定的目的的,因此他不可能那样糊里糊涂地回答我;相反,他在回答以前要怀疑,要注意地看,要仔仔细细地研究,他绝不会给我一个连他自己也不满意的答案;然而要使他感到满意的话,那是不容易的。总之,无论是他或我,我们都不以我们知道事情的真相而感到骄傲,我们引为骄傲的是不出错误。当我们所说的道理并不十分正确的时候,反而比我们一点道理都不知道还感到狼狈。"我不知道"这句话对我们两个人来说是很适用的,我们经常再三再四地说这句话,而说了以后,对他和对我都没有什么不好的地方。不过,不论他是不是傻里傻气冲口而出地回答我,还是用"我不知道"这句最方便的话来逃避回答,我都要紧跟着说:"让我们仔仔细细地观察一下吧。"

这一根有半截是插在水中的棍子,其位置是固定地垂直放着的。由于它看起来好像是折断了,所以为了弄清楚它究竟是不是断了的,我们要经过许多的步骤之后,才把它从水中拿出来看或者把我们的手放进水里去摸!

(1)我们首先绕着棍子转,我们发现那折断的一段棍子也是同我们一样地在移动,可见是我们的眼睛觉得它在动;视觉是不能移动物体的。

(2)我们从露在水外的那段棍子的末端笔直地往下看,棍子就不再是弯的,靠近我们眼睛的那一端恰恰遮挡着另外一端①。难道是我们的眼睛又把棍子变直了吗?

(3)我们搅动水面,我们看见棍子折成了几段,成"之"字形摇动着,而且是跟着水的波纹一起动的。难道说我们把水一搅动就可以把这根棍子折断、弄软和融化掉吗?

(4)我们把水放走,这时候我们看见棍子随着水位的降落又慢慢地直起来了。这样一来,岂不把这件事情和光线折射的道理解释得很清楚了吗? 既然我们单单用视觉就能校正我们认为是视觉造成的错误,那么,我们说视觉欺骗我们就说得不对了。

假使孩子竟愚蠢到看不懂这些实验的结果,那就需要用触觉去帮视觉的忙了。其做法不是把棍子从水中拿出来,而是让它放在原来的位置,叫孩子用手从这端摸到另一端,这样,他感觉不到弯曲的地方,就可明白棍子不是断了的。

你也许会说,在这件事情上不只是判断的问题,而且还牵涉到形式推理的问题。你说得很对;不过,你难道不知道思想形成了观念,每一个判断就是一个推理吗? 意识到一种感觉,就是一个命题,一个判断。所以,只要我们把一种感觉和另一种感觉加以比较,我们就是在进行推理了。判断的艺术和推理的艺术完全是一回事情。

---

①　后来我经过更精确的实验而得到的结果恰好相反。屈折的地方好像打圈子似地在转动,在水中的那一部分棍子看起来比水外的那一部分大;不过这一点并不影响我的论断,不能因此就说所得到的结果是不正确的。

　　爱弥儿将永远不知道屈光学这门学问,要是他没有绕着这根棍子学一学它的话。他也许不会解剖昆虫或计算太阳上的黑斑,他也许不晓得什么叫显微镜和望远镜。你那些饱有学问的学生也许会嘲笑他的无知,他们笑得不错;因为,我要他在使用这些仪器以前,自己去发明这些仪器,而你们不相信这一点是不久就可以做到的。

　　我在这个阶段所实行的整个方法的精神就在这里。如果孩子在用两根指头交叉地转动一个小圆球的时候,觉得是两个圆球的话,我就要在他没有确实弄清楚只有一个圆球以前,不让他用眼睛看它。

　　我想,这些解释足以清楚地说明我的学生的心灵到现在已经发展到什么程度,说明他达到这种程度所经历的道路。也许你对我使他注意到的事物的数量感到吃惊,因而害怕我教他这样多的知识会伤害他的脑筋。事情恰恰相反,我的目的正是要他对事物保持无知,而不是拿各种各样的事物去教他。我向他指出通向科学的道路,按照这条道路前进就能够获得真理,不过走起来是很漫长和迟缓罢了。我已经叫他开始走了几步,以便使他知道入门的途径,但是我没有允许他深入进去。

　　由于他不得不自己学习,因而他所使用的是他的理智而不是别人的理智;因为,为了不听信别人的偏见,就要不屈服于权威;我们所有的谬见,大部分都不是出于我们,而是从别人那里学来的。正如工作和劳累能使身体产生一种活力一样,这样继续不断地练习,也可以使他的精神产生一种活力。另外一个好处是,他的心灵的发育同他的体力的发育是成比例的。心灵和肉体一样,有多大的力量才能做多大的事。在他把各种事物储存在记忆里以前,他要使它们经过他的理解，此后，他从记忆中取出来的东西才是属于他的；不然的话，要是懵懵懂懂地在头脑中记一大堆没有经过自己思考的东西，结果，所记的东西没有一样是自己的。

　　爱弥儿的知识不多，但他所有的知识都真正是属于他自己的，而且其中没有一样是一知半解的。在他经过透彻了解的少量的事物中，最重要的一项是：他知道，有许多的事物是他目前不了解而将来能够了解的；有更多的事物是别人了解而他是永远也不能了解的；还有无数的事物是任何人都不能了解的。他有一个能包罗万象的心胸，其所以这样，不是由于他有知识，而是由于他有获得知识的能力；他心思开朗，头脑聪敏，能够临机应变；现在，正如蒙台涅所说的，他虽然不是一个学识渊博的人，但至少是一个善于学习的人。只要他能够明白他所做的一切有什么用处，能够明白他为什么相信他所知道的种种事物，我就感到满意了。因为，再说一次，我的目的不是教给他各种各样的知识，而是教他怎样在需要的时候取得知识，是教他准确地估计知识的价值，是教他爱真理胜于一切†。采用这个办法，我们的进步很慢，但绝不会走一步冤枉的路，绝不会在前进不了的时候又不能不倒退回来重新学起。

　　爱弥儿只具有自然的知识，而且纯粹是物理的知识。对于历史，他连这个名词都不晓得，他也不知道什么叫形而上学和道德。他知道人和事物之间的主要关系，但他一点也不知道人和人之间

---

　　† 在其他版本作：因为，再说一次，我的目的不是教给他各种各样的知识，而是使他知道有各种各样的知识，是教他怎样在需要的时候取得知识，以便使他能够准确地估计知识的价值，使他爱真理胜于爱一切的东西。

的道德关系。他不大会概括观念，也不怎么懂得作抽象的思考。他能看出一些物体所共有的性质，但他不推究那些性质的本身。他借助于几何图形而认识抽象的空间，借助于代数符号而认识抽象的数量。这些图形和符号是抽象思考的支柱，所以他的感官要依靠这种支柱。他对事物的认识，其根据不是事物的性质，而是事物对他的影响。对于外界的物体，他只按它和他的关系去进行估计，但是这种估计是准确可靠的，其间一点也没有掺杂什么妄念和成见。他最重视对他最有用处的东西。由于他永远不违背这个认识事物的方法，因而就不会被别人的偏见所左右。

　　爱弥儿喜爱劳动，性情温和；他为人又耐心又顽强，而且还充满了勇气。他的想象力现在还没有活跃起来，因而不会使他在心目中把他遇到的危险想象得那样大；他对疾病满不在乎，他能够坚忍不拔地忍受一切痛苦，因为他还不知道怎样同命运进行斗争。至于说到死，他简直还不知道它是怎样一回事情哩；然而，由于他已经习惯于不加抵抗地完全服从需要的法则，因而在非死不可的时候，他将毫不呻吟，毫不挣扎地死去的。在这人人都憎恶的时刻，大自然是只允许我们这样做的。自由自在地生活和对人间的事物毫无挂虑，这就是懂得怎样死亡的最好方法。

　　总之，在个人道德中，爱弥儿已经懂得所有那些关系到他自己的道德了。为了具备社会道德，他只需进一步认识到是哪些关系在要求人们遵循这种道德就行了，他在这方面所欠缺的知识，不久就可获得的。

　　他只考虑他自己而不管别人，他认为别人也最好是不要为他动什么脑筋。他对谁都没有什么要求，也不认为他对哪一个人有什么应尽的义务。他在人类社会中是独自生活的,他所依靠的只是他自己。他比任何人都更应该依靠他自身,因为他完全达到了他那样年龄的人所能达到的圆满境地。他没有犯过什么过失,或者说,他所犯的过失都是我们无法避免的;他没有染上什么恶习,或者说,他所有的恶习都是任何人不能保证自己没有的。他的身体强壮,四肢灵活,思想健全而无偏见,心地自由而无欲念。自私,这在一切欲念中名列第一而且也是最自然的欲念,在他的心中还没有显露端倪。他不扰乱别人的安宁,因而可以按大自然所能允许的范围生活得尽量的满意、快乐和自由。你认为一个孩子这样地长到十五岁,他的光阴是白白地浪费了吗?

第 四 卷

我们在世上的时间过得多么快啊！生命的第一个四分之一，在我们还不懂得怎样用它以前，它就过去了；而最后的四分之一，又是在我们已经不能享受生命的时候才到来的。起初，我们是不知道怎样生活，而不久以后我们又失去了享受生活的能力；在这虚度过去的两端之间，我们剩下来的时间又有四分之三是由于睡眠、工作、悲伤、抑郁和各种各样的痛苦而消耗了的。人生是很短促的，我们之所以这样说，不是由于它经历的时间少，而是由于在这很少的时间当中，我们几乎没有工夫去领略它。死亡的时刻固然同出生的时刻相距得很远，如果当中的时间不是很好地度过的话，也可以说人生是极其短促的。

我们可以说是诞生过两次：一次是为了存在，另一次是为了生活；一次是为了做人，另一次是为了做一个男子。有些人把女人看做是一个不完全的男子，这种看法当然是错误的；但是他们就外表而作的推论，是说得很对的。在达到弱冠和及笄之年以前，男孩子和女孩子在外表上是没有什么明显的区别的，甚至连面孔、肤色和声音都完全是相同的：女孩是孩子，男孩也是孩子；同一个名词可以用来称呼这两种如此相像的人。男子们的男性的外部发育如果受到阻碍，则他们终生将保持这种样子，他们始终是大孩子；而妇女们由于没有失去这种样子,所以在许多方面都好像是从来没有起过变化似的。

一般地说,男子是不会始终停留在儿童状态的,他到了大自然所规定的时候就要脱离这种状态;这个极关紧要的时刻虽然是相当的短,但它的影响却很深远。

正如暴风雨的前奏是一阵海啸一样,这狂风暴雨似的巨变也用了一阵日益增长的情欲的低鸣宣告它的来临,一种暗暗无声的骚动预告危险即将到来了。性情的变化,愤怒的次数的频繁,心灵的不断的激动,使他几乎成了一个不守规矩的孩子了。他对我向他说的话以前是乖乖地服从的,而现在则充耳不闻了;他成了一头发狂的狮子,他不相信他的向导,他再也不愿意受人的管束了。

除了性情变化的精神征兆以外,在面孔上也有显著的变化。他的相貌长得轮廓分明,显得有一副性格的样子;他两个下腮上的稀疏柔软的绒毛也变得很浓密了。他的声音粗浊,或者说得更确切一点,他失去了他的声音:他既不是小孩也不是大人,这两种人的声音他都不能发了。他的眼睛,心灵的器官,在此以前是一无表情的,而现在也能表达他的语言和感情了,愈来愈烈的情火使它们显出活泼的样子;灵活的目光虽尚保存着圣洁的天真,然而已不再有最初那种茫然无知的神情,他已经觉得它们什么都能够表达了,他已经开始知道用它们传出忧郁和盛怒的心情了;还没有感触到什么东西,他已经就有所感觉了;他急躁不安,但又不知道急躁不安的原因。所有这一切都可能是慢慢来的,还给你留有观察的时间;但是,如果活泼的性情变得过于急躁,如果他的热情变成了疯狂,如果他时常激动和忧伤,如果他无缘无故地流眼泪,如果他一挨近他觉得是有危险的东西,他的脉搏就怦怦跳动,他的眼睛就发红,如果一个女人把她的手放在他的手上就使他战栗,如果他一靠近她就感到惶恐或羞怯,尤利西斯,啊,聪明的尤利西斯,你自己要当心啊!你那样仔细地系得牢牢实实的皮囊现在又打开了,狂风又怒吼起来了,别再放松你的舵柄,否则一切都完了。

这就是我所说的第二次诞生,到了这个时候人才真正地开始生活,人间的事物才在他看来没有一样与他没有关系。在此以前,我们所关心的完全是孩子的游戏,只有在现在我们对他的关心照料才具有真正的重要意义。一般人所施行的教育,到了这个时期就结束了;而我们所施行的教育,到这个时期才开始哩;不过,为了把这个新的计划阐述清楚起见,让我们再回头谈一下我们在前面讲到的事情。

我们的欲念是我们保持生存的主要工具,因此,要想消灭它们的话,实在是一种既徒劳又可笑的行为,这等于是要控制自然,要更改上帝的作品。如果上帝要人们从根铲除他赋予人的欲念,则他是既希望人生存,同时又不希望人生存了;他这样做,就要自相矛盾了。他从来没有发布过这种糊涂的命令,在人类的心灵中还没有记载过这样的事情;当上帝希望人做什么事情的时候,他是不会吩咐另一个人去告诉那个人的,他要自己去告诉那个人,他要把他所希望的事情记在那个人的心里。

所以,我发现,所有那些想阻止欲念的发生的人,和企图从根铲除欲念的人差不多是一样的愚蠢;要是有人认为我在这个时期以前所采用的办法就是要达到这样的目的,那简直是大大地误解了我的意思。

不过,如果我们根据人之有欲念是由于人的天性这个事实进行推断,我们是不是因此就可以得出结论说,我们在我们自己身上所感觉到的和看见别人所表现的一切欲念都是自然的呢?是的,它们的来源都是自然的;但是,千百条外来的小溪使这个源头变得很庞大了,它已经是一条不断扩大的大江,我们在其中很难找到几滴原来的水了。我们的自然的欲念是很有限的,它们是我们达到自由的工具,它们使我们能够达到保持生存的目的。所有那些奴役我们和毁灭我们的欲念,都是从别处得来的;大自然并没有赋予我们这样的欲念,我们擅自把它们作为我们的欲念,是违反它的本意的。

我们的种种欲念的发源,所有一切欲念的本源,唯一同人一起产生而且终生不离的根本欲念,是自爱。它是原始的、内在的、先于其他一切欲念的欲念,而且,从一种意义上说,一切其他的欲念只不过是它的演变。从这个意义上说,要是你愿意的话,就可以说,所有的欲念都是自然的。但是,大部分的演变都是有外因的,没有外因,这些演变就绝不会发生;这些演变不仅对我们没有好处,而且还有害处;它们改变了最初的目的,违反了它们的原理。人就是这样脱离自然,同自己相矛盾的。

自爱始终是很好的,始终是符合自然的秩序的。由于每一个人对保存自己负有特殊的责任,因此,我们第一个最重要的责任就是而且应当是不断地关心我们的生命。如果他对生命没有最大的兴趣,他怎么去关心它呢?

因此,为了保持我们的生存,我们必须要爱自己,我们爱自己要胜过爱其他一切的东西;从这种情感中将直接产生这样一个结果:我们也同时爱保持我们生存的人。所有的儿童都爱他们的乳母;罗谬拉斯❶也一定是爱那只曾经用乳汁哺育过他的狼的。起初,这种爱纯粹是无意识的。谁有助于我们的幸福,我们就喜欢他;谁给我们带来损害,我们就憎恨他,在这里完全是盲目的本能在起作用。使这种本能变为情感,使依依不舍之情变为爱,使厌恶变为憎恨的,是对方所表示的有害于或有益于我们生存的意图。感觉迟钝的人,只有在我们刺激他们的时候,他们才跟着动一动,所以我们对他们是没有爱憎之感的;可是有些人,由于内心的癖性,由于他们的意志,因而对我们可能带来益处或害处,所以,当我们看见他们在倾其全力帮助或损害我们的时候,我们也会对他们表示他们向我们所表示的那种情感的。谁在帮助我们,我们就要去寻找他;谁喜欢帮助我们,我们就爱他;谁在损害我们,我们就逃避他;谁企图损害我们,我们就恨他。

小孩子的第一个情感是爱他自己,而从这第一个情感产生出来的第二个情感,就是爱那些同他亲近的人,因为,在他目前所处的幼弱状态中,他对人的认识完全是根据那个人给予他的帮助和关心。起初,他对他的乳母和保姆所表示的那种依依之情,只不过是习惯。他寻找她们,因为他需要她们,找到她们就可以得到益处。这是常识而不是亲热的情意。需要经过很多的时间之后,他才知道她们不仅对他有用处,而且还很喜欢帮助他;只有到这个时候,他才开始爱她们。

---

❶　罗谬拉斯是传说中的罗马的创建者,据说,是一只母狼在一条破船中找到的被人遗弃的婴儿,叼回狼窝去以狼乳养大的。

　　所以，一个小孩子是自然而然地对人亲热的，因为他觉得所有
接近他的人都是来帮助他的，而且由这种认识中还养成了爱他的
同类的习惯；但是，随着他的利害、他的需要、他主动或被动依赖别
人的时候愈来愈多，他就开始意识到他同别人的关系，并且还进而
意识到他的天职和他的好恶。这时候，孩子就变得性情傲慢、妒
忌，喜欢骗人和报复人了。当我们硬要他照我们的话去做的时候，
由于他看不出我们叫他做的事情的用处，他因而就会认为我们是
在任性了，是有意折磨他，所以他就要起来反抗。如果我们一向是
迁就他的，那么，只要在什么事情上违反了他的心意，他就要认为
我们是在反叛他，是存心抗拒他；他就要因为我们不服从他而拍桌
子打板凳地大发脾气。自爱心所涉及的只是我们自己，所以当我
们真正的需要得到满足的时候，我们就会感到满意的；然而自私心
则促使我们同他人进行比较，所以从来没有而且永远也不会有满
意的时候，因为当它使我们顾自己而不顾别人的时候，还硬要别人
先关心我们然后才关心他们自身，这是办不到的。可见，敦厚温和
的性情是产生于自爱，而偏执妒忌的性情是产生于自私。因此，要
使一个人在本质上很善良，就必须使他的需要少，而且不事事同别
人进行比较；如果一个人的需要多，而且又听信偏见，则他在本质
上必然要成为一个坏人。按照这个原则，就很容易看出我们怎样
就能把孩子和大人的欲念导向善或恶了。是的，由于他们不能始
终是那样地单独生活，所以他们要始终保持那样的善良是很困难
的。这种困难还必然随他们的利害关系的增加而增加，何况还有
社会的毒害，所以我们在这方面不能不采取必要的手段和办法防
止人心由于有了新的需要而日趋堕落。

人所应该研究的,是他同他周围的关系。在他只能凭他的肉体的存在而认识自己的时候,他应当根据他同事物的关系来研究他自己,他应当利用他的童年来做这种研究;而当他开始感觉到他的精神的存在的时候,他就应当根据他同人的关系来研究自己,他就应当利用他整个的一生来做这样的研究,现在我们已经达到开始做这种研究的时候了。

一到人觉得他需要一个伴侣的时候,他就不再是一个孤独的人,他的心就不再是一个孤独的心了。他同别人的种种关系,他心中的一切爱,都将随着他同这个伴侣的关系同时发生。他这第一个欲念很快就会使其他的欲念骚动起来。

这个本能的发展倾向是难以确定的。这种性别的人为另一种性别的人所吸引,这是天性的冲动。选择、偏好和个人的爱,完全是由人的知识、偏见和习惯产生的;要使我们懂得爱,那是需要经过很多时间和具备很多知识的。只有在经过判断之后,我们才有所爱;只有在经过比较之后,我们才有所选择。这些判断的形成虽然是无意识的,但不能因此就说它们是不真实的。真正的爱,不管你怎样说,都始终是受到人的尊重的,因为尽管爱的魅力能使我们陷入歧途,尽管它不把那些丑恶的性质从感受到爱的心中完全排除,而且,甚至还会产生一些丑恶的性质,但它始终是受到尊重的,没有这种尊重,我们就不能达到感受爱的境地。我们认为是违反理性的选择,正是来源于理性的。我们之所以说爱是盲目的,那是因为它的眼睛比我们的眼睛好,能看到我们看不到的关系。在没有任何道德观和审美观的男人看来,所有的妇女都同样是很好的,他所遇到的头一个女人在他看来总是最可爱的。爱不仅不是由自然产生的,而且它还限制着自然的欲念的发展;正是由于它,除了被爱的对象以外,这种性别的人对另一种性别的人才满不在乎。

我们喜欢什么,我们就想得到什么,而爱则应当是相互的。为了要受到人家的爱,就必须使自己成为可爱的人;为了要得到人家的偏爱,就必须使自己比别人更为可爱,至少在他所爱的对象的眼中看来比任何人都更为可爱。因此,他首先要注视同他相似的人,他要同他们比较,他要同他们竞赛,同他们竞争,他要妒忌他们。他那洋溢着感情的心,是喜欢向人倾诉情怀的;他需要一个情人,不久又感到需要一个朋友。当一个人觉得为人所爱是多么甜蜜的时候,他就希望所有的人都爱他;要不是因为有许多地方不满意,大家都是不愿意有所偏爱的。随着爱情和友谊的产生,也产生了纠纷、敌意和仇恨。在许多各种各样的欲念中,我看见涌现了偏见,它宛如一个不可动摇的宝座,愚蠢的人们在它的驾驭之下,竟完全按别人的见解去安排他们的生活。

把这些观念加以扩充,你就可以发现我们以为我们的自尊心在形式上好像是天生的想法是从那里来的,你就可以发现自爱之心为什么不能成为一种绝对的情感,而要在伟人的心中变为骄傲,在小人的心中变为虚荣,使所有一切的人都不断地想损人利己。在孩子们的心中是没有骄傲和欲念的根源的,所以不可能在其中自发地产生,纯粹是我们把这些欲念带到他们心中的,而且,要不是由于我们的过错的话,这些欲念也不可能在他们的心中扎下根的;但是,就青年人来说,情况就不是这样了,不管我们怎样努力,这些欲念都会在他们心中生长起来。因此,现在是到了改变方法的时候了。

让我们首先就这里所阐述的紧要阶段谈几个重要问题。从童年到青春期,这段时间并不是像大自然那样安排度过的,它对每个人要随人的气质而变化,它对民族要随风土而变化。每一个人都知道,在这一点上炎热的地区和寒冷的地区的差别是很显著的,性情急躁的人要比别人成熟得早一些;但是,人们可能会搞错这当中的原因,可能把精神的原因往往说成是物质的原因,这是当代的哲学家们常犯的错误之一。自然的教育进行得晚,进行得慢,而人的教育则进行得过早。前一种教育,是让感官去唤起想象;后一种教育,则是用想象去唤起感官;它使感官还没有成熟就开始活动,这种活动起先将损伤个人的元气,使他的身体衰弱,往后甚至还会削弱种族的。有一种看法认为这是由于风土的影响,而另外一种更普遍和更肯定的看法则认为受过教养的文明人的发情期和性能力,总是比粗野无知的人的发情期和性能力成熟得早些①。孩子们有一种特异的聪敏,可以透过端庄的外表发现其中掩盖的一切不良风俗。人们教他们所说的那种一本正经的话,向他们灌输的为人要老实的教训,以及用来蒙蔽他们眼睛的种种神秘的面纱,反

---

①　"在城市里,"毕丰说,"富裕人家的孩子常吃丰富和营养的食品,因而达到这个阶段的时间更早一些;在乡间,穷苦人家的孩子则比较晚一些,因为他们吃得不好又吃得太少;他们要多用两三年的时间才能达到这个阶段。"(《博物学》,第 4 卷,12 开本,第 238 页。)我承认他所说的事实,但我不赞同他所说的原因;在乡村中,农民们吃得很好又吃得很多,像在瓦累,甚至像在意大利的某些山区(如弗里乌尔),男孩和女孩的发情期都同样比城市的孩子们来得晚;在城市中,人们为了满足虚荣的心理,往往是极其节食的,而且城市中的人大多数都是像俗话所说的:"穿得阔绰,吃得蹩脚。"令人奇怪的是,在这些山区中,我们看见一些个子高力气大犹如成人的男孩子,说话还是那样尖声尖气的,而且下巴上也没有长胡须,而亭亭玉立的大姑娘好像还一点不知道女性的月经。在我看来,其所以有这种差别,唯一的原因是由于他们在那种朴朴素素的风俗中,他们的想象力保持平静的时间较长,所以才使他们的血液沸腾得晚,使他们的气质不是那样的早熟。

而成了刺激他们好奇心的因素。显然，按照你们所采取的方法，你们装模作样地不让他们知道某种事情，反而教他们知道那种事情；在你们给他们的各种教育中，只有这种教育他们才最能融会贯通。

你从经验中就可以知道，这种愚蠢的方法在多大的程度上加速了自然的作用和毁坏了人的气质。这一点，是城市人口衰退的主要原因之一。年轻人很早就耗尽了他们的精力，因而成长得很矮小、柔弱，发育不健全；他们不是在成长而是在衰老，正如你们使葡萄在春天结实，使它在秋前就枯萎而死是一样的。

必须在粗豪质朴的人们当中生活过，才能知道快乐无知地生活可以使孩子们一直到多大的年龄都还是那样的天真。看见男孩子和女孩子是那样心地坦然地在年轻貌美的时候做那些天真的儿童游戏，看见他们在亲热中流露出纯洁的愉快的心情，真是令人又高兴又好笑。最后，当这些可爱的年轻人结了婚，两夫妇互相把他们个人的精华给予对方的时候，他们双方将因此更加亲爱了；长得结结实实的一群孩子，就是任何力量都不能加以破坏的这种结合的保证，就是他们青年时期美好德行的成果。

既然人获得性知识的年龄，是随人所受的教育以及随自然的作用而有所不同，则由此可见，我们是能够以我们培养孩子的方法去加速或延迟这个年龄的到来的；既然身体长得结实或不结实，是随我们的延迟或加速这个发展的进度而定，则由此可见，我们愈延缓这个进度，则一个年轻人就愈能获得更多的精力。我现在所谈的还纯粹是对体格的影响，你们不久就可看到，这些影响的后果还不只是限于身体哩。

人们时常争论这个问题：是趁早给孩子们讲明他们感到稀奇

的事情呢,还是另外拿一些小小的事情把他们敷衍过去？现在,我从上述的论点中找到了解决这个问题的办法了。我认为,人们所说的两个办法都不能用。首先,我们不给他们以机会,他们就不会产生好奇心。因此,要尽可能使他们不产生好奇心。其次,当你遇到一些并不是非解答不可的问题时,你不可随便欺骗提问题的人,你宁可不许他问,而不可向他说一番谎话。你按照这个法则做,他是不会感到奇怪的,如果你已经在一些不重要的事情上使他服从了这个法则的话。最后,如果你决定回答他的问题,那就不管他问什么问题,你都要尽量地答得简单,话中不可带有不可思议和模糊的意味,而且不可发笑。满足孩子的好奇心,比引起他的好奇心所造成的危害要少得多。

你所作的回答一定要很慎重、简短和肯定,不能有丝毫犹豫不决的口气。同时,你所回答的话,一定要很真实,这一点,我是用不着说的了。成年人如果意识不到对孩子撒谎的危害,就不能教育孩子知道对大人撒谎的危害。做老师的只要有一次向学生撒谎撒漏了底,就可能使他的全部教育成果从此为之毁灭。

某些事情绝对不让孩子们知道,对他们来说也许是最好不过的;但不可能永远隐瞒他们的事情,就应当趁早地告诉他们。要么就不让他们产生一点好奇心,否则就必须满足他们的好奇心,以免他们达到一定的年龄后,受到自己的好奇心的危害。在这一点上,你在很大的程度上要看你的学生的特殊情况以及他周围的人和你预计到他将要遇到的环境等等而决定你对他的方法。重要的是,这时候在任何事情上都不能凭偶然的情形办事;如果你没有把握使他在十六岁以前不知道两性的区别,那就干脆让他在十岁以前知道这种区别好了。

我不喜欢人们装模作样地对孩子们说一套一本正经的话,也不喜欢大家为了不说出真情实况就转弯抹角地讲,因为这样反而会使他们发现你是在那里兜着圈子说瞎话。在这些问题上,态度总要十分朴实;不过,他那沾染了恶习的想象力,使耳朵也尖起来了,硬是要那样不断地推敲你所说的话的词句。所以,话说得粗一点,没有什么关系;而应该避免的,是色情的观念。

尽管行为端正是人类的天性,但孩子们自然是不知道这一点的,只有在知道有罪恶的时候才知道要行为端正;所以,当孩子们还没有而且也不应当有关于罪恶的知识的时候,他们怎样会有从这种知识中产生的认识,想到要行为端正呢?如果教训他说要行为端正和诚实,这无异是在告诉他们说有些事情是可羞的和不诚实的,无异是在暗中驱使他们想知道这些事情。他们迟早是会知道这些事情的,只要有一个小小的火花把他们的想象力点燃以后,就一定会加速使他们的感官火热地动起来的。凡是脸儿会发红的人,就有犯罪的能力了;真正天真的人对任何事情都是不害羞的。

孩子们还没有具备成年人所有的那些欲望,但同成年人一样,他们也是容易沾染那些伤害感官的猥亵行为的,因此他们也可以接受针对这种行为所施行的良好教育。我们要遵照自然的精神,它把秘密的快乐的器官和令人厌恶的排泄的器官放在同样的地方,从而有时以这种观念,有时又以另一种观念教导我们在任何年龄都同样要那样的谨慎;它教成年人要节制,它教小孩子要爱干净。

我认为,要使孩子们保持他们的天真,只有一个良好的办法,那就是：所有他周围的人都要尊重和爱护他们的天真。不这样做，则我们对他们所采取的一切控制办法迟早是要同我们预期的目的产生相反的效果的；微微地笑一下，或者眨一下眼睛或不经意地做一下手势，都会使他们明白我们在竭力隐瞒他们什么事情；他们只要看见我们向他们掩饰那件事情，他们就想知道那件事情。文雅的人同孩子们谈起话来咬文嚼字，反而使孩子们以为其中有些事情是不应该让他们知道的，因此对孩子们讲话绝不要那样的修饰辞藻；但是，当我们真正尊重他们的天真的时候，我们同他们谈话就容易找到一些适合于他们的语句了。有一些直率的话是适合于向天真的孩子们说的，而且在他们听起来也是感到很喜欢的：正是这种真实的语言可以用来转移一个孩子的危险的好奇心。同他说话的时候诚恳坦率，就不会使他疑心还有一些事情没有告诉他。把粗话同它们所表达的令人厌恶的观念联系起来，就可以窒息想象力的第一个火花。我们不要去禁止他说那些话和获得那些观念，但是我们要使他在不知不觉中一想起那些话和那些观念就感到厌恶。如果人们从心眼里始终只说他们应当说的话，而且他们怎样想就怎样说，则这种天真烂漫的说话方式将给他们省去多少麻烦啊！

"小孩子是怎样来的？"孩子们是自然而然地会提出这个令人为难的问题的；对这个问题回答得慎重或不慎重，往往可以决定他们一生的品行和健康。做母亲的如果想摆脱这个难答的问题，同时又不向他的儿子说假话，最直截了当的办法是不准他问这个问题。如果我们老早就使他在一些无关紧要的问题上听惯了我们这样的回答，如果他不疑心这种新的说话语气含有什么神秘的东西，那么,这个方法也许是可以收效的。但是,做母亲的是很少采用这样的回答方式的。"这是结了婚的人的秘密,"她也许会这样告诉他,"小孩子不应该这样好奇。"这样一来,倒是容易使母亲摆脱这个难题,但她要知道,她的孩子在她那种嘲弄的样子的刺激之下,反而会一刻也不停地想知道结了婚的人的秘密,而且,他用不着多久的时候就可以知道这个秘密是怎样一回事情。

让我告诉你们,对这个问题,我曾经听到过一个迥然不同的回答,这个回答之所以特别使我的印象深刻,是因为它出自一个在言语和行为上都是十分谨慎的妇女之口,不过,这个妇女知道在必要的时候,为了孩子的利益和品行,应当毅然决然地不怕别人的责难,不说那些引人好笑的废话。不久以前,她的小男孩从小便里撒出一个小小的硬东西,把他的尿道也弄破了,这件过去的事情早就搞忘了。"妈妈,"这个小傻瓜问道,"小孩子是怎样来的?""我的儿子,"他妈妈毫不犹豫地回答道,"是女人从肚子里把他屙出来的,屙的时候肚子痛得几乎把命都丢掉了。"让疯子们去嘲笑吧!让傻子们去害羞吧!但是也让聪明的人去想一想他们是否可以找得到另外一个更合情理和更能达到目的的回答。

首先,这个孩子对一种自然的需要所具有的观念,将使他想不到另外一种神秘的作用。痛苦和死亡这两个连带的观念用一层暗淡的面纱把他对神秘的作用的观念掩盖起来,从而便窒息了他的想象力,克制了他的好奇。这样一来,使孩子在心中想到的是生孩子的结果而不是生孩子的原因。这位母亲回答的话如果令人想到了可厌恶的事情,使孩子再问下去的话,就必然会引申到去解释人类天性的缺陷、令人作呕的事物和痛苦的样子。在这样的谈话中,哪里会使他急于想知道生孩子的原因呢？所以你看，这样做，既没有歪曲真实的事实，也用不着去责备孩子，相反地，倒是给了他一番教育。

你的孩子要读书，他们在读书中可以取得他们如果不读书就不可能取得的知识。如果他去钻研的话，他们的想象力便将在寂静的书斋中燃烧起来，而且愈燃愈猛烈。当他们到社会中去生活的时候，他们就会听到一些鄙俗的话，就会看到一些使他们印象深刻的行为；你再三告诉他们说他们已长成为大人了，因而在他们看着大人所做的事情中，他们不免要追问这些事情怎样才可以由他们去做。既然别人所说的话，一定要他们听，则别人所做的行为，他们就可以照着去做了。家中的仆役是隶属于他们的，因此为了取悦他们，就不惜糟蹋善良的道德去迎合他们的心；有一些爱嘻哈打笑的保姆，在孩子还只有四岁的时候就向他们说一些连最无耻的女人在他们十五岁的时候都不敢向他们说的话。她们不久就把她们所说的话忘记了，然而他们是不会忘记他们所听到的事情的。轻佻的言语为放荡的行为埋下了伏机，下流的仆役使孩子也成了放荡的孩子，这个人的秘密，正好供另一个人用来保守他自己的秘密。

按年龄进行培养的孩子是孤独的。他一切都照他的习惯去做，他爱他的姐妹就好像爱他的时表一样，他爱他的朋友就好像爱他的狗一样。他自己不知道他是哪一个性别的人，也不知道他是哪一个种族的人，男人和妇女在他看来都同样是很奇怪的；他一点不知道他们所做的事情和所说的话同他有什么关系，他不看他们所做的事，也不听他们所说的话，或者说，他压根儿都没有去注意过他们,他们所说的话也像他们所做的事一样,引不起他的兴趣:所有这些都是同他不相干的。这并不是由于我们采用了这个方法因而使他有这样一个人为的过错,这是自然的无知。现在,大自然对他的学生进行启蒙的时刻已经到来了,只有在这个时候它才使它的学生可以毫无危险地从它给他的教育中受到益处。这是一个原则,至于详细的规则,是不在我论述的范围的;我针对其他事情提出的那些方法,也可以应用于这件事情。

如果你想使日益增长的欲念有一个次序和规律,那就要延长它们在发展过程中所经历的时间,以便使它们在增长的时候可以从从容容地安排得很有条理。能使它们安排得井然有序的,不是人而是自然,所以你就让它去进行安排好了。如果你的学生只是单独一人,那你就没有什么事情可做了,不过,他周围的一切是要使他的想象力燃烧起来的。偏见的激流将把他冲走,要想拉住他,就必须使他向相反的方向前进,必须用情感去约束想象力,用理智去战胜人的偏见。一切欲念都渊源于人的感性,而想象力则决定它们发展的倾向。凡是能感知其关系的人,当那些关系发生变化,以及当他想象或者认为其他关系更适合于他的天性的时候,他就会心有所动的。使所有一切狭隘的人的欲念变成种种邪恶的,是他们的想象造成的错误,甚至天使的欲念也会变成邪恶,如果他们也想象错了的话*。因为,要想知道什么关系最适合于他们的天

---

　　* 在其他版本作:"……如果有天使的话。"在手稿中实际上是这样写的。我们可以说,在最初的版本中,作者是迫不得已才用"如果他们也想象错了的话"来代替"如果有天使的话"这个说法;但是,既然在日内瓦版中最后这句话是这样说的,所以,似乎确实是他自己认为在正文中最好还是用前面那个说法代替后面这个说法。

性,他们就必须对所有一切人的天性有所认识。

现在,把我们明智地运用我们欲念的要点归纳如下:(一)既要从人类也要从个体去认识人的真正关系;(二)要按照这些关系去节制心灵的一切感情。

但是,人是不是可以自主地按照这样或那样的关系去节制他的感情呢?如果他能够自主把他的想象力贯注于这个或那个目标,或者能够自主地使他养成这样或那样的习惯,他当然是可以的。此外,现在的问题不在于一个人能够怎样教育他自己,而在于我们通过给我们的学生所选择的环境如何去教育他。阐明了我们采用什么方法就能使他遵守自然的秩序,就可以清楚地说明他怎样就能脱离那个秩序。

只要他的感情只限制于他个人,那么,他的行为就没有什么道德的意义;只有在他的感觉力开始超出他个人的时候,他才首先有情感,而后有善恶的观念,从而使他真正成为一个大人,成为一个构成人类的必要的部分。因此,我们必须首先阐述这一点。

在进行阐述的时候,困难在于一方面必须摒弃我们眼前的事例,另一方面又必须寻找那些顺着自然的秩序连续发展的例子。

受过一定方式和文化熏陶的孩子,只要有了能力就要把他所受的过早的教育付诸实践的;这种孩子是非常清楚他什么时候就具有这种能力的,他不仅不等待,反而要加速这种时候的到来;他使他的血液还未成熟就开始沸腾,甚至,在他还未体验到他有哪些欲望以前,他早就知道他的欲望所要达到的目的了。这不是大自然在刺激他,而是他在强迫自然,因为它从来没有教过他采取这种方式去做成年人,他在实际上还没有成为一个大人,他在思想上就早已成为一个大人了。

　　自然的真正进程是比较缓慢地逐渐前进的,血液一点一点地开始沸腾,心思一点一点地趋于细致,性情一点一点地慢慢形成。管理工厂的聪明的工人,在用工具去制造东西以前,是十分注意地要使他所有的工具都做得非常精良。在产生最初的欲望之前,有一个漫长的焦虑不安的时期,长期的无知状态蒙蔽了他的欲望的心;他有所欲望,然而又不知道他要得到的是什么东西。血液激烈地沸腾起来,过剩的生命力要向外奔放。眼睛灼灼有光,频频地观看别人,他开始对我们周围的人发生兴趣,他开始觉得他生来不是要单独一个人生活的,这时候,他的心对人类的爱打开了大门,懂得什么叫爱了。

　　经过细心培养的青年人易于感受的第一个情感,不是爱情而是友谊。他日益成长的想象力首先使他想到他有一些同类,人类对他的影响早于性对他的影响。所以,把蒙昧无知的时期加以延长,还可以获得另外一个好处,那就是:利用日益成长的感性给这个青年人的心中播下博爱的种子。正是由于在他一生中,只有这个时候对他的关心教养才能取得真正的成效,所以这个好处的意义更为重大。

　　我往往发现,很早就开始堕落、沉湎酒色的青年是很残酷不仁的:性情的暴烈使他们变得很急躁、爱报复和容易发脾气的人;他们不顾一切,只图达到他们想象的目的;他们不懂得慈悲和怜悯;他们为了片刻的快乐就可牺牲他们的父亲、母亲和整个的世界。反之,一个在天真质朴的生活中成长起来的青年,由于自然的作用是必然会养成敦厚和重感情的性情的:他热诚的心一见到人的痛苦就深为感动；他见到伙伴的时候就高兴得发抖，他的两臂能温柔地拥抱别人，他的眼睛能流出同情的眼泪；当他发现他使别人不愉快了，他就觉得羞愧；当他发现他冒犯别人了，他就觉得歉然。如果火热的血使他急躁不安和发起怒来，隔一会儿以后，你就可以从他那深深惭愧的表情中看出他的天性的善良；他见到自己伤害了别人就哭泣和战栗，他愿意用自己的血去赔偿他使别人所流的血；当他觉察到他犯了过失，他所有的怒气就会消失，他所有的骄傲就会变为谦卑。如果别人冒犯了他，在他盛怒的时候，只要向他道一个歉，只要向他说一句话，就可以消除他的怒气；他既能真心实意地弥补他自己的过失，也能真心实意地原谅他人的过失。青春时期，不是对人怀抱仇恨而是对人十分仁慈和慷慨的时期。是的，我是这样说的，我不怕把我的话付诸经验的考验，一个在二十岁以前一直保持着天真的善良人家的孩子，在青春时期的确是人类当中最慷慨和最善良的人，他既最爱别人，也最值得别人的爱。我深深相信，还从来没有人向你说过这样的话；你们那些在学院的腐败的环境中教育出来的哲学家，是不愿意知道这一点的。

人之所以合群，是由于他的身体柔弱；我们之所以心爱人类，是由于我们有共同的苦难；如果我们不是人，我们对人类就没有任何责任了。对人的依赖，就是力量不足的表征：如果每一个人都不需要别人的帮助，我们就根本不想同别人联合了[*]。所以，从我们的弱点的本身中反而产生了微小的幸福。一个孤独的人才是真正

---

[*] "一切亲善和爱恋，都出于低能。"见西塞罗：《论神性》Ⅰ，44。

幸福的人;唯有上帝才享受了绝对的幸福;不过,我们当中谁知道
这种幸福是什么样的呢?一个力量不足的人即使自己能够满足自
己的需要,照我们想来,有什么乐趣可说呢?也许他将成为一个孤
孤单单、忧忧郁郁的人。我认为,没有任何需要的人是不可能对什
么东西表示喜爱的:我想象不出对什么都不喜爱的人怎么能过幸
福愉快的生活。

　　由此可见,我们之所以爱我们的同类,与其说是由于我们感
到了他们的快乐,不如说是由于我们感到了他们的痛苦;因为在
痛苦中,我们才能更好地看出我们天性的一致,看出他们对我们
的爱的保证。如果我们的共同的需要能通过利益把我们联系在
一起,则我们的共同的苦难可通过感情把我们联系在一起。一
个幸福的人的面孔,将引起别人对他的妒忌,而不会引起别人对
他的爱慕。我们将诉说他之所以过得格外舒服,是因为他窃取
了他不应当享受的权利;同时,就我们的自私心来说,是更加感
到痛苦的,因为它使我们觉得这个人已不再需要我们了。但是,
有哪一个人看见别人遭受苦难而不同情的呢?如果从心愿上
说,谁不想把他从苦难中解救出来呢?我们的心将使我们设身
处地地想象自己就是那个受苦的人,而不会把自己想象为那个
幸福的人。我们觉得,在这两种人的境遇中,前一种人的境遇比
后一种人的境遇更能打动我们的心。怜悯心是甜蜜的,因为当
我们设身处地为那个受苦的人着想的时候,我们将以我们没有
遭到他那样的苦难而感到庆幸。妒忌心是痛苦的,因为那个幸
福的人的面孔不仅不能使羡慕的人达到那样幸福的境地,反而
使他觉得自己不能成为那样幸福的人而感到伤心。我觉得,前

者可使我们免受那个人所受的痛苦,后者将从我们身上剥夺另一个人所享受的那种幸福。

因此,如果你要在一个青年人的心中培养他那开始冲动的日益成长的感情,如果你要使他的性格趋向善良,那就绝不能用虚假的人们的幸福面貌在他身上播下骄傲、虚荣和妒忌的种子,绝不能先让他看到宫廷的浮华和富丽的排场,绝不能带他到交际场所和衣饰华丽的人群中去;只有在你已经使他能够就上流社会的本身去了解上流社会的时候,你才能够让他看见上流社会的外表。在他对人们还没有获得认识以前,就让他出入社交场合的话,那就不是在培养他,而是在败坏他;不是在教育他,而是在欺骗他。

人并非生来就一定能做帝王、贵族、显宦或富翁的,所有的人生来都是赤条条地一无所有的,任何人都要遭遇人生的苦难、忧虑、疾病、匮乏以及各种各样的痛苦,最后,任何人都是注定要死亡的。做人的真正意义正是在这里,没有哪一个人能够免掉这些遭遇。因此,我们开始的时候,就要从同人的天性不可分离的东西,真正构成人性的东西,着手进行我们的研究。

长大到十六岁的少年能够懂得什么叫痛苦了,因为他自己就曾经受过痛苦;但是他还不大清楚别人也同样地遭受痛苦:看见别人的痛苦而自己没有那种痛苦的感觉,是不明白别人的痛苦是怎样一回事情的,而且,正如我已经说过一百次的,当孩子还不能想象别人的感觉时,他只能知道他自己的痛苦;但是,当感官一发育,燃起了他的想象的火焰的时候,他就会设身处地为他的同类想一想了,他就会为他们的烦恼感到不安,为他们的痛苦感到忧伤。正是在这个时候,那苦难的人类的凄惨情景将使他的心中开始产生他从来没有体验过的同情。

　　如果你在你的孩子的身上不容易看出这个时刻的到来,那又怪得着谁呢?你很早就教会他们玩弄情感,教会他们说带情感的语言,以致他们谈起话来总是那种腔调,拿你教他们的东西来对付你自己,使你没有办法可以看出他们什么时候才说的不是假话,而是他们真正的感觉。可是,你们看一看我的爱弥儿,我已经带他长大到这样的年龄了,但他从来没有动过什么感情,也没有说过任何假话。在他还不懂得什么叫爱以前,他从来没有向任何人说过:"我很爱你";我从来没有给他讲过他在他爸爸、妈妈或生病的老师的房间里应该表现什么样子,我从来没有告诉过他怎样在他心中根本没有忧愁的时候装出一副忧愁的样子。见到人死的时候,他是不会假哭一场的,因为他不知道死是怎样一回事情。他在心中没有某种感觉,他在态度上就没有某种表情。除他自己以外,他对什么人都是一概不注意的;他跟其他的孩子一样,对任何人都不表示关心,所不同的是,他不假装一副关心人的样子,他不像他们那样虚伪。

　　爱弥儿很少在心中思考过有感觉的生物究竟有哪些感觉,所以要很晚以后他才知道痛苦和死亡是怎样一回事情。现在,呻吟和哭泣已开始打动他的肝肠,流血的样子已使他不能不张开他的眼睛;在他不知道一个奄奄一息的动物为什么会全身痉挛以前,我不知道他看到那种肌肉颤动的情形会感到多么的痛苦。如果他仍然是那样的粗野和懵懵懂懂的话,他就不会有这些感觉;如果他受了更多的教育,他就可以明白这些感觉是从什么地方来的:他已经把他的观念做过很多的比较，所以不能说一点没有感觉，但要说到能想象出他所感觉的情景，那还是不够的。

怜悯心，这个按照自然秩序第一个触动人心的相对的情感，就是这样产生的。为了使孩子变成一个有感情和有恻隐之心的人，就必须使他知道，有一些跟他相同的人也遭受到他曾经遭受过的痛苦，也感受到他曾经感受过的悲哀，而且，还需使他知道其他的人还有另外的痛苦和悲哀，因为现在他也能够感觉到这些痛苦和悲哀了。如果我们不能忘掉自己的形骸，把自己同那个受痛苦的动物看作一体，替它设身处地地想一想，我们怎么能动怜悯之心呢？我们只有在判明它确实在受痛苦的时候，我们才会感到痛苦；我们所痛苦的不是我们自己而是那个动物。因此，任何人都只有在他的想象力已开始活跃，能使他忘掉自己，他才能成为一个有感情的人。

为了激发和培养这种日益增长的感情，为了按它的自然的发展倾向去引导它和认识它，如果我们不使一个青年人把他心中愈来愈扩充的力量用之于那些能扩大他的胸襟，能使他关心别人，能使他处处忘掉他自己的事物；如果我们不十分小心地消除那些使他心胸狭隘，使他以自己为中心而时时都想到他个人的事物，换句话说，如果我们不促使他的心中产生善良、博爱、怜悯、仁慈以及所有一切自然而然使人感到喜悦的温柔动人的情感，并防止他产生妒忌、贪婪、仇恨以及所有一切有毒害的欲念——不仅使人的情感化为乌有，而且还使它发生相反的作用和折磨他自己的欲念，我们又怎样做呢？

我想，我可以把我在以上阐述的种种看法归纳成两三个明确易懂的原理。

原 理 一

> 人在心中设身处地地想到的，不是那
>
> 些比我们更幸福的人，而只是那些比我们
>
> 更可同情的人。

如果发现有些人是例外，跟这个原理所说的情况不同，那也只是在表面上而不是在实际上不同。任何人都不会为他所喜欢的富人或显贵将心比心地设想的，即使是在真心喜欢的时候，那也只是在于想得到他的一部分好处。有时候，当他们倒了霉，反而会得到人的同情；但是，在他们发财或青云直上的时候，除了那些不为飞黄腾达的外表所迷惑、仍然对他们采取同情而不采取妒忌的态度的人以外，他们就没有一个真正的朋友。

有些人的幸福生活，例如农民的田园生活，使我们的心为之感动。看见那些忠厚的幸福人，我们的心都着迷了，在我们的这种感觉中是一点妒忌的恶意都没有的，我们真真实实地喜欢他们。为什么会这样呢？因为我们觉得我们能够降低我们的地位，去过这种安宁纯朴的生活，去享受他们那种幸福。只要愿望能见诸实行的话，这倒不失为一个使人心思愉快的可行的办法。当我们的眼睛看见自己的富源，当我们的心想到自己的财产的时候，即使我们不去享受，我们的心里也总是很高兴的。

由此可见，为了使一个青年人心存博爱，就绝不能使他去羡慕别人红得发紫的命运，应该向他指出这种命运有它阴暗的地方，使

他感到害怕。这样一来，显然他就不会按照别人走过的足迹而要另外开辟一条通往幸福的道路了。

原　理　二

在他人的痛苦中，我们所同情的只是
我们认为我们也难免要遭遇的那些痛苦。
"因为我经历过苦难的生活，所以
我要来援助不幸的人。"

维吉尔：《伊尼依特》第 1 卷，第 634 节

我还没有听见过哪一个人说的话有这一行诗这样优美、这样深刻、这样动人和这样真切。

为什么帝王对他们的臣民一点也不怜惜呢？那是因为他们算定自己永远也不会成为一个普通人。为什么富人对穷人那样的心狠呢？那是因为他们没有陷入穷困的忧虑。为什么贵族们对老百姓那样看不起呢？那是因为一个贵族永远不会成为一个平民。为什么土耳其人一般都比我们仁慈和厚道呢？那是由于他们的政府是十分的专制，个人的荣华富贵始终是那样浮沉不定和靠不住的，他们根本不认为他们永远不会降落到卑贱和穷困的境地①，每一个人也许明天就会变得同他今天所帮助的人一个样子。这种想法不断地出现在东方人的小说中，它对读者的感染力，比我们这种干巴巴的伦理不知道要强多少倍。

_____

① 这种情况现在好像是变了一点：人的身份地位似乎是比较稳定了，而人也同时变得比较狠了。

　　不要让你的学生常常因他的荣华而藐视不幸的人的痛苦和可怜的人的劳碌，如果他认为这些人同他不相干的话，你就别想把他教育得对他们表示同情了。要使他十分懂得，那些可怜的人的命运也可能就是他的命运，他们的种种痛苦说不定他马上就会遭遇，随时都有许多预料不到的和不可避免的事情可以使他陷入他们那种境地。要教育他不要以为他有了出身、健康和财产就算是有了保证，要给他指出命运的浮沉，要给他找出一些数见不鲜的例子，说明有些地位比他高的人在堕落以后其地位还不如那些可怜的人呢；至于这些人的堕落是不是由于他们的过失，那不是现在要讲的问题，因为他现在哪里懂得什么叫过失呢？你不要超出他的知识的范围，而要用他能够了解的道理去启发他，这样他不需要具备多大的学问就可以知道，一个人尽管事事谨慎，也很难断言他一个小时以后是活着还是死亡，也很难断言天黑以前肾脏炎是否会痛得他咬紧牙关，一个月以后他是穷还是富，一年以后他是不是会被送到阿尔及尔在别人的鞭打之下做划船的苦役。尤其重要的是，在向他讲解这些事情的时候，切不可死板地采取问答教授的方式，必须要让他看见，让他感觉到所有这些人类的灾难；要用一个人时时刻刻都可能遭遇到的危险去使他的想象力受到震惊，要使他知道他周围都是深渊，要使他听你描述这些深渊的时候，紧紧地偎在你的身边，生怕掉进那些深渊里去。你也许认为，我们这样做，会使他成为一个胆怯的人。是否会使他成为一个胆怯的人，我们以后就可以明白；至于目前，我们首先要从使他成为一个心地仁慈的人着手做起；我们现在当务之急，就是这一点。

原 理 三

我们对他人痛苦的同情程度,不决定
于痛苦的数量,而决定于我们为那个遭受
痛苦的人所设想的感觉。

我们认为一个不幸的人有多么可怜,我们才对他表示多大的同情。我们在肉体上对我们的痛苦的感觉,比我们想象的要小一些;由于记忆力使我们觉得我们的痛苦在继续,由于想象力可以把它们延及到将来,因此,才使我们真正有所同情。虽然共同的感觉应当使我们对动物一视同仁,然而我们为什么对它们的痛苦就不如对人的痛苦那样关心,我想,其原因之一就在于此。一个人是不可怜他所养的拉车的马的,因为他不去揣测它在吃草的时候是不是会想到它所挨的鞭子和未来的疲劳。我们虽然知道那只在牧场上吃草的羊不久就要被人们吃掉,我们也不可怜它,因为我们知道它是不会料想它的命运的。推而广之,我们对人的命运也是这样心狠的;有钱的人使穷人遭受了种种痛苦,然而由于他们以为穷人竟愚蠢到不知道痛苦的来由,所以也就以这一点来安慰自己的良心。一般地说,我在评价每一个人对他的同伴的福利所做的种种事情时,要以他用怎样的眼光去看待他们为标准。一个人当然是不会把他所轻视的人的幸福放在眼里的。所以,当你看到政治家谈到人民就表现得那样轻蔑,当你看到大多数哲学家硬要把人类说得那样坏的时候,你用不着那么吃惊。

是人民构成人类,不属于人民的人就没有什么价值,所以用不着把他们算在数内。各种等级的人都是一样的,如果承认这一点的话,则人数最多的等级就最值得我们尊敬。在有思想的人的面前,所有一切社会地位的差别都不存在:他认为小人物和大人物的欲念和感觉都是一样的,所不同的只是他们的语言,只是他们或多或少做作出来的外表;如果在他们之间果真有什么重大的差别的话,这种差别就在于装模作样的人特别虚伪。人民是表里一致的,所以不为人所喜欢;上流社会的人物必须要戴一副假面具,否则,如果他们是怎样的人就表现怎样的面目的话,那会使人十分害怕的。

我们那些有学问的人还说,各种等级的人的幸福和痛苦其分量都是一样的。这个说法既有害又站不住脚,因为,如果大家都是同等幸福的话,我为什么要为人家而自找麻烦呢?那就让每一个人永远保持他现在这个样子好了:奴隶受虐待,就让他受虐待;体弱多病的人受痛苦,就让他受痛苦;贫穷的人要死,就让他死。因为改变他们的地位对他们并无好处。学者们一桩桩地数了一下有钱人的苦楚,指出他外表上的快乐都是空的,这简直是诡辩!有钱人的痛苦,不是来之于他的社会地位,而是来之于他的本身,是由于他滥用了他的社会地位。即使他比穷人还痛苦的话,那也没有什么可怜的,因为他的痛苦都是他自己造成的,能不能幸福愉快地生活,完全取决于他自己。然而穷人的痛苦则是来之于环境,来之于压在他身上的严酷的命运。没有任何习惯的办法可以使他的肉体不感觉疲劳、穷困和饥饿;他的聪明智慧也不能使他免受他那个地位的痛苦。埃皮克提特斯❶早就预料到他的主人要打断他的

---

❶　埃皮克提特斯:公元1世纪罗马哲学家。

腿,然而预料到这一点又有什么用处呢?他的主人是不是因此就不打断他的腿呢?他有了先见之明反而使他痛上加痛。即使人民不是我们想象的那样愚蠢而是那样聪明,他们除了依然过那样的生活以外,还能过其他的生活吗?他们除了依然做他们那些事情以外,还能做其他的事情吗?对这个等级的人进行研究,你就可以看出,他们说话的方式虽然不同,但同你却是一样的聪明,而且,常识的丰富还远远胜过于你。因此,你要尊敬你周围的人,要想到他们大多数都是人民;如果把所有的国王和哲学家都除掉的话,在人民中间也不会觉得少了什么人,而且种种事物也不会因此就变得不如从前的好。一句话,要教育你的学生爱一切的人,甚至爱那些轻视人民的人,要使得他不置身于任何一个阶级,而必须同全体人民在一起。在他面前谈到人类的时候,必须带着亲切甚至带着同情的口吻,切不可说什么看不起人类的话。人,是绝不能说人类的坏话的。

正是应该通过这些同别人走过的道路截然相反的途径去深入青年人的心,以便激发他最初的自然的情感,使他的心胸开阔,及于他的同类;我还要指出,重要的是,在他的自然的情感中,尽量不要掺杂个人的利益,尤其是不要掺杂虚荣、竞争、荣耀以及那些使我们不能不同别人进行比较的情感;因为这样比较的时候,就必然会对那些同我们争先的人怀抱仇恨,就必然会自己估计自己是应该占先,所以,这样一来,我们不盲目行动就必然会心怀愤怒,不成为坏人就会成为愚人。我们要尽量避免这种二者必居其一的情况。你也许会说:"不管我们愿不愿意,这些如此有害的欲念是迟早会产生的。"这我不否认,每一种事物到了合适的时候和合适的地方就要发生,我只是说我们不应该帮助它们发生。

我们应当采取的方法的精神就是这样。不过,这里所举的例子和描述的细节是没有什么用处的,因为从这个时候开始在性格上就出现了无数的区分,而我所举的每一个例子也许在千万个人当中还没有一个人是适合的。也就是在这个年龄,一个能干的老师正好开始发挥学者和哲学家的真正作用,用巧妙的办法探测他的学生的心,从而去进行培养。当青年人还不知道怎样掩饰他的心情,还压根儿没有学过这一套做法的时候,我们每拿一件东西给他,就可以从他的态度、目光和姿势上看出他对那一样东西的印象,在他的面孔上可以看出他的心灵的活动,能看出这种活动,就可以进一步预测这种活动,而最后就可以指导这种活动。

一般地说,流血、创伤、啼哭、呻吟、痛苦的手术操作和一切使感官感到痛苦的东西,是马上可以使所有的人的心都通通紧张起来的。见到毁灭的情景时,反而比较镇定,没有那样紧张;死的形象要很晚以后才微微地使人有所感动,因为谁都不曾有过死的经验,必须要看见过一些死尸之后,才知道临死时候的痛苦是什么味道。但是,这种形象一旦在我们心中牢牢地形成以后,则我们心目中就会觉得再也没有什么东西比死亡更可害怕的了,因为这个时候,我们或者是由于这种形象通过感官使我们产生了彻底毁灭的观念,或者是由于我们知道任何人都不可避免地要遇到这样的时刻,因而对那无法逃脱的情景更感到惊恐。

这种种印象,随每一个人特有的性格和原先的习惯而有所变化和程度上的差异,但它们是人人都有的,任何人都是不可避免地要产生的。有一些印象的获得是比较缓慢,而且除了敏感的人以外也不是谁都能够获得的,因为这些印象来之于精神的痛苦、内心的忧伤、情绪的苦闷、烦恼和悲哀。有些人是只有号哭的声音才能打动他们的心的,他们见到一颗万分悲伤的心在那里暗暗哽咽,甚至叹都不叹息一声;他们见到一张颓丧、苍白的面容和没精打采地再也哭不出眼泪的眼睛,也不流一滴眼泪。在他们看来,心灵的痛苦是无所谓的,他们把它们拿在心上一衡量,没有什么感觉,他们对人只知道严酷、狠毒和残忍。他们可以成为诚实和正直的人,但绝不能成为仁慈、宽厚和有恻隐之心的人。我说他们可以成为正直的人,如果一个心地不仁的人也有成为正直的人的可能的话。

不过,你不要忙着拿这个标准去判断年轻的人,尤其是不要忙着拿去判断那些受过良好的教育、从来没有谁使他们遭受过精神痛苦的年轻人,因为,我再说一遍,他们所能同情的,只是他们能体会的痛苦;其所以有这种外表上看起来好像是冷淡无情的样子,是因为他们还处在蒙昧无知的阶段,然而,当他们开始意识到人的生活中还有千百种痛苦是他们不知道的时候,这种冷淡无情的样子马上就会变成同情心的。至于我的爱弥儿,如果他在童年时期确实是那样的单纯和善良的话,我深信,他到了青年时期必然是心地仁慈和十分厚道的,因为情感的真实在很大的程度上是依靠观念的正确的。

为什么又在这里提到他呢?毫无疑问,不止一个读者会责备我忘记了我当初的意图,忘记了我答应过我的学生享受永恒的幸福。"老是谈那些穷苦的人和将死的人,谈那些痛苦和悲惨的情景!哪能使一个走向生活的青年人的心懂得幸福和快乐!他那位可怜的教师原来说要对他进行优良的教育,可是从现在的做法看,只不过是叫他去受苦罢了。"有些人也许会这样说的；这同我有什么关系？我说过要使他过得幸福，但是我没有说过要使他在表面上看起来幸福。如果你硬要迷惑于外表，把表面现象当做真实，能怪我错了吗？

现在假定有两个受过初步教育的青年人从截然相反的门进入社会。其中之一马上就登上了奥林匹斯山❶，活跃于最体面的上流社会；人们带他出入宫廷，出入大官、富人和名媛之家。我假定他到处都受到欢迎，但我看不出这种欢迎对他的理智有什么好处；我假定他的理智将拒绝这种欢迎，快乐的事情纷至沓来，每天都有新的事物使他感到喜欢，他对所有一切都是那样的有兴趣，从而也引起了你的兴趣。你看他是那样的专心、入迷和好奇；他所赞美的第一个事物将给你留下深刻的印象；你以为他是感到满意了；可是再看一看他的精神状态，你以为他在享乐；可是我，我却认为他在受罪。

当他一睁开眼睛的时候，他首先看见的是什么呢？各种各样他以前没有见过的所谓的财产，然而其中大部分的东西他只能一时接触一下，因此在他看来，便觉得它们之出现在他的眼前，只是为了使他难过，难过他没有那些东西。当他在宫廷漫步的时候，你从他那又忧愁又好奇的样子就可以看出他暗中在想他父母的家为什么不是这样。他的每一个问题都在告诉你，他在不断地把他自己同那间房屋的主人加以比较，一加比较，他就感到羞耻，产生反感，从而助长了他的虚荣。如果他碰到一个青年人比他穿得好，我

---

❶　奥林匹斯山，希腊神话中诸神所聚居的山。

就发现他嘴里在嘟囔，抱怨他自己的父母太悭吝。即使他比别人穿得好，他也痛苦，因为他觉得同那个人比起来，自己在出身或智慧上是相形见绌的，所以反而使他那一身锦绣在一件朴朴素素的布衣服面前显得丑陋。假使在一群人中间只有他一个人显得最漂亮，假使他因此就伸长脖子让人家看他，这时候，谁不想打掉一个花花公子的浮华虚骄的神气呢？大家都一齐动起来：严肃的人用不安的眼光看他，爱讽刺的人用冷嘲热讽的话说他，即使当时看不起他的人只有一个，但一个人的轻蔑态度也马上会使别人的喝彩带上恶意的成分。

他要什么我们就给他什么，让他尽情地高兴，对他百般地夸奖，使他穿得漂亮，精神饱满，讨人喜欢，也许有些妇女会来找他；但是，如果不是他爱她们，而是她们来追求他的话，其结果就会使他成为一个疯人而不会成为一个情人：他也许可以碰上好运气，但他不能一往情深地领略其中的乐趣。他的欲望既然很快就得到了满足，所以反而使他觉得郁郁不乐；本来是为了使他获得幸福生活的女性，竟在他还不懂得是怎样一回事情以前，就已经使他感到厌烦，觉得没有什么意义；即使他还继续去追求的话，那也只是出于无聊；及至他了解其真意而有所钟情的时候，他也许就不再是一个唯一可爱的美少年了，他在他的情人当中也许始终就找不到忠贞的佳人了。

我还没有谈到同这种生活分不开的纠纷、变节、黑暗和痛心的事情哩。我们处世的经验将使我们对世事感到厌恶，这一点大家都是知道的，所以我在这里只是谈一下随第一个妄念带来的烦恼。

他，在亲友的怀抱中一直生活到今天，深深知道自己是他们独一无二的爱护的对象,可是现在一下就进入了另外一个环境,使他在其中竟成了无足轻重的人;他,长久以来都是他那个世界的中心,而现在竟发现自己好像是掉进了一个陌生的世界;这一切,在他看来,同他以前的生活形成了多么鲜明的对照啊!他在自己的亲友中养成了妄自尊大的观念,而在陌生人中,如果不丢掉这种观念的话,岂不要遭到许多的侮弄和羞辱!当他是小孩子的时候,大家都让他,大家都殷勤地照顾他;而一成了青年,就必须要他让大家了,否则,哪怕他只保留一点点旧样子,他就要受到多么严酷的教训!他一向是要什么就可以得到什么,因此养成了这种习惯,使他想得到更多的东西,使他不断地觉得他缺少这样或那样,一切讨他喜欢的东西都在引诱他,别人有什么他就想要什么。他垂涎一切,他妒忌每一个人,他到处想高居人上;虚荣在腐蚀他,不可克制的欲望的火焰焚烧着他年轻的心;有了欲望,同时也就产生了猜忌和仇恨。所有一切腐化人的欲念都同时在他的心中爆发出来,在喧嚣的世界中,他被这些欲念弄得激动不安,他每天晚上都带着不安的心情回家,对自己不满意,也对别人不满意;他睡觉中也在翻来覆去地凭空打算,被千百种奇奇怪怪的想法弄得心绪不宁,他傲慢的心在梦中给他描绘出他一生如饥如渴地想望而不可能得到的虚幻的财富。以上所谈的,就是你的学生。现在,让我们来看一看我的学生。

如果第一个使他印象深刻的情景是很凄凉的,则他一回想他自身就会获得一种快乐的感觉。当他看见他免掉了那么多的灾难,他就会以他没有想成为那样的人而感到高兴。他分担他的同伴的痛苦,而这种分担完全是自觉自愿出自一片好心的。他同情他们的痛苦，同时又以自己没有遭到他们那种痛苦而感到庆幸。在这种情况下，他觉得他有一股能使我们超越自我的力量，使我们除了为我们自己的幸福以外，还能把多余的精力用之于别人。要同情别人的痛苦，当然要知道别人的痛苦是怎样一回事情，但不一定要自己去感受那种痛苦。当一个人受过痛苦，或者害怕受痛苦的时候，他就会同情那些正在受痛苦的人的；但是，当他自己受痛苦的时候，他就只同情他自己了。所以，如果说所有的人都因为有遭遇人生的苦难的可能，所以要把他目前不用之于自身的情感给予别人，则由此可见，在同情别人的时候，自己的心中也得到了很大的快乐，因为这表明我们有丰富的情感，反之，一个硬心肠的人总是很痛苦的，因为他的心不让他有多余的情感去同情别人。

我们太从表面现象去判断幸福了，所以，我们认为幸福的地方，恰恰是最不幸福的地方；我们到不可能有幸福的地方去寻求幸福，因为快乐往往只是幸福的可疑的征兆。一个快乐的人往往是一个不幸的人，他在拼命地欺骗别人和愚弄自己。在交际场所是那样喜笑颜开的人，回到自己家里差不多都是忧忧郁郁满腹牢骚的，他们的仆人要代他们受他们取悦朋友时候所受的那一番苦。真正的心满意足是不会那样嬉嬉闹闹的。由于我们百般地爱护这样甜蜜的一种感情，所以我们在享受的时候就会想到它，领略其中的滋味，生怕它化为乌有了。一个真正快乐的人是很少把他的快乐形之于言笑的，可以说他是把他的喜悦储藏在他的心里的。闹闹嚷嚷地穷欢作乐是失望和烦恼的烟幕。忧郁和淫乐是相陪伴的，同情和眼泪是随甜蜜的快乐而来的，极端的快乐将使人哭而不会使人笑。

乍看起来,好像玩乐的次数和花样一多就可以增加人的幸福,而平淡单调的生活将使人感到厌倦;但仔细一想,事情恰好相反,我们发现心灵的甜蜜在于享乐适度,使欲望和烦恼无由产生。欲望一动,就必然使我们好奇和浮躁,无聊的狂欢则将给我们带来烦恼。当一个人不知道还有其他更美好的环境时,他不会觉得他现在的环境是可厌的。在世界上所有的人类当中,野蛮人是最没有好奇之心的,同时也是最难得遇到什么烦恼的事情的;所有一切在他们看来都无所谓,他们所乐的不是各种各样的东西而是他们的自身,他们一生无所事事,因之也就从来不感到烦恼。

通世故的人总是戴着假面具的,他们几乎没有以他们本来的面目出现过,甚至弄得自己也不认识自己,当他们不得不露出真面目的时候,他们就会感到万分的局促。在他们看来,要紧的不是他们实际上是什么样的人,而是要在外表上看起来好像是什么样的人。

一看到我在前面讲到的那个青年人的面貌,我不禁想到他是多么的倨傲、油滑和做作,使世人厌恶他和责难他;而一看到我的学生的面貌,我就不禁想到一副朴实可爱的神情,它流露出他内心的喜悦和宁静,赢得了人们的尊重和信任,好像你到他的身边,他就要向你倾诉他的友情。有人认为,人的相貌只不过是大自然所描绘的特征的简单的发展而已。而在我看来,我认为,除了这种发展以外,一个人的面部的特征是通过心灵的某些感情的惯常的影响而不知不觉地形成的。在面貌上流露的这些情感是最真确不过的,它们流露惯了,就会在脸上留下持久的痕迹。因此,我才说相貌可以显示一个人的性格,我们用不着去听人家拿我们不懂得的学问做一番神秘的解释,也往往能互相看出彼此的性情。

　　小孩子只有两种很显明的感情:高兴和痛苦。高兴就笑,痛苦就哭;他没有介于这两者之间的情感,他不断地时而哭时而又笑。像这样时哭时笑,既不会在他的脸儿上留下永恒的痕迹,也不会使他形成一定的面貌;但是,当他长到一定的年龄,变得比从前更富于感觉的时候,情感的影响就更加强烈和持久,从而便留下难以消失的深深的印痕;从心灵的习惯状态中产生的特征,随着时间的推移就变得永不磨灭了。然而,我们也看到不少的人的面貌是随年龄的不同而有所变化的,我就看见过几个人是这样的;我往往发现,我所见到的这些人也改变了他们惯常的脾气。这种情形,要是能充分地加以研究,在我看来将产生重大的意义,不能不在一篇以阐述根据外部征象去判断内心活动为重点的教育论文中占一个位置。

　　我不知道我所教导的这个青年是不是会由于他不懂得模仿习俗的做法和假装他实际上没有的情感,就没有那样的可爱,我不打算在这里论述这一点,我只知道他将来比别人更有感情;我很难相信,一个只爱他自己的人,为了使别人喜欢,竟能假装得同有些人一样,以爱别人而使自己得到一种新的快乐的感觉。至于说到这种感觉的本身,我认为我在这方面所做的阐述已足以使一个有头脑的读者明了这个问题,同时表明我前后的话并不矛盾。

　　现在,回过头来谈我所采用的方法。我认为,当年轻人快要达到懂事的年龄时,我们就只能够让他们看到一些可以克制而不刺激其欲念的情景,就应当拿一些不仅不刺激他们的感官,而且还能遏制他们想象力的活动的事物给他们看,以便把他们日益成长的想象力从那些刺激欲念的事情上加以转移。必须使他们远离大城市,因为在大城市里,妇女们的穿扮和不正经的行为将加速和提早使他们受到自然的教育;同时,在大城市里,所有一切在他们看来都是享乐,然而那样的享乐是只有在他们有选择的能力的时候才应该知道的。把他们又带回到他们最初住的地方,在那里,乡村的朴素生活将使他们那个年龄的欲念不至于那样迅速地发展;如果他们爱好艺术,因而使他们不能不留在城市,我们就必须预先防止他们由于这种爱好而产生一种严重的懒惰的习性。要仔细替他们挑选交往的人,挑选日常的活动和爱好。拿给他们看的图画必须是动人而雅淡的,以便感动他们的心而不诱惑他们的欲念,培养他们的情感而不刺激他们的感官。还须注意的是,到处都有一些放荡的行为需要我们加以提防,欲念不加节制就一定会造成我们无法避免的损害。问题并不在于硬要你的学生去做看护或做慈善会的会员,不在于硬要他去受那些使人无限悲伤的事情的折磨,不在于硬要他探望了这个病人又去探望那个病人,走了这家医院又走那家医院,看了刑场又看监狱;问题是,我们之所以使他看到人间的悲伤景象,是使他感动,而不是使他的心肠变为铁石。同样的景象看得多了,对它们就觉得无所谓了,对一切事物都是见惯不惊的;我们老是看到某一样东西,我们的心里就不会去想象那一样东西,然而使我们能够感觉到别人的痛苦的,恰恰就是我们的想象。所以,正是由于看惯了死人和病人,教士和医生的心才一个个都变得那样的硬。因此,要使你的学生能看到人的命运和他周围的人的痛苦,但是不可使他看到的次数太多。只要好好地选择一件事情,在适当的时候告诉他去看,就足以使他在一个月里心怀恻隐,常常思考那件事情。他之所以能够对他看见的事情做出判断,不是由于他看见的时候多，而是由于他对他所看到的情景有所思索；他之所以对一件事情有持久不灭的印象，不是由于那件事情的本身，而是由于我们使他按一定的观点去考虑那件事情。因此，如果使他知道的事例、教训和形象太多的话，日久就会使他的感官变得很迟钝，而且，在他本来是按照自然所指的方向前进的时候，我们反而使他脱离了正确的道路。

随着他的知识愈来愈多，你就应当有选择地使他对那些知识具有一定的观念；随着他的欲念愈来愈强烈，你就应当有选择地使他看到一些能够克制欲念的情景。有一个智勇双全的老军人告诉我说，在他年轻的时候，他的父亲（一个重感情而又十分虔诚的人）看见他一天比一天地追逐酒色，便想尽一切办法管束他；可是他的父亲最后发现尽管想了很多的办法，但他总有计策逃避他的管束，因此，就决定把他带去看一家花柳病医院；这件事情事先没有告诉他，一到了医院就叫他走进一间有一群花柳病人的房间，那些人因为做了伤风败俗的事，所以不得不到这里来动可怕的手术。一见到那些使人作呕的丑恶景象，这个青年人就感到难过。"去看一看吧，"他的父亲声色俱厉地说道，"你这好色之徒要是再去走那邪恶的堕落的道路，不久就会到这间屋子里来丢你的脸，受你的苦的，在这里，你丧生于不名誉的疾病，反而使我做父亲的人感谢上帝叫你死去。"

这短短的几句话，再加上那使人大吃一惊的情景，就给这位青年留下了一个永不磨灭的印象。由于职业的关系，他在军营中度过了他的青年时期，然而在军营中，他宁可受伙伴们的取笑也不去学他们那些放荡的行为。"我已经长大成人了，"他对我说，"我有过一些短处；但是，一直活到我这个年龄，我见到妓女的时候，仍然是感到害怕的。"各位老师,你们一定要少说多做,要善于选择地点、时间和人物,以实例教育你的学生,就一定能够收到实际的成效。

儿童时期是怎样消磨的,这个问题并不重要,其间乘隙而生的恶习并不是不可纠正的,而在这个时期养成的美德也许要晚一些时候才能发生效益。但是,就一个人真正开始生活的第一个年头来说,其情况就不是这样了,这段时间并不很长,不够用来做我们应该做的事情,因此,这段时间很重要,要求我们时刻加以珍惜;我为什么要坚持想方设法延长这段时间,其原因就在这里。庄稼要长得好,最好的办法之一就是要尽可能延缓作物的生长,使其发育虽缓而可靠。要防止一个少年在没有余力做成人的时候变为成人。当身体成长的时候,精神也日益充实,使血液有精华,使肌肉有力量。如果这时候,让他的精神转向其他的地方,把应该是用来使一个人发育健全的东西用去培养另一个人,结果两个人都是那样的孱弱,使大自然的工作也不克完成。精神的力量也要受到这种变化的影响,心灵和身体既然是同样的虚弱,所以也只能起到微弱的作用。四肢虽粗壮有力,并不因此就使一个人有勇气和天才。我认为,当沟通心灵和肉体的器官失调的时候,心灵的力量是不能随身体的力量而产生的。即使心灵和肉体的发育很匀称,但如果作为它们的动力的血液很干枯,缺少那种使整个机器的弹簧都富有弹力的物质,则它们也只能在那里有气无力地运动的。一般地说,凡是在年轻时候善于保养,因而没有未老先衰的人,其精神的活力总是比那些一有精力就开始放荡的人多的;为什么有品德的人通常都是比没有品德的人善良和勇敢,其原因之一显然就在这里。没有品德的人之所以能显得英俊,独一无二的是依靠他们有一些刁滑的小才能，这些才能，我不知道应该怎样叫法，虽然他们把它们叫作机智、伶俐和精明；只有在有品德的人的身上，我们才能看到睿智和理性发挥着伟大和高尚的作用，使他以他的良好行为，以他的美德和确实有意义的事业而超凡出众，受到他人的尊敬。

做老师的人抱怨青年人在这个年龄有一股火气，使他们变得不服管教，我看也的确是这样的；不过，这难道不是老师们自己造成的过错吗？当他们让青年人的感官把这一股火燃起来的时候，他们岂不知道再也不能够叫它不燃吗？一位学究先生啰啰唆唆冷冰冰地说一阵教，就能够抹掉他的学生的心中所想象的那些快乐情景吗？就能够从他心中消除那些折磨他的欲望吗？就能够使他把他已经知道其用途的热力冷下去吗？在通往他所理解的唯一的幸福道路上遇到这些障碍，岂不使他感到愤慨吗？如果在你还没有使他懂得什么清规戒律的意义之前，就硬要他服从，他不把这种做法看成是一个存心折磨他的人对他任意胡为和心怀仇恨，又作怎样的看法呢？他回过头来反抗和仇恨那个人，这又有什么奇怪呢？

我确实认为，一个人使自己平易近人的时候，就更能够得到别人的爱戴和保持表面的威信。不过，我还不太明白，你对你的学生保持这种威信有什么用处，因为保持这种威信的结果将促使他产生种种恶习，而这些恶习，正是应该利用老师的威信去克服的；你这种做法，正如一个骑马的人为了制伏一匹烈马，就使它去跳万丈悬崖。

青年时期的这一股火，不仅不是进行教育的障碍，反而正是靠了这一股火，才能使他所受的教育紧张地进行和圆满地完成；正是这一股火，使你在一个青年长得同你一般强壮的时候，仍然能够控制他的心。他最初的情感宛似缰绳，你可以利用它们去指导他所有一切的活动；他原来是自由的，而现在我却看见他被缰绳束缚着了。只要他无所爱，他就只从属于他自己和他自然的需要；一旦他有所爱了，他就要从属于他所爱的人。这样就形成了使他同人类开始结合的联系。当你把他日益增长的情感导向人类的时候，不要以为"人类"这个词指的是所有一切的人，不要以为他懂得这个词的意思。不，这种情感起先只及于同他相似的人；而在他看来，同他相似的人并不是他不认识的人，而是那些同他有关系的人，是他一贯亲爱和不能不需要的人，是他清清楚楚地看出跟他有共同的想法和情感的人，是跟他同甘共苦的人，一句话，是那些在天性上同他显然一致因而使他倾心同他们相亲相爱的人。只有在用各种各样的方法对他的天性进行了培养之后，只有在他对他自己的情感和他所见到的别人的情感经过反复的研究之后，他才能把他个人的观念归纳为人类这个抽象的观念，他才能在个人的爱之外再产生使他和整个人类视同一体的爱。

当他能够爱人的时候，他也同时能够感觉到别人的爱了①，从而也就能够时时留意别人的这种爱的迹象了。你是否看出你对他又有了新的驾驭手段？他还没有发现以前，你就在他的心上系上了多么多的锁链啊！当他睁开眼睛看看自己，发现你对他已经采取了种种措施；当他把他自己同他那样年纪的青年加以比较之后，把你同其他的老师加以比较之后，他岂不会有所感觉！我说的是

---

① 　爱，不一定是要人家报答的，而友谊则不然。友谊是一种交换，是一种契约，同其他的交换或契约是一样的；不过，它比其他一切的交换或契约都更为神圣。"朋友"这个词除它自己以外，是没有其他的相关语的。凡是不以友好之心对待其朋友的人，准是一个歹徒；因为，一个人要获得别人的友谊，就必须拿出或假装拿出他自己的友谊。

他发现这种情形，所以不能由你去告诉他，如果你告诉他的话，他就再也发现不出来了。如果你认为你照顾了他，就硬要他服从你的话，他就会认为你是采取了先下手为强的做法；他就会在心里想：你表面上是无偿地帮助他，实则是企图使他对你欠一笔债，企图用一个他根本不同意的契约去束缚他。你尽管说你要他做这做那完全为的是他自己，那也无济于事，因为，不管你怎样说，你总而言之是在强迫他，而且，是根据你未经他的同意而做的那些事情去强迫他。当一个穷苦的人接受了别人假装给他的金钱之后，发现不管他愿不愿意，他自己的名字就因此登上了新兵的花名册，这时候，你会替那个穷人鸣不平；然而现在，你也要你的学生对他根本不接受的关心照料付出代价，这岂不是更不公平吗？

如果大家都少做施小恩而望厚报的事，则忘恩负义的人也就会少一些的。我们爱那些对我们做了好事的人，这是一个极其自然的情感！忘恩负义的行为不符合于人的良心，不过，有趣的是：忘恩负义的人没有施恩望报的人多*。如果你把你的东西卖给我，我就要同你讲价钱；但是，如果你先假装把东西送给我，然后才照你开的价钱卖给我的话，你就是存心欺诈了：无偿的东西变成了无价的东西。一个人的心是只服从他自己的；你想束缚它，结果却释放了它；如果让它自由自在的话，你反而把它束缚得紧紧的了。

当钓鱼的人把香饵放进水中的时候，鱼就游来了，并且放心大胆地停留在他的周围；但是，一到它上了隐藏在香饵下面的钓钩，它

---

　　*"我们遇见过许多忘恩负义者，但是其中有一些人也被我们折服了，因为我们对他们进行了谴责和严格的强制……这样，我们不仅在完成善行以后，而且在完成的过程中就错过一切施恩的机会。"见塞涅卡：《论善行》，第1卷，第1章。

就发现有人在拉鱼线，它就想逃跑。能不能说渔翁是施恩的人呢？能不能说鱼儿是忘恩负义的呢？施恩的人虽然忘记了受恩的人，但哪一个受恩的人把施恩的人忘记过呢？恰恰相反，他往往喜欢谈到他的恩人，他无时不亲切地想念他。当他一有机会对他的恩人效劳，用以表示他记得他的帮助的时候，他内心是多么地高兴他现在能报答他的恩！而在他的恩人对他表示感谢的时候，他内心又是多么欢喜！他怀着多么兴奋的心情对他说："现在，该我来为你尽我的力量了！"这是出自天性的声音；真正的恩惠是绝不会被人遗忘的。

　　所以，如果说感人之恩是一种自然的情感，如果你不因你的错误而毁灭了这种情感的影响，那么，当你的学生一看出你对他的爱护照料的价值的时候，只要你自己不说有多大的价值，他是会感觉到它有多大的价值的，从而使你在他的心中享有任何力量都无法摧毁的威信。但是，在你还没有牢牢地取得这种威信以前，万万不要向他自我吹嘘，因为这样做的话，反而使你得不到这种威信。夸你做了这样那样的事，等于是叫他不能容忍你所做的那些事；你不谈它们，反而使他能够记得它们。一直到能够把他作为成人看待以前，根本不能把问题说成是他依靠你，而应当说成是他依靠他自己。要使他乖乖地听你的话，你就要让他完全享受他的自由；你悄悄地躲开，使得他来寻找你；你采取始终只谈他的利益的办法，就可以在他的心灵中培养一种高贵的感人之恩的情操。在他还不能够理解以前，我不希望你告诉他说你所做的一切都是为他好；如果你这样告诉他的话，他只能够理解为是你依附他，只能够把你当作他的仆人。现在，他已经开始懂得什么叫爱了，也懂得亲密的关系可以使一个人同他所爱的人结合在一起了；因此，他将把你毫无间断地为他工作的那种热诚不再理解为奴隶的依附,而要理解为朋友的爱护了。再没有什么东西比经过深刻认识的友谊的声音对人的良心更有重大的影响了,因为这种声音所表达的没有一样不是我们的利益。我们有时候也许认为某一个朋友的做法错了,然而我们不会认为他存心欺骗我们。我们有时候也许不采纳他的忠言,但是我们绝不会轻视他的忠言。

我们终于进入了道德的境界:我们刚刚以成人的步伐走了第二步路。如果现在的时机恰当的话,我就试想指出从心灵的最初的活动中是怎样产生良心的真正呼声的,从爱和恨的感情中是怎样产生善和恶的观念的。我将阐明"正义"和"仁慈"不仅不是两个抽象的词,不仅不是由智力所想象出来的纯粹道德的概念,而且是经过理智的启发的真正的心灵的爱,是我们的原始的情感的循序发展;我将阐明,如果单单通过理智而不诉诸良心的话,我们是不能遵从任何自然的法则的;如果自然的权利不以人心自然产生的需要为基础的话,则它不过是一种梦呓①。但是,我认为,我在这里

---

①　"你希望别人怎样对你,你就应当怎样对别人"这句格言本身就是以感情和良心为基础的;不然的话,还有什么恰当的理由说明:我既然是我,为什么在做事的时候要把自己看作另一个人,尤其是在我的确肯定不会遭遇同样的情况时,为什么还要把自己看作另外一个人呢?当我忠实地按照这句格言行事的时候,谁能够向我担保别人也同样按照这句格言对我呢?正因好人很诚实,坏人不正直,所以坏人才能占便宜,他才盼望除他以外,大家都是好人。这一条,不管怎样说,对好人都是不大有利的。但是,当豁达的心怀使我把自己看成跟我相似的人是形同一体的时候,当我可以说是把自己看作为他的时候,我希望他不受痛苦,也正是为了使我自己不受痛苦;我爱他,也正是为了爱我,所以这句格言的理由存在于天性的本身,因为它使我不论在什么地方都怀有过幸福生活的愿望。因此,我认为,说自然的法则完全是以理智为根据,是不对的;它们有一个更坚实稳固的基础。由自爱而产生的对他人的爱,是人类的正义的本原。《福音书》中所包括的全部道德,归纳起来就是这一条法则。

没有必要做什么形而上学和伦理学的论述,也没有必要在这里做任何形式的探讨,我只需就我们的天性指出我们的感情和知识的形成的次序和进程就够了。我在这里只是把问题提出来,让其他的人去进行阐述。

到现在为止,我的爱弥儿是只管他自己的,因此,他向那些同他相似的人投下的第一道目光,将使他把他自己同他们加以比较;这样一比,首先就会刺激他产生一种处处要占第一的心。由自爱变成自私的关键就在这里,因自私而产生的种种感情也就是在这里开始出现的。但是,要判明在他性格中占据上风的这些情感,是博爱敦厚还是残忍阴险,是宽和仁慈还是妒忌贪婪,就必须了解他自己认为他在人类当中占据什么地位,就必须了解他认为要达到他所希望的地位,需要克服哪些障碍。

为了在这方面对他进行指导,就应当在通过人类共有的一些遭遇向他表述人是什么样的之后,再在这个时候通过人和人之间的不同向他讲一讲人的情形。所以,我们现在要衡量自然的和社会的不平等了,要描绘一幅整个社会秩序的图画了。

必须通过人去研究社会,通过社会去研究人;企图把政治和道德分开来研究的人,结果是这两种东西一样也弄不明白的。我们首先着重研究原始的关系,我们就可以发现人是怎样受这些关系的影响的,就可以发现哪些欲念是从这些关系中产生的;我们发现,正是由于欲念的发展,才反过来使这些关系愈来愈复杂,愈来愈紧密。人之所以能够独立自由,不是由于他的臂力而是由于他的心灵的节制。不论什么人,只要他的欲望少,他就可以少去依赖别人,有些人常常把我们的妄念和我们身体的需要混为一谈,把我们的身体的需要看为人类社会的基础,因此,因果倒置,把他们的全部理论愈讲愈糊涂。

在自然的状态下,是存在着一种不可毁灭的真实的平等的,因为,单单是人和人的差别便不可能大到使一个人去依靠另一个人的程度。在人类社会中存在的权利平等是虚假的,因为用来保持这种平等的手段,其本身就是在摧毁这种平等,同时,公众的势力也有助于强者压迫弱者,从而打破了大自然在他们之间建立的平衡①。从这头一个矛盾中,也就源源产生了我们在社会等级中所见到的那种表面和实际之间的矛盾。多数人总是为少数人做牺牲,公众的利益总是为个人的利益做牺牲;正义和从属关系这些好听的字眼,往往成了实施暴力的工具和从事不法行为的武器。由此可见,口口声声说是服务他人的上层阶级,实际上是在损他人而利自己;因此,我们要按正义和公理来判断我们对他们的尊重是否适宜。为了要知道我们每一个人对他自己的命运抱着怎样的看法,就需要了解他们所得到的地位是不是最有利于占据这种地位的人的幸福。这就是我们现在要研究的问题,不过,为了把这个问题研究得很好,就必须从了解人心着手。

如果说问题只是在于按人的假面具向青年人讲述人的话,那我们就用不着向他们讲述了,因为他们经常都是看到这种假面具的;但是,既然假面具不是人,不能让它表面的光泽去引诱青年,那么,我们在向他们描绘人的时候,就要向他们如实地描绘人的本来

---

① 所有一切国家的法律的普遍精神,都是袒护强者欺凌弱者,袒护富人欺凌穷人。这个缺点是不可避免的,而且是没有例外的。

面目,其所以要这样做,并不是使青年人去恨他们,而是使青年人觉得那些人很可怜,从而不愿意学他们的样子。在我看来,这样做是合乎一个人对人类所抱有的最真挚的情感的。

根据这个看法,我们这时候教育年轻人,所采取的方法就要同我们从前所采取的方法完全相反,就要多用别人的经验而少用他自己的经验。如果人们欺骗他,他就要恨他们;如果他们尊重他,他看见他们互相欺骗的时候,就会同情他们。"世界上的情景,"毕达哥拉斯说,"宛如奥林匹克竞赛会的情景一样:有一些人在那里开店铺,为的是牟利赚钱;另一些人在那里拼性命,为的是追求荣誉;而其他的人则只是为了去看竞技的,但是,去看竞技的人并不是坏人。"

我希望人们这样替一个青年选择社交界,希望他认为同他一块儿生活的人都是好人,希望人们教他仔仔细细地认识世界,把世界上的事都看做是坏事,希望他知道人天生是善良的,希望他意识到这一点,希望他自己去判断他的邻人,然而也希望他了解社会是怎样使人堕落和败坏的,希望他能发现人们的偏见就是他们种种恶习的根源,希望他衷心地尊重个人而蔑视大众,希望他知道所有的人差不多都戴着同样的假面具,但是也希望他知道有一些面孔比脸上所戴的面具还漂亮得多。

应当承认,这个方法有它的缺点,而且实行起来也不容易;因为,如果他过早地变成一个善于观察的人,如果你使他过于细致地去窥察别人的行动,那么,就可能使他养成欢喜说长道短、挖苦讽刺和动不动就武断地评判别人的习惯;欢喜幸灾乐祸地把一切事情都看得很糟糕,甚至连好事情他也认为不好。正如你见到穷人并不感到他们可怜一样,他见到邪恶的事情也视为常事,见到坏人也不害怕。不久以后，人类的种种恶行就不仅不能成为对他的教训，反而成为他的借口；他心里会这样想：既然人人都是这样的，我也不应该另外来一个样子。

如果你想用一番大道理去教育他，企图在他了解人心的天性的同时，再了解那些把我们的倾向变成恶习的外部原因的作用，如果你一下就使他从用感官感觉的事物转移到用脑筋思维的事物，你就要采用一种他根本无法懂得的形而上学的方法，你就要重新遇到你一直是十分小心地避免的麻烦，就要给他讲一些劝世文似的教条，就要在他的思想中用老师的经验和威信去代替他自己的经验和理智的发展。

为了同时拔掉这两个障碍，为了使他既能够了解别人的心而又不败坏自己的心，我打算就把离开我们很远的人指给他看，让他看其他时间或其他地点的人，以便使他虽能看到那种场合，但绝不能到那种场合中去进行活动。所以，现在是到了讲历史的时候了，通过历史，他用不着学什么哲学也能深入地了解人心；通过历史，他就能作为一个普通的观众，不带任何偏见和情绪，以裁判人而不以同谋或控诉人的身份对他们进行判断。

为了认识人，就必须从他们的行为中去认识他们。在社会上，我们听见的是他们的话，他们口头上讲一套，然而却把他们的行为隐藏起来；而在历史上，他们的行为就要被揭露，我们就要按照他们所做的事情去评判他们。他们所说的话，反而可以帮助我们对他们进行评价，因为把他们的言行加以比较，我们就可以同时看出他们实际上是什么样的人，而在表面上又装成什么样的人。他们愈是伪装，我们愈是能够了解他们。

可惜的是，这种方法有它的危险，有好几种缺点。要从一种观点去公正不偏地判断别人，那是很困难的。历史的最大弊病之一是，它从人类坏的方面描写人的时候多，从好的方面描写人的时候少；由于它感兴趣的只是革命和巨大的动乱，所以，只要人民在太平政治之下安定地过着昌盛繁荣的生活，它就毫无记载，只有在一个国家的人民由于自己不能满足自己的要求，因而就插手邻国的人民的事情，或者让邻国的人民来插手他们的事情的时候，它才开始记述他们的活动，它在他们已经处在衰亡的时候才对他们进行描写。我们的一切历史都是从它们应该宣告结束的时候才开始写的。我们对那些灭亡的民族的历史，已经是掌握得够多的了；我们所缺少的是人口兴旺的民族的历史，它们是那样的幸福和善良，以致使历史对它们无话可说。实际上，甚至在今天，我们还发现把国家管理得很好的政府，反而不为人们所谈论。我们所知道的尽是坏事，好事几乎是没有人提过。只有坏人才能出名，好人不是被大家遗忘就是被大家当作笑柄。由此可见，历史像哲学一样，在不断地诋毁人类[*]。

此外，在历史中所记述的那些事情，并不是怎样经过就怎样准确地描写的，它们在历史学家的头脑中变了样子，它们被按照他们的兴趣塑成了一定的形式，它们染上了他们的偏见的色彩。哪一个历史学家能准确地使读者置身于事件经过的地方，让他看见那

---

[*]　在其他版本作："……被大家遗忘。培根说：'时间就如同一条大江，它给我们带来的，尽是最轻的和最不牢固的东西，凡是沉重的东西都沉落到水深的地方，永远埋没在浩大的江底了。由此可以看出……'"。作者删去了他引用的培根的这一段话，而代之以"……就是被大家当作笑柄"；实则这句话在手稿中是没有的。他觉得，把时间比作大江，其形象用在这里就很牵强，因此，他才用一种既简单又轻松的方法表达他的思想。

件事情的真实经过？无知和偏袒把整个事情化了一次装。即使不歪曲历史事实,但如果把跟那个事实有关的环境加以夸大或缩小,结果就会使它的面貌多么不同啊！把同一个东西放在不同的观点看,就不大像原来的样子,其实除了观看者的眼睛以外,什么都是没有改变的。你告诉我的即使是一件真实的事实,但你没有使我照它原来的样子去看它,这能说是尊重事实吗？有多少次是由于多了一株树或少了一株树,是由于左边有一块岩石或右边有一块岩石,是由于一阵大风刮起的一股尘沙,而决定了战役的胜负,但是还没有哪一个人看出过这种原因哩！是不是这样就使得历史学家不能像目睹者那样确切地向你讲述胜负的原因呢？再说,当我不知道其中的道理的时候,那些事实对我有什么意义呢？一件事情,我既然不知道它真正的原因,哪里能从其中得到什么教训？历史学家可以告诉我一个原因,但那是他杜撰出来的;至于说到评论,尽管是讲得天花乱坠,但其本身也不过是一种猜度的方法,只能够在几种谎言当中选一个同真实的事实最相像的谎言。

你看过描写克利奥帕特拉❶或珈桑德拉❷或任何一个这类人物的书吗？著书的人挑选一个大家都知道的事情,按照他自己的观点加以改编,并虚构一些情节以及根本不存在的人物和臆想的形象加以渲染,讲了一个故事又一个故事,使他的东西在读者看起来确实是津津有味的。在我看来,这样的传奇故事同你所读的历史没有多大的区别,如果说有区别的话,只是小说家一味描写他自

---

❶　克利奥帕特拉(公元前 69—前 30):古代埃及的一个绝色女王。

❷　珈桑德拉:希腊神话中特洛伊王的美貌女儿、女预言家。

己的想象,而历史学家则是盲从别人的想象;此外,如果你愿意听的话,我还要补充一点,那就是:小说家或好或歹总还抱有一个道德的目的,而历史学家才不管这一套咧。

人们也许会说,历史的忠实记载是不如真实的风俗和人物那样有趣的,只要把人的心描写得很好,则历史事件是不是叙述得忠实,是没有多大关系的;因为,归根到底,两千年前发生的事情对我们有什么用处呢?如果那些形象是照自然的样子描写的,则这些人的说法就是对的;但如果其中大多数都是按历史学家的想象的样子描写的,则你岂不又碰到了你想避免的麻烦,岂不把你从老师身上剥夺下来的威信又奉送给历史学家了吗?如果说可以让我的学生看一些虚构的图形,那么,我宁愿由我自己而不由别人来画这种图形,因为这样,至少可以使它们能够更好地为他所了解。

对一个青年来说,那些一边叙事一边又加上自己的评语的历史学家,是最坏不过的了。事实!事实!让青年人自己去判断好了;要这样,他才可以学会了解人类。如果老是拿作者的判断去指导他,则他只能通过别人的眼睛去看问题,一旦没有这些眼睛,他就什么也看不见了。

我不主张学现代史,其原因不仅是由于它没有什么特色,不仅是由于我们这些人都是差不多的,而且是由于我们的历史学家没有一个不想出风头,都想描绘一些有浓厚色彩的形象,而结果,那些形象是描绘得什么也不像的[①]。一般来说,古代的历史学家刻

---

① 请看达维拉、吉西阿丹、斯特腊达、索利斯和马基雅弗利诸人的著作,有时候再看德图本人的书。韦尔托特差不多是唯一懂得描述史事而不塑造人物的历史学家。

画人物的时候是比较少的，在他们对历史事实所作的评断中也是灵感少而常识多的；但尽管这样，在他们当中还是要进行很大的选择，在开始的时候，不应该选最有才气的历史学家的著作，而应该选最朴实的历史学家的著作。我不喜欢拿波利毕乌斯或萨路斯特❶的著作给一个青年人看，塔西佗❷的书是适宜于老年人看的，青年人是看不懂的。在深入人的内心深处去探查以前，要先从人的行为中去观察人心的最初的特色；在研究原理之前，必须先弄清事实。教条式的哲学只适合于有经验的人。青年人不要普遍地去研究一般的东西，他所研究的应该是个别的特殊事例。

在我看来，修昔底德❸是历史学家当中的一个真正的模范。他叙述史事而不加他的评语，然而他也没有漏掉任何一个有助于我们自己去评判历史的情景。他把他所讲的事实都展示在读者的眼前，他自己不仅不插身在事实和读者之间，而且还远远地躲开；这样一来，我们一点也不觉得是在读史书，而好像是亲眼看到了那些事情。可惜的是，他自始至终只讲战争，我们在他的书中所看到的差不多都是世界上最没有教育意义的事情——打仗。《万人撤退记》和《恺撒评传》这两部著作的优点和缺点都是差不多的。忠实的希罗多德不刻画人物，不讲教条，但其文笔很流畅和天真，书中充满了趣味盎然、使人喜欢阅读的情节，要不是那些情节往往变得像小孩子讲故事那样简单，因而是易于败坏而不是培养青年人

---

❶　萨路斯特（公元前 86—前 34）：罗马历史学家。

❷　塔西佗（55—120）：罗马历史学家。

❸　修昔底德（公元前 460—前 395）：古希腊杰出的史学家，《伯罗奔尼撒战争史》的作者。

的兴趣的话,他也许就要算是最好的历史学家了。读他的书,必须要具有鉴赏的能力。我还没有谈到李维❶,不过,以后就会轮到谈他的时候的;这个人是政治家,也是修辞学家,所以不适宜于向这样年龄的青年讲他的著作。

一般地说,历史是有它的缺点的,其原因是由于它只能记载可以确定其人物、地点和时间的著名的重大事件,然而造成那些事件的日积月累的原因,是不能用同样的方法加以记述的,所以总付阙如。人们常常在一场胜仗或败仗中去寻找一次革命的原因,其实,在这场战争之前,那次革命已经是不可避免地要发生的了。战争只不过使那些由精神的原因所造成的事情突出地表现出来罢了,而精神的原因,则是历史学家很少看得出来的。

哲学的精神已经把本世纪的几位史学家的思想向这方面扭过来了,但是我很怀疑,真理是不是能通过他们的著作而得到阐发。他们各持一说,不仅不努力按事情本来面貌去描述,反而要事情去符合他们各自的一套看法。

除了以上几点外,我还要补充的是:历史所描述的是动作而不是人,因为它只能够在几个选定的时刻,在他们衣冠楚楚的时候,抓着他们的样子来描写;它所展示的,只是经过事先的安排而出现在公众面前的人,它不能跟着他到他的家中、到他的私室中、到他的亲友中去看一看,它只是在他扮演什么角色的时候描绘他,因此,它所描绘的是他的衣服而不是他那个人。

为了着手研究一个人的心,我倒要看一看他的个人生活,因

---

❶　李维(公元前 59—17):罗马历史学家。

为这样一来，那个人想逃也逃不掉了；历史学家到处都跟踪着他，不让他有一会儿喘息的机会，不让他躲在任何角落里逃避观众的锐利的眼睛；正是当他自以为躲得很好的时候，历史学家反而把他看得清清楚楚。蒙台涅说："传记家只要把他们的兴趣更多地放在思想上而不放在偶然的事情上，更多地放在出自内心的东西上而不放在形之于外的东西上，那么他们做的传记我就喜欢阅读，这就是我为什么选来选去还是选读普卢塔克的著作的原因。"*

是的，集合成群的人的倾向，或者说民族的倾向，跟个别的人的性格是大不相同的，如果不在人群中去研究人的话，我们对人心的认识也是很不全面的；但是，我的看法也不见得有什么不对，我认为，为了要认识人类，就必须从研究个人着手，谁能全面地了解每一个人的倾向，就能够预见它们在一个民族中的综合的影响。

在这里我们还必须借鉴于古人，其原因一则是由于我在前面所讲过的理由，再则是由于在现代流行的文体中都略而不谈所有一切虽然很平凡然而是很真实和典型的情节，以致使各个人物无论在他们的个人生活和社会舞台中出现的时候都经过了一番打扮。种种清规，要求史学家著书也像做事那样必须一本正经，有些事情虽然可公开地做，但不许历史学家公开地说；同时，由于他们始终只能把人物作为角色来描写，因此，那些人物只有在舞台上我们才认得，而一到了书中，我们就再也认不出来了。历史学家枉自

---

* 蒙台涅：《论文集》，第 2 卷，第 10 章。

为国王一次又一次地写百十回传，我们再也找不到苏埃东尼那样的历史学家了①。

普鲁塔克的过人之处，正是在于他敢描写我们不敢描写的细微情节。他以一种无法模仿的优美笔调在细小的事情上描述伟大的人物，他是那样善于选择他的事例，所以往往用一句话或一个笑容或一个手势，就足以表达其主人公的特殊性格。汉尼拔说一句笑话就重振了他那溃败的军队的士气，使他们欢欢喜喜地奔向他征服意大利的战场；阿杰锡拉跨在一根棍子上，反而使我喜欢他这位战胜大王的人；恺撒在经过一个偏僻的村庄，同他的朋友谈话的时候，无意中竟暴露他这个曾经说只想同庞培地位平等的人原来是心怀叵测的奸雄；亚历山大一句话不说，就把药吞下去了，这一刹那间竟成了他一生当中最美妙的时刻；亚里斯泰提❶把自己的名字写在一个贝壳上，从而表明他理应得到他那个别名；菲洛皮门到了别人家里，就取下披风，到厨房去替房主拾弄木柴。这才是真正的描写的手法，不是以粗大的笔画去描写人物的面貌，不是以豪迈的行为去描写人物的性格，而是以细小的事情去揭示他们天生的性情。公开的事情不是太平淡无奇就是太做作，然而现今一本正经的作风差不多仅仅允许我们的著述家独一无二地只能够写这些东西。

德·图伦无可争辩地是上一个世纪的伟大人物之一。有人就

---

①　在我们的历史学家中，模仿塔西佗以粗大的笔画描写史事的，只有一个人＊，这个人敢于模仿苏埃东尼，有时候在细小的情节上甚至敢抄录科敏斯的写法；这种做法，虽增加了他的著作的价值，但引起了我们的批评。

＊　杜克洛：《路易十一传》的作者。

❶　亚里斯泰提（公元前540—前468）：古希腊政治活动家和战略家，掌管希腊财政极为廉洁，史称公正的亚里斯泰提。

曾经用他的为人所知和为人所爱的琐碎事情把他的传记写得很有趣味,然而为他做传的人还是迫不得已地要从中删掉一些可以使他更加为人所知为人所爱的情节!现在我只举出其中的一件事情,这件事情,我相信是真的,而且,要是遇到普鲁塔克的话,是绝不会略而不提的;反之,要是遇到了腊姆塞,即使他知道,他也是不敢写的。

在夏季的一天,气候很热,图伦伯爵身穿白小裤,头戴小便帽,站在客厅的窗子跟前;后来有一个仆人走进客厅,看见那一身衣服便把图伦误认为是他所熟识的厨师的助手。他轻轻地从后面走过去,使劲地在伯爵的屁股上打一巴掌。挨打的人马上转过身来。仆人一看是自己的主人,就全身打哆嗦。他晕头转向地跪下去,说:"大人,我以为是若尔日……""即使是若尔日,"图伦揉着臀部叫道,"也不应该打得这样重呀。"可怜的人们,像这样的话,你们就不敢讲!让你们永远做不要天性、不要心肝的人,让你们那些丑恶的一本正经的言辞把你的铁石心肠越炼越硬,让你们那副庄重样子使你们受到人们的轻蔑。可是你,可爱的青年,当你读到这段轶事,亲切地感到那在猛烈的冲动之下显示出来的温厚心肠时,也要看一看这位伟大的人物在牵涉到他的门第和声名的时候,是显得多么渺小。你要知道,同是这位图伦,曾处处故意让他的侄子占先,以便让大家知道那个孩子是一座王家府第的主人。把这些情形加以对照,你就会爱天性而轻成见,能够彻底地认识这个人了。

在这样的指导之下读书,对一个青年人白璧无瑕的心灵将产生怎样的影响,是很少有人能够估计出来的。我们从童年时候起就埋头书本,已经养成了学而不思的习惯,我们对所读的东西印象极不深刻,在历史和人的生活中到处充斥的欲念和偏见,在我们身上也已经产生了,从而使他们所做的一切事情在我们看来都是很自然的,因为我们已经脱离了自然,以自己的面貌去判断别人了。但是,请你想象一下按照我的主张培养起来的青年,想象一下我十八年来辛辛苦苦地使之保持了完备的判断力和健康的心灵的爱弥儿,想象他在幕布拉开的时候,头一次看到这个世界的舞台的情景,或者更确切一点,想象他站在舞台后面看演员们化妆,在舞台后面数有多少绳子和滑车在用假情假景蒙蔽观众的眼睛,他将有怎样的感觉。他起初是大吃一惊,但接着就对他们表示一阵羞辱和轻蔑:看到整个的人类这样自己欺骗自己,自甘堕落地去做那些幼稚的事情,他感到非常的气愤;看到他的弟兄为了一场空梦就互相厮打,看到他们不愿意做人,而一定要把自己变成猛兽,他就感到非常痛心。

毫无疑问,只要学生有了自然的禀赋,即使老师没有那么慎重地选择他所读的书籍,即使老师没有使他在读书之后对书中的东西进行一番思考,他这样学来的东西也可以变成一种实用的哲学,它同你们用来把学校中的青年的头脑弄得一团混乱的种种空泛的理论相比,还是踏实得多和有用得多的。西内阿斯❶在听完了皮鲁士❷的想入非非的计划以后,就问他,既然从今以后一定要受许多的折磨和痛苦才能征服世界,那么,征服了世界又能获得什么真

---

❶ 西内阿斯是埃皮鲁斯国王皮鲁士的谋士。

❷ 皮鲁士(公元前 318—前 272):埃皮鲁斯国王。

正的好处。在我们看来，西内阿斯的问法只不过是随随便便的一句俏皮话，但爱弥儿却从中发现了一个很明智的见解，这个见解，他最初就曾经是有过的，今后也永远不会从他的思想中消灭掉，因为在他的思想中没有任何一个同它相矛盾的偏见妨碍他把它印在自己的心里，以后，在他阅读皮鲁士的传记的时候，他就会发现，这个疯子的一切伟大的计划都无非是想使自己丧身在一个妇人的手里；因此，除了不佩服这种所谓的英雄行为以外，他不把这样伟大的一个统帅之所以建立奇功，不把这样伟大的一位政治家之所以施展权谋，看做是为了去寻找那不祥的砖瓦，以可耻的下场结束他的一生和计划，又将看做是什么呢❶?

并不是所有的征服者都是被杀死的，并不是所有的篡位者都是在他们的冒险事业中遭到失败的；在充满了俗见的头脑看来，其中有几个人好像是很幸运的；但是，谁要是不只看表面的现象，而完全按他们的心境去判断他们究竟是不是幸运的话，他就可以发现，那些人即使成功，也是很惨然的；他将发现，他们的欲望和伤心的事情随着他们的幸运而愈来愈繁多；他将发现，他们虽然是上气不接下气地拼命前进，但始终达不到他们的尽头；他将发现，他们像没有经验的旅行家头一次爬越阿尔卑斯山似的，在每爬一个山冈的时候，就以为过了这个山冈便翻过了整个的山脉，及至爬到冈顶一看，才沮丧地发现更高的山峰还在前面咧。

---

❶　皮鲁士于公元前 280 年不听西内阿斯的劝告，远征罗马，仗固然是打胜了，但牺牲特别惨重，以致他手下的将军们都说，要是再打一次这样的胜仗，我们全都完了。后来，皮鲁士又率军转战于希腊境内，于公元前 272 年攻克阿尔果城的时候，被一个年老的妇人从屋顶上扔下的瓦片击中头部而死。

奥古斯都❶在平服了他的臣民和打败了他的对手以后,统治那空前的大帝国达四十年之久,但是巨大的权力是否能使他在要瓦鲁士重振他那溃败的军队的时候,不急得用头去碰墙壁,不急得叫喊连天,使那巨大的宫廷处处都听到他的闹声? 只要在他的周围有各种各样的伤心事在继续不断地产生,只要他最亲密的朋友在图谋他的性命,只要他眼见自己的亲族遭遇羞辱和死亡的时候,只能哭泣而不能有所作为,即使他战胜了他所有的敌人,那空幻的功业对他又有什么用处呢? 这个可怜的人想统治整个的世界,然而却不知道要管好他的家! 疏于治家的结果怎样呢? 他看见他的侄子、他的义子、他的女婿都在年富力强的时候死掉了;他的孙子最后弄得只好吃自己床上的垫絮,以便使他可怜的生命多活几个小时;他的女儿和孙女做了许多寡廉鲜耻的事情,使他蒙受羞辱,而且,后来一个是饿死在荒岛,另一个是在监狱中被一个弓手所杀死。至于他自己,则成了他的可怜的家庭剩下的最后一个人,被自己的妻子逼得只好让一个怪物做他的继承人。这个主宰世界的人,尽管曾经是多么的荣耀和富贵,结果他的命运却落得如此。在羡慕荣耀和富贵的人当中,难道说还有哪一个人愿意用同样的代价去换取这种东西吗?

我在前面是拿人的野心做例子,然而所有一切人类欲念的冲动,对那些想从历史的研究中,借死者的命运而认识自己和使自己

---

❶　奥古斯都(公元前 63—14):即罗马皇帝屋大维,原为三执政之一,公元前 31 年击败安东尼以后,遂集政教大权于一身,改称奥古斯都。公元前 9 年,他手下的将军瓦鲁士所率三个军团被日耳曼人包围,以致全军覆没;当奥古斯都得到消息的时候,急得在皇宫中连声叫喊:"瓦鲁士,瓦鲁士,还我的三个军团!"

变得聪明的人来说，都可以提供同样的教训。就教育年轻人来说，在最近的将来，是适宜于读安东尼❶的传记而不适宜于读奥古斯都的传记。爱弥儿近来在他所读的书籍中见到了许多奇怪的事物，弄得他摸不着头脑，但是他知道在欲念未产生以前，就必须先摆脱欲念的幻象；同时，由于他知道人无论在任何时候有了欲念就会使自己变得昏庸，因此，他事先就不会采取那种可以让欲念（万一他果真产生了欲念的话）迷惑他的生活方式①。我知道，这些教训对他来说是很不适宜的，而且在需要的时候，也许又会觉得它们既不及时也不够用；不过，你要知道，我想从阅读历史中得出来的并不是这样一些教训。在开始读历史的时候，我就抱有另外一个目的，如果这个目的没有完全达到的话，那无疑是老师的错误。

必须知道的是，只要自私心一有了发展，则相对的"我"就会不断地进行活动，而青年人一看到别人的时候，便没有一次不联想到他自己，并且把自己同他们加以比较。因此，在看过别人之后，他就想知道他在他们当中将处在怎样的地位。从你向青年人讲授历史的方法看来，我认为，你可以说是在使他们想变成他们在书中看到的那些人，是在使他们时而想做西塞罗，时而想做图拉真❷，时而又想做亚历山大；是在使他们头脑一清醒时就感到沮丧，是在使每一个人悔恨他自己不过是这样一个人。我不否认这种方法也有

---

　　❶　安东尼（公元前83—前30）：恺撒的朋友和副手。恺撒死后，同屋大维和雷必达组成罗马史上的第二个三人执政。

　　①　始终是偏见在我们的心中使欲念旺盛如火。一个人如果只注意现有的东西，只看重他确实了解的东西，他的欲念是不会冲动起来的。有了错误的看法，就会产生强烈的欲望。

　　❷　图拉真（52—117）：罗马皇帝。

一定的优点;但就爱弥儿来说,万一他也这样把自己同别人加以比较,喜欢做那样一个人而不愿意做他自己这样的人的话,即使说他想做一个苏格拉底,想做一个卡托,我认为我对他的教育也是全盘失败的。一个人只要开始把自己想象为另外一个人,不久以后就会完全忘掉他自己的。

对人类了解得最深刻的并不是哲学家,因为他们完全是通过哲学上的先入之见去观察人的,我还没有见过什么人是像哲学家那样有许多成见的。一个野蛮人对我们的判断,比哲学家对我们的判断中肯得多。哲学家一方面知道他自己的毛病,另一方面又鄙视我们的毛病,所以他自己说:"我们大家都是坏人";而野蛮人看我们的时候,是不动什么情感的,所以他说:"你们真是疯子。"他说得很有道理,因为没有哪一个人是为了做坏事而做坏事的。我的学生就是这样一个野蛮人,所不同的是:爱弥儿爱思考,爱把各种观念拿来比较,爱仔仔细细地观察我们的过失,以防他自己也犯这种过失,而且,他对什么东西有确实的了解,他才对它作出判断。

因为我们自己有欲念,所以我们才愤恨别人有欲念;我们之所以恨坏人,是因为我们要保持我们的利益;如果他们对我们一点儿损害都没有,我们也许反而同情他们而不恨他们了。坏人给我们造成的痛苦,使我们忘记了他们对他们自己造成的痛苦。如果我们能够知道他们的心将怎样惩罚他们所犯的罪恶,我们也许是更容易原谅他们的罪恶的。我们感觉到他们对我们的侵害,我们看不见他们使自己受到的惩罚;他们所得到的好处是表面的,而他们所受到的痛苦则是内心的。一个人在享受以罪恶的行为取得的果实时,他所

受的痛苦,是不亚于他作恶未成的时候的痛苦的;目标是改变了,而
心中的不安是一样的。他们徒然夸他们的运气和隐藏他们的心,不
论他们怎样隐藏,他们的行为都会把它暴露出来的;不过,为了看出
他们的心,并不一定要我们也具备同样的一颗心。

我们彼此共有的欲念使我们走入了迷途,同我们的兴趣相冲
突的欲念使我们发生反感;由于这些欲念在我们身上产生了矛盾,
因此我们就责备别人做了某种事情,其实这种事情我们也是想照
样去做的。当我们不得不容忍别人犯了我们处在他的地位也可能
犯的罪恶时,我们不可避免地是一方面发生反感,另一方面又会产
生妄念。

那么,要怎样才能正确地研究人呢? 在研究他们的时候要具
有巨大的兴趣,在判断他们的时候要十分的公正,在设想人类的种
种欲念时要具有一颗相当敏感的心,而且这颗心还要相当冷静,不
受那些欲念的刺激。如果说在一生当中有一个适合于做这种研究
的时期的话,那就是我替爱弥儿所选择的这个时期:过早了,他对
世人是非常的陌生;再晚一些,他也许又同他们是一个样子了。他
已经看出了人的偏见的势力,然而他还没有受过这种势力的支配;
他已经觉察到了欲念的影响,然而欲念还没有扰乱他的心。他是
一个人,他要关心他的弟兄;他为人公正,他要评判他的同辈。如
果他对他们的判断很正确,他也不想做他们当中的任何一个人;因
为他们之所以有种种痛苦,完全是为了达到他们根据他们的偏见
而设想的目的,而他是没有他们那些偏见的,因此,在他看来那样
的目的是渺茫的。至于他,他所想望的东西都是用他的能力可以
取得到的。他既然能够自己满足自己的需要,同时又不为别人的

偏见所左右,他为什么要依赖别人呢? 他有两只胳臂,身体又健康[①],又有节制,需要既不多,而且又有满足他的需要的手段。他是在绝对的自由的环境中养育起来的,因此他认为最大的罪恶是奴役。他同情那些可怜的国王,把他们看作为所有一切服从他们的人的奴隶;他同情那些为虚名所束缚的假聪明人,他同情那些愚蠢的有钱人,把他们看作他们浮华生活的牺牲;他同情那些表面上得意扬扬的酒色之徒,他们为了使别人看起来他们是很快活,就那么昏昏沉沉地度过了他们整个的一生。他甚至会同情对他做坏事的敌人,因为他在他们的坏行为中看出了他们的痛苦。他会对自己说:"这个人要损害我,可见他是把他的命运依附于我的命运的。"

　　再前进一步,我们就达到我们的目的了。自私心是一个有用的工具,然而是一个危险的工具,它常常会弄伤使用它的手,而且很少有起好的作用而不起坏作用的时候。爱弥儿考虑到他在人群中的地位,发现他所处的地位是那样幸运的时候,禁不住要把你的智慧的成就看作是他自己的智慧的成就,要把他幸福的境地所造成的效果说成是他自己的功劳。他将对自己说:"我很聪明,其他的人都是傻瓜。"在同情别人的时候,他也许就会对他们表示轻蔑;在庆幸自己的时候,他也许就会把自己看得很了不起;在他意识到他比他们幸福的时候,他也许就会以为他比他们更配享受这样的幸福。这是最可怕的错误,因为它是最难于根除的。如果他永久

------

　　① 我认为,可以大胆地把健康和体态匀称列为他所受的教育给他带来的好处,或者说得更确切一点,列为他所受的教育替他保存下来的大自然赐予他的礼物。

持着这种想法的话，他就不可能从我们的种种关心照料中得到很大的好处；如果叫我选择的话，我不知道我是不是会宁受偏见的迷惑而不受骄傲的迷惑。

伟大的人是绝不会滥用他们的优点的，他们看出他们超过别人的地方，并且意识到这一点，然而绝不会因此就不谦虚。他们的过人之处愈多，他们愈认识到他们的不足。他们对他们超过我们的地方所感到的自负，还不如他们对他们的弱点所感到的羞愧之心大；在享受他们所独有的长处时，他们是绝不会愚蠢到夸耀自己不拥有的天赋。善良的人可以凭他的美德而感到骄傲，因为他的美德是属于他的；但是，有才情的人有什么可骄傲的呢？拉辛在自己觉得不如普腊东❶的时候，是抱怎样的态度的？布瓦洛在自己觉得不如科坦❷的时候，是抱怎样的态度的？

我们的情况完全不同，我们始终是按一般的水平做的。我假设我的学生既不天才过人，也不头脑迟钝。我是在普通的人当中选择他的，以便证明教育能够对人起多大的作用。至于罕见的情形，那就不按常规来办了。因此，要是爱弥儿由于我的培养而选择他目前的这种生活方式、看法和理解法，而不选择别人的生活方式、看法和理解法，那他就做对了；但是，如果他因此就认为他比别人的禀赋优异，比别人生得高尚，那他就错了，那他就是在自己欺骗自己了；必须使他觉醒过来，或者说必须预防他产生这样的谬误，以免太晚以后就改不掉了。

---

❶　普腊东（1632—1698）：法国诗人。
❷　科坦（1604—1682）：法国神父。

一个人只要不是疯子，则除了他的虚荣心以外，他的一切其他妄念没有一个是不能医治的；就虚荣心来说，如果说终究有什么东西可以医治它的话，那就是经验了；我们至少可以在他产生的时候防止它继续发展。所以，为了向青年人阐明他们也如同别人一样地是人，也如同别人一样地有那些弱点，是用不着向他们讲什么好听的道理的。你使他自己觉察到这一点，或者，就索性不让他知道。这就我自己的教法来说，也要作为一种例外的情况来办；遇到这种情况的时候，我宁愿让我的学生去经历一些意外的事情，以便向他证明他并不比我们更为聪明。像前面所讲的遇到魔术师那件事情，就可以用各种各样的方式反复进行，我将让拍马屁的人占他的便宜；如果哪一个胡闹的人拉他去大胆妄为的话，我将让他去遭他的殃；如果骗子们叫他去赌博的话，我将让他去上他们的当①，我将让他们去奉承他、骗他、抢劫他；而且，当他们把他荷包里的钱骗个精光，拿他开心的时候，我甚至还要当着他的面感谢他们好好地教训了他一下。唯有淫荡的妇女设下的陷阱我是要十分仔细地防止他掉进去的。我所采用的唯一办法是：同他一块儿去冒我让

① 好在我的学生是不会去上这种当的，因为他身边有许多好玩的事情，他不可能觉得他的生活无聊，同时他现在还不大知道金钱的用处。你用来教导孩子的两个动力是利益和虚荣，而这两个动力，以后也会被淫荡的妇女和流氓用来引诱他上他们的圈套的。当你看见孩子一见到奖品和赏金就动了贪心，当你看见他十岁的时候在学校里因为做了一件有利于公众的事就得到人们的鼓掌和称赞，你就等于看见他将来在二十岁的时候怎样在赌场上被别人骗去了他的钱包，怎样在烟花场中搞垮了身体。我们可以十拿九稳地说，他班上的机灵的孩子将来准会成为最大的赌鬼和色鬼。在童年时候没有用过的手段，就不会在青年时候产生同样的弊病。不过，我们应当记住，我始终一贯的原则是，要处处考虑到最坏的情形。我首先是尽力防止恶习；然后，我假定它们已经产生，以便对它们进行纠正。

他遭遇的危险,同他一块儿忍受我让他遭到的耻辱。我将不声不响地忍受这一切,不出怨言,不发牢骚,对他绝口不提这些事情;我深信,只要我一直是这样谨慎地做,则他看见我为他遭受的种种痛苦,在他心上产生的印象,比他自己遭受的痛苦在他心上产生的印象还深。

我在这里禁不住要把做老师的人的虚伪神气加以揭穿,他们傻头傻脑地要显示聪明,因而就遏制他们的学生,假装他们是把学生始终当作孩子来看待的,而且,在他们叫学生做什么事情的时候,他们总装得好像要是他们去做便一定比学生做得高明。不仅不能这样地损伤青年人的勇气,反而应该不惜一切力量提高他们的信心,要使他们同你并驾齐驱,以便使他们能够变成同你相匹敌的人;如果他们现在还达不到你这种水平,你自己就应当毫不犹豫、毫不怕羞地下降到他们那样的水平。你要知道,你的体面不在你自己身上,而在你的学生的身上;要纠正他们的过失,就必须分担他们的过失;要洗雪他们的耻辱,就必须承受他们的耻辱。要仿效那勇敢的罗马人,他看见他的军队溃逃,无法收拾的时候,就跑在士兵的前头,带着他们逃跑,并且叫喊道:"他们不是在逃跑,而是在跟随他们的统帅。"他是不是因此就不光彩呢? 一点也不;他以牺牲荣誉的办法取得了更大的荣誉。天职的力量和道德的美,打破了我们愚蠢的偏见,使我们不能不对他赞扬。如果我在为爱弥儿尽我的职责的时候挨了一下耳光,我不但不报复,反而要到处宣扬这件事情,我不相信世界上真有哪一个人①竟坏到因此就不

---

① 我说错了,我发现有这样一个人,那就是福尔梅先生。

十分地尊重我。

做学生的人不应当认为老师的知识也像他的知识那样是很有限的，不应当认为老师也同样是容易上人家的圈套的。如果一个孩子由于不会观察和比较，而把所有的人都看作是同他一个水平，并且只相信那些使自己跟他处于同一个水平的人的话，这种想法还是很好的。可是像爱弥儿那样年纪、那样聪明的青年人，是不至于愚蠢到有这种错误的想法的，如果他真是有这种想法的话，他就不是一个好青年了。他对老师的信任是另外一种信任，那就是信任理智的判断，信任知识的渊博，信任他能理解而且觉得对他有益的长处。他从长期的经验中深深相信这个教导他的人是很爱他的，是一个聪明有识的人，并且是知道怎样为他谋求幸福的。他应当知道，为了他自己的利益，最好还是倾听这个人的意见。然而，要是老师也像学生那样一再上人家的当，他就没有权利硬要学生尊敬他，他就没有权利教导学生了。做学生的不应该认为老师是故意让他掉进人家的圈套，并且见他头脑单纯就给他布置许多的陷阱。要同时避免这两种不好的想法，应该怎样做呢？最好的做法，而且又是最自然的做法是：同他一样的天真和朴实，把他即将遇到的危险告诉他，清清楚楚地向他指出那些危险，然而绝不可夸张，绝不可急躁，绝不可装腔作势地故弄玄虚，尤其是不可把你的意见当作命令，使得他只好服从，而且，说话的时候也绝不可带有武断的语气。这样做了之后，假使他还是像往常那样执拗，硬要去干，又怎么办呢？那就不要说什么了，就随他爱怎样做就怎样做好了，你跟着照他的样子做，而且要高高兴兴、坦坦率率地做；如果可能的话，也要跟他一样尽情地快乐。如果后果确实太严重的话，你

始终在场,可以制止;这样一来,这个年轻人就看出了你的先见之
明和一番好意,他怎能不既佩服你的眼光又感激你的好心!他的
种种过失,正好变成了你手中的缰绳,在必要的时候可以用来约束
他。这里,做老师的应当掌握的一门最大的艺术就是:针对情况进
行劝勉,能预知这个年轻人在什么情况下可能听他的话,在什么情
况下可能还是那样地执拗,以便处处让经验去教训他,同时又不使
他遭遇太大的危险。

　　在他未犯错误以前,就应当向他指出他的错处;而在他既犯以
后,就绝不要去责备他,因为这样做是只有使他生气,使他出于自
尊而反抗你的。在教训他的时候,如果引起了他的反感,那是没有
什么好处的。我想,最不恰当的,是向他说:"我早就告诉过你了。"
要想使他回忆起你告诉过他的话,最好的办法是:在表面上好像是
把你说过的话忘记了似的;相反,当你看见他因为没有听你的话而
感到羞愧的时候,你要和和气气地用好言好语把他的羞愧遮盖过
去。当他看见你为了他而忘记了自己,不仅不使他难堪,反而安慰
他的时候,他一定会感激你的。如果在他伤心的时候,你再去责备
他,他就会恨你,而且会发誓不再听你的话,以此表明他并不是像
你那样重视你的意见的。

　　你对他的安慰,其本身就是对他的一种教训,如果他对你的安
慰不起任何疑心,则这种教育便愈是能够收到效果。我想,当你告
诉他说许多的人也犯过同样的错误的时候,他是料想不到你会对
他说这样的话的,因此,你采取在表面上同情他的办法就把他的错
误纠正过来了;因为,对一个自认为比别人高尚的人来说,借口别
人也有这样的例子来安慰自己,那是很可羞的,他将明白,他今后

顶多只能说别人并不比他强了。

犯错误的时候，正是可以用来讲寓言的时候。我们借寓言这种奇异的形式去谴责犯罪的人，就既能教育他而又不冒犯他；他把寓言所讲的真理用来看自己，于是才明白它所讲的话果然不虚。从来没有上过别人的吹捧的当的孩子，是不可能懂得我在前面所解说的寓言的；可是，刚刚上过拍马屁的人的当的蠢孩子，就可以清楚地看出乌鸦的确是一个傻瓜。这样，经一事他就长一智，对一件事情的经验，他很可能不久就会遗忘，然而通过寓言，就可以刻画在他的心里。一切寓言中的教训，都是可以从别人的经验或他自己的经验中取得的。凡是要经过一番危险才能取得的经验，就叫他从历史中去寻找，而不要他自己去尝试。如果在尝试的过程中不会发生什么严重的后果，那就让年轻人去冒一下危险好了，我们还可以用寓言的形式把他目前还不知道的特殊的事例编成格言。

不过，我的意思并不是说你应该阐发一下这些格言的意思，更不是说你应该把它们写成一定的格式。大多数寓言在结尾时候提示的寓意是最空洞不过的，也是最为人们所误解的，似乎是因为这种寓意不能够或者不应该说清楚，所以才采取这种办法让读者明白似的！为什么要在结尾的地方加上这种寓意，以致剥夺了读者自己动脑筋去体会的乐趣呢？教育的艺术是使学生喜欢你所教的东西。为了使他对你所教的东西发生兴趣，那就不应该使他的脑筋对你所说的话是那样的默认，就不应该使他除了听你说话以外，便无事可做。做老师的固然应当自尊，但也要让学生的自尊心有发挥的机会，要让他能够说："我想一想，我懂了，我看出它的意思了,我学会了。"意大利喜剧中的那个丑角是很讨厌的,其原因之一就是他硬要煞费苦心地向观众讲解大家已经听懂了的那一套台词。我不喜欢一个老师也去做这样的丑角,更不喜欢他去做寓言作家。重要的是,要使你的学生听懂你所讲的东西,可是不应该把什么话都讲完,把什么话都讲完的人,反而讲不好什么东西,因为到了末尾别人就不听他的了。拉·封登在有关鼓气的青蛙的寓言中添加的那四行诗有什么意思呢?他怕别人读不懂这个寓言吗?这个伟大的画家,难道说还需要在他所画的东西下面写下它们的名称吗?这样一来,他不仅不能使他的寓言广泛地适用于一般的情形,反而使它只能适用于特殊的情形,把它局限在他所举的那个例子,而不能让大家把它应用于其他的例子。我希望大家把这个无与伦比的作家所做的寓言拿给一个青年人去阅读之前,把其中的结语都删掉,因为他费了那样多气力在结语中阐述的东西,他已经是讲得既清楚又很有趣了。如果说不借助于这种解释,你的学生就不懂那个寓言的话,我敢断定,即使这样地解释一番,他也是不会懂得的。

　　还须注意的是,阅读这些寓言的次序,应该充分地符合教学法的原理,充分地符合青年人的智慧和感情的发展进度。请你想一想,如果不顾及需要和当时的情况,而是死板板地按书中的次序去读,岂不是很不合理吗?开头讲蝉,然后讲乌鸦,然后再讲青蛙,然后再讲两匹骡子,等等。我很不喜欢那篇讲两匹骡子的寓言,因为我记得曾经看见过一个学习理财的孩子,被人们拿他将来要担当的工作弄得糊里糊涂的;这个孩子学习了这篇寓言,念了一遍又一遍,念了千百遍也没有从中看出一点点反对他去从事那种职业的道理。我不仅从来没有看见过孩子们切切实实地应用过他们所学的寓言，而且也没有看见过哪一个人花心思教他们去应用寓言。人们在口头上说寓言是一种道德教育，其实，母亲和孩子的真正目的只是在于能邀请一批人来听他背诵寓言，所以，当他们长大成人需要应用而不是背诵的时候，就完全忘记了。再说一次，应该从寓言中吸取教训的是成年人；现在，爱弥儿已经到了可以开始学习寓言的时候了。

因为我不愿意把什么话都讲完，所以我从远处指出采取哪些路径就会脱离光明大道，以便使他加以避免。我相信，只要顺着我所指的大道前进，你的学生就能以最低廉的代价取得对人类和对他自己的知识；你就可以使他以正确的观点去默察命运的幻化而不妒忌命运的宠儿是那样的侥幸，你就可以使他一方面对自己感到满足，另一方面又不认为自己比别人更聪慧。你在使他成为观众的时候，也开始使他成为演员了。这个工作必须完成，因为从包厢中看到的都是事物的表面的样子，而在戏台上看到的才是它们的真相。必须坐在适当的座位，才能把全景一览无余；必须走拢去看，才能仔仔细细瞧个分明。不过，一个年轻人应该以什么名义去参与世事呢？他有什么权利去过问那些黑暗的神秘的事情呢？他在这个年龄的时候，只知道玩耍，他还只能安排他自己的生活，这就是说，他还不能够处理任何事情。人是商品当中最贱的商品，在我们所有的重大的财产权当中，人身的权利是最微小不过的。

当我看到青年人在最活泼的年岁只学习纯理论的东西，而在他们还没有一点实际的经验的时候一下就投入社会和担当事情，我认为，这种做法的违反理性，一如它的违反自然。所以，如果说只有极少数的人才懂得为人处世的话，我是一点也不觉得有什么奇怪的。既然会不会做事是无关紧要的，那么，为什么又乱出主意要我们去学那么多没有用处的事物呢？口头上是为了社会而培养我们，其实，就教育我们的方法来看，好像我们每一个人一辈子都只能够在书斋中孤孤单单地思考，或者一辈子都只能够同不相干的人谈论空想的问题。你以为教你的孩子做一些柔软操和说一些毫无意义的老套话，就算是教会他怎样生活了。至于我，我也在教育我的爱弥儿怎样生活，我教育他靠他自己的力量生活，此外，还教他怎样挣得他的面包。这还不够。为了要在世界上生活，还要知道怎样对人，还要会使用支配人的工具；要会估计文明社会中个人利益的作用和反作用，而且还要这样正确地预料重大的事情，使自己在事业中不受欺骗，或者至少使自己能够选用达到成功的良好手段。法律不许可青年人自己处理自己的事情和财产，但是，如果他们在达到法定年龄的时候还一点经验都没有，这种保护青年人的措施又有什么用呢？要他们等到那个年龄才自己做主，是一点好处都没有的，而且将使他们长到二十五岁的时候还依然同十五岁的时候一样，实际的事情一点也不懂。毫无疑问，我们要防止一个青年人由于无知或欲念的蒙蔽而自己害自己，但是，无论他在什么年龄都应该教育他对人和蔼，无论在什么年龄都应该在一个有见识的人的指导之下保护那些需要我们援助的穷人。

乳母和母亲费了一番苦心抚育孩子，因此对孩子是十分的疼爱；社会道德的实践给人们的心中带来了人类的爱。正是因为做了好事，人才变成了好人，我认为这一点是最确实无疑的。你要使你的学生做他所能理解的一切良好行为,要使他把穷人的利益看作他自己的利益;要他不仅用金钱帮助他们,而且要对他们表示关心;要他为他们服务,要他保护他们,为他们牺牲他个人的利益和他的时间;要他把自己看作他们的办事人:他应当终生都要担负这个这样高尚的职务。有多少受压迫的人无处申诉他们的冤屈,而现在有他为他们主持正义,因为,他从道德的实践中养成了勇敢坚毅的品行,所以能够那样不屈不挠地为他们鸣不平,能够为他们闯入大官豪富的门庭,而且,如果必要的话,就径直走入王宫,为那些既穷得无依无靠,又因害怕恶人的报复而不敢诉苦的可怜人向国王吐露他们的声音。

不过,我们是不是要把爱弥儿培养成一个游侠,培养成一个打抱不平的义士呢?他要不要去干涉公众的事情,要不要以智者和法律的保护人的姿态奔走于王公贵族的府第和衙门,要不要为别人向法官求情,为别人做律师而出现于法庭呢?所有这些我都不知道。滑稽可笑的名称丝毫也不改变事物的性质。他将做一切他认为是有用的和良好的事情。他不做任何多余的事,他知道凡是不适合于他那样年龄的人去做的事,对他来说就没有一样是有用处的,就没有一样是有好处的。他知道他首先要对他自己尽他的责任,他知道青年人不应该过分地相信自己,他们的行为应当慎重,对年长的人应当尊敬,应当谨慎地少说废话,应当有节制地少做无聊的事情,然而要敢于做有意义的事情,要敢于说出真理。那些留名青史的罗马人就是这样,他们在担当重任以前的青年时期全都致力于惩罚罪恶和保卫无辜,其目的就是要在伸张公理和保护善良风俗的行为中教育自己。

爱弥儿既不喜欢闹嚷,也不喜欢吵架,不仅不喜欢人和人吵架①,甚至动物和动物打架他也是不喜欢的。他从来没有把两条狗挑得互相争斗,从来没有叫过一条狗去追逐一只猫。这种和平的精神是他所受的教育的结果之一,因为这种教育丝毫没有使他养成自私和自高自大的心理,所以是不会使他以驾驭别人和使别人受痛苦而取得乐趣的。他看见别人痛苦,他自己也感到痛苦,这是一种自然的情感。一个青年人之所以忍心甚至乐于看到一个有感觉的生物遭受痛苦,是因为他自以为可以凭他的聪明和优越的

----

① 如果有人偏要找他吵架,他怎样办呢?我的回答是:他绝不会遇到吵架的事情,他绝不使自己竟然同人家吵起来。"不过,"有人也许会说,"谁能担保自己不被一个粗人、一个酒鬼或一个大胆的流氓打一下耳光或说一句坏话呢,因为他们存心要毁坏一个人,总是先使那个人丧失名誉的。"这是另外一回事情;公民的名誉或生命是绝不能让一个粗人、一个酒鬼或大胆的流氓去摆布的,而且,一个人也不能担保他不遇到房上掉下来的瓦正掉在自己头上这类意外的事情。被打一下耳光或说一句坏话,当然会产生某些社会影响,但这是任何聪明的人都无法预防的,这种侮辱人的行为,也是任何法庭都无法惩治的。法律的缺陷使他在这种问题上必须独立自主,依靠自己;因此,他必须在侮辱他的人和他自己之间做唯一的法官,唯一的裁判人;他必须做自然法的唯一的解释者和执行者,他必须替自己主持公正,而且,也只有他才能做出公平的处理,在世界上绝不会有哪一个政府竟糊涂到因为他在这种情况下采取这种做法而惩罚他的。我的意思并不是叫他去同人家打起来,打架是一种很狂暴的行为;我的意思是说,他必须替自己主持正义,做正义的唯一的使者。如果我是国王的话,我用不着颁布许多徒具形式的禁止斗殴的法令,就可保证在我的国家不会出现存心打人和骂人的事情,我采用的办法非常简单,而且还用不着交给法庭去办理。不管怎样,爱弥儿在这种情况下是知道怎样为自己主持正义,知道用什么方法去保护正派的人的安全的。他不依靠有势力的人保护他不受侮辱,他依靠他自己去防止别人一再吹嘘说敢于对他施加侮辱*。

* 这个脚注是很有名的,怀有恶意和居心不良的人曾抓着这段脚注的话,当作材料,进行过批评。其次,卢梭在这里只约略提到而未明确阐述的思想,后来在1770年3月14日致某某神父的信中又加以详细的论述,而且还做了一番发挥。他在信中还讲了一个使他心中产生这种思想的很有意义的故事。

地位而免遭那种痛苦。谁能保证不受这种想法的浸染，谁就不会掉进由这种想法而产生的灾祸。所以爱弥儿是很爱和平的。他看到快乐的面孔就感到喜悦，当他能设法使别人露出笑容的时候，他自己也因此而感到欢喜。我认为，他在看到可怜的人的时候，是不至于仅仅对他们无动于衷地说一些同情他们的空话的，是不至于对他可以用他的怜悯心去医治的痛苦仅仅表示一阵叹息就算完事的。他积极的慈善行为不久就可使他获得他如果怀着铁石心肠就不能获得或者要很晚才能获得的许多知识。如果他看见同伴之间闹不和气，他就要竭力去排解；如果他看见人们闷闷不乐，他就要去打听他们苦恼的事情；如果他看见两个人彼此仇恨，他就要问一问他们心怀敌意的原因；如果他看见一个穷苦的人在豪强和富翁的压迫之下呻吟，他就要想方设法替他解除折磨；他关心一切不幸的人，因而也不能不关心一切可以消除他们的痛苦的手段。我们应该怎样做，才能以适合于他那样年龄的方法使这些倾向产生良好的效果呢？我们应该指导他的思想和学习，利用他的热情去提高他的思想和学习的能力。

　　我要不厌其烦地一再说明这一点：要以行动而不以言辞去教育青年，他们在书本中是学不到他们从经验中学到的那些东西的。当他们无话可说的时候，硬要叫他们练习口才，当他们没有什么事情要说服别人的时候，硬要他们坐在教室的板凳上感受豪迈的语句的力量和巧言服人的妙处，这是多么荒唐啊！所有一切的修辞法，在一个不懂得辞令的用处的人看来，纯粹是咬文嚼字的伎俩。一个小学生知不知道汉尼拔为了坚定部下越过阿尔卑斯山的决心是怎样修饰其词句的，这有什么关系呢？反之，你不给他讲那些美妙的辞令,而是教他要怎样一个说法才能说得校长放他一天假,我担保他倒是很专心听你讲措辞的方法的。

如果要我去教一个已经有了种种欲念的青年学修辞的话,我将继续不断地告诉他一些可以助长他的欲念的东西,然后再同他一起研究应该采取什么样的说法才能说动别人去满足他的欲望。可是我的爱弥儿所处的环境,使他即使有辩才也不见得有多大的用处;因为他所有的需要差不多都是限于身体方面的,所以他仰赖别人的地方还不如别人仰赖他的地方多,同时,因为他对他们无所要求,所以他即使有什么事情想说服他们的话,他心里也是不至于着急得过分冲动的。由此可见,他所说的话一般都应该是朴实无华的。他说话要平平常常恰如其分,而唯一的要求只是要人家听得懂。他很少说十分精辟的话,因为他还没有学过怎样概括他的思想;由于他很难得冲动情感,所以他话中很少用比喻的词儿。

然而这并不因为他是十分呆板的缘故。无论他的年龄、他的脾气或兴趣都是不允许他变成这种样子的。他又活跃又稳重的精神浸沉在青春的热情里,被他的血液所洗炼,因而给他天真的心里带来了一股热力,不仅使他的眼睛闪烁着这股热力的光芒,而且使我们在他的言语中也感到、在他的行为中也看到了这股热力。他说话时已经有抑扬的音调,而且有时候还说得很激烈。高贵的情操激动着他的灵感,使他力量充沛,心地高尚。他心里充满了对人类的爱,所以在语言中也透露了他这种心灵的活动。他那坦率的话比别人的花言巧语还有魅力,或者说得更确切一点,他才是真正的能言会说的人,因为他只需把他心中的感触如实地说出来就可以使听话的人体会他的感情。

　　我愈想就愈认为,只要把仁爱之心这样地付诸行动,只要从我们做得好或做得不好的地方去找出它的原因,就没有哪一样有用的知识是不能够灌输给一个青年人的心的;而且,除了在学校中获得的种种真正的知识以外,这样做,还可以使他获得一门更重要的学问,那就是把他所获得的知识应用于他的生活。他对他的同伴是那样地关心,因此,他不可能不很快地就学会怎样衡量和辨别他们的行为、他们的爱好和兴趣,不能不比那些对谁都不关心,因而对别人一点事情都不做的人更能正确地评价哪些事情是有益或有害于人的幸福的。只知道为自己的事情打算的人,是太容易动感情的,所以不能理智地判断事物。这种人事事都只知道为他们自己,完全按他们对善和恶的观念来决定他们的行动,因此,他们的心目中是充满了许多可笑的偏见的,只要稍稍碰到他们的一点儿利益,他们马上就觉得天都塌下来了。

　　只要把自爱之心扩大到爱别人,我们就可以把自爱变为美德,这种美德,在任何一个人的心中都是可以找得到它的根柢的。我们所关心的对象同我们愈是没有直接的关系,则我们愈不害怕受个人利益的迷惑;我们愈是使这种利益普及于别人,它就愈是公正;所以,爱人类,在我们看来就是爱正义。因此,如果要使爱弥儿爱真理,要使他能认识真理,我们就必须事事使他远远地离开他自己的利益去考虑问题。他愈是关心别人的幸福,他的心就愈是开朗和聪明,而他也就愈少搞错什么是善和什么是恶;不过,我们不可让他仅凭个人的见解或不正确的成见而产生盲目的偏爱。他为什么要为了服务一个人而伤害另一个人呢? 只要他增进了所有一切人的最大幸福,则谁都得到了其中的好处,对他来说有什么要紧呢？贤明的人首先关心的是大家的利益，然后才是个人的利益；因为每一种利益都属于整个的人类，而不属于其中的某一个人。

为了防止同情心蜕化成懦弱，就必须要普遍地同情整个的人类。这样，我们才能在有所同情的时候，就首先是同情正义，因为在一切美德中，正义是最有助于人类的共同福利的。理智和自爱使我们同情我们的人类更甚于同情我们的邻居；而同情坏人，就是对其他的人极其残忍。

此外，还须记住的是，我们之所以能够采用这些方法，使我的学生这样忘掉他自己，正是由于它们同他有直接的关系，因为这不仅给他带来一种内心的享受，而且我在使他施惠别人的时候，也教育了他自己。

我已经先把这些方法提出来了，而现在才谈一谈它们的效果。我看见在他的头脑中慢慢地展现了多么宏伟的景象！多么高贵的情操堵塞了渺小的欲念的萌芽在他的心中生长！由于他的倾向很高尚，由于他的经验告诉他怎样把一个伟大的灵魂的欲望集中在一个严格的可能的范围内，怎样使一个优于别人的人在不能把他们提高到自己的水平时就降低到他们的水平，因而使他养成了多么清晰的判断能力和多么正确的理性！真正的正义的原则，真正的美的典型，人和人的一切道德关系，秩序的全部观念，所有这些，都深深地印在他的脑海里了；他知道每一种事物的应有的地位和使它脱离那个地位的原因；他知道什么东西对人有用，什么东西对人没有用。他虽然没有经验过人间的烦恼，但他已经看出它们的幻象和它们的作用。

不管读者怎样判断，我都要顺着事物的力量引着我走的道路前进。很久以来他们都认为我是游荡在梦幻之乡,而我则认为他们始终是停留在偏见的国度。在这样坚决地抛弃一般人的庸俗之见的时候,我仍然是不断地在我的心中想到它们:我分析它们,深深地思考它们,其目的并不是为了接受它们或逃避它们,而是要把它们放在理智的天平上加以衡量。每当我不能不同一般人的庸俗之见分道扬镳的时候,经验就会告诉我说读者们是不会学我的样子的。我知道,由于他们硬是要亲眼看见才认为我说的话可以成为事实,所以就把我所描述的这个青年看作是一个异想天开地虚构出来的人物,因为他们把他拿来跟其他的青年一比,就觉得他跟那些青年是大不相同的;他们没有想到,他跟他们大不相同,那是当然的,因为,他跟他们所受的培养迥然两样,他跟他们熏染的感情也完全相反,他跟他们所受的教育也完全不同,所以,要是他长得像我想象的那个样子,那是没有什么奇怪的;反之,要是他长得同他们一样了,那才奇怪咧。他不是人培养出来的人,他是大自然培养出来的人。所以,他在他们看来当然是很稀奇的。

在开始写这本书的时候,我就决定我要论述的事情没有一样是除我以外其他的人不能论述的,因为我着手论述的起点,即人的诞生,是我们大家都同样可以从这一点开始论起的;但是,我们愈是论述下去,我们之间就愈来愈分歧,因为我主张培养天性,而你则要败坏天性。我的学生在六岁的时候,同你的学生没有什么分别,因为在那段期间你还来不及损坏他们本来的面目;可是现在,他们之间已经没有什么相似的地方了;他即将达到成人的年龄,到了这个年龄,如果我没有枉自辛苦一阵的话,他就要长得同你的学生绝对两样。他们所学到的知识,拿数量来说也许彼此是相等的,但就内容来说,就一点也不同了。你发现他具有高尚的情操,而你的学生连这种情操的苗头都没有,就感到惊异;可是,你曾否想到,当你的学生已经成为哲学家和神学家的时候,爱弥儿还不晓得什么叫哲学,还没有听人讲过上帝哩。

如果有人来向我说:"你所说的那种人是不存在的,青年人绝不是那个样子,他们有这样或那样的欲望,他们要做这样或那样的事情。"这种说法,就正如有些人因为见到花园中的梨树都很矮小,便否认梨树可以长成大树。

我请求那些这样欢喜责难他人的批评家要想到,他们所说的这种情况,我也同他们一样地知道得很清楚,也许我对这种情况考虑的时间比他们还多,同时,由于我并不是非要他们接受我的看法不可,因此我有权利要求他们至少要想过一番之后才来挑我的错处。希望他们好好地研究一下人的身体,希望他们详细的观察一下人的心在这样或那样的环境中的最初的发展,以便了解一个人在他所受的教育的影响下,可以同另外一个人有多么大的区别;然后,把我施行的教育和在他身上产生的效果加以比较,才说出我的理论在哪些地方是错了。要是这样来批评的话,也许就可以把我批评得无话可说了。

我之所以说得这样肯定,而且我认为可以原谅我说得这样肯定的理由是:我不仅不刻板地抱着一套方式,而且还尽可能地不按理论而按我实际观察的情况去做。我所根据的,不是我的想象而是我所看到的事实。的确,我并没有局限于只从某一个城市的市区或某一种等级的人的生活中去取得我的经验;当我尽量把我在过去的生活中所见到的各种社会地位的人加以比较之后,就决定:

凡是那些只是这个民族有而另一个民族没有，只是这种职业的人有而另一种职业的人没有的东西，都是人为的，应该加以抛弃；而需要研究的，只是那些对所有一切的人，对各种年龄的人，对任何社会地位和任何民族的人来说，都是无可争辩地人人共有的东西。

如果你从一个青年的童年时候起，就按照这个方法去教育他，而且在教育的过程中，如果他不受任何褊狭之见的影响，尽可能不为他人的权威和看法所左右，请你想一想，结果他是像我的学生呢还是像你的学生？为了弄清楚我是不是错了，我觉得，首先要回答我这个问题。

一个人并不是那样轻而易举地就开始动脑筋思想的，但他一经开始，他就再也不会停止动他的脑筋了。无论什么人，只要曾经运用过他的思想，他就会经常地有所思虑。人的智力只要用来考虑过一件事情，它从此就再也静止不下来了。有些人也许认为我在这方面做的工作太多或者太少，认为人的心窍生来不是那样轻易就能打开的，认为我使他获得了他未曾有过的便利条件之后，又使他过久地待在他早就应该超越过去的思想范围内。

不过，你首先要想到的是，虽然是我想把他培养成一个自然的人，但不能因此就一定要使他成为一个野蛮人，一定要把他赶到森林中去。我的目的是：只要他处在社会生活的漩流中，不至于被种种欲念或人的偏见拖进旋涡里去就行了；只要他能够用他自己的眼睛去看，用他自己的心去想，而且，除了他自己的理智以外，不为任何其他的权威所控制就行了。在这种情况下，显然有许多使他动心的事物，有频频使他有所感受的情感，有种种满足其真正需要的手段，因而一定会使他获得他在其他的情况下不能获得或要很晚才能获得的观念。心灵的自然的发展是加速而不是延缓了。同一个人,在森林里也许是那样的愚昧无知,然而在城市里,只要作为一个普普通通的观众,他就会变得很有理智和十分的聪明。看见狂妄的事情而不参与,是使人头脑保持清醒的最好的良方;不过,一个人即使参与狂妄的事情,只要不受它的蒙骗,只要不犯那些行为乖谬的人所犯的过失,他也是可以从中受到教育的。

还要想到的是,由于我们的官能只能感受可以感知的事物,因此,我们是很难领会哲学的抽象概念和纯粹的精神的观念的。为了要领会这些东西,我们要么就摆脱我们所紧紧依附的身体,要么就一个事物又一个事物慢慢地循序渐进,要么赶快走,干脆就一个大步跳过去,然而要越过这样的距离,孩子们是办不到的,甚至对成年人来说,也需要为他们做一些特殊的阶梯才能跨越过去的。第一个抽象的观念就是其中的第一个阶梯;不过,我现在还不大明白你打算怎样去建造这种阶梯。

那拥抱万物、推动大地、创造一切生物的不可思议的上帝,是我们的眼睛看不见、我们的手摸不到的;他逃避我们的感官:创造的东西呈现在我们的眼前,而创造东西的人却隐藏起来。要能够认识到他的存在,是一件很不容易的事情;当我们终于认识到他的时候,当我们在心中自问:"他是谁? 他在什么地方?"的时候,我们的心灵感到惊惶,感到迷茫,不知道怎样想法才好了。

洛克要我们从研究精神开始,然后再进而研究身体。这是迷信的方法,偏见的方法,错误的方法;这不是理智的方法,甚至不是井然有序的自然的方法;这无异乎是蒙着眼睛去学看东西。必须对身体经过长期的研究之后,才能对精神有一个真正的概念,才能推测它的存在。把次序倒过来，就只好承认唯物主义的说法了。

　　既然我们的感官是我们取得知识的第一个工具，则我们可以直接理解的东西就只能是有形的和可以感觉的物体了。"精神"这个词，对任何一个没有受过哲学训练的人来说，是一点意义都没有的。在一般老百姓和孩子们看来，精神也就是一种物体。他们岂不是在说精神是会叫喊、会讲话、会打打闹闹的吗？所以你得承认精神有胳臂和舌头，同身体是很相像的。全世界的人，包括犹太人在内，都要制造有身躯的神，其原因就在这里。就连我们自己，也有"圣灵"、"三位一体"和"上帝的三位"这些词汇，可见我们大多数人也是真正的神人同形同性论者。我承认，有人告诉过我们说上帝是无所不在的；可是，我们也相信空气是无所不在的，至少在大气层中是无所不在的；"精神"这个词就词源来说，不过是"气"和"风"的意思。只要你一经使人养成说话时常常说莫名其妙的词的习惯，此后，你要他们说什么，就可以很容易地使他们说什么了。

　　当我们对其他的物体有所行为的时候，首先就会感觉到，如果那些物体也对我们有所行为的话，其影响也同我们给予它们的影响是一样的。所以，人类一开始就认为所有一切影响他的东西都是有生命的。由于他自己觉得不如那些物体强，由于他不知道它们的力量有多大，因此就以为它们的力量是大得没有限制的，并且，当他把它们想象为有躯体的东西时，就把它们看作是神了。在太古的时候，人对万物都是害怕的，并且认为自然界的东西没有一样是死的。物质的观念其本身也是抽象的，因此在他们心中形成的速度之慢，也不亚于精神的观念。他们认为宇宙中是充满了可以感知的神的。星、风、山脉、河流、树木、城镇甚至房屋，全都是有灵魂、有神、有生命的。拉班的家神、印第安人的"曼尼佗"、黑种人的物神以及所有一切自然和人创造的东西都曾经做过人类最初的神；他们最早的宗教是多神论的，偶像就是他们最初的崇拜对象。只是在他们逐渐地把他们的观念加以概括，因而能够追溯到一个造物主，能够把包罗万象统一为一个单独的观念，并且懂得"实体"这个抽象之中最抽象的词的时候，他们才能理解独一无二地只有一个神。所以，凡是信上帝的儿童，必然是崇拜偶像的，或者，至少也是神人同形同性论者；只要有那么一次他在想象中以为是看见了上帝，他此后就不大用脑筋去思考他究竟是什么样子了。洛克先研究精神后研究身体的次序，其错误就在这里。

对实体一旦有了(我不知道怎样有的)抽象的观念，就会认为，要接受一个独一无二的实体，就必须假定它具有一些彼此排斥、互不相容的性质，例如思想和外延，其中有一个就是在本质上是可以分割的，而另一个则是一点也不能分割的。此外，还要认为思想，或者换一个词来说，即感觉，是一种原始的性质，是同它所属的实体不可分离的；外延和实体的关系也是这样。由此可见，有生命的东西如果失去了这些性质之一，也就会失去它所属的实体，因此，死亡只不过是实体的一种分离罢了，而生命就是这两种性质相结合的时候，由这两种性质所属的实体构成的。

现在来看一看两种实体的概念和神性的概念之间，看一看我们的灵魂对我们身体的作用的不可思议的观念和上帝对所有一切生物的作用的观念之间，还存在着多大的距离。创造、毁灭、无所不在、永生、无所不能和神性，这种种观念，既然是只有很少数的人看起来才既混乱又模糊，而一般人因为一点也不明白，所以也就不觉得有什么不清楚的地方,但为什么只有初步的感官活动,而且要接触什么才思想什么的青年人看起来又是那样费劲,也就是说看起来怎么会一点也不明白呢? 在我们周围开凿许多无限的深渊也是徒然的,小孩子对它们是一点也不害怕的,他们小小的眼睛是看不出它们的深度的。在小孩子看来一切都是无限的,他们不知道哪一样东西是有限度的,其原因并不是由于他们的尺度特别长,而是由于他们的智力短。我甚至注意到,他们竟认为无限大是小于而不是大于他们所知道的空间的大小的。他们用脚而不用眼睛去估计一个广阔的空间;在他们看来,这个空间虽大,但并不是大于他们所能看到的范围,而只是大于他们所能走到的范围,如果你给他们讲上帝的力量怎么样大,他们也许以为充其量也不过是同他们爸爸的力量差不多。在任何事情上他们都是以他们的知识来衡量一切可能的大小的,因此他们认为你告诉他们的东西总是比他们所知道的东西小。无知的人和智力薄弱的人所有的自然的判断力就是这样的。哀杰克斯❶之所以不敢和阿基里斯较量,而敢于向丘比特挑战,是因为他认识阿基里斯而不认识丘比特。一个自以为是人间最富有的瑞士农民,如果你告诉他国王是怎样一个人的话,他就会神气十足地问你国王在山上牧放的牛有没有一百条。

　　我早就料到,有许多读者会觉得奇怪,因为他们看见我从我的学生的童年时候起就一直跟随着他,但一点没有向他讲过宗教。在十五岁的时候,他还不知道他有一个灵魂,也许到了十八岁的时

------

　　❶　哀杰克斯:希腊神话中洛克里斯王欧伊勒斯的儿子,特洛伊战争中的希腊勇士之一。

候，我认为还是不应该把这件事情告诉他，因为，如果他还没有到需要知道的时候就提早知道的话，也许他就永远不会真正地懂得了。

如果要我描写一件令人生气的蠢事的话，我就想描写一个冬烘先生用问答法给孩子们讲教条时候的情形；如果我想把一个孩子气得发疯的话，我就叫他给我讲解一下他所说的那些教条是什么意思。你也许会反对我说，基督教的教条大都是玄妙的，如果要等一个人的思想能够理解它们的时候才教他，那不仅是要等孩子长成大人，而且要等到那个人不在人世的时候才能教了。关于这一点，我首先要回答的是，有一些玄义不仅是人不能理解的，而且是不能相信的；如果不是教孩子们从小就学着撒谎的话，我看，用教条去教他们就没有什么好处。再说，要承认玄义，就至少要知道它们是不可思议的，而孩子们连这个概念也是不可能懂得的。当一个人还处在事事都觉得是很玄妙的年龄时，就无所谓玄妙了。

"要信上帝才能得救。"这个被误解了的教条导致人们以毒辣的手段消灭异己，而且使人养成爱说空话的习惯，因而学到一些虚无缥缈的东西，严重地摧残了人的理智。毫无疑问，要永远得救，就不能浪费一点点光阴；不过，如果翻来覆去地老是念几句话就可以永远得救的话，我就不明白我们为什么不可以让喜鹊和鹦鹉也像孩子们那样升入天堂了。

信仰的义务是含有履行这种义务的可能性的。没有信仰的哲学是错误的，因为它误用了它所培养的理智，而且把它能够理解的真理也抛弃了。但是，一个自称为信仰基督教的孩子，他有什么可信的呢？他只能相信他懂了的东西；他对你教他讲的那些话，是理解得这样的少，以至你拿相反的道理去教他，他也是马上会接受的。小孩子和许多成年人的信仰是一个地理问题。他们是不是生在罗马就比生在麦加的禀赋好呢？你告诉这个人说穆罕默德是代替神说话的人,他于是就跟着说穆罕默德是代替神说话的人;你告诉那个人说穆罕默德是一个恶棍,那个人也就跟着说穆罕默德是一个恶棍。如果把两个人的位置换一下,这个人就会相信另一个人所相信的说法。我们能不能因此就把两个禀赋如此相像的人,一个送进天堂,一个投入地狱呢？†当一个孩子说他信上帝的时候,他所信的并不是上帝,而是张三李四,因为是他们告诉他有一个世人都称之为上帝的神;所以说他对上帝的信仰就如同幼里皮底斯所说的:

> 啊,丘比特！对于你,我只听说过
> 你的名,而未见过你这个神①。

我们认为,还没有成长到懂事的年龄就死去的孩子,是不会失去永恒的幸福的,因为天主教的教徒也认为,受过洗礼的孩子,即使没有听说过上帝,也是不会失去永恒的幸福的。因此,在有些情况下不信上帝也是可以得救的;这种情况发生在儿童时期或疯癫时期,因为这时候人的精神不能进行为了认识上帝而必须进行的

---

　† 在其他版本作:"你告诉这个人说应该尊敬穆罕默德,他就说他尊敬穆罕默德;你告诉另一个人说应该尊敬圣母,他就说他尊敬圣母。如果他们把位置交换一下的话,这个人就会尊敬另一个人所尊敬的人。我们能不能因此就把这两个情感这样相像的人……"。

　① 普鲁塔克:《论爱情》,见达姆约的译本。梅纳利珀的悲剧本来是这样开头的,但是,由于雅典人的议论纷纷,遂使幼里皮底斯❶不得不改动了这个开场白。

　❶ 幼里皮底斯(公元前480—前406):古希腊三大悲剧诗人之一。

活动。这里，我认为你和我之间的分歧在于：你认为孩子们在七岁的时候就能认识上帝，而我则认为他们即使到了十五岁也是不行的。我的看法是对还是不对，不能拿一个信条来判断，而必须简单地看一看自然的历史。

由上述原理也可以看出，这样的人即使到老年都没有信过上帝，只要他自己不是故意不信，就不能因为他没有信过上帝而剥夺他来生去见上帝的权利；我认为，他当然不是自己愿意成为这种故意不信上帝的人的。就疯人来说，你也承认疾病虽然是夺去了他们的精神能力，但没有剥夺他们做人的资格，因此也就不能剥夺他们享受上帝的恩惠的权利。既然如此，为什么那些从童年时候起即与世隔离而过着极端野蛮的生活的人，仅仅由于未获得只有与人交往才能获得的知识，你们就不同意他们也享受上帝的恩惠呢①？你们也许会说："那是因为要这样一个野蛮人把他的思想提高到能够认识真正的上帝，显然是不可能的。"理智告诉我们说，只有在一个人有意犯下错误之后，我们才应该给他以惩罚，我们绝不能把一个人的无可改进的愚昧无知看作是他的罪恶。由此可见，在永恒的正义面前，所有一切愿信上帝的人，如果他具备了一些必要的智慧的话，就算是信上帝了，而且，除了那些存心不接受真理的人以外，即使一个人不信上帝，也不应该因此就惩罚他。

我们不要向那些没有能力理解真理的人宣讲真理，因为那样做，等于是散布谬误。他宁可对上帝一点观念都没有，而不可对上

---

①　关于人类精神的自然状态和它的发展的迟缓，请参见《论人与人之间不平等的起因和基础》的第一部分。

帝产生鄙俗的、荒诞的、侮辱的和不尊敬的观念：不知道上帝的存在，总不如亵渎上帝的害处大。忠厚的普卢塔克说："我宁愿人家认为世界上根本就没有普鲁塔克这样一个人，而不愿人家说：'普卢塔克为人既不公正又很妒忌，而且还是那样的专横，硬要人家去做那些做不到的事情。'"*

在孩子们的心中把上帝描画成奇形怪状的样子，其最大的坏处就是这些样子将终生留在他们的心中，甚至在他们长成大人的时候也认为上帝无非就是他们在儿童时期听到别人所讲的那个样子。我在瑞士曾经看见过一家人是这样地相信这个原理，以致那和蔼虔诚的母亲在他的儿子幼小的时候不向他讲宗教，怕的是他满足于这一点点粗浅的知识，到了懂事的年龄时就连更好的知识也不要了。这个孩子听人家讲到上帝的时候总是肃然起敬的，而一当他自己要讲上帝的时候，人家就制止他，好像这个事情太深奥，不是他那样的人可以讲的。这样的忌讳引起了他的好奇心，同时，出于自尊心，他便如饥似渴地想望赶快有一个时候把大家硬不要他知道的神秘事情弄个明白。大家愈不向他讲上帝，愈不许他自己讲上帝，他反而愈是想知道上帝。这个孩子觉得到处都看到上帝。我担心的是：像这样故作神秘的样子，将过分地刺激一个青年人的想象力，把他的头脑弄得迷迷糊糊的，以致最后不是使他成为上帝的信徒，而是成为上帝的盲信者。

我们毫不担心爱弥儿会变成这个样子，因为他对所有一切超过他理解力的东西都一概不去过问，听到人家讲他不懂得的事物，

---

*　普鲁塔克：《论迷信》，第 27 节。

他总是心不在焉。有好些事情他都认为与他不相干,即使再多一件事情也不至于使他感到为难;他之所以开始想知道这些重大的问题,不是因为他听见人家提出这些问题,而是因为他的智慧的自然发展促使他去进行这方面的研究。

我们已经观察过受过文化熏陶的人的心灵是通过什么道路走向这些神秘的境界的;我愿意承认,即使处在社会当中,也要到年岁稍长的时候才能自然而然地达到那个境界。但是,由于社会中有许多不可避免的原因加速了人的欲念的发展,所以,如果不同时使调节欲念的智慧也迅速发展的话,我们就真会脱离自然的秩序,从而也将破坏其平衡。当我们无法控制一种东西过快的发展的时候,就必须让跟它有关的种种东西也以同样的速度发展,才能使秩序不至于混乱,才能使应当同时前进的东西不至于脱节,才能使人在一生当中时时刻刻都是那样的完善,不至于有时因为这种能力的过快发展使他成为这个样子,有时因为那种能力的过快发展使他成为那个样子。

我发现在这里遇到多么大的一个困难啊!而且,由于这个困难的发生不是因为事物的本身,而是因为那些面对这个困难的人懦弱无能,不敢解决,所以这个困难就愈来愈大了。我们至少要敢于把这个困难提出来,我们要从这一点着手做起。一个孩子要受他父亲所信的宗教的教养,人们经常给他论证这种宗教不管怎样都是独一无二的真正的宗教,而其他的宗教则都是荒唐无稽的。在这个问题上,这种说法有没有说服力,纯粹看它是哪一个国家的人说的。一个土耳其人如果在君士坦丁堡说基督教是十分可笑的话,那就让他到巴黎来打听一下我们对回教的看法!特别是在宗教问题上,人的偏见是压倒一切的。可是我们,既然不让他受任何事情的束缚,既然不屈服于权威,既然不拿爱弥儿在其他地方他自己不能学懂的东西去教他,那么,我们要培养他信什么宗教呢?我们使这个自然的人加入哪一个教派呢?我觉得,对这个问题的回答是很简单的:我们既不叫他加入这一派,也不叫他加入那一派,而是让他自己正确地运用他的理智去选择。

　　在余烬掩盖的

　　火上,我向前迈进。

　　不要紧!我一直到现在都保持着我的热诚和信心,这就可以弥补我的考虑不周。我希望在必要的时候,它们能保证我不犯过失。读者诸君,你们别担心我会采取一个爱真理的人不屑于采取的小心翼翼的样子,我绝不会忘记我的方针,但是我每每要怀疑我的判断是否正确。我在下面告诉你们的,不是我心里的想法,而是另外一个身份比我更高的人的想法。我担保其中的事实都是真的,它们都是我所抄录的这段文章的作者的真实经验,是不是能够从这段文章中对我们所谈的问题得出一些有用的看法,那要由你决定。我建议你不要拿另一个人或我的感觉作为评判的尺度,我只是把它抄在这里供你研究。

　　"三十年前,在意大利的一个城市里,有一个离乡背井的年轻人穷困到了极点。他本来是一个加尔文派的教徒,但后来由于一时的糊涂,觉得自己流落异乡,谋生无术,为了糊口就改宗他教。在那个城市里有一所专为改宗的人设立的寓所,人家把他收容在那里。人们把宗教上争论的问题告诉了他,因而使他产生了他未曾有过的怀疑;人们使他知道了他本来不知道的罪恶,他听到了一些新奇的教理,看到了一些更新奇的风俗;他经历了所有这一切,险些成了它们的牺牲品。他企图逃跑,人们把他关起来;他口出怨言,人们就惩罚他。在暴虐的人们的摆布之下,他发现自己因为不愿意犯罪反而被当作罪人来处理。一个没有经验的青年人第一次遇到强暴和不公正的事情时心中是多么愤怒,亲身经历过的人是体会得到的。他眼里流出愤怒的眼泪,心里憋着怨气。他向上天和世人诉说委屈,他向每一个人吐露真情,但没有一个人听他所说的话。他所遇到的都是那些专干他羞于见闻的恶事的歹徒或帮凶,他们嘲笑他不跟他们同流合污,他们鼓励他学他们的样子。要不是一位诚实基督教教士因事到那个寓所去,想到一个办法秘密地给他出主意的话,他也许就完全葬送在那里了。那个教士很穷,需要大家的帮助,而被压迫的人则更需要他的帮助;他毫不迟疑地冒着为自己招来凶恶敌人的危险,帮助他设法逃跑。

"逃脱了灾难又陷入了贫穷,这个年轻人白白地同命运挣扎一阵。有一个时期他认为他是战胜了它,刚刚遇到一点点好运的时候,他就忘记了他的痛苦和他的恩人。他这种忘恩负义的行为不久就受到了惩罚,他所有一切希望都完全幻灭,他空度着青春的年华,他浪漫的思想败坏了他的一切。一方面他既没有足够的才能和办法去创造一条顺利的道路,既不知道克制自己又做不来坏人,但另一方面又想得到许多无法得到的东西。他又重新陷入了穷困的境地,没有面包吃,没有地方住,快要饿死的时候,他才想起了他的恩人。

"他又回到他的恩人那里去,他找到了他,而且受到了很好的接待。那位教士一看见他就回想起他做过的一件好事,这种回忆始终是使人的心灵感到快慰的。这个教士天生就是很仁慈和富于同情心的,他以自己的痛苦去体会别人的痛苦,优裕的生活并未使他的心肠变为铁石,知识的熏陶和豁达的德行使他的天性更加善良。他对那个年轻人表示欢迎,替他找到了一个住处,把他介绍到那里去住,而且还把自己的生活必需品分给他,勉勉强强地维持着两个人的生活。不仅这样,那个牧师还教育他,安慰他,教他怎样苦苦撑持,耐心地度过逆境。你们这些有偏见的人啊,可曾想到这样的事情会出现在一个教士的身上,会出现在意大利吗?

"这个诚实的基督徒是萨瓦地方的一个贫穷的神甫;由于青年时期的一次冒失的事情,同他的主教发生了龃龉,他越过阿尔卑斯山去寻找他在他的故乡找不到的谋生的道路。他并不是一个没有智慧和文化的人,同时,因为他长得俊秀,所以得到了许多人的照顾,并且被安置在一个官员的家里,教育他的儿子。他宁愿贫穷也不愿意寄人篱下,他不善于应付阔气的人物。他在那位官员家里待的时间并不长久,然而在离开那里的时候,他并未失去人家对他的尊敬;由于他的生活高尚,为人们所爱戴,他一心想体面地回到主教那里去,请主教派他在山区做一个小小的教士,以便在那里度过他的一生,他最终的志愿不过如此。

"他对这位流落异乡的年轻人自然而然地感到关心,并且仔细地对他进行了一番研究。他发现,不幸的命运已经使这个青年心灰意冷,耻辱和轻蔑使他完全丧失了勇气,他的骄傲已变成对世人的憎恨,认为人们不仁不义的行为全是由于他们天性的邪恶和道德的虚伪。他认为宗教是自私的面具,而神圣的崇拜变成了虚伪的盾牌。他认为,在空洞无聊的争论中,天堂和地狱成了玩弄口舌和文字的对象,对上帝的庄严朴素的观念已经被人们胡乱的想象歪曲得不成样子;而且,当他认为要信仰上帝就必须抛弃上帝所赋予的理性的时候,他就对我们可笑的冥想和我们之所以冥想的目的同样地加以轻蔑。由于他对事物的真相缺乏认识,不了解它们发生的原因,因此陷入了愚昧无知的境地,深深地看不起那些自以为比他知识丰富的人。

"把宗教忘记得一干二净,结果将导致忘记做人的义务。这个浪子的心在这个过程上已经走了一半了。尽管他不是一个天生的坏孩子,但是由于怀疑和穷困逐渐地泯灭了他的天性,因此很快地把他拖上了毁灭的道路,使他习染了坏人的行径和无神论的道德观点。

"这样一种几乎是不可避免的邪恶,还没有达到不可收拾的地步。这个青年人也有一些知识,而且并不是完全没有受过教育的。他正处在年富力强的时候,沸腾的血液已开始使他的心灵趋于活跃,不为狂烈的感官所奴役。他的心依然像一张白纸。天生的廉耻心和怕羞的性情长期地束缚着他的心灵,其情形也像你这样百般地束缚你的学生。他所见到的那些彻底堕落和不体面的恶行,不仅没有刺激反而遏制了他的想象力。在很长的时期中,他之所以能够保持天真完全是由于他对事物的憎恶而不是由于他自己的德行;天真的心是只有在令人迷醉的引诱之下才会受到败坏的。

"教士看出了这种危险,也想到了解脱的办法。困难没有使他退缩。他以他能够做这件工作而感到愉快,他决心要把它完成,决心要使他从罪恶中拯救出来的这个人恢复美德。他采取欲擒先纵的办法实行他的计划。崇高的动机鼓起了他的勇气，使他想出了同他的热心相配合的方法。不论结果怎样，他相信他的时间都不会白白地浪费。当一个人一心一意做好事情的时候，他最终是必然成功的。

"他首先从取得这个新皈依的人的信任开始做起，他不吹嘘他对他的恩惠，他不硬要他做这样或那样的事情，他不向他唠唠叨叨地说教，他始终使自己能够为他所了解，而且降低自己，同他处在平等的地位。当我们看见一个严肃的人自己愿意去做顽皮的人的同伴，当我们看见有道德的人为了彻底战胜放纵的人，就顺着放纵的人的步调去做，我觉得，我们是必然为这种情景所感动的。当那个年轻人糊里糊涂地来向他说一些乱七八糟的心事的时候，他用心地听着，让他谈个畅快；除了不赞同坏事以外，他对他所说的一切都深感兴趣；他从来不冒冒失失地责备他，以免打断了他的话头，使他感到难过；当那个年轻人高兴地发现牧师在倾听他的时候，他便乐意地把他心中想说的话都说出来了。这样一来，他把他所做的事情从头到尾地都讲清楚了，而他还以为一点也没有说咧。

"把这个年轻人的情感和性格仔细地研究一番之后，神甫认为，虽然从年龄上看不能说他是一个无知的人，但是他已经完全忘记他应当知道的一切事情，由于命运乖戾而蒙受的羞辱，扼杀了他心中真实的善恶观。一个阶段的堕落就能夺去灵魂的生命，当一个人成天为衣食而挖空心思的时候，是听不到内心的声音的。为了挽救这个濒于道德死亡的年轻人，神甫就首先从唤起他的自爱心和自尊心着手做起：他给他指出只要善于利用他的才能就可以获得美好的前程，他用别人的良好行为去激发他心中敦厚的热情；

由于他使那个年轻人对行为良好的人产生了敬佩心,因而也就使他产生了学习那些良好行为的愿望。为了使他在不知不觉中摆脱那种疏懒浪荡的生活,神甫就选了一些书籍中的要点叫他抄写,假称他自己需要阅读这些摘录的语句,从而在他的心中培养了高尚的知恩的情感。神甫间接地利用那些书籍去教育他,使他自己充分地看重自己,而不自暴自弃地认为自己是一个一无用处的人。

"从一件小事情上就可以看出这个仁慈的人尽管在表面上没有进行教育,然而他是多么巧妙地使他的学生在不知不觉中摆脱了堕落的境地。这位神甫一向是人人公认为十分廉洁和十分谨慎的人,所以有些人宁可把他们乐捐的东西交给他而不交给城里富裕的神甫。一天,有人拿一些钱给他去分给贫民,而那个年轻人也厚着脸皮说自己是穷人,请他分一点钱给他。'不,'神甫说道,'我们已经成了弟兄,你就是我家里的人,我不应该拿这笔钱供自己使用。'然后,他按照那个年轻人所要的钱数,把自己口袋里的钱掏出来给他。这样的教训,是不能不使那些尚未彻底败坏的青年铭记在心的。

"我用第三人称来讲,已经讲得不耐烦了,这样小心的做法完全是多余的;因为,亲爱的朋友,你们已经觉察到这个不幸的逃亡异乡的人就是我自己。我现在认为,我不会再像青年时期那样地胡闹,所以我敢于承认我以前所做的胡闹行为;而那个把我从堕落的境地中挽救出来的人,是值得我在这里再受一点羞辱以赞扬他的恩情的。

"在这位可敬的老师的个人生活中,我印象最深的是:他德行高洁而不虚伪,他心地仁慈而不优柔,他说话坦率,言行始终一致。

我从来没有看见过他追问他所帮助的那些人是不是做晚祷，是不是常常忏悔，是不是在指定的日子里守大斋，是不是守小斋；他也不强要他们答应他类似这样的条件，然而，要是不履行这些条件的话，他纵然饿死，也休想其他的信徒来帮助他的。

　　"看到他这些行为，我深受鼓舞，因此，我不仅不在他面前表现一个刚刚皈依的人的那种装出来的热心，反而不向他隐瞒我的种种想法，而且，从来没有因此就受到过他的责难。我有时候对自己说：'他之所以不过问我为什么这样不关心我所改宗的教派，是因为他发现我对我小时候所信奉的宗教也同样是毫不关心的，所以他认为我这种轻蔑的态度不是一个教派问题。'但是，当我偶尔听见他赞同同天主教教义相反的教理，当我看见他好像藐视它的一切形式的时候，我心里又是怎样想的呢？要是我曾经有那样一次看见过他对他表面上似乎是不大重视的仪式随随便便应付了事的话，我也许就认为他是一个虚伪的基督徒了；但是，由于我深深知道他即使无人在场的时候，他也像在公开场合那样恪尽教士的职责，所以我就不知道应该怎样判断这些矛盾的现象了。除有一个过失曾使他有失体面，而后来又不能彻底弥补以外，他的生活是可以作为我们的模范的，他的行为是无可指摘的，他的话是很诚恳和合乎情理的。由于我同他十分地亲密相处，因此我对他一天比一天地更加尊敬；他对人处处关怀的行为，赢得了我的心，从而使我急于要找一个机会知道他是根据什么原则才始终如一地过着这样奇异的一生的。

　　"这个机会等了很久才到来。在吐露心怀以前，他先致力于使他在他的弟子的心灵中撒播的理智和善意的种子生发幼苗。在我身上最难克服的是一种愤世嫉俗的骄傲心理,是对世界上的富人和幸运的人的一种痛恨,好像他们都是牺牲了我才发财走运的,好像他们的所谓幸福都是从我这里夺过去的。青年时期的狂妄的虚荣心碰到羞辱的钉子,因而使我更易于爆发愤怒的脾气;我的老师殚思竭虑地使我恢复了我的自尊心,然而这种自尊的心理反而使我骄傲起来,觉得世人比以前是更加邪恶,我不仅看不起他们,而且还恨他们。

"他不直接打击我这种骄傲的心理,而只是防止它使我的心肠变成铁石;他不阻止我自己尊重自己,而只是使我不要因为自尊就看不起邻人。由于他常常揭开虚假的表面,给我指出在表面掩盖之下的真正的痛苦,因此使我对我的同伴的过失深为惋惜,使我对他们的苦楚表示怜悯,使我同情他们而不妒忌他们。由于他对他自己的弱点深有体会,因此对别人的弱点极为同情,认为世人都是他们自己的罪恶和别人的罪恶的牺牲者;他发现穷人在富人的桎梏之下呻吟,而富人又在偏见的桎梏之下呻吟。'相信我,'他说道,'我们的幻象不仅不能掩盖反而增加了我们的痛苦,因为它们使本来没有什么价值的东西变成了珍品,使我觉得缺少这样又缺少那样,但实际上,要是没有那些幻象,我们就不会觉得缺少什么东西了。心灵的宁静,在于把所有一切扰乱这种宁静的东西都不放在眼里。事事把生活放在第一位的人,是最不会享受生活的;而一个人如果汲汲于谋求幸福,他往往会落得极其不幸的。'

"'啊!'我沉痛地叫道,'你把事情描写得多么黯淡呀!如果要摒弃一切的话,我们为什么要生到世界上来呢?如果把美好的生活也要看作粪土的话,谁能认为是过得幸福的呢?''我,'有一天,神甫以使我惊异的声调回答道。'你也是幸福的！运气这样不好，又这样的贫穷，流落异乡，遭受迫害，你是多么幸福呀！你做了些什么事情才得到这种幸福的呢？我的孩子，'他接着又说道，'我愿意告诉你。'

"我于是明白，他听了我的表白之后，也想向我表白他的内心。'我要披肝沥胆、坦坦白白地对你述说真情，'他拥抱我，告诉我说，'你将要看到的，即使不是真实的我，至少也是我自己心目中的我。当你听完我整个的信仰自白的时候，当你详细了解我的心灵境界的时候，你就可以知道我为什么认为我自己是很幸福的，如果你也像我一样想法的话，你就会明白应当怎样做才能获得幸福。不过，这些话不是一时说得完的，要向你陈述我对人的命运和生命的真正价值是怎样看法的，需要一些时间，让我们找一个合适的时间和地方安安静静地谈一谈。'

"我流露出急于要他告诉我的心情。于是，便约定我们至迟也不能迟过明天的早晨。那时候正当夏天，我们天亮就起身。他把我带到城外的一个小山上，山脚下波河的水蜿蜿蜒蜒地冲洗着肥沃的河岸，阿尔卑斯山的巨大的山脉远远地俯瞰着田园，旭日照耀着原野，在地上投下树木、丘陵和房屋的长长的阴影，用千万道光辉装点着这幅我们人类的眼睛所能看到的最美丽的画图。我们可以说，大自然之所以这样把它整个的灿烂景象展现在我们眼前，就为的是要我们以它作为我们的话题。我们在这里默默地观赏一会儿景色之后，这位心地平和的人就开始向我这样讲了。"

图书在版编目(CIP)数据

卢梭全集. 第 6 卷. 爱弥儿(上)/(法)卢梭(Rousseau,
J. J.)著;李平沤译. —北京:商务印书馆,2012(2019.9 重
印)

ISBN 978 - 7 - 100 - 09158 - 9

I. ①卢… II. ①卢…②李… III. ①卢梭,J. J.
(1712~1778)—全集 IV. ①B565.26 - 52

中国版本图书馆 CIP 数据核字(2012)第 092850 号

卢梭全集

第 6 卷

爱弥儿(上)

论教育

李平沤 译

商 务 印 书 馆 出 版
(北京王府井大街 36 号 邮政编码 100710)
商 务 印 书 馆 发 行
北京通州皇家印刷厂印刷
ISBN 978 - 7 - 100 - 09158 - 9

2012 年 6 月第 1 版 开本 787×960 1/16
2019 年 9 月北京第 4 次印刷 印张 27¼ 插页 1
定价:108.00 元